百年薪火　世纪风范

谨以此书献给世纪广东学人

编委会

世紀廣東学人

第二辑

主编◎张东明 李根基

逸堂

南方日报出版社
NANFANG DAILY PRESS
中国·广州

图书在版编目（CIP）数据

世纪广东学人．第二辑／张东明，李根基主编．—广州：南方日报出版社，2013.8
ISBN 978-7-5491-0900-5

Ⅰ．①世…　Ⅱ．①张…　②李…　Ⅲ．①知识分子－生平事迹－广东省－近代　Ⅳ．①K820.865

中国版本图书馆 CIP 数据核字(2013)第 178963 号

SHIJI GUANGDONG XUEREN
世纪广东学人(第二辑)　　张东明　李根基 主编

出版发行：南方日报出版社
地　　址：广州市广州大道中 289 号
电　　话：（020）83000502
经　　销：全国新华书店
印　　刷：广州市岭美彩印有限公司
开　　本：16 开
印　　张：24.75
字　　数：320 千字
版　　次：2013 年 8 月第 1 版
印　　次：2013 年 8 月第 1 次印刷
定　　价：88.00 元

投稿热线：（020）83000503　读者热线：（020）83000502

网址：http://www.nfdailypress.com/

发现印装质量问题，影响阅读，请与承印厂联系调换

目录

学人小传

张云（1896—1958），字子春，广东开平人，天文学家。1920年到法国里昂大学留学，获天文学博士学位。1926年回国后在中山大学任教，在校23个年头，为中山大学的天文学科走在全国大学前列做出突出贡献。主要从事食变星、物理变星的测光，造父变星的统计和脉动理论等研究，是我国变星研究的开创者。1947年在美国哈佛大学讲学期间，曾发现一颗新的变星。

他撰写出版了多部著作，如《变星研究法》《天文学概论》《普通天文学》《高等天文学》《天文学实验》《天文台成立始末纪》，以及英文译著《星球和原子》等。

张云：富有争议的天文学家

说起中国近代天文学，不能不提到张云。这是一个在特殊历史环境下，命运充满坎坷、评价非常复杂的天文学家。学术、教育上的贡献并没有使他在历史上获得公正的评价。因为政治倾向的原因，在过去很长一段时间内，他的声名模棱两可，后人对他的了解也少得可怜。甚至在《中国人百科全书·天文卷》编撰时，也曾经为编不编张云的词条发生过争论。在今天，从纯学术的角度来看，这样一位学者，这样一位对广东乃至中国天文学尤其是天文学教育都有重大贡献的人物，的确应该得到其应有的地位和评价。

历历往事

时间之迷雾

张云生于1896年，去世于1958年，但我们能了解到的他的生平是从1920年开始，到1949年结束，前后就剩下了寥寥几行字

仔细品味起来，张云的一辈子看起来就像他所研究的变星——在某段时间内寂寂无闻，在另一个时间段却又显得光芒四射。而除了他“爆发”式地登上中大舞台的那段时间，我们几乎找不到关于这个人的任何资料。

众所周知，从上古神话中的三皇五帝开始，中国就有了天文学，或者说天文观测学。但直到大清帝国中后期，中国依然没有真正意义上的近代天文学。所谓的钦天监依然属于礼部，所有的天文观测也都是为“皇阿玛”预测吉凶。所以，即便广东得风气之先，并且在道光年间就拥有了一座私人天文台（海珠区纯阳观天文台），也依然没有让这门严谨的学科在东方大地上成为显学。

关于张云，我们只知道这个开平人1920年开始在法国留学，学习天文。目前所能掌握的只有寥寥几行字：“出生于商贾之家，少时家境贫困，笃志立学，从广州到武昌，完成其高等师范学业，后于菲律宾怡朗华侨商业学校当校长，又到广东省立女子师范学校任教。继而去法国留学，列席国际天文学联合会在英国剑桥召开的第二届大会。”而从这些字眼里，我们并不能找出少年张云是如何从旧式学堂的教育中萌生成为天文学家的念头的。

1949年10月广州解放，时任中山大学校长的张云匆忙奔赴香港之后，这颗在中国天文学界本来光芒四射的“变星”突然间又回复到30年前的状态——1949年到1958年，几乎能查到的资料都只是一句话：张云在这个时期，于香港九龙定居，直到1958年病逝。从其他方面查到的资料来看，张云当时定居在九龙荃湾。而那个地方，在当时住着很多从内地出走、被港英政府称为“难民”的人。张云在1949年之后，已经基本停止了天文学研究。

香港首屈一指的堪舆大师、李嘉诚的御用风水师蔡伯励，自称在上世纪50年代曾师从张云学习天文。只是，以数学和物理为基础的天文学无比严谨，而风水学说却无比虚无缥缈，即便蔡伯励跟张云学习过，估计也是基本的天文观测与历法推算，并不是真正地跟他做研究。

地点之沧桑

张云主持建造的中大天文台成绩斐然，解放后被挪作他用，如今虽属广东省重点文物保护单位，但已成危房

研究天文，不能缺少的自然是天文台和各种仪器设备。作为天文学家，张云当然也需要这些。他1926年从法国回来之后，立刻向当时的广东政府提出了在越秀山建设广东天文台的申请。

从张云这洋洋万言的上书中，我们完全可以看出这位学者对于天文学的态度：“在应用上言之，天文学为航空、航海、地学测量等必具之知识；在学理实证上言之，则解决哲学、玄学中一切关于宇宙之构成问题及为近代相对学理之基本实验所必需，故今日天文一科，占科学中重要位置，一切科学家亦莫不认为它是解决宇宙问题的唯一工具……惟天文研究，最重实测。设无天文台以供实验，则学者对于所学，多难了解。而教者亦以缺少研究工具，不能有进益，故为完成中山大学为高等学府计，为养成我国天学人材计，此广东天文台之建筑所不容缓者也。”

虽然由于种种原因，张云建设广东天文台的想法并未得到当时的国民政府响应，但他所供职的中山大学却对他的这一提议给予了积极回复。1927年开始，不光是数学系改称数学天文系，天文台也于当年2月开始在校内兴建，1929年落成（据《广州市志》）。“当时城市规划的限制颇大，校方考虑到在离学校很远的越秀山建立天文台，不管在经费或物业管理方面都不太现实。” 中山大学地球科学系副主任周永章说，“所以只在理学院外的垃圾场上建了一栋小楼，作为天文台使用。这座天文台如今依然存在，位于越秀中路125号，广东省电影公司大院内”。根据他的介绍，当时广州往西要到印度境内才有天文台。而在中大天文台筹建之初，国际天文联合会就指出中大天文台具有得天独厚的地理优势：它位于北纬20多度，可以从不同的角度观测天象，而当时世界上的天文台多数分布在北纬40度以上，因此它受到国际天文学界的重视。当时天文台的各种仪器也较先

A10
百年双喜 特约
世纪广东学人
天文学家张云的五个W
百年薪火 世纪风范 广东中烟工业有限责任公司特别呈献

1936 年，中国观测队在日本北海道观测日全食，左一为张云的学生、中国近代第一位女天文学家邹仪新

进，如法国制天文标准时钟。天文台本身也进行了各种观测工作，比如太阳黑子观测、变星研究、时刻确定、经纬测量、气象观测等。

人物之矛盾

一些资料对张云的描述是国民党政客，但根据他女儿的回忆，张云是一个文理兼通、为人平和、喜欢作旧体诗的学究

张云是个什么样的人？这个问题，似乎已经没有人可以回答。

中山大学的校史资料显示，从1926年到1949年，整个数学天文系培养出来的学生只有44个。而根据已故的张云弟子之一、华南师范大学数学系教授钟集的说法，这44个人也早已星散，解放后从事天文研究的甚至不足10人，而在60多年之后，依然健在的已是凤毛麟角。由于各方资料实在稀少，关于张云的人物性格几乎已经成了谜。

而从散见于《国立中山大学日报》《民国日报》等处的一些文章来看，张云的文字功底并不差。几年前，张云的女儿张剑美曾经接受过一次采访。在当时的回忆里，她也印证了这一说法。她说自己的父亲其实国学功底不错，偶尔还喜欢作一些旧体诗。“父亲平时很风趣，还喜欢讲故事，朋友来了就会讲，他的学生、朋友也很尊敬他。”

作为一名科学家，在那个时代与张云有过交集的人并不多。事实上，他在中国天文学界的地位从很大程度上来说，是由于其弟子们成就斐然，继而引发人们对他的尊敬。

在他的弟子里，不能不提的有这样几个人物：邹仪新、叶叔华、席泽宗、容寿铿。邹仪新是张云亲自培养的我国第一位女天文学家。而出自张云、邹仪新门下，1949年从中山大学天文学系毕业的著名女天体测量学家叶叔华，毕业后成为新中国天文学的骨干，主要从事天体测量和天文地球动力学研究。由于其成就斐然，1994年8月，国际天文学联合会正式命名了一颗小行星为“叶叔华星”。在国际天文学界，以个人名字为新发现的行星命名的并不多，而女性则更少。

张云的男弟子同样在中国天文学界属于“顶梁柱”：毕业于1951年的席泽

宗，成为中国科学院院士、国际科学史研究院院士、国际欧亚科学院院士。而他的学生容寿铿，继任中山大学天文台台长，院系调整后，主持将中山大学诸多天文仪器和观测资料转移到南京大学。而根据南京大学天文系一些老教授的回忆，这批仪器占了当时南大天文系所有仪器资料的99%。

据张云弟子钟集回忆，张云治下的数学天文系设备简陋，却相当专业："由于我们是在韶关坪石读书，整个大学期间都没有机会接触当时的中大天文台，而在坪石校区里的天文设备也很简陋，系里最重要也最厉害的仪器就属子午仪了。虽然艰苦，但当年从中大数天系出来的学生，从业天文学界都有比较好的成绩。"

中大天文台赤道仪室

学术之闪光

建造天文台、多次主持实地观测体现的是张云斡旋四方的能力，发现鹿豹座新变星是张云在学术方面最大的成就

作为天文学家的张云主要研究领域是变星。根据中国天文学会的史料记载，1929年12月，该学会就成立了变星观测委员会，而当时的负责人正是张云。该委员会每年举行一次年会进行交流总结，编辑出版《中国天文学会变星观测委员会报告》，每两月一期，刊登于《国立中山大学天文台两月刊》。

而张云一生中最大的成就，也正是在哈佛大学讲学期间，发现了一颗位于鹿豹座的变星。

张云1947年应邀去美国讲学，但估计连他自己都没料到，他会在哈佛大学取得如此大的成绩。根据资料显示，他先是协助张钰哲发现了一颗新的食双星，接着在当年年底又发现一颗北冕座R型新变星，被命名为鹿豹座XX星，即德雷伯星表第25878号星，其位置约为赤经4°5′，赤纬53°44′。他检阅此星所在区域的照片800张，从1898年起至当时均包括在内，获得此星亮度最小时所在区域，证明此星为变星。该消息由哈佛大学天文台台长沙普利向全世界及各天文台发布，哈佛大学还赠予中山大学远东最大的天文望远镜及一批新式仪器。

在上世纪20—40年代，从事天文学研究的中国人并不多，张云却非常重视学术交流。中大天文台建成后，中国天文学会变星观测委员会就发函邀请张云就地组织设法推广变星观测。张云接函后，便于1930年3月8日“在天文台召集本校之对于变星研究有兴趣者，开会以讨论会务之组织及一切进行”。

除了与国内研究者之间交换成果，张云还积极主张进行国际学术交流与联络。早在天文台建设期间，国际天文台联合会听闻中山大学建设有天文台，考虑到广州所在的经纬度进行观测尤为适宜，便邀请张云加入观测组织，彼此交流，进行学术切磋。张云此后主持和安排中山大学参加国内或国外的天文观测活动，如1933年的万国经纬测量、1936年分赴苏日观测日全食等。

值得一提的是，1936年6月19日的日全食，中国组织了两个观测队分赴苏联、日本进行观测，均要中山大学派人参加。刚好当时毕业后留校当助教的邹仪新留学日本，在东京天文台实习，张云便派她参加日本的观测，往北海道伎幸村拍摄日食电影及确定初亏与复圆时刻。中国队员观测活动情形由《朝日新闻》记者拍摄，“于东京二十八间电影院中，列入世界消息，公映一星期”。邹仪新也因此被日本新闻界称为该次日全食观测成功的唯一女性观测者，也是东亚唯一的女天文学家。

历史之疑团

张云一生中曾经三次出任中大校长，但加起来的时间却不足两年，什么原因导致他1949年赴港后对回内地“有顾虑”

在张云的经历之中，有一点格外引人注目：1941年8月至1942年5月、1948年6月至10月、1949年6月至10月，张云一共三次担任中大校长。这一纪录，在中大历史上只有许崇清可以与之媲美，在整个中国大学历史上也是比较罕见的。但是，张云三次担任校长的时间加起来不足两年，而且其“下课”的原因也很模糊，只是其女儿张剑美在接受采访时猜测性地分析过一句：“或许是因为派系斗争的原因吧。”

这倒的确可以称为一个理由。因为从史料记载来看，1920年起张云留学法国期间，曾与当时旅法国民党人吴稚晖、李石曾交上了朋友；1937年，张云还受命策动在广州的陈济棠所属飞机北飞成功，结果获得国民政府云麾勋章；1944年赴重庆任西北各省高等教育视察团团长；1945年抗战胜利后任两广教育特派员；1948年被推选为“立法委员”。而根据一些并不能算作信史的笔记资料，张云当年“是朱家骅那一派的”。所以校长这一位置的变更，也就成了国民党内部倾轧的缩影。

张云最终的去向也显得扑朔迷离。1949年他接替“臭名昭著”的陈可忠担任中大校长，“主要任务”是动员学校迁到海南去，但张云的所作所为并没有特别倾向于国民政府的地方。虽然在学校里也严令学生不准闹事，但在中大学生被李宗仁政府逮捕之后，张云也曾经出面作保，释放了几十位革命青年。而在这期间，他的女儿也进入解放区。这说明他对当时的共产党并不是很陌生。可是，广州解放后张云赴港，并且一直“有疑虑”，在夫人数次劝说下都不肯回内地，看起来似有隐情。

在学术方面，尽管张云在天文学方面做出了不少贡献，但并没有入围1948年中研院院士名单。要知道，张云在1947年底发现了新变星，已经是声名大噪，而且他当时还是中研院评议会的评议员。记者查证获悉，当时的评选“不仅对于院外的人士不存在政治偏见，即使是对于院内的，如果觉得学术水平不够，也不予选举，这种宁缺毋滥的态度是真正贯彻始终的”。所以，不光是张云，和他同样从事天文研究的中研院专任研究员兼所长张钰哲以及紫金山天文台的创办者余青松，都被认为学术水准尚不足与院士称号相称，最终决定天文学空缺。

（郑照魁　陈园园）

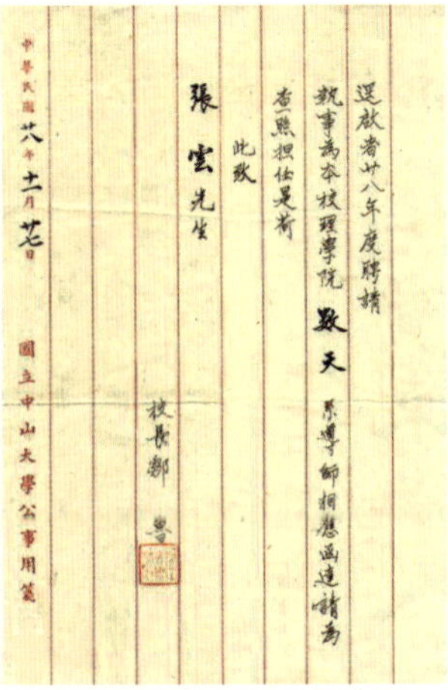
逕啟者廿八年度聘請
執事為本校理學院數天系導師相應函達請為
查照擔任是荷
此致
張雲先生
校長鄒魯
中華民國廿八年十二月廿七日
國立中山大學公事用箋

1929年，中大校长邹鲁给张云的聘书

《国立中山大学天文台两月刊》

学者视点

洪斯溢评说张云

为白纸一张的天文教育作出不可比拟的贡献

张云的学术足迹和人生履历，对于我们来说，是由一个又一个问号编织成的。辗转奔波之后，最终和张云有着“一面之缘”的国家天文台原副台长洪斯溢接受了南方日报记者的采访，他曾经负责撰写《中国现代科学家传记·张云传》，庶几可以帮我们认清张云对于中国天文学的贡献。

人生不完美，但也没有明显的政治倾向

南方日报：现在我们能够见到的张云的资料很少，作为张云的弟子，您能回忆一下对这位先生的印象吗？

洪斯溢：其实我跟张云先生也就是“一面之缘”，对他的印象也不够深。我是1949年入学的，当时数天系总共也没有几位同学，我和张云先生的女儿张剑美是同班。但当时，很多学生都心向革命，大家对于学术方面并没有多少热情。

我入学时，张云已经是校长了。教我们普通天文学的是他的学生。上了几堂课之后，同学们普遍反映这个老师教得有点稀里糊涂的，大家都不太明白，于是就找了个机会请张云回到系里给我们讲了一堂课。时间已经过去60多年了，我对那堂课的内容也记不太清了，但印象深刻的是张云讲课的方式，条理清晰，很严谨，而且深入浅出。我们这些同学都是初学者，但他就能把一些天文学的现象和研究方式用最浅显的方式向我们讲述出来。这方面很难得，因为在天文学上有成就的人，大多数长于观察和计算，但在传授理论方面就会显得有些力不从心。

南方日报：张云一生中曾经三次担任中山大学的校长，但每次的时间都很短，除了1949年最后一次是因为广州解放他去了香港，其他两次，您是否知道他是为什么上任又为什么去职的？

洪斯溢：具体的情况我也不是特别了解。但我知道的是，他在法国期间，

就跟在法国的国民党人吴稚晖、李石曾关系非常好。而在当年，中山大学对于国民政府来说，是一个很特别的存在，所以当校长的人，与国民党关系都很密切。

回国后，张云就与蒋介石这一派的国民党人关系非常好。比如，因为他研究天文，也对气象方面有些研究，所以曾经在陈济棠的空军里担任过天象教官。1937年，他策动了陈济棠属下的飞机北飞成功，还获得了国民政府的云麾勋章。1941年，他担任代理校长，应该与这种背景有关，大半年之后他辞职，理由是“未能展其筹策”——这是我在写《中国现代科学家传记·张云传》时，从南京第二档案馆查到的。那个档案馆收藏了很多解放前教育方面的资料。随后，张云到重庆担任了西北各省高等教育视察团团长，抗战胜利后又当了两广教育特派员。这些都算是政府委派的，所以后来他再次担任中大校长也不奇怪。

南方日报：可是，从我们现在掌握的资料来看，张云本人的政治倾向并不是那么明显。至少在中大学生因抗议被李宗仁政府抓进监狱后，他还去保释了不少人。

洪斯溢：这个是对的。张云没有做什么反革命的事情。在他担任校长期间，政府命令他把中大迁到海南去，他也的确做了一些准备，比如把一些图书资料和教学器材打包，但并不积极。

我们学生当时很多也都在闹革命，我就被抓进监狱去了，直到广州解放前一天才被地下党营救出来。所以，在听过张云先生一节课之后，就再也没有机会听到他讲课。当时张云的确到监狱保释了一些学生。地下党也曾经通过他的女儿做他的工作，让他帮忙释放了一些学生骨干。我觉得他可能知道自己的女儿参加了革命，所以才在广州解放前把女儿送往香港。结果没想到他女儿半路走了，去了解放区。

南方日报：关于张云的生平，其实还有两个很大的空白点。在1926年之前和1949年之后。1926年前我们只知道他是师范毕业，但不知道他为什么去学了天文。1949年后，我们得到的资料只知道他对回国“有顾虑”，但既然他女儿都在从事革命事业，

A11
我们天上见
国家天文台原副台长洪斯溢评说张云
为白纸一张的天文教育作出不可比拟的贡献

他为什么又坚持不肯回内地呢？

洪斯溢：我在写《张云传》的时候做了一些研究，但也不是很详细。关于1926年前，据我的了解，张云是开平人，他的父亲张卓南在广州经营水烟筒和银器业，有七子一女。因为张卓南小时候受过失学之苦，所以力主家里的孩子都去上学；张云是家里的长子，小时候家里的情况也不是很好，所以学习很用心。1906年开始在广州上学，1913年进了武昌的高等师范学校；1917年卒业后去了菲律宾，在怡朗华侨商业学校当校长；1919年，他回国在广东省立女子师范学校任教。1920年，他考取了公费留法，就是庚子赔款送出去的留学生。一开始先到中法大学，在那里获得理科硕士之后，又在里昂大学获得了天文学的博士学位。而在1926年回国前，他还去了英国剑桥，列席了在那里举行的国际天文学联合会第二届大会。

他在1949年之后，其实也去过台湾，但又回到香港，就一直住在那里，潜心撰写科普著作，至于研究就基本放弃了。关于他的顾虑，我知道的是当年国民政府的广东省教育厅厅长，曾经被劝说回内地，但一回来就被枪毙了。可能是这些事情让张云觉得自己回内地后得不到生命保障，所以就一直居留在香港。

学术偏基础，但在天文教育方面颇有建树

南方日报：根据我们现有的资料来看，张云对近代中国天文学的贡献，似乎大多集中在天文学教育方面，创办天文台，撰写《普通天文学》《高等天文学》《变星研究法》，等等。您是否同意这一判断？

洪斯溢：基本上可以这么说。就天文学本身来说，张云的贡献并不是特别突出。但从天文学教育方面来看，他培养的很多人后来都成了新中国天文学的专家级人物。比如他的学生邹仪新，邹仪新的学生叶叔华，都是这样。他在进中大的时候就提出创办天文系，当时叫数学天文系，后来才单独分开。这在当时的大学里都是罕见的。我知道的是，那个年代只有齐鲁大学有个天算系，但在规模和仪器设备方面都不如张云创办的天文系。所以，张云在这方面的功绩不能抹杀。

另外，张云曾经向当时的主管部门上书说，天文学研究不能徒工理论而无实习，“且测量地方经纬度、标准时间及气象变化等均为目前所急需”，并因

此创立了中大天文台。这对于学习天文的人来说是一个很重要的做法，在这方面他也是有很大贡献的。

南方日报：关于张云自身对天文学的研究，我们知道他在哈佛大学讲学期间发现了一颗新的变星。关于变星的发现，在天文学界是否算重大发现？在您看来，他选择变星作为自己的研究方向，在当时算是比较稀缺的吗？

洪斯溢：旧中国的天文学界几乎没有什么所谓的研究，基本上都是一些很粗浅的东西，大部分时间大家都是在做一些简单的观测，提供一些数据。张云曾经主持过对于日食的观测。至于他研究的变星，第一个发现变星并提出这一理论当然是重大发现，但在张云研究变星的时期，全世界研究这一项目的学者已经不少，发现的变星也不少。所以一颗新变星的发现，从天文学本身来说，并不算什么特别重大的成就。

具体来说，张云从事的研究领域，主要是物理变星、食变星的测光研究，以及造父变星的统计研究和脉动理论研究。在这方面他是有自己的观点的。他认为：“变星研究为近世宇宙问题中之基础工作，内容意义之丰富，占领范围之广大……然变星观测，则入门极易，仅具简单之设置——一图一远镜，已可实施工作，为天界服务。”因而张云把这一领域作为“天学无继的中国迎头赶上”的突破口。在这方面他算是当时国内很有建树的人。

他在1926年就发表了《变星研究法》，后来又陆续发表了《联合观测变星之意义》《司父——变星之特征》《一般变星之观测法》《造父变星之脉动观》《太阳的变星观》等论述性和指导性的文章。而他主持的变星观测委员会，从事实测工作的人也维持在20人以上，这在当年的中国天文学界，几乎等于是严寒之中的一棵绿苗。而他自己也选择了短周期变星一组，使用中大天文台的15厘米赤道仪，用阿格兰德法做了系统的观测，包括小熊座V、仙后座SZ、仙后座RW、仙后座RS、飞马座TW、天鹅座TX、英仙座SV、御夫座RX等，都发表在《国立中山大学天文台两月刊》上。这些论文，都是根据实测得出的各颗变星的平均光变曲线，

张云编著的《普通天文学》

中大天文台旧址，现为广东科技报社

与前人所做的结果互相印证补充，这在当时的国内属于为数不多的具有国际水平的工作。另外他还观测了13颗此类的造父变星，但只是积累了资料，并没有来得及整理分析。

南方日报：那在您看来，张云在天文学教育方面，有哪些地方算得上傲视同侪的成就？

洪斯溢：也不能说是傲视同侪吧，但张云先生的确为旧中国几乎是白纸一张的天文学教育做出了很大的贡献。

首先，他创立的中山大学天文系，在那个时代属于很罕见的学科门类。从上世纪20年代开始，除了自己撰写天文学教材，他还翻译了很多著作，比如由他译著的《天河系统和螺旋星云》《星的光学分类》《星球和原子》《冥王星》《最近土星光环隐匿的说明和观测》《天文学讲话》等科普著作，对天文学在中国的普及有着不小的作用。

其次，张云对于天文学的热爱和对中国天文的忧心也是不可多得的，尤其是他的责任感。他曾经说过："我国是天学先进的国家，但我们不应该长久拿我们的古董来夸耀于人，靠着一些祖宗的旧遗产来自满，而应该用绵延不绝的精神，向天学挥真理……向天学无继的中国负若干重责。"所以，纵观其一生，可以说张云是民国时期为数不多的一位有建树的天文教育学家和天体物理学家。

也可以这么说，和与他同时代的中国天文学家相比，张云在个人的研究成就方面或许并不比高鲁、张钰哲等人高出多少，但他在中国近现代天文学教育方面的贡献，并不是其他天文学家所能比拟的。

（郑照魁　陈园园）

延伸阅读

张云谈天文

“要想科学进步，第一个关键就是要打破秘密和门户之见……天文学在科学中是怎样重要，不必再替他在这里摇舌。然而我们总觉得，不只是我国人，还有许多外国人，许多天文等着我们天学无继的中国，对于天学有些表示。科学的真理虽无个性，但科学的进步是靠着人类的努力。我们也是圆颅方趾，秉赋和别人相等，难道就甘自暴自弃吗……我们已立意要用连绵不绝的精神，向天界探真理……向期望我们的人群中，有一些表示。”

——《国立中山大学天文台两月刊》发刊词

张云谈大学

“传播文化，探讨学术，是大学的重大使命……一个大学的存在，正是反映着一个民族的灵魂，也是一个国家的乃至全世界的最高学术、文化成就的表征……中山大学是华南的最高学府，它有宏大的规模和光荣的历史……抗战以来，学校一再迁移，给办学带来很多困难，但是中山大学的同事同学，大家都依然能够专精一志，致力于学术的研求，因为大家都很明白，无论从大学建立的本旨说，从民族国家的遭遇说，我们今天都应该排除万难，为传播文化，研讨学术而努力。《中山学报》的刊行，正是这种努力的部分表现。”

——《中山学报》发刊词

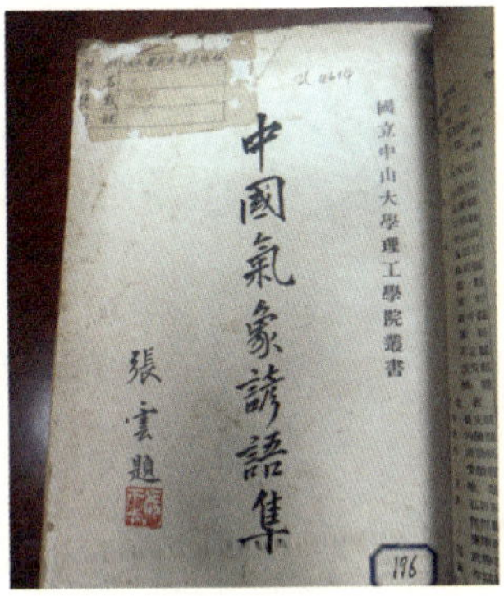

《中国气象谚语集》

学人小传

商承祚（1902—1991），字锡永，号驽刚、蠖公、契斋，广东番禺人。古文字学家、金石篆刻家、书法家。21岁时凭一部甲骨文字典《殷墟文字类编》一举成名，被国学大师王国维称为『今世弱冠治古文字学者』之一。抗战后，随金陵大学西迁，1940年在长沙收购古文物，根据此行所著《长沙古物闻见记》被考古学界认为『开楚文物研究先河』。

商承祚：甲骨学泰斗 楚文化鼻祖

书法篆刻精绝，他从小走的便是中国传统文人的学艺路径；打台球骑摩托，他是学生眼中不折不扣的“潮人”……

温润如玉，谦谦君子，他是个“老好人”；但在原则问题上，他从来不惜得罪人，为了阻止陈家祠和西堂拆迁，他顶着“阻碍广东文化事业建设”的帽子四处奔走，甚至直言上书国务院和文化部……

他好“淘”文物，富于收藏，珍贵文物字画颇巨；却立下遗愿，所有收藏不留给后人，而是悉数捐给博物馆……

作为古文字学家，商承祚精于描摹，与时俱进，已经成为学界的共识；作为考古学家，商承祚对于楚文化研究的开创贡献也已成为不争的事实。但在这些已经被符号化的成就背后，商承祚的文人风骨和鲜明性格似乎渐渐淡去。

其实，商承祚是个简单的人。无论是谦虚谨慎地埋首书斋做学问还是为不平事奔走呼号，商承祚并非有任何创举，只是一直恪守一个知识分子应有的“本分”，但在那个风云激荡的时代，“慎独”者又有几人？放眼如今，能够做到不为外力所驱者又有几人？

因为纯粹，因为简单，所以伟大。本文带你走近一个真正“慎独”的学者商承祚。

历历往事

战火纷飞，保护文物四处奔波风餐露宿

“我既非科班出身，又无任何学术头衔，是一个白丁。”在文章《我的大半生》中，商承祚这样写道。的确，翻看商承祚的履历，最高的学历教育是“大学肄业”——22岁时被推荐到北京大学研究所国学门读研究生，只读了一年便接到东南大学的教席邀请，专教甲骨文字。 商承祚一直自嘲“学书不成去学剑，学剑亦不成”，其实他与古文字的缘分早已结下。他哥哥商承祖曾说，弟弟很小的时候就经常将早餐的钱省下来到地摊上购买古字画。当18岁的商承祚告诉父亲决心学古文字时，商衍鎏说：“你学这行是找不到饭吃的，只能做个名士，名士也要生活啊！”

1920年，商承祚去天津拜著名古文字学家罗振玉为师，开始正式学习古文字，一年多以后，21岁的商承祚便写成《殷墟文字类编》一书，深得王国维赞赏，亲自为书作序，谓“如锡永（即商承祚）此书，可以传世矣！”并称赞其释字“精密矜慎，不作穿凿附会之说”，商承祚也被认为是当时最有希望治古文字学的四位后学之一。

少年成名，许多人据此认为商承祚是“天才”。然而，这“天才”却是靠日夜苦读换来的。商承祚自己回忆，那时白天在罗振玉家拓铜器铭文，晚上在伯父家攻读有关《殷墟书契考释》的著作，“每晚从9点开始，一直读到鸡鸣”。罗振玉对自己的得意门生有这样的评价：“论聪明，锡永远不如昌泗，但锡永知道自己短处，实事求是地刻苦，将来有成就的还是他。”“商先生最大的特点在于找材料无孔不入，他还会和盗墓的‘土夫子’交朋友，确切了解文物的来龙去脉。”商承祚的学生、中大中文系教授曾宪通回忆。

即使身处乱世，商承祚也从未放弃“眼见为实”。1938年12月，时在金陵大学任教的商承祚与刘铭恕等5人前往距成都90余里的新津县调查崖墓群，在一个多月的工作中，从100多座已被盗过的大小崖墓中，收集到不少遗弃下来的文物，并在墓内椎拓一些带有铭文的拓片。这是一项相当危险的工作，“墓穴入口仅容一人出入，墓内光线毫无，靠手电筒照明。崖墓掘建近千年，墓内结构松化，不断地塌顶、塌墙。在调查时，墓顶之上的裂石时有下坠，稍有不

慎，就有被砸伤或砸死的可能”。晚年再回忆起这段经历时，商承祚依然觉得“令人汗浃”。

1940年下半年，金陵大学令商承祚去湖南长沙收集一批文物以备成立博物馆之用。那时的商承祚恐怕没有想到，这次长沙之行会成为一场一年多的艰难跋涉。商承祚在回忆录中写道：由成都到长沙的路上，旅客稀少，间有土匪抢劫，或散兵骚扰，荆棘塞途，寸步难行，“在长沙环境艰难，时有警报，日寇飞机常飞临上空骚扰，或在市郊投弹，搞得人心悍悍，昼夜不安，还有两次日军据长沙，虽短短数日后主动撤走，但为保护这些文物，我亦两次仓皇携带文物到衡阳农村避难，备尝艰辛”。一年多的艰苦换来了一部著作，对此考古学界评价：“有了《长沙古物闻见记》，世人方知有楚文物。”

A20
世紀廣東学人
商承祚：甲骨学泰斗 楚文化鼻祖

赤子之心，立遗嘱将收藏文物悉数捐出

在深圳博物馆的密封珍品藏柜中，有一幅清代著名书画家郑板桥的《竹石图》，家喻户晓的《咏竹》（“咬定青山不放松，立根原在乱崖中。千磨万折还坚劲，任尔颠狂四面风”）就题于竹石的右上方。这一幅珍贵的画便是商承祚20世纪90年代捐赠给深圳博物馆的。“光这一件，在当时就已经价值50万美元。”商承祚的学生、中山大学中文系教授陈炜湛说，这只是商承祚捐赠的珍贵文物中的一件。

无论是北京的故宫、历史博物馆，还是广东的省博物馆、深圳博物馆，甚至是长沙、南京的博物馆，许多国内的博物馆都曾收到以商承祚名义捐出的珍贵文物。“商老曾亲口对我说，这些文物，传之子孙不如献之国家，传给子孙不知道哪一天被他拿去换钱了。”陈炜湛回忆。

这番话得到了商承祚之孙商尔从的证实，在他的印象中，祖父早在20世纪80年代就留下话，走后将文物捐献给国家。“祖父早年经历过战乱，看见无数的珍贵文物毁于战火，认为个人的力量始终无法将这些财富保护得非常妥善。”商家后人一直遵循着商承祚的遗愿，陆续将整理好的1200多件文物捐赠给全国各地的博物馆，其中，一、二级文物超过60%。

商承祚的慧眼识珠让许多散落民间的珍贵文物回归博物馆，其中就包括两方被鉴定为国家一级文物的端砚之王。1951年，商承祚以160元的“天价”购得一方黑黢黢的砚台，随即告知广东省博物馆：“你们可携款到我家来取。”博物馆工作人员上门看后，认为价昂不要。商承祚也不急，淡淡地说：“你们何年来取都行。”两年后，博物馆终于来人了，原来那方不起眼的砚台便是广东三大名砚之首的“千金猴王砚”，平时通体黑色，并不引人注目，但只需用湿布擦拭，便能清晰地显现出生动的猕猴形象。十年之后的1961年，在商承祚的协助下，省博物馆又以120元购得另一名砚“松鹤砚”。

对于商承祚捐献的众多文物，商尔从强调：“祖父收藏都是靠自己的薪金所购，而非像有些人说的‘商氏是官宦世家’来自祖传。”商承祚好“淘”文物，早年把大部分薪水都花在了买文物上。

虽然商承祚对朋友很慷慨，但对于自己和家人却有些“吝啬”。1972年，商承祚一家搬到中大东南区1号后，除了添置几张折叠座椅和一张折叠桌外，就再也没有添置新家具，五六十年代购买的家具一直用到他90年代去世。“祖父在生活上对我们的要求是节俭、爱惜东西、有条理。不能浪费，他用过的纸张，反面还用于书写，信封也是翻了再用。”

为保古迹，怒斥“唯上命是从，不是正气者”

“独乐莫如众乐”，这是商承祚常说的一句话。从孟子的“独乐乐不如众乐乐”到范仲淹的“后天下之乐而乐”，一脉相承的是知识分子的责任与风骨，在这方面，商承祚无疑是最传统的践行者。一个最典型的例子便是，如果没有商承祚，或许就没有今天的陈家祠。20世纪80年代，已经年逾八十的商承祚看到陈家祠、光孝寺和中华全国总工会旧址被占用遭到破坏，四处奔走呼吁，写信向省市领导反映情况，数次与文管会交涉，尽力取得媒体支持。经过他十余年的劳累奔波，这三处全国重点文物保护单位先后得以收回。

在1982年至1984年的日记里，商承祚完整地记录了为中大西堂拆迁而奔走的过程。为了这座鲁迅、何香凝、周恩来、郭沫若都曾留下足迹的小楼免遭拆除，一向温和的商承祚成了“怒目金刚”。在1983年3月8日的日记里，商承祚这样写道：“与他们作了几年的斗争，去年曾将之上告国务院、文化部文物局。”由于他的据理力争，文化部文物局曾电函指示“西堂不能拆，如已动工，则立刻停止”。

因为和某些部门“对着干”，商承祚被扣上了“阻碍广东文化事业建设”的帽子。即便如此，当西堂被“违令拆除”时，他仍然力争不止，当面斥责拆除西堂的中山图书馆馆长“不问事曲直，唯上命是从，不是正气者”，还亲自去工地劝说，并两次用加急电报报告国务院办公厅和文化部，其中1984年4月13日给当时文化部朱穆之部长的加急电报电文长达174字。“那时候家里人的确会有看法，有时候晚上都快10点了，他都上了床，还有人来找他谈论西堂的事情，家里人担心他的身体。”商尔从说，“无论是在家里讨论事情，招呼客人，还是往来的路费、电报费，祖父都自掏腰包。”

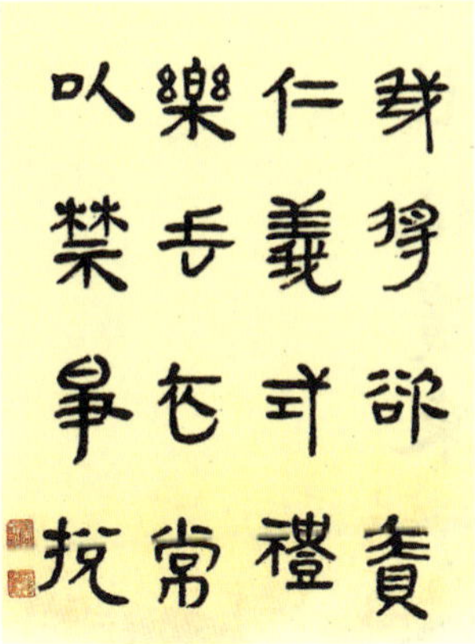
商承祚手书秦隶册页

“你搞古文字这行，应当坐牛车啊”

“潮人”，这是陈炜湛和曾宪通对于老师商承祚的共同评价。研究古文字的学者给人的印象通常是严肃而古板的，商承祚却是中大有名的“老顽童”。有一则段子在康乐园广为流传——中大学子经常会在路上碰到这样一个老头问路：“我叫商承祚，请带我回家。”

年轻时，商承祚便是“大玩家”。十来岁时，商承祚与伯父居住在青岛，每日下午常至长里余、宽约三丈的海边长堤垂钓。及至成年任教于北平，商承祚的“玩性”更是不减。他的《我的大半生》，详细记录了这段时期的生活：每星期六晚去打台球，甚至通宵达旦以为乐，因为入迷，夜卧床上，以帐顶作球台，回忆某次球位打不到的原因在哪里，而不觉疲惫。又买了辆摩托车，俗称电驴子，以便于访友，常骑在长安街，因街道宽阔即与汽车竞赛，熟人见了都为之担心，他们说："你搞古文字这行，应当坐牛车啊！"后来又想买小汽车，但父亲不同意，说："摩托车小，易避让人，汽车大，容易出事，人命关天，后事难以想象，不同意。"于是才打消了这个念头。

这种对新鲜事物如孩童般的好奇心，成为理解商承祚的关键词。"当时许多人读他的文章，以为他是长袍马褂，见了面才知道是西装革履，而且打火机、折骨伞这些新鲜的玩意他都有。"曾宪通回忆，1976年中大唯一一台彩色电视便在商老家里。

商尔从对祖父晚年的形容是"童心未泯"："80年代初到香港看见一个会叫会动的电动鹦鹉玩具，给曾孙买了一个，自己也买了一个，挂在客厅的圆拱门中间，这鹦鹉与客厅古朴的气氛相比显得有点特别，来的客人总会问这是什么，他就会打开开关，让电动鹦鹉叽叽喳喳地跳一下，自己也不亦乐乎。"

"三条腿的马"和"吊死鬼的美人"

"谈笑有鸿儒，往来无白丁"，《陋室铭》中的这句话，对于商承祚来说，或许应该改成"谈笑有鸿儒，往来常白丁"。在后辈们的眼中，商承祚是个儒雅却没有架子的人，他能与名士相谈甚欢，也会和中大的保安门卫打成一片。晚年时，穿着唐装白绸裤、手里拿着雪糕的商承祚甚至成了康乐园一景。当时商承祚免费为书法爱好者传授技艺，商尔从回忆："每周日家里总是门庭若市，70年代时，书法爱好者以工厂工人和教师居多，他总是来者不拒。遇到学书法的人或其他早年朋友家庭生活上困难的，还给予经济上的接济。"

商承祚秉承父亲"不做官"的教诲，一生唯一一次和官场打交道是1944年为了生计在重庆担任盐务总局帮办秘书。因他不熟悉官场，所以在两年多的秘书工作中，从未拟过一份官场式的文稿，却常去古玩商店逛逛，练练书法，或收集文物字画，或开个人书法展览。在这一时期，商承祚认识了许多当时的文艺名流，如著名画家徐悲鸿、张大千，还有郭沫若。

商承祚与徐悲鸿友谊深厚，两人经常谈论书画，有一次商承祚看着徐悲鸿的四幅画说：“我和您提个意见好吗？”徐曰：“太好了。”于是取一幅奔驰的野马，曰：“三条腿的马”；取一幅垂尾回顾的坐猫，曰：“狐狸尾巴的猫”；取一幅竹，曰：“甘蔗的竹”；取一幅仕女，因颈子略长，曰：“吊死鬼的美人”。说完两个人大笑不已。徐曰：“自到重庆以来，只听一片赞扬声，既未闻意见，更谈不上这样好又尖锐的批评，此之谓知友！好，我请你吃午饭。”晚年每想起这些往事，商承祚仍若有所失。

在原则问题上，商承祚向来“不给面子”，即使对朋友也不例外。同为古文字学者，商承祚与郭沫若经常讨论学术问题，是“一起吃担担面、手撕鸡”的交情。但1965年郭沫若在《光明日报》上发表文章称“《兰亭序》不是王羲之所作”，立刻在学术界扔下了一枚重磅炸弹。商承祚发表《论东晋的书法风格并及〈兰亭序〉》反驳郭沫若的观点。“在原则问题上他从来不会‘随大流’，也不会阿谀奉承，郭沫若是他的挚友，又是中国科学院院长、学术权威，在当时的政治氛围下，能公开否定郭沫若结论的人少之又少。”商尔从说。

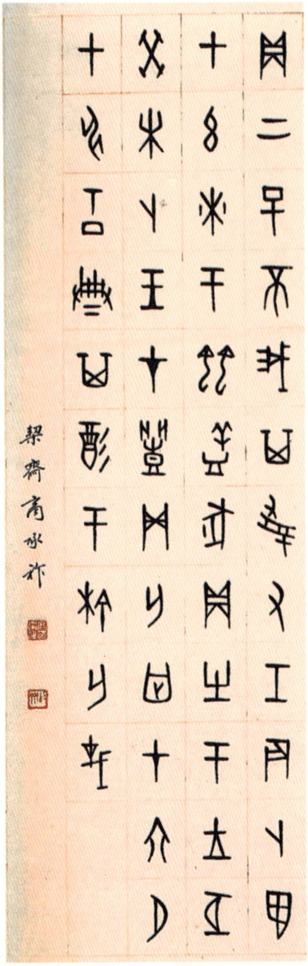
商承祚手书甲骨文立轴，1943年作

（本文参考《商承祚文集》《曾宪通学术文集》《清芬济美》等书，特别感谢陈炜湛、曾宪通、谭步云三位老师以及商承祚先生后人商尔从先生对本文的支持和贡献。）

（吴敏　汪道霞）

晚年商承祚

学者视点

曾宪通、陈炜湛追忆商承祚学术精神

做人“书生痴气”　做学术“与时俱进”

21岁时，一部甲骨文字典《殷墟文字类编》让商承祚一举成名，国学大师王国维曾盛赞此书“可以传世矣”；37岁时，访古笔记《长沙古物闻见记》扬名考古学界，“自此书后，世人方知有楚文物”……

世人给商承祚冠上很多学术头衔：古文字学家、金文篆刻学家、考古学家、书法家。但对商承祚本人来说，做学术研究是兴之所至，所依仗的不过是一个“痴”字。正因为这份“书生痴气”，他可以花整整七年的时间去摹写一份楚帛书，可以在战火逃亡途中还不忘抢救文物，可以毫无保留地将最新的材料送给全国的同行分享。

如今，当我们追忆商承祚的时候，除了给他的学术成就一个公允客观的评价，也许更重要的是，还原他“板凳坐得十年冷，文章不写一句空”的学术传统。南方日报记者采访了商承祚的助教、中大中文系曾宪通教授与商承祚的研究生、中大中文系陈炜湛教授，追忆这位前辈的学术品格和精神。

学术成就

甲骨文最突出，精于摹写描述

南方日报：古文字是一门艰深的学问，但商承祚却在多个细分学科上都有贡献，如甲骨文、金文、帛书、竹简等。如何整体看待他在这一领域的学术成就和贡献？

陈炜湛：在古文字方面，他的甲骨文研究是最突出的，他在21岁时出版的《殷墟文字类编》是一部甲骨文工具书，王国维曾盛赞曰：“如锡永此书，可以传世矣！”后来转向金文方面也很突出。

从整体上来说，比较“与时俱进”，凡是新出来的第一手材料他都有兴趣去研究，这也是为什么在帛书和竹简学方面他在当时都是领先的。抗战时期他就开始研究长沙的古文物，包括后来对于楚帛书、楚竹简的研究，可以说是开了楚文化研究的先河。1957年，商先生获得从美国弗利尔美术馆拍摄的楚帛书全色照片，开始研究战国楚帛书，据此写成《战国楚帛书述略》，这个研究应该是代表了中国上世纪60年代的学术水平。

曾宪通：《殷墟文字类编》的影响很大，它主要是集合整理了老师罗振玉和王国维的研究成果，他自己考释的好些单字也得到王国维的充分肯定，赞其“精密矜慎，不作穿凿附会之说”。

对于楚简的研究，商先生应该是最早的开拓者。从新中国成立后到“文革”前，一共出土了7批竹简，他都亲自到工地去考察，并根据照片做了初步的整理。20世纪70年代，他又带着我们几个年轻教师对这些竹简进行比较全面的梳理和考释，并油印汇编成了《战国楚简研究》，一共5册，还有摹本和释文，每一个字都经过反复摹写和核对，对楚简的形制和内容做了详细的描述。商先生把这份资料寄给了国内的同行共同研究，曾一度在学术界颇为流行。这本书如果能够在上世纪70年代出版的话，商先生应该是稳坐楚简研究第一把交椅的，因为在当时这些资料是最新的。遗憾的是，这本书直到商先生逝世后的90年代才正式出版，这时新的资料和新的研究成果已经大量涌现，所以影响力也就大不如前了。

南方日报：民国时期算是古文字研究的黄金年代，大家辈出。在这些大家中，商承祚在研究上的过人之处在哪里？

陈炜湛：商先生研究的面比较广，除了古文字研究外，其他方面的成就也很突出，我总结为“契斋四绝”——摹拓、辨伪、篆隶、印章。这四条一般学者不能兼具。

第一，摹拓。商先生的摹写非常厉害，甲骨文、帛书、青铜器的摹本不仅准确、生动，而且还有神韵，在这一点上像陈寅恪、郭沫若都做不到。

第二，他对文物的辨伪能力非常强。因为以前上当买过伪器，所以他专门研究过，写过一些重要的文章，容庚先生曾称赞

A21

做人“书生痴气”，做学术“与时俱进”

他“富收藏、精鉴别”。

第三，他的书法。中年时期，甲骨文、金文写得非常漂亮，晚年时期他专攻秦隶，写得也是非常漂亮。

第四，篆刻方面也颇有研究，他的印章很精致。

曾宪通：商先生找一手材料千方百计、无孔不入。如他会去找“土夫子”（湖南一带对于盗墓者的称呼）了解楚帛书的出土地，他还带着我们到全国各地的博物馆、考古工地，去看那些竹简、青铜器。为什么说他精于辨伪，其中一个很重要的原因就是他看的东西很多。

商先生另一个过人之处就是非常善于做基础性研究，他的功夫在收集、整理、分类和临摹，这几条他做得非常细致，非常出色。他对研究对象的描述十分到位，往往能够让人有身临其境的感觉；他对字形的分析十分精到，看到一个形体，就能够根据偏旁部件的分析，大体说出见于哪片甲骨或哪件青铜器。

南方日报：王国维将商承祚与唐兰、容庚、柯昌济并列称为“今世弱冠治古文字学者”，但从现在的名气和学术评价上来看，对于商承祚的评价还是不及唐兰、于省吾等同辈。如何看待对于他学术上的一些负面评价？

曾宪通：商先生在提供研究材料方面确实是第一流的，基础性的工作做得特别扎实和细致。但如果论及具有独创性的解决难题的建树方面，就略有逊色。商先生非常重视对字形的考究，但对字音和字义并非特别注重，尤其不太重视运用古音韵去通读出土的文字资料，这使他在通读出土文献的过程中受到一些局限，比如古代中山国国君中山王墓出土了一批很重要的青铜礼器，商先生亲自到墓地去指导摹拓铭文，为学术界提供了很好的研究资料。在大鼎上有一句告诫后辈的话：“吏少女长，吏愚女智。”古代史、吏（使）、事三字同源，商先生最初从字形出发，释成“使少女长，使愚女智”，意思是使不聪明的女儿智慧起来，这个也读得通；但如果从字音文义来分析，还可以读作“事少如长，事愚如智”，那就涉及如何做人的问题了，比较符合通篇铭文的语境。后来商先生还是把“使”读为“事”，把“女”读为“如”了。

上世纪70年代，商先生带我到北京“红楼”参加秦汉简帛的整理工作，商先生和傅熹年先生负责《孙子兵法》和《孙膑兵法》的摹本工作。来自全国各地的古文字学家和语言学家各擅专长，又通力合作，商先生作为老一辈的学者起到了积极的作用。

1972 年，商承祚在中山大学工作

治学态度

不到一千字的帛书摹写了整整七年

南方日报： 商先生从事古文字研究非常强调看实物，在这方面他是如何身体力行的？

陈炜湛： 他从上世纪30年代开始，随着金陵大学南下时，路过长沙，就实地调查，甚至跟那些盗墓的“土夫子”交朋友。2002年在北京故宫召开的纪念商先生诞辰一百年座谈会上，考古学家们就说，考古学界有一句话“有了《长沙古物闻见记》，世人方知有楚文物”。从这句话可以看出，商老实际上是楚文化研究的鼻祖。考古工作他解放后一直在做，哪里有出土的墓，商先生都去看过，包括北京路的地砖，他都很有兴趣看。

曾宪通： 一般非科学发掘出土的文物很难了解到详情，但是商老就会去找，他会先去找那个收藏的人，但收藏的人都骗他，不让他知道是谁挖的。商老总能通过各种途径找到盗墓的“土夫子”，不仅找到一个，还能找到第二个、第三个，彼此互相印证。

他经常带我们去各地的博物馆，以及考古工地还有人家收藏的地方看。唐兰先生说古文字的学问在古文字之外，做这一行光靠书本还不行，一定要出去学习，多接触实物、要知道文物是怎么挖出来的，看它所存在的地层。那个时候靠容老、商老的关系，我们到过很多博物馆的库房去看那些不展出的文物。

南方日报： 罗振玉曾评价商先生：“论聪明，锡永远不如昌泗，但锡永知道自己短处，实事求是地刻苦，将来有成就的还是他。”商先生在治学方面的严谨体现在哪里？

陈炜湛： 商先生那种严谨的态度是现在的学术界很难做到的。他在上世纪50年代就拿到了楚帛书，但直到1967年摹本才发表，一共不到一千字，他摹了整整七年，一遍一遍反复地摹，反复地改。这种态度现在是很少见的，对竹简也是，每一个字都认认真真地看。

曾宪通：他研究楚简和帛书的时候，学校给他配了一个助手叫曾畏，专门帮他摹写，他一个字可以叫曾畏摹十几次，改十几次，今天看不对叫他改，明天看了又再改，直到满意。

他收集资料的每一步都非常认真，非常讲究。他在教学生做拓片的时候，说最关键的一步就是掌握上色（用墨）的湿度，因为舌头的湿度是恰到好处的，既不干，又不湿，他便不断用拓包蘸墨在舌头上调湿，等到拓片拓好了，他的整个舌头也都变成黑色的了。

南方日报：商先生的教学方式也很特别，听说不用上学，也不用考试？商先生那一辈的学术传统和治学态度有哪些方面值得现在的学者学习？

陈炜湛：那个时候不讲课，完全自主学习，商老和容老让我们自己找课题来做，有问题可以来问，学生与老师不只是课堂上的联系，学生写的文章，老师再改一改，写得好可以发表。不过，商老还是强调打基础，他让我们第一年多读书，古文字方面的经典著作都要读，但他从来不要求我们读他写的书，他总是让我们多读读王国维、郭沫若他们的书。

民国时期的治学传统和我们现在有很大的不同，他们的四书五经功底非常厉害；另一方面，民国时期正处于西学东渐的活跃期，学者们接受了西方的理论和方法，最典型的就是王国维的双重证据法。而这两点我们现在都是欠缺的，国学功底自不用说，西方的理论又太庞杂，很多时候根本不知道从何处着手，生搬硬套。第三点是民国时期的学术环境比较宽松，现在的学者“总是被打扰”。要求几年内要写多少文章，出什么成果，搞学术研究本来就有失败的可能，这样的硬性要求对于做学问来说是一种打扰。以前商老他们那辈的学者拿到资料要研究几年才出一个成果，但现在拿到材料马上就去写论文，这种治学传统自然不可相提并论。

曾宪通：不上课、不考试，这是容庚、商承祚二老的特点，他们有放鸭式和填鸭式两种方法：平时是放鸭，抄字书、读专著就是填鸭。他们没有要求一定要读自己的著作，但两位老先生最基本的要求就是第一年要抄三本字典：《说文解字》《甲骨文编》《金文编》，并且是作为习作，他会批阅，圈出哪个字字形错了，哪个字出处错了。当然这不是单纯地抄，而是要注意这个字在哪个器物上，是什么意思，有什么特点，并且很强调写书评。

现在的资料多了，学生也不用去看实物，直接在网上就有很多资料可供选择，可以做到快、准、多。但这是“拿来主义”，不容易在脑子里生根。以前我们抄过那三本字典之后，那些字形是从脑袋里自然而然生出来的。如果现在的学者能做到既有扎实的基础，再加上这些先进的研究手段，在学术上的造诣应该会超越前人的。

1981年，和梁钊韬（左一）、贾兰坡（左二）、容庚（右二）合影于中山大学

晚年生活

爱管一切不平事，自称“多事商”

南方日报： 商氏家族是广东有名的书香世家，这种家学传统对商老有什么样的影响？

陈炜湛： 商老的家学渊源还是很深的，特别体现在书法、篆刻这些基本功上，他的书法是从小练就的“童子功”，篆刻功夫则是从老师罗振玉那里学到的。商老一直认为像书法这些都是雕虫小技，字写得好是应该做到的本分。所以当年中大有这样的传统：容庚、商承祚二老招研究生的时候，首先看字，字写得不好直接就被剔除了。

曾宪通： 商老的父亲商衍鎏是晚清探花，商老多次说过自己的楷书比不上父亲。由于商家是书香世家，家里有很多名帖，所以商老的学习环境很好。我去商老家里，经常看到他和老太爷在切磋书法，讨论字画。由此可见，这种家学渊源是一直延续下来的。

商老在书法上一个特别之处在于，他不仅书法写得好，而且有理论，他晚年写的《说篆》谈到了怎样写才能达到字形平衡，怎样才能写得好看。许多人字写得好，但是没有理论，但是商老既有理论，又有实践。

南方日报： 在您印象中，商老的性格是怎样的？

陈炜湛： 商老是个很随和的人，谁求他都很容易，有一个1978级的学生黄荣章的毕业论文《古今楹联拾趣》要送到花城出版社出版，想请商先生题个书名，虽然商先生不认识他，但还是欣然同意了。

商老喜欢散步，每天都在中大校园里走来走去，跟门卫保安聊天，一般的工人都能求到他的字，比知识分子还容易。他每次看到学校里的牌匾写得不好，就要自己重写，中大“教材科”牌子就是商老写的，至今还保留着。有趣的是，他还给商店小卖部题牌匾，他经常去小卖部喝酸奶，看到没有招牌，就跟店家说：“你这儿都没有招牌，我帮你写啦。”以前的“康乐糖烟酒商店”也是商老写的。

曾宪通：虽然商老的家境很优越，但是能屈能伸。他带我们出去，吃住都和我们一样，1961年大饥荒的时候，我们在郑州考察，每天吃高粱、玉米拌的糊糊，吃生大蒜，虽然他一直养尊处优，但是吃这些他一点怨言都没有。为了照顾他的营养，上级领导都会每周给他买只鸡，他都是和大家一起吃。在北京历史博物馆整理竹简的时候，食堂只有发霉的番薯干，他照样在窗口排队，从来没有抱怨。

他对晚辈很好。我们在北大红楼整理秦汉简帛时，由于地方不够，我和商老还有北大的一位孙先生都挤在一间地下室里。他们俩都抽烟，冬天窗户不开，房间里烟雾缭绕，每次我被呛到咳嗽，他们俩就立刻说“就最后一口了”，然后把烟熄了。

受父亲在德国大使馆工作的影响，商老年轻的时候喜欢穿西装、骑摩托，但晚年大家都兴西装的时候，他又写信给胡耀邦，认为不应该过度提倡西装，就是招待外宾时穿西装也不妥当。晚年的商老总是穿着一身唐装、白裤子，拿着一把扇子在校园里散步。还好管闲事，看到学校里的布告有错字，便在上面改正并署名。当时他住的地方和中文系之间有个小门常年不开，他老写信向学校反映，开头还署名，后来写多了就干脆自署“多事商”。

南方日报：商老和容老师出同门，又是多年的老同事、老朋友，但因为两人的性格不同经常争得面红耳赤？

陈炜湛：容老曾说商老是“甲骨文的逃兵”，因为商老最早是因为甲骨文研究出名的，容先生认为商先生的《殷墟文字类编》应该出第二版、第三版，不断补充。但当时商先生因为去了金陵大学，一直在颠沛流离当中，没有条件做研究，他自己也在《我的大半生》中说那是他最痛苦的一段时间。后来新中国成立有条件后，他的兴趣就转移了。

容老和商老经常抬杠，但基本是容老骂商老，商老会让着他。容老性格耿直，商老则性格很温和。

曾宪通： 关于容老和商老抬杠的故事，我印象最深的是，1978年古文字研究会第一届成立大会在吉林大学召开，那时是冬天，容老已经84岁了，天气太冷，路途太远，所以容老早就跟学生们说不去长春了。但商老没有征求容老的意见就敲定了到长春开会的名单，宣布自己同一班青年教师一道到长春参会后说："容老因年纪大，这次就不去了。"容老听后马上发火道："谁说我年纪大就不去，你比他们大三四十岁都能去，为什么我比你大八岁就不能去？"

容老和商老平时相处得相当融洽，两人在一起的时候，商老讲话比较多，容老则不太爱讲话。当商老说到容老不爱听的话时，两人就会抬起杠来。由于有着共同的学术渊源和爱好、有着共同的学术圈和朋友圈，他们彼此只是性格上的不同，没有本质上的矛盾。而我们这些在二老身边的弟子更是他们之间的缓冲区和润滑剂。每当容老面红耳赤的时候，商老就会自己找台阶下，大家把话题一岔开，气氛立刻就缓和下来了。

商老和容老有着60年的交情，一直都是相当要好的朋友。特别是到了晚年，容、商二老一住楼上，一住楼下，形同一家。容老去世后，商老特地叮嘱容师母，有事或打电话，或敲地板，他都能听见。

（吴敏　汪道霞）

1983年，与关山月（左二）等在画展，前排中为商承祚

1985年，晚年商承祚全家福，摄于中山大学寓所，左二为商承祚

学人小传

邓植仪（1888—1957），字槐庭，广东东莞人，中国近代土壤学先驱，著名农业教育家。上世纪20年代初参与筹建广东大学，历任教授、农学院院长、（中山大学）教务长之职。1930年任广东土壤调查所主任，率先在广东开展分县土壤调查。1935年创建中山大学研究院土壤学部，为当时国内唯一培养土壤学科硕士研究生的机构，他与彭家元合著的《土壤学》标志着我国土壤学学科体系的建立。主要论著还包括《广东农业概况调查报告书》《广东农业概况调查报告书续编》《东莞县土壤调查报告书》《广东土壤提要初集》等。

邓植仪：扎根土壤 一生为农

土壤是人类从事农业生产的重要物质基础，是衣食的源泉。我国早在《禹贡》一书中就将当时九州的土壤类型、地理分布和土地分级做了记述。但近代以来，我国科学文化发展速度和水平远远落后于欧美各国。就土壤科学而言，19世纪中后期国际学界已进入蓬勃发展时期，并取得了辉煌的成就。然而在我国，直到20世纪的20年代前后，随着一些农业专门学校的创建（如京师大学堂农科大学、广东公立农业专门学校及中央大学农学院等），近代土壤学才得以在我国开始发展。其中，以邓植仪为代表的土壤学先驱做出了重要贡献。

历 历 往 事

治学·勤细有加

秉着“有土斯有财”的朴素理想，组织规模空前的全省土壤调查

邓植仪毕生钻研未离“土壤调查”与“农业教育”。他的青少年时期，中国正处于时代更替、社会变革的大动荡年代，民族灾难深重。他目睹广大农民“自耕不能自食，自织不能自衣，缺乏科学文化知识，贫穷饥饿，苦不堪言，农村经济濒临破产”的痛楚，并对此感到忧虑，从而萌生了“教育救国”“振兴农业”的思想，坚定地选择了爱农、学农、振兴中华农业的道路，毅然担负起现代高等农业教育和农业科学事业拓荒者的重任。

邓植仪祖辈世代务农，直至其父邓庆云弃农从军。在其父“国以农立国，农为根本”意识的影响下，邓植仪自幼便对农民和农业有着朴素的好感和兴趣。加之“有土斯有财”“人类繁衍生息在大地”“土壤乃农业生产最重要的物质基础之一”等认识的激励下，邓植仪最终选择攻读冷门的土壤学，并与之结下不解之缘。1909年，21岁的邓植仪怀揣“科技兴国”的抱负，远渡重洋，先后在美国加利福尼亚州立大学、威斯康星大学攻读土壤学，并获得威斯康星大学硕士学位。1914年，邓植仪婉拒导师“留校工作”的建议，毅然回国。

1920年夏，时任广东省省长的杨永泰邀请其回广州接任广东农林试验场场长，兼任广东公立农业专门学校校长。20世纪二三十年代，邓植仪开创性地组织了一场全省范围内的土壤、农业资源调查，这在当时的国内，规模空前。

1920年，他出任广东农林试验场场长伊始，便在试验场增设调查科，派人分赴各地，展开对各县地理位置、气候、耕作状况、农民经济状况、作物、果树、畜牧、森林、荒山、荒地、特产及输出品、农村教育状况等进行逐项调查并提出改进意见。历时12年，于1932年完成了广东全省94个县的调查任务。

1930年，出任广东土壤调查所主任后，邓植仪亲自规划全省土壤调查研究工作，至1938年日本侵略军侵占广州前，先后完成了番禺、南海、东莞、惠阳、高要、梅县、曲江等34个县的土壤详细调查工作，其中已有28个县的土壤调查报告书及土壤分布图编撰出版，另6个县的调查报告书因广州失陷而未及出版。此次土壤调查成果颇丰，为广东水土保持、环境治理决策、农林业发展提

供了重要的基础性研究。

邓植仪与彭家元合著的《土壤学》是中国的高等农业学校第一本土壤学教材。1937年，代表了当时国内土壤学界最新科研成果的《土壤学》第二版付梓。该书标志着中国土壤学学科体系的形成，直至20世纪50年代早期仍然作为中山大学农学院、华南农学院的教材。

1939年，春中山大学迁址到云南澄江时，邓植仪还与丁颖、侯过乘坐西南运输处货车沿滇缅公路考察昆明至大理间的农林及土壤概况，沿途采集了不少土壤标本，全程400多公里。

“不管是在和平时期还是在战火纷飞的艰苦岁月里，邓植仪从未中断过土壤调查工作，中山大学农学院迁到哪里，土壤调查工作就开展到哪里。”华南农业大学农史学专家吴建新教授描述道。

邓植仪不仅重视对我国农业和土壤的调查，而且注意国际交流、借鉴国外经验。1935年，他赴英国牛津大学出席第三次国际土壤学大会并提交论文，提高了我国在国际土壤学界的学术地位。同时，他乘此机会，考察了英、比、荷、德、丹麦、瑞士、意、法、美等国和南洋各地的农业教育与农业概况，行程10万里，历时165天，对各国的农业设施、政策、科学试验、经营管理、农产品贸易、土壤、肥料等进行了认真的调查研究。回国后，他发表了《出席第三次国际土壤学大会暨沿途考察农业与农业教育概况报告书》，详尽地记述了考察情况及改进我国农业和农业教育的意见，呼吁当局要重视发展农业生产和农业教育，复兴农村。

百年双喜 特约
世纪广东学人
邓植仪
扎根土壤 一生为农
百年薪火 世纪风范 广东中烟工业有限责任公司特别呈献

1935年，邓植仪在美国加州大学柑橘试验场考察

办学·倾心竭力

作为“农专改大”的幕后舵手，中大农学院的成立，邓植仪功不可没

邓植仪不仅是一位著名的土壤学家，还是一位有远见卓识的农

业教育家。他强调指出，要改变我国农业之落后面貌，必须重视发展农业教育。

邓植仪曾先后多次出任校长、院长达21年，两次出任中山大学教务长达11年，这在中山大学校史上是少见的。

吴建新分析，邓植仪在学院内不仅有着良好的声誉和威望，人缘也不错，与同事相处融洽，这才使他在“众星云集”的国立中山大学农学院得以始终站稳脚跟。邓植仪的儿子邓锡鎏也称其父“摒弃旧时学府不良的学派门户之见，礼贤下士，广纳贤才，学术自由，兼容并包。并以身作则，和洽不同学术流派人才共事”。

1917—1949年，中大农学院经历了广东公立农业专门学校、国立广东大学农科学院和中山大学农学院三个阶段的发展历程，都与邓植仪密切相关。

邓植仪主持广东公立农业专门学校工作时，条件艰苦，学校不仅缺乏经费，还曾由于生源匮乏，校舍被军队征用，实验场地被变卖，学校被逼迁，因而在临时棚厂内办学两年多。就是在这样的逆境中，邓植仪带领全校师生克服重重困难，通过向社会募捐增建校舍、改进招生办法增加考生来源、增聘知名教授壮大师资队伍、改革教学体制等措施，才使农专转危为安。

说起中山大学农学院（华南农业大学前身）的最终成立，不得不提到轰轰烈烈的“农专改大”运动。1922年，为了推动农专向高层次发展，农专师生发动了“改大”运动，邓植仪便是这场运动的幕后“掌舵者”。

据载，他当时明确提出“本校欲图提高，不能不急于改为农业大学”。经过全校师生不懈努力，广东省教育厅最终同意农专筹备改办大学。1924年，“改大”筹备会正张罗相关事宜，恰逢孙中山下令创办广东大学，农专改组为国立广东大学农科学院，邓植仪受聘为首任院长。

在邓植仪的带领下，中大农学院逐渐在南方声名鹊起。邓植仪想方设法召集到了“当时国内学术造诣深厚，乐于传道授业，并有志振兴中华农业”的著名农业学者，其中不乏多位农学分科的奠基人——如我国现代稻作科学主要奠基人丁颖，著名植物学家、我国近代植物分类学的开拓者和奠基者之一的陈焕镛，我国现代昆虫学奠基人之一的张巨伯，以及著名林学家侯过、沈鹏飞等。农学院也因此成为华南农学专家的摇篮之一，先后当选中国科学院院士的蒲蛰龙教授、赵善欢教授和庞雄飞教授也都系农学院培养。

1935年中山大学建立了研究院，下设的土壤学部成为新中国成立前国内唯一培养土壤学科硕士研究生的机构，邓植仪也在当年招收了第一批土壤学研究生，为我国培养了第一批著名的土壤学专家，其中有简浩然、陆发熹、张本庚、张守敬等。他的学生谢申在学期间就在《农声》上发表多篇学术论文，曾跟随他深入乡村参与土壤调查，后来因为学习成绩优异而被派往美国留学，毕业后返国任教，是新中国成立后著名的土壤学家。

抗日战争期间，中山大学两度迁校，师生们在炮声不辍、风声鹤唳中度过。1938年10月，广州告急，中大奉命西迁。时任校长邹鲁远在重庆，任中山大学教务长兼农学院院长的邓植仪临危受命，带领全校师生，辗转搬迁。

邓锡鎏回忆说，当时邓植仪等全部师生员工及家属安全撤离后，才携家眷趁夜幕仓促撤离，10多个小时之后，日寇便进占广州市区。西迁途中他风尘仆仆，备尝艰辛，定址云南澄江县后又四处奔忙，积极筹划，于1939年3月1日正式复课。至此，中山大学2000余名师生在经过四个多月数千里的辗转搬迁后，终于安顿下来，得以弦歌再续。

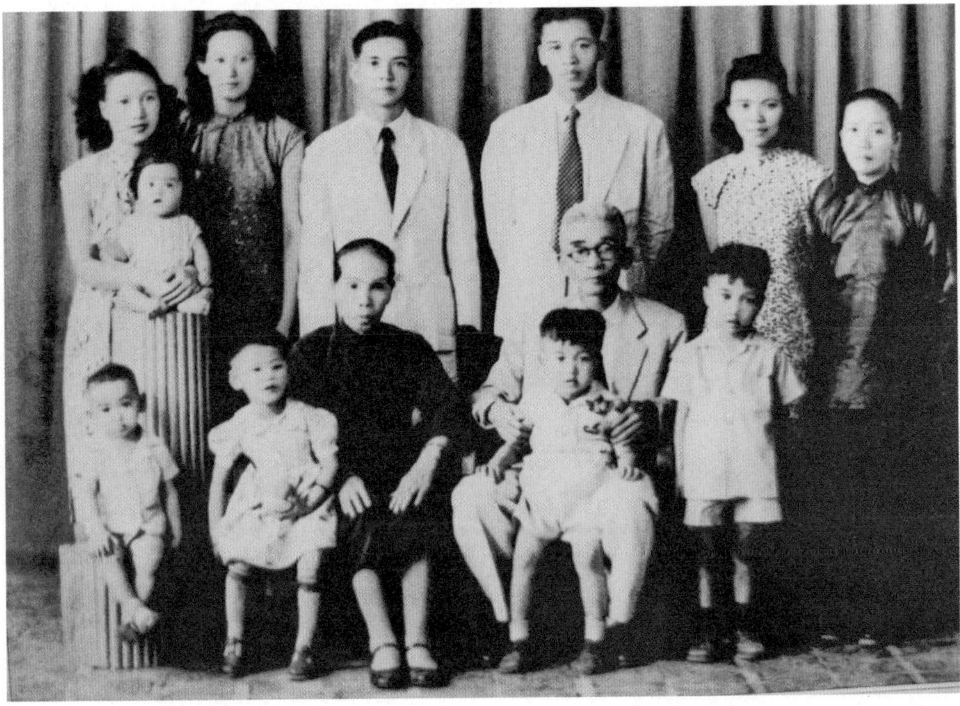

邓植仪60岁寿辰时与家人的合影

1940年秋，中山大学从云南迁回粤北，农学院则迁至湖南宜章栗源堡。1944年底日寇进犯粤北，1945年1月15日栗源堡沦陷。邓值仪率领农学院和其他学院部分师生，艰苦跋涉，从栗源堡突围到连县，成立了中山大学连县分教处（当时中山大学校本部迁往梅县），邓植仪兼任主任。

两次临危受命，邓植仪都竭尽全力，坚持办学，使学生不致中断学业，直至抗日战争胜利，才带领师生迁回广州石牌。此后直至1949年，中山大学曾数度易长，但邓植仪一直担任教务长兼农学院院长。

为师·严贤兼备

邓植仪监考，学生连头都不敢歪一下，但当听闻其欲辞职，学生两度向校方陈情挽留

“个子不高，瘦削的脸庞下，有一双炯炯有神的眼睛，好像能够洞察一切。”华南农业大学教授、老教务长何贻赞对邓植仪的第一印象非常深刻。1940年入读中山大学农学院园艺系的他，上过邓植仪的土壤学课程，虽无私下交流，但先师的严厉作风，即使时隔七十载，依然记忆犹新。

“一般考试的时候，老师都是站在讲台上监考，邓教授却是站在后面观察学生的一举一动。上他课的学生都非常怕他，考试非常认真，连头都不敢歪一下。”

邓植仪寓学农、爱家、务农教育于教学环节。他非常重视在基层农民中推广农业知识，开拓多种办学形式，如为扶助贫困地区发展蚕桑业，成立巡回蚕业讲习所，派出教师下乡讲授蚕桑应用技术。这种送科学技术下乡的办学形式，深受当地政府和农民的欢迎。

邓植仪对学生的农业劳动和专业技能的锻炼要求非常严格。他认为，农业科学是应用科学，农业工作又较艰苦，所以农科学生学农意志不可不坚，学成之后从事农业工作，尤须刻苦勤劳，要研究农学，就必先“苦其心志，劳其筋骨”。

他立下规矩：新生入学伊始，必先从事一段时间的农场劳动，以“锻炼其精神体魄，免将来易为不良环境所变迁”。其后通过组织学生到校内外农林场

进行暑期实习和科学试验，正确引导学生理论联系实际，培养学生解决生产问题的能力和坚定学生热爱农业、献身农业的意志。早年中山大学农科大多数毕业生都能长期坚持在农业部门工作，并保持艰苦朴素的作风，这与邓植仪的谆谆教导和严格要求是分不开的。

邓植仪平时不苟言笑，非常严肃，学生们一方面对他有敬畏之心，另一方面对其爱戴备至。

1925年，广东大学农科创建初期，时局艰难，身心交瘁的邓植仪萌生退意。这在农科学院掀起了轩然大波，“致使满院师生，群起惊讶”。5月3日召开的全体学生大会，“众议一致挽留”，并呈文邹鲁校长出面挽留。呈文中提到农学院的“危机存亡之秋”，“卒能协谐有众，外抗侵略内振校务”的，只有邓植仪院长，如果他请辞会使“吾农界顿失良好之导师，而我校长忽失良好之助臂，前途影响之大，不可宣言”。

时隔半年，由于广州国民政府组织调查委员会干扰学校工作，招致全体教授以及包括邓植仪在内的各学院院长辞职。农学院学生会召开全体学生大会，“议决发表宣言，誓必一致挽留”邓植仪。学生代表还面见代理校长陈公博，称此事是“学校前途实利赖焉”。由于全体学生的挽留，邓植仪成为当时广东大学两位留任的院长之一，其他院长全部去职。

（本文参考邓锡鎏教授《忆念先严生平》、华南农业大学吴建新教授《邓植仪评传》两文。东莞市政协常委李炳球先生对本文亦有贡献。）

（胡念飞　高金花）

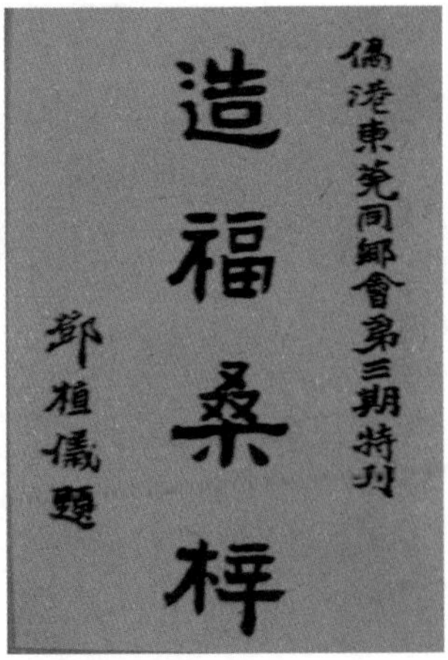

邓植仪为家乡的刊物题词

学者视点

邓锡鎏、何贻赞、吴建新评价邓植仪

他的品质，我们只能高山仰止

作为中国土壤学科的奠基人之一，邓植仪的学术贡献毋庸置疑。他长期担任中山大学教务长职务，并主持农学院，而于公私两方面，他泾渭分明、严于律己。其子邓锡鎏和华南农业大学教授何贻赞、吴建新在接受记者采访时评价“高山仰止”。

于公，廉正不阿

某年招生时，政要权贵们写来的托情信之多，足以用来烧开一大壶水

邓植仪一生廉正不阿，淡泊明志，不附权贵。

他两度担任中山大学教务长的11年间，每年都会有不少官宦、富豪请政要权贵为他们投考的子弟写来托情信，希望予以照顾录取。但邓植仪从不开人情之门。就连他的子侄投考，亦一视同仁。

每到招生结束，邓植仪就把所有政要权贵写来的托情信交给教务处的办事员，着令把它们付之一炬。据当时的办事员回忆，某年招生时，政要权贵们写来的托情信之多，足以用来烧开一大壶水。

邓锡鎏回忆，在中山大学任职期间，学校配备专用小汽车接送邓植仪上下班。可邓植仪公私分明，平日办私事时绝少使用公车。如因办私事乘用了，事后，他必然要计算出行车路程所耗用的汽油数量，按市价折款给学校，未经他同意，家人绝不能私自乘用公家小汽车外出。

这些近乎苛刻的自律和清廉，恐怕在现在看来只能是“高山仰止”。这是何贻赞、吴建新等学者对邓植仪的共同评价：“我们这一代人会感觉惭愧，没能达到这样的高度。”

农史研究专家吴建新教授认为，邓植仪其实是一个贤严兼备的老师，

“贤”主要表现在他的宽容大度，而今邓植仪以德报怨的一段佳话成为可靠佐证。

1925年，广东大学成立后，因校舍分散，难以发展，孙中山遂命校长邹鲁择广州市北郊石牌以北的一带官荒山地作为新校址。广东省政府出共拨2178亩地作为农科学院的第二农场场地，引起了当地乡绅、村民的反对。

当年5月1日早上，时任农学院院长邓植仪带着十余位师生前往察看荒地，却被石牌乡绅集结的2000多名村民重重包围。“有的手持锄锹短棍，有的手持短枪，石头也如雨般落下。”事件中，多位师生都遭到暴打受伤，邓植仪背部被打至重伤。

但暴力并没有动摇广东大学农学院师生迁址办校的决心，邓植仪经过短期的疗伤之后，便全力投入农科学院第二农场的建设中。他亲自规划农场的道路、绿化、试验田地，终于在荒山湖沼中开辟出一大片田园，种满生机勃勃的农作物。第二农场的蓬勃发展，对当地农业起了示范作用。近水楼台先得月。石牌村民经常到第二农场购买良种，向农学院师生请教种养技术。受益的当地村民开始与农学院师生友好相处，昔日恩怨迎刃而解。

邓植仪不仅爱他的学校、他的土壤学，也爱护和关怀农民。据《石牌村志》记载，石牌村北部农田全靠始建于同治年间的鸡笼岗陂等六个陂塘灌溉，可惜遭到侵华日军的破坏，陂塘损毁。抗日战争结束后，村中乡绅力图集资修复，但村中已民穷财竭，大片农田只能望天收成。

1946年，邓植仪每天上班路经石牌村，眼见大片田禾枯槁，缺水灌溉，心生焦急。他即电告曾在中山大学农学院任教授、抗战前任广东蚕丝改良局局长的廖崇真，嘱托他带当时联合国救济总署负责在华赈济的美国人承丁到石牌村视察旱情。随后，邓植仪又动用自己的人脉，恳请广东救济分署署长凌道扬，发给石牌村水利建设所需救济物资，还派出农学院赵善欢、郑凤瀛、庞雄飞三位专家帮助指导工程的修复工作。连同石牌村乡民的齐心协力，用时半月完成了六个陂塘的修复工程。

邓锡鎏何贻赞吴建新评价邓植仪……
他的品质，我们只能高山仰止
广东中烟工业有限责任公司特别策划

广东公立农业专门学校的前身广东农林讲习所旧址

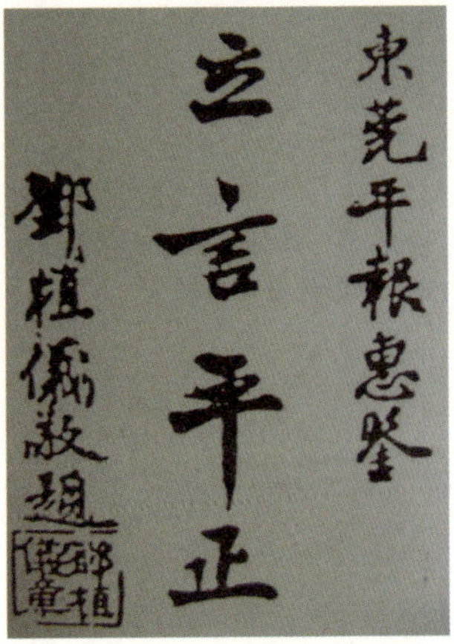

邓植仪为家乡的刊物题词

1946年10月，石牌六陂事成之后，石牌村的父老不忘恩人的大德，十分庄重地将水利工程建设的原委刻于石上，在石牌村内竖立了两块碑刻，一块为“鸡笼岗陂增加水量碑记”，另一块为“重修六陂碑记”。

如今碑刻所载之事，依然为当地村民所津津乐道。“这两块碑刻记述的不仅是一个关于水利的故事，还从侧面记述了一个杰出学者的博大胸怀。”

于家，偏爱恬静

热爱生活，喜欢恬静；于妻，相濡以沫；于子，慈爱有加

广州海珠区宝岗大道上车水马龙，人声鼎沸，临近珠江岸，同福中路横亘而过。邓植仪当年就长期居住于同福中路，今广州红十字会医院向南近郊处。而在上世纪20年代，这里还属于广州的偏僻郊野地区。大概在1927年，邓植仪在同福中路海幢寺往南邻近郊区的地方购置了一片约200平方米的荒地，建起一栋两层楼房和一座小园子。邓植仪对小园子很是喜欢，自己布置打理起来，种上龙眼、黄皮、竹子等，一家人过着清幽恬静的生活，甚是惬意。

邓锡鎏说，父亲偏爱恬静，为了寻觅一处工作之余的舒逸休息之所，才会选择将交通不便且偏僻之处定为居所。为了避免外界干扰，邓植仪甚至一直拒绝时任广州市电话局工程师的儿子在家安装电话。

抗战时期，邓植仪带着一家撤离广州，房子幸好没有遭受战火摧毁，得以保存下来。解放后，邓植仪曾长期在此居住，直至去世。

也许在外人看来，邓植仪为人严肃，不苟言笑，但家中的他是一位好丈夫和好父亲。

邓植仪之妻罗氏乃东莞县人，两人在邓出国前已经奉父母之命完婚。罗氏念过村塾，粗通文墨，知书识礼，为邓家育二女三儿。数十年来，夫妻情爱甚笃，融洽和睦，相濡以沫，从未红过脸，“一旦出现意见分歧，总是能协商化解”。回首往事，在邓锡鎏的记忆里，母亲罗氏是父亲的坚强后盾、“贤内助”，而父亲也非常敬重母亲，“家中大小事务都由母亲操持，拍板决定”。

邓锡鎏告诉记者，父亲不仅性格温和，平易近人，而且待人宽厚。“他从不挑剔家人的毛病过错，也从不疾言厉色、呵责打骂孩子，家人和孩子们对他都敬畏，而又感到亲切。”

工作之余，邓植仪常常同家人共享天伦，谈天说地，闲话家常。邓锡鎏依然清晰记得有一年的仲夏之夜，天气炎热。晚饭后，孩子们在房前拾阶而坐。父亲坐在藤椅上，一手挥着葵扇，一手翻开一本英文版的《一千零一夜》，边译边讲述其中的故事，直到深夜方罢。

邓植仪不喜外出饮宴应酬。休息日与闲暇时，多待在家看书和写作，偶尔去看场电影。

新中国成立后，邓植仪被调往北方工作。晚年的邓植仪日子非常艰苦，疾病缠身的他希望能回到广东工作。最终在昔日农学院学生的努力下，于1957年南返广州，就任华南农业科学研究所（系现在的“广东省农业科学院”前身）研究员。年近古稀的他，仍着手研究反酸田改良问题和规划红壤研究工作。同年10月18日，回到广州仅4个月，邓植仪在与科研人员探讨广东红壤研究规划时，突发脑溢血，病殁于其热爱的工作岗位，享年69岁。

1966年，“文革”波及邓家，邓植仪所遗留的书籍、文件、衣物等被抄走。罗氏于慌乱中，将邓植仪的骨灰盒投入屋前小园的水井里，幸免被抄损毁。1983年，子女们将病逝后的罗氏骨灰也投入该水井，让两位老人长相厮守，永远安眠于家中地底下。儿女们则各自在家中焚香，“遥未祭祀，纪念不忘” 。

1984年12月，邓植仪家人接到一张迟来的“表彰状”，称为了表彰邓植仪在担任中国农业科学院第一届学术委员会委员期间所做的贡献。不知邓植仪泉下有知，会否有一点慰藉。

邓植仪晚年在北京工作时，曾教导后辈为人处世的准则是“真正做人，认真做事”。纵观先生一生，也正应了这八个字。

（胡念飞　高金花）

1935年，邓植仪（右）参加国际土壤学大会之后赴美国考察，与园艺学者黄昌贤合影

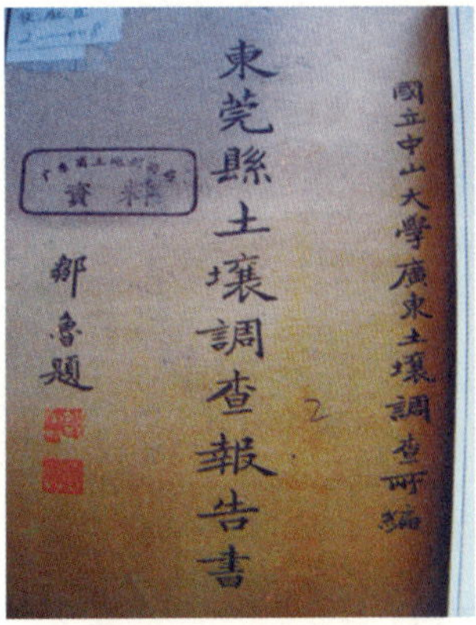

1933年，邓植仪主持东莞土壤情况调查，并撰写《东莞县土壤调查报告书》

学人小传

马采（1904—1999），广东海丰人。现代著名美学家、哲学家和翻译家，学术领域涉及哲学、美学和艺术学等，开拓了中国现代美学发展之路，为中国的美学教育奠定基础。学术成就卓著，却没有什么功名利禄，中大哲学系教授冯达文称他为『大音希声』，单世联感叹他是『一位不应忘却的学者』。

马采：用生命追寻『美的历程』

“中山大学哲学教授、我国著名美学家、哲学家、翻译家马采先生，因病医治无效，于1999年3月2日在广州逝世，享年95岁。”1999年3月10日《南方日报》登出的这条小消息并未引起世人多大的关注——新旧世纪交替之时，中国经济正在经历过山车般的增长，在商潮滚滚年代，人们已经不再熟悉这位文化名人。

仿若海丰家乡南湖边上的一株孤榕，默默点缀着风景，马采在新世纪足音临近之时故去，将美学和艺术学研究开拓者的荣耀融进了岁月的风尘。

虽身后孤寂，但他惠泽后学、昭启来者的精神财富依然留存。中山大学哲学系教授冯达文在悼念文章《人音希声》中高度评价马采的学术贡献：“在美学成就上，马先生堪与宗白华先生媲美。”

我们一同走近马采，走近这个在中山大学踽踽独行编写两部皇皇巨著——《世界哲学史年表》和《世界美学艺术史年表》，且用一生度过中外审美和艺术胜境的中国美学大师。

学术活动

为中国现代美学拓荒

1921年，17岁的少年马采身高已经达到一米八六，浓眉下的大眼透着一股英气。这年10月，他离开龙津河，踏上留学日本之路，就此铺开了他一辈子的“美的历程”。

出国之初，他本打算学理工科，以后当个工程师，但后来为生计考虑，经常写一点留洋小品寄给国内报纸，读文史哲多了，渐渐竟转移了兴趣——1927年从冈山第六高等学校毕业后，他到了京都帝国大学文学部哲学科读书。

那时享誉国际的西田几多郎和田边元教授坐镇哲学课，引来各地学子不远千里朝拜。看似一个很好的学习机会，但马采觉得两位老师讲课虚无超绝、玄之又玄，实在无聊，于是毅然改从深田康算、植田藏寿两位美学大师专攻美学，后进入大学院又在泷精一的指导下研究美学和美术史。

上世纪20年代的日本，随着西方的主要美学理论相继传入，已有了较为系统的美学研究。马采得以较为系统全面地学习西方美学思想，这为他后来研究黑格尔和李普斯的美学奠定了基础。

1933年从东京帝国大学大学院毕业后，马采回国担任中山大学美学教授。越两年，他正式发表了《赫格尔美学辩证法》，率先把黑格尔美学全面系统地介绍到中国。他继承黑格尔的“理念发展”说，在1939年昆明召开的全国哲学学会上宣读《论艺术理念的发展》，被冯友兰、贺麟、金岳霖、冯文潜等称为“马氏美学辩证法”。随后，多篇论文相继发表让他在中国美学界崭露头角。

1958年，新中国恢复美学，北大由邓以蛰讲授中国美学，由宗白华讲授康德美学，朱光潜讲授黑格尔美学，马采则讲授黑格尔以后的西方美学，并代邓以蛰讲授过中国美学思想，风云际会的北大哲学门再现繁荣之象。

学人单世联指出，第一代美学家中，马采论著之多不如朱光潜、研究之精不如宗白华，“但也就这两人比他学高一筹”。第一代美学家中马采有不可取代的地位：宗白华、冯文潜均留学德国，朱光潜的博士导师克罗齐是黑格尔主义者，他们的理论装备都是德国的。但冯文潜著述不多，宗白华埋头于古典，朱光潜1949年前的论著对德国古典美学介绍较少，比较全面系统地介绍德国古典美学的任务倒是由从未去过德国的马采完成的。他在这座美学高峰上极目驰骋，冥搜旁涉，对中西美学和艺术做了精湛研究，参与了现代中国美学的奠基。

一个世纪行将结束前，第一代美学家先后凋敝，马采成了“硕果仅存的一人”，其对于中国现代美学承前启后的作用可想而知。而马采晚年更是以老牛自奋蹄的精神编写了大量年表，特别是《世界哲学史年表》和《世界美学艺术史年表》，为往后中国美学的发展留下了最丰厚的财富。

济世热望
哲学不应回避现实

老友黄鼎臣评价他为“书呆子”“不是搞政治的料子”，理由是他经常穿着裂开一道四五寸口子的衣服上课，而有一次钱财被男仆寄回乡下买田买地，他却毫不介意。

正是这样一个“书呆子”却有壮烈的情怀和济世热望。这一点在他的学术研究中时时流露——苏格拉底是他的精神导师。上世纪40年代马采在自己的长文《论苏格拉底》中写道，苏格拉底“在雅典青年的心中，点燃了内心的自觉，煽起了灵魂的革命，使其发挥知而能行的实践意志，同时，对于苟安的一般市民和只图自私的贪污腐化，毫无假错，毫无容情”。

“像苏格拉底，为自己的国家，为自己的国民，把生命做赌注去从事哲学。”他从苏格拉底那里找到了自己立身处世的态度，“我们要求哲学的政治性，同时亦要求政治的哲学性，我们的政治不应是杀了苏格拉底，封闭了柏拉图的直言和雅典那样的政治。我们的哲学不应是回避现实，不说直言，无埋论无气力的独善其身的哲学。”

于是当抗战烽火燃起、偌大广州城“已容不下一张平静的书桌”时，马采以一个中国文人的济世情怀和强烈使命感，承担起呼吁抗日、保校复课的责任。

他应朋友雷荣珂邀请去广西游历期间拜访了“小诸葛”白崇禧将军，对这个四十出头、身强体壮又不失儒雅的将军，印象极深。一年后，日寇的炮火遮蔽了卢沟晓月之后，马采写信给白崇禧，希望他能做当年抵抗拿破仑侵略的库图佐夫将军，起兵杀敌，驱逐日寇。

日军对广州不分昼夜地疯狂轰炸，马采每次避难必带费希特的《告德意志国民》，利用躲警报的时间把它翻译成中文，然后发表在《现代中国》激励自己，也呼唤国人奋起抗日。妻子陈云在未发表的《金婚情思》中回忆：“他每次埋头翻译时，全然不管敌机在上空飞，紧急警报频频鸣叫。”

在长达八年的颠沛流离中，肩负着复课教学的使命，一个清瘦的文人和学生们一起天涯逃难。为此，他当过中大搬迁时的“先遣部队”（负责转移后勤），先后在粤西罗定、云南澄江、粤北坪石等地安置学校，复课教学，展开科研活动。流落异乡的艰难是难以想象的。1940年11月，马采一家在前往金城江途中遭遇了车祸，夫妻俩都受了重伤，而刚8个月的女儿菲菲险些夭折，经过两个多月的医治才得以好转。流落他乡的几年中，中大三易校长，教学秩序不稳定，作为老师的马采力排种种纷扰坚持给学生上课，从事美学研究。伴随着费希特《告德意志国民》一书全部译成并出版，马采同时发表了《康德学派与现象学派》《艺术科学论》《美的价值论》和《中国画学研究导论》等重要文章。

马采以卓著的成绩获得肯定，后来受聘为第四战区编纂委员会委员。妻子陈云说，这项殊荣对于一个书生来说是很不一样的。不同于武将的金戈铁马，文人学者济世救国的炽热情怀，同样是中国抗战的强大思想力量。

躲进书斋
心底无私天地宽

然而，在熬过八年的颠沛流离之后，马采等来了一纸通知——留在“沦陷区”扶溪的人员，一律解除聘约。陈云在《金婚情思》中回忆，一家人初返广州，地无立锥，屋无片瓦，家园还未重建，突遭失业，“我们追随学校多年，出生入死用命搏，得到如此下场，怎不令人伤心？”

陈云回忆说，当时学校以“莫须有”的罪名解除马采的教职，马采是耿耿于怀的，之后他转聘于省立商学院，先后兼教广州大学、广州市美专和珠海大学等学校哲学课程，直到1950年才重返中大。就是在这几年，他出版了《哲学概论》《论美》和《原哲》，虽遭遇困境仍努力进行学术研究。

中国有很多学者顶住了战乱的流离之苦，却没有熬过“文革”时期书斋的毁灭、精神的重压。马采却以常人无法想象的坚强走了过来，以学术上的斐然成绩冲淡现实不公的影子。

1958年，妻子被错划右派，处处受排挤。1959年，爱徒方春书因受不了身心的苦痛，选择像《物性论》著者卢克莱修一样离去。双重打击使这个已年过半百的老学者只能把苦往心里咽，但在工作上热情不减，坚持在北大开课讲学，并与邓以蛰合作，标点注译了汤垕的《画鉴》和黄公望的《写山水诀》。

1960年中大复办哲学系，马采从北大调回。但学校却认为马克思主义美学课，马采不够条件讲授，要由别人开课，让他去听课。如此糊涂的时代，马采失望落寞，开始躲进书斋专心于美学研究。

随之而来的“文革”，马采被人叫作“养鸡教授”，进牛棚，被抄家，学术活动被迫停止。在干校干活时，夫妻相见却不能相问，写不完的交代和坦白终究把他折磨出了心脏病。

最让他困惑不解的是，在翻译了《世界近代科技史》并且接受国务院下派的紧急任务翻译完《萨摩亚史》后的一年，这位70岁高龄、心脏病正发作的老人，被加上“吃社会主义的粮，消极怠工，利用一技之长扩大资产阶级法权、复辟资本主义”等罪名，连续遭受三次批斗，病情每况愈下，险些赔上性命。

经历过后，马采却风趣地说：“我不自觉地扮演了当年苏格拉底在雅典法庭受审的角色，只是侥幸没有被判死刑罢了。”

就是在这样的精神支撑下，这对老夫妻相互扶持，以普通人无法想象的坚毅度过了那段最黑暗的岁月。这位学者一直以宁静淡泊的心态承受，做到“心底无私天地宽”，君子安贫，达人知

1986年，马采全家福

1996年，拜访北京大学老同事张岱年（右一）教授夫妇时合影

命。马采的学生高中在后来不禁抒怀："人间尊崇与我师太薄了吧，可您却泰然而淡然，真不知采师到底向生活索要过什么'报酬'！"

金婚情思

共话桑榆情不老

一个书呆子味十足，自命"名士派"中人，对生活琐事漫不经心，不修边幅；一个侨乡淑女，凡事都有计划，悉心安排生活，踏踏实实。马采和陈云性格和个性迥异，只是学术兴趣比较接近，又在同一系中工作，由同事而朋友而恋爱而结婚。妻子陈云感叹：这是天作之合还是"赤绳系足"之缘？

从抗战时共结连理，一路艰辛漂泊，始终执手不离。到了老来相伴，每天更是形影相随。妻子陈云不但在生活上全心全意为马采，而且在学术上也成了他一辈子的义务助手。

金婚是一世不离不弃的证明，和马采共同走过五十年风雨路，陈云这位曾经的文学才女用所有的深情把相知的历程记录下来，倾注于至今尚未发表的《金婚情思——一对患难夫妻的坎坷人生道路》。

在历尽几多风雨沧桑洗礼之后，耽误的韶华早已不再，但两位老人有"老牛已知夕阳晚，不用扬鞭自奋蹄"的精神，希望可以再为中国美学发展留下点东西，相互扶持，相互协作，创造了中国美学史的又一段佳话。

改革开放初期，马采和妻子陈云为寻找创作源泉，一起去北京、哈尔滨、上海等地搜集资料，硬是以蚂蚁啃骨头的精神，花了四五年时间完成《世界哲学史年表》。1992年出版后，北大教授张岱年在序中赞叹："《世界哲学史年表》一书，我认为对比较哲学研究十分有用，填补了中国学术界的一项空白。"

"他们俩相互切磋、反复讨论，当一个问题得到核实就相互祝贺，砥砺再进，他们是充实的、幸福的，他们生活在'美的世界'之中，他们的身心和生命已经融为一体。"马采的女儿菲菲回忆，陈云利用目录学方面的知识，协助马采工作，他们雇不起保姆，自己动手，清茶淡饭，粗衣简居，但乐在其中，有希腊廊下派哲人的坚韧和超脱。

几年当中，马采先后出版了《哲学与美学文集》和《美学与艺术史文集》。但是天不遂人愿，在1997年春天，妻子陈云为照顾马采，并且完成了

《美的历程》的中国部分，最终病情愈加严重而倒下，她在病中还是念念不忘还没有抄的书稿。

在妻子陈云溘然长逝之后，这位老人每天早晚对着妻子的像喊“妈咪，起床了”“妈咪，吃饭了”，悲伤和怅惘溢于言表。但看着妻子在病中依然坚持帮助他整理的《美的历程——中外美学美术历史编年综表》还没完成，他一边忍受着伤痛，一边更加争分夺秒投身于这部巨著。

1999年1月，马采身体状况恶化住院。平时不问病情的老人认真地和医生说，自己身负重任，希望医生能给他半年时间把《美的历程》写完。而终究没有敌过病痛，在当年元宵节离开了这个世界，还有他未竟的事业。

大音希声，一代美学大师马采在大半生的漂泊、一辈子的淡泊和一生对美的追寻中陨落，留给世界的只有无限美的绕梁余音可以聆听。他的家人和学生为他完成了生命的绝唱《美的历程》，最终由武汉大学刘纲纪教授定名为《世界美学艺术史年表》，在2001年终于得以付印，算是了却了老人的心愿。

（本文参考马采妻子陈云的回忆录《金婚情思——一对患难夫妻的坎坷人生道路》、女儿马立红《生命的绝唱》、陈云《马采传略》、单世联《一位不应忘记的学者——记马采先生》、张纯纲《马采美学历程论》、冯达文《大音希声》、李永林《振劲朔以杨渌，含凝露以吐英——纪念马采先生诞辰一百周年》等。马采先生小女儿马薇薇女士为本文写作提供大量原始资料，特此感谢！）

（赵洪杰　吴君）

马采90岁生日时在家中与夫人陈云合影

《马采文集》

学者视点

刘纲纪、徐文俊评说马采

没有不可超越的美学 但马采的理论不会过时

中国现当代著名的美学家是一个学术群体，他们的理论各有不同的特色与贡献，但又是相互补充或相得益彰的，不能相互取代。与宗白华、朱光潜等人相比，马采独特性的学术贡献在哪里？

马采少年得志，高中、大学和研究生都在更有国际学术视野的日本完成，同一批的广东学子也就十数人而已。但经历了短暂的黄金时期，他的学问长期不受重视。那么，今天我们应该给予马采一个怎样的公允评价？

马采把学术的研究和学术史的研究打成一片，连为一体，可以说这是中国古代史学与“经学”的研究方式在现代的延续和发展，它最为集中地表现在《世界美学艺术史年表》一书，那么马采创造的这些学术范式对今天的学人有何启示？

针对这些问题，南方日报记者专访了马采的弟子——长期担任中华美学学会副会长、武汉大学人文社会科学资深教授刘纲纪和中山大学哲学系教授徐文俊。其中，刘纲纪先生已经78岁高龄，专门写来一封长信回答记者的问题，对老师马采的敬仰和怀念之情溢于言表。

到马采晚年，人们才认识到身边有这么一位大师

南方日报：很多学人写回忆文章，都提到马采是不应该被忘却的学者，那么马采为什么会被忘却？

刘纲纪：我认为凡是在推进某一学科的发展上做出了自己特有贡献的学者都不会被忘却。我在秉承师命，为马采先生的《哲学与美学文集》所写的序中曾经说过：“马采师的著作在中国现当代的哲学、美学史上具有不可忽视的历史文献价值。”这就是他永远不会被忘却的根本保证。如果有人忘却了，那只

是因为他对“五四”以来中国现当代哲学、美学的发展史缺乏应有的了解与研究。这种不应忘却的忘却，推翻不了学术发展史上客观存在的事实。

徐文俊：他为什么被忘却呢？其实是因为他的影响到晚年才体现出来，人们才认识到身边还有这么一位美学大师。

马采先生的译文集是比较早的，并不是他本人的著作。而影响最大的是《世界哲学史年表》，也是晚年才出来。他花了很大的功夫，从古希腊开始，哪些年发生了什么事，这是比较浩大的工程，是哲学百科全书，张岱年也给了很高的评价，说“填补了空白”——西方哲学最基础的研究空白。

南方日报：马采与朱光潜、宗白华、冯文潜等人都被称为第一代美学家，马采名气没有其他人大，为什么？

刘纲纪：中国现当代著名的美学家是一个学术群体，他们的理论各有不同的特色与贡献，但又是相互补充或相得益彰的，不能相互取代。因此，在所谓“名气”问题上，我主张要做一种实事求是的具体分析，不必机械地排出名次。

可能某一位美学家在某一方面的研究比另一位美学家要高一些，而另一位美学家在他所研究的方面也有高于别的美学家的地方。总之，各有其擅长与优胜之处。

徐文俊：朱光潜这些人都当过系主任、学习支部的领导，他们的名气比马先生大，这不奇怪。马先生是属于少年得志的人，高中、大学、研究生都在日本完成。当时广东省只有十个年轻人去，他就是其中一个。最近我看到李敖讲过一句话：“人生有三大不幸，一个就是少年得志。”

他学贯中西，对西方的哲学有很深的造诣，对中国画的研究也很精深，这与他在日本学习功底非常扎实有很大的关系。为什么后来不够出名呢？我想第一，和马先生个人性格可能有点关系。我和他接触了十几年，发现马先生很有内才，但是不善言辞，也不善于交际。他讲话不是很清楚，这就可能影响到他的教学效果。第二，与他搞的学科有关系。解放后美学基本在国内不

A25

世纪广东学人

刘纲纪和徐文俊接受专访——

没有不可超越的美学，但马采的理论不会过时

《马采译文集》

受认可，是非常冷门的专业。

南方日报：马采学术活动主要集中在哪些方面？最重要的学术贡献是什么？

刘纲纪：我认为主要集中表现在哲学、美学、艺术学、中国古代美学史（含中国古代绘画史论）、日本近代思想史研究等几个方面。相对而言，其中又以对美学、艺术学研究的贡献和影响为最大。

徐文俊：马采一生的学术活动主要集中在三个方面：哲学美学、中国艺术和日本哲学的翻译，而最能代表他成就的是美学。

早年，他率先把黑格尔美学全面、系统地介绍到中国来，著有《赫格尔美学辩证法》《论艺术理念的发展》等论著，提出“创作与鉴赏正是艺术理念不可分割的两面”，这个观点得到学术界的高度重视，被称为“马氏美学辩证法”。这个观点，对现在的艺术创作很有意义。如果纯粹把鉴赏或是把创作剥离开了，那么就会有很多偏颇。现在有很多行为艺术的创作，大多从自己的理念进行，不考虑鉴赏者的感受。

他的一个重要学术贡献是提出应创立艺术学，把美学与艺术学区别开来。美学的对象是美，而艺术学的对象则是艺术，不可把美与艺术混为一谈。

南方日报：马采先生的治学态度是怎样的？

刘纲纪：学术发展史是人类发展史的一个部分，只有历史的评判才是最终的、公正的评判。从治学的特点看，我认为马先生治学的最重要的特点，就是不论研究任何问题，都要尽一切可能去详细、严密、如实地追溯考察这个问题在学术史上是什么时候提出来的，以后关于这一问题的看法又有一些什么变化发展，而且叙述的方式又是条理井然、简明扼要的。

即使他最后未对问题的解决提出什么看法、做出什么结论，他的文章仍然具有很高的学术史价值，大大有助于读者对问题的深入理解与研究。从治学的态度说，这是一种高度求真务实的态度。

徐文俊：马采的人生很坎坷，抗战开始后尤其不顺。

换成现在这样的环境，如果没有抗战和政治运动，按他的状态做下去，他绝对是早早出名了。政治运动和战争耽搁了他作品的面世和学术造诣的呈现，不然他肯定会出更多的东西，因为他接受了良好的基础教育和高等教育。

马先生回到中大后没有上过课，虽然是教师，但开不了课。他在逆境中还是坚持学术研究，不离不弃，这确实不容易。

如果改行搞别的，他就不是马采了。他的治学态度不会因为受到政治的影响而转向，这是一个学者的良心。他固守美学几十年，在逆境中坚持自己的研究，后来把作品集结出版，我们才得以认识他，因而敬仰他。

他把学术问题的研究和学术史的研究连为一体

南方日报：马采是否为美学学术创造了一些范式？对现在有什么启示？

刘纲纪：我认为马采先生充分建立了他的一个学术研究范式，这就是把学术问题的研究和学术史的研究打成一片，连为一体。这也可以说中国古代史学与“经学”的研究方式在现代的延续和发展，它最为集中地表现在《世界美学艺术史年表》一书中。此书的出版，可以说是中国学者对世界美学艺术史研究的一大贡献。

至于他的学术对现代的启示，这是多方面的，尚待做深入研究。如前面讲到的他对艺术学的研究明显对中国当代艺术学的发展有重要的启示。再如他对美的本质的研究非常强调美与“价值”的关系，又认为“人格价值乃是最根本的价值”，美的“价值”与“生命的肯定”分不开，审美中的“自由”不是“任性”，“任性绝不是真正的自由”，“通过审美的享受，我们学到要怎样去爱自然和人生；自然、人生与我们中间，成立了一个亲密的纽结”，等等。这对我们今天探讨美的本质仍有启示。

（赵洪杰　吴君　朱婷）

学人小传

蒲蛰龙（1912—1997），广西钦州（原属广东）人，出生于云南。中国科学院院士、国际杰出的昆虫学家、我国害虫生物防治奠基人。长期致力于以虫治虫、以微生物治虫和害虫综合防治的研究。1950年开始，利用赤眼蜂防治甘蔗螟虫的研究取得成功，并推广到桂、闽、湘、川等省区。曾获得其母校美国明尼苏达大学颁发的『优秀成就奖』，国际同行称他为『南中国生物防治之父』。

蒲蛰龙：南方一条龙 一生以虫治虫

蒲蛰龙，一个少有人涉足的昆虫学领域孜孜不倦的研究者，有外国友人称其“不仅是一位杰出的科学家和教育家，更像一位风度翩翩的外交家”。

一生在科学、教育领域获奖无数，然而问起最喜欢的奖项，他却说是音乐家协会颁发的荣誉证书——“您从事音乐逾四十年，为祖国音乐事业做出贡献，特发荣誉证书，以资纪念。”

临去世都没留下任何遗嘱，可几十年撰写的100多篇学术论文自己却一篇不落地完好保存着。

作为一名昆虫学家，他没有埋首故纸堆、关起门来搞昆虫分类研究，却耗费了近一生的时间和精力到农村下稻田、果园搞起实地昆虫研究。作为一名教育工作者，他为国内早期的昆虫生态领域培养了一大批人才，这句话他常挂嘴边：“当教师的，一定要设法让学生超越自己，否则，国家的科学技术就不可能向前发展。”

我们一同走近著名昆虫学家、中山大学昆虫学研究所前所长蒲蛰龙，跟随他的足迹，了解新中国成立后我国生物防治的新成绩、农业的新发展。

历历往事

明远志
练“昆虫分类”之功　壮“科学救国”之志

1912年8月1日，蒲蛰龙出生于云南。这片彩云之南的土地，钟灵毓秀，人杰地灵，见证了蒲蛰龙的幼年岁月。

因父亲频繁调动工作，童年时没有固定的小学入读，父亲便成了蒲蛰龙最好的启蒙老师。父亲蒲春榆是清朝秀才，时任地方文职官员，后又考取了行医资格证。一心望子成龙的父亲希望蒲蛰龙继承医学衣钵，终未能如愿。然而正如蒲蛰龙养女钟凤仪所说，蒲蛰龙一生专注于生物防治方面的研究，而其父又是传统中医出身，“这一点，很难说与其父学医的基础毫无关联。生物防治讲究农业生态、农田害虫益虫的平衡，中医是以阴阳五行作为理论基础，也要讲究阴阳二气的平衡”。

蒲蛰龙上大学时选择了昆虫学科作为主攻方向，他深为当时中国农村的贫穷、农业生产的落后痛心疾首，萌发了要为中国农业改造和发展、为农民的幸福做点实际贡献的信念。

大学四年，蒲蛰龙开始运用所学的昆虫学理论知识，参与到野外观察和实验活动中去。针对广东各地不少松林由于松毛虫危害致枯死的情况，他亲自到林区找来松毛虫在学校喂养，在当时实验设备简陋的艰难条件下，锲而不舍地观察松毛虫的形态结构、生活规律和生命过程，摸索防治松毛虫的有效方法。大学毕业时，他经过实地研究后写下的论文《松毛虫形态、解剖、组织及生活史的研究》被称为“广东乃至全国首篇较全面论述和防治松毛虫的理论依据的重要文献”。因此，大学毕业时，蒲蛰龙获得了中山大学农学院颁发的“毕业论文奖”和“优秀成绩奖”，这在当年的农学院是绝无仅有的。

蒲蛰龙后又师从燕京大学著名昆虫学家胡经甫教授，研习了不少生物学基础理论。1937年夏，蒲蛰龙完成硕士毕业论文，但尚未答辩，日寇的铁蹄就踏进了北平，学校解散了。蒲蛰龙怀着惆怅的心情告别京城，回到中山大学农学院任教。

之后广州沦陷，中山大学紧急疏散。祖国山河破碎，民族苦难深重，颠沛流离的生活更加坚定了他“科学救国”的志向。1939年秋，中山大学在云南澄江复学，已是农学院副教授的蒲蛰龙很快投入教学科研生活中。

在旧中国，昆虫研究的家底相当薄弱，国内估计有昆虫15万种，但已鉴定的只有2万种，而且93%以上还是外国人做鉴定分类的，我国搞昆虫分类的不足10人。作为一名昆虫学领域的研究者，蒲蛰龙深感责任重大，可囿于当时动荡的时局以及艰难的学术研究环境，蒲蛰龙感觉到心有余而力不足。为此，他决计赴海外继续深造。

在美国明尼苏达大学求学期间，蒲蛰龙师从著名昆虫分类学家米卡尔教授，从事昆虫分类研究，1949年秋获明尼苏达大学哲学博士学位，其妻利翠英获硕士学位。听闻新中国成立的消息，蒲蛰龙谢绝亲朋好友挽留，放弃国外优越条件，携妻踏上归程。

言传莫过身教。在这一点上，养女钟凤仪深受影响，“他把自己的国家，自己热爱的这片土地、家园看得比在国外的任何优越条件都更重要。他希望用自己所学到的昆虫学知识来改变中国农业落后的状况，这是他最大的心愿”。

新中国刚刚成立时，经济千疮百孔、一穷二白，农业基础十分薄弱，长期以来缺乏科学理论的指导，虫灾严重时，农民们除了用原始的方法捉虫外，只能听天由命，时任中山大学昆虫学教授的蒲蛰龙忧心如焚。

随其做了几十年教研工作的古德祥教授回忆说，当时蒲蛰龙已是国内声名鹊起的昆虫分类学权威，他只要专心坐在实验室里驾轻就熟地做他的昆虫分类研究就可以，“然而，面对农民期待的目光，想到自己科学报国的宏愿，他还是把昆虫分类学知识运用到‘以虫治虫’的生物防治实践上来，帮助解决实际问题”。

“科学实验一定要和生产实际紧密联系，如果在实验室里搞科研，得出成果不投入实际生产应用，那只是纸上谈兵。这不是我们科学工作者要走的路。”这是蒲蛰龙常挂在嘴边的一句话。

百年双喜 特约
世纪广东学人
A20
蒲蛰龙：
南方一条龙一生以虫治虫
新中国推广生物防治第一人
炼“昆虫分类”之功 壮“科学救国”之志
百年新火 世纪风范 广东中烟工业有限责任公司特别呈献

1947年11月7日，蒲蛰龙在美国明尼苏达大学

敬事业

新中国推广生物防治第一人

20世纪50年代，虫害是影响我国农林业生产的主要问题之一。广东作为甘蔗种植大省，种植的大量甘蔗深受甘蔗螟虫（俗称钻心虫）危害。甘蔗螟虫的“天敌”之一是赤眼蜂，自然界的赤眼蜂不多，而且不听从人们的指挥，于是，人工繁殖赤眼蜂，“教”赤眼蜂像孙悟空那样钻进害虫肚子里歼灭害虫，是摆在蒲蛰龙面前的大问题。1950年，蒲蛰龙开始组织工作人员进行利用赤眼蜂防治甘蔗螟虫的实验。据古德祥回忆，当时在顺德县做实地研究时，开始仍沿用美苏等国以往的试验模式，即用小卵麦蛾繁殖赤眼蜂，但是效果很不理想，繁殖出来的赤眼蜂体弱、雄性多，寿命短，而且一只卵只能繁殖一只蜂。经过反复试验发现，用蓖麻蚕卵，一只卵可繁殖30多只蜂，开创了大卵繁蜂之路。于是，大量繁殖赤眼蜂在各地蔗田释放，治虫效果不错。

回想起当时的情形，有个故事至今令古德祥难以忘怀：当时人们听说“蜂”，想象中的都是如蜜蜂或比蜜蜂更大的胡蜂、熊蜂，而赤眼蜂只比人的头发丝大一点，许多人都不相信这么小的蜂能治虫。“但一次强台风过后，普通的蔗地，甘蔗茎和节间受蔗螟的危害，台风一吹都断了、倒了，连蔗种都没有了。然而，放赤眼蜂的蔗田，甘蔗完好，这是由于赤眼蜂寄生于蔗螟卵，吃掉了卵中的营养，繁殖了蜂的后代，而蔗螟的幼虫出不来，甘蔗免遭虫害的缘故。这回蔗农相信小小的赤眼蜂治虫的威力了，愿意用赤眼蜂来防治螟虫。”

1958年广东省顺德县建立了全国第一个赤眼蜂站以防治蔗螟。此后，广东的中山、阳江、遂溪等县也陆续办起了20多个赤眼蜂站，并在广西、福建、湖南、四川等地得到推广。

用大寄生卵繁殖赤眼蜂在国内国外都是首创。值得一提的是，曾对我国实行经济封锁的某些西方大国，此刻由于利用赤眼蜂防治虫害的试验屡遭挫折而陷入低谷，而我国则从南到北迅速发展，赤眼蜂被广泛应用于防治农林果蔬等多种作物害虫，成为众多害虫的克星。

开我国生物环保之先河，蒲蛰龙成为新中国推广生物防治的第一人。直到今天，在我国利用赤眼蜂防治农业、森林害虫，仍是一种重要的方法。这项研究成果在1979年获全国科学大会奖。

黄猄蚁捕食柑橘害虫星天牛

“文革”时期，学校停课，蒲蛰龙夫妇下到“五七干校”，继续深入田间地头搞研究。值得庆幸的是，蒲蛰龙个人并未受到过多责难，在当年的弟子、现中大生科院教授庞义看来，“他是一名很纯粹的科学家，一直都在切切实实为人民办事，解决实际问题”。

到1976年全国科学和教育工作者会议召开后，教学、科研各项工作逐渐恢复。“当时开完这个会议以后，父亲回家后很兴奋，拿了一卷长长的照片，是全国科学大会的照片，说‘这回邓小平说做我们的后勤部长，这才是科学家的春天’。”钟凤仪回忆说。看到了希望的蒲蛰龙当即写下郭沫若的一句诗：“春桃一片花如海，千树万树迎风开，人从花底双双来。”

1972年冬，蒲蛰龙家里来了两位不速之客，他们来自广东重要产粮区之一的四会县大沙公社，那里由于水稻虫害严重，请求蒲蛰龙为其出谋献策。据蒲蛰龙弟子回忆，这个产粮区过去对水稻虫害的防治主要靠化学农药，每一造水稻均增加了农药的投放量，但害虫却越来越猖獗。“当时在国内外，尚没有成功解决这一难题的先例，同行们为蒲老担心，怕搞不好会影响蒲老的‘一世英名’，然而蒲老却毫不犹豫地做出决定，一定要攻克这一难题。”

他们选取了安二大队24亩虫害严重的稻田，开始“以菌治虫”“以虫（赤眼蜂）治虫”和保护田间自然天敌的试验。其间为防治三化螟，蒲蛰龙根据三化螟的发生规律，从降低越冬虫源入手，提出每年惊蛰，最迟在3月15日前，提早灌水，犁耙沤田，消灭在禾头越冬尚未羽化的三化螟，在大沙6万亩水田，沤田70%—80%，天旱年也能沤田50%，果然，第一代三化螟发生量明显减少，不用防治，第二代三化螟可不治，或局部挑治，第三代发生于晚稻秧地，秧地面积小，用些农药防治，发生在晚稻大田的第四代，就不需要防治了，这样就解决了三化螟的危害。

经过几年的研究、试验，蒲蛰龙及同事们总结了一套以发挥害虫天敌作用为主，包括以虫治虫、以菌治虫、养鸭除虫、农业技术防治、合理施用化学农药的水稻害虫综合防治的有效方法。之后，尽管邻近的农田虫害较为严重，而大沙公社内的6万亩稻田的虫害却较轻微。

四会市原副市长、当时的大沙公社领导麦宝祥当年的日记里有这么一段记载：1975年8月27日，美国代表团来到大沙，一下车，代表即散开跑进田间，有的采集昆虫标本，有的用录音机收录小鸭在田间的声音，有的用照相机拍小鸭除虫和田间试验牌。临走前，团长戈登·盖耶在田头满脸笑容地对蒲教授说："你们在治虫上做了大量工作，给我们很大启发。"

在其他害虫生物防治，如用平腹小蜂防治荔枝椿象、引进澳洲瓢虫防治吹绵蚧、引进孟氏隐唇瓢虫防治粉蚧、总结和继承中国古代的生物防治——黄猄蚁防治柑橘害虫、发现和利用松毛虫质型多角体病毒防治松毛虫、斜纹夜蛾核型多角体病毒杀虫剂试生产等方面，蒲蛰龙都做了大量的研究，为农业、林业生产解决了诸多实际问题。美国同仁誉称其为"南中国的生物防治之父"。

育英才
为人师表海内外万古流芳

蒲蛰龙是我国恢复招收研究生后的第一批博士生导师，庞义是其首个博士，跟随蒲蛰龙搞科研长达数十载。他告诉记者，蒲老学生提出的问题不论多么细小，蒲老也都耐心给予指导。

"为人师表，言传身教，莫过于此。"有感于此，1987年庞义出国留学，五年后毅然选择了回国工作，按他自己的话说，"是受了蒲老的感召"。

教学上，蒲蛰龙有一套与众不同的教学思路，坚持启发式教学，反对满堂灌，讲起课来深入浅出，学生易于接受。有研究生弟子回忆，平时蒲蛰龙上实验课，不会在一堂课上自己"唱独角戏"，而是将擅长不同实验手段的教师组织起来，一起指导学生。他倡导重视"三基"教学，强调学生要掌握好基础知识、基础理论和基本操作方法，特别注意培养学生的动手能力。

他说，当教师的，一定要设法让学生超越自己，否则，国家的科学技术就不可能向前发展。他在教学中使这种信念渗入到积极扶掖年轻人的过程中，帮助其提高业务水平。

弟子王珣章有这样一段经历：1984年11月，中国昆虫学会在北京召开成立40周年纪念大会和学术报告会。这时王珣章刚从英国回来，若论资排辈的话，是轮不到他出席这次会议的。但蒲蛰龙为让其了解国内外昆虫学科近年来的发展情况、多接触熟悉一些专家学者，极力主张让王珣章参加这次会议，并在会上利用各种机会把他介绍给国内外著名的昆虫学家。他这种扶掖后辈的做法，深受人们的称赞。

除了弟子庞义和养女钟凤仪，在昆虫学研究所里，还有一批学有所成的青年科学家为蒲蛰龙的爱国主义情怀和人格魅力所感召，甘愿放弃国外优越的生活和工作环境，回到蒲蛰龙麾下工作。

蒲蛰龙教授（中）在顺德沙深蔗地调查

半个多世纪以来，蒲蛰龙为我国培养了人批专门人才，有的已成为中国科学院院士、大学校长，不少是学科带头人，可谓桃李满天下。在他带领下，中山大学的昆虫学、害虫生物防治、昆虫病理学、昆虫病原微生物、分子生物学研究都有很大发展。1978年，教育部直属的中山大学昆虫学研究所成立，之后在“昆虫学”重点学科、第一批博士点以及博士后流动站的基础上，又创建了“生物防治国家重点实验室”。值得一提的是，中山大学生科院于2002年成立了蒲蛰龙学者科学基金，旨在推动和促进我国食品安全、昆虫学和生物防治科技研究工作的发展。

同事苏世炘在一篇纪念文章中写道：“他是一位基础厚实、学识渊博、造诣精深的昆虫学家和教育家。”1989年，国家教育委员会授予蒲蛰龙“老当益壮，老有所为”精英奖。

“敬事业德高望重科教界一代楷模；育英才为人师表海内外万古流芳。”这是在蒲蛰龙遗体告别会上几位学子撰写的一副对联。蒲蛰龙夫妇为了祖国的科教事业一生不育，他们的学生尊称蒲蛰龙为“师父”，亦师亦父，正是人们对浩浩师恩从心底里流露出来的亲切呼唤。

（胡念飞　周蔚华）

学者视点

庞义接受专访评说蒲蛰龙

奠定昆虫研究国际领先地位

如果说有一种人是专为一种事业而生的，那么可以说蒲蛰龙就是专为生物防治事业而生，具有开拓性意义的科研成果以及不计其数的头衔标签，我们只能用一个个惊叹号来形容。尤其令人惊讶的是，人生短短数十载，若无三头六臂，又怎能成就如此累累硕果？带着敬意，记者采访了蒲蛰龙的弟子、中山大学博士生导师庞义教授。

务实敬业的科学家

南方日报：作为蒲蛰龙第一个博士生弟子，你怎么评价他？

庞义：蒲先生是一个很敬业、很典型的具有优秀品质的科学家，毕生的心血都用在科学研究上面。

我知道的，最开始他学习的是生物虫分类，后来在美国学习水生甲虫分类，学得都很精湛。回国后，看到当时中国农业落后的情况，他就提出，我们的研究一定要与中国的实际相结合，一定要与生产相结合，后来他带领我们在防治甘蔗螟虫、荔枝椿象以及水稻虫害综合防治等方面为农业解决了很多实际问题。

另外，学科建设方面，在蒲老的努力下，中山大学生科院1978年建立了中山大学昆虫研究所，后又创建生物防治国家重点实验室。可以说，在他的引领下，一批批人以他为榜样，以昆虫研究所为平台，通过不断的探索研究，我们的昆虫学研究现在在世界范围内都有一定的领先地位。

在东莞防治荔枝椿象

南方日报：20世纪60年代，您跟随蒲蛰龙在东莞进行利用平腹小蜂防治荔枝椿象的实验，当时是一个什么情况？

庞义：那时候他带领我们一批学生一起在东莞做利用平腹小蜂防治荔枝害虫的实验，其间遇到了一个很大的困难，人工培育出的蜜蜂都是雄蜂，没有雌蜂，而我们就是需要利用雌蜂寄生在荔枝树上的椿象虫上面，把椿象虫杀死。

如果我们不能赶在第二年春天把雌性蜜蜂繁殖出来，第二年的荔枝还是要遭受椿象虫的破坏，影响巨大。那时候条件很艰苦，冬天夜里是非常冷的，可为了弄清楚无法繁殖雌蜂的原因，晚上蒲教授都带着我们耐心地守着观察平腹小蜂的卵，以探究其原因。

这么坚持了十几天，终于发现，这些雄蜂都是没有经过交尾的卵繁殖出来的。后来我们想到办法终于繁殖出雌蜂了，我们把这些卵贴在纸片上，又让纸片挂在荔枝树上，这些卵繁殖出来后就去荔枝树上找椿象虫寄生，而且把这些椿象虫杀死，逐渐形成了良性循环，荔枝就得到了丰收。从这以后很多年，那些果农每年荔枝丰收后都会热情地送点给我们吃。

A21

奠定昆虫研究国际领先地位

与马思聪一起学习过小提琴

他的贡献永久留存人们心中

在大沙公社防治水稻害虫

南方日报：20世纪70年代在大沙公社水稻出现大量害虫，严重影响了收成，当时蒲蛰龙还在“五七干校”，大沙公社有人去请他，有人说万一治不好会影响一生的声誉。蒲蛰龙是怎么看待这些的？

庞义：在大沙公社防治水稻害虫的时候，条件也是很艰苦的，当时蒲教授刚从干校出来，看到当地水稻害虫特别严重，也没多想。

我们去的时候，当地农民稻田里农药用得很多，而且都有剧毒，农民不清楚，以为稻田里施用农药，就可以把害虫杀死。可是第二年发现又有害虫长出来，而且都带有一定的抗药能力，这样就越来越麻烦了，况且那些施了过量农药的水稻食用起来也不安全。蒲老师就主张用农药点治，通过生物防治等综合治理的方式来防治害虫。

在大沙公社，为了让农民懂得一些基本的农业应用知识，蒲先生还开办了学习班，由他亲自授课，向当地的农民传授基本的技术方法。上世纪70年代，大沙公社水稻害虫防治取得了重大成就，后来在国际生物防治会议上，大沙公社被认为是世界上生物防治做得最好的地方。先后多次有国内外的考察团来到大沙公社考察，当时的大沙公社领导麦宝祥，现在还是记忆犹新，特别感谢蒲教授，每年有什么关于蒲教授的活动，他这么大年纪了还来参加。

南方日报：在大沙公社的时候，蒲老与农民的相处情况怎么样？

庞义：蒲先生与人相处方面也是很好的，上至领导，下到农民百姓，他都能相处得很好，没有任何架子，很和善，真的是为人师表，亲力亲为。那时候出差在外的话，衣服不小心弄破了，都是自己来补。我记得很清楚的是，有一回，因为我要搭凌晨3点半的车去运蜜蜂卵过来，凌晨3点就要起床，那时候手表都很少，蒲教授就送了我一块手表，每次还要拿几块钱给我路上买点什么吃的东西。那时候他的工资高些，有300多块，我们就是几十块钱的样子。

后 人 追 忆

蒲蛰龙养女钟凤仪接受专访

与马思聪一起学习过小提琴

蒲蛰龙把自己的一生都献给了昆虫研究和生物防治，在工作之余，他是一个什么样的人？南方日报记者专访了其养女钟凤仪，让她为我们揭示一个不太为人熟悉的、爱大家也爱小家、爱科研也爱音乐的蒲蛰龙。

偶尔翻到歌谱《甜蜜的家》，兴之所至，自己谱写歌词

南方日报：您的印象中，蒲老是一个什么样的人？

1972年，蒲蛰龙和利翠英在研究平腹小蜂繁蜂箱

钟凤仪： 大的方面来说，父亲是一个爱国爱家的人，这一点是最突出的。爱国方面，他热爱自己的国家，热爱自己足下的这片土地，把这看得比在国外的任何优越条件都更重要。

1946年父亲和母亲先后去美国明尼苏达求学，因为成绩优秀，表现突出，导师很希望他们能留在美国搞研究，那时候国外搞科研的条件设备比起国内不知要好上多少倍。可当他们听到新中国成立的消息后，欢欣鼓舞，谢绝挽留迅即回来参加新中国的建设。

回国后，父亲很专注于自己的科学事业，希望用自己所学到的知识来改变中国农业落后的状况，很早就开辟了“生物防治”的路径，因为要保护自然环境，过量使用农药反而会污染环境，这是他的心愿。早早地研究微生物防治害虫、寄生蜂防治害虫、荔枝椿象的防治，对南国最好的水果——荔枝的生长和发展以及沿海防护林松树灭虫的工作有很大的帮助。

南方日报： 说到蒲老“爱家”，您首先想到的是什么？

钟凤仪： 其中有一个很细节的事情，至今我难以忘怀：1979年的一天，父亲在家翻到一个很古老的歌谱《甜蜜的家》，于是

1974年，蒲蛰龙教授（右三）在大沙田间查虫

自己找了一张纸和一支铅笔，兴之所至，自己谱写歌词，一边写一边唱着这首古老的歌："在美丽的宫殿任我遨游，但没有温暖，没有一处如我家。普天之下没有安乐如我的家——花开鸟语，甜蜜就是我的家，家，甜蜜、甜蜜——没有一处——快乐像是我的家。"这本来是一件很小的事，但我每每忆起，顿时感到温馨、甜蜜和快乐，这也是我们家的主调。这体现了他在工作之余也爱自己的小家。

家里存的东西，一个是书，一个是录音带

南方日报：从小的方面来说，蒲蛰龙是一个什么样的人？

钟凤仪：在个人生活方面，父亲的要求实在是不高，家里很像样的衬衣都没有，出国的制服就那么两套。有一个细节：一次省领导去看望他，他当时穿一件保姆做的衬衣去见领导，完了保姆说怎么穿这么一件衣服见领导呢？他说，我这件衣服没破没烂的，为什么不行呢？

另外，从美国带回来的白床单，尽管耐用，但也会坏，后来中间部分的棉子碎了，就从中间裁掉，把两边好的连起来放在中间，就是这么一个朴实不浪费的人。

家里存的东西，一个是书，一个是录音带，不收藏什么东西，他的时间大概80%以上用在工作上面，很少在其他地方投入时间。

一生获奖无数，但最喜欢一张音乐的荣誉证书

南方日报：1977年以后，您就一直在照顾蒲老，工作之余蒲老爱做些什么？

钟凤仪：除了拉小提琴和弹钢琴，周末我们一般都出去散步，登白云山或者步行到越秀山是生活中的"必修课"。他很钟爱小提琴，学生时代曾一度与著名小提琴音乐作曲家马思聪求学于同一位老师，也曾想在这方面继续深造，但受到家庭和时局的影响，最后还是选学科学。不过他自己跟我们说，在中山大学、燕京大学研究院和在国外学习时，不管功课多么紧张，他都不中断练习和欣赏小提琴演奏。1962年父亲还应邀参加了羊城音乐花会，表演小提琴独奏。

一直以来，音乐滋润着父母亲两位老人的身心，调节着两位老人的生活，使他俩保持着平静的心态，以专注于自己喜爱的事业。

后来随着年岁的增长，父亲琴拉得少了，但多年来收集的几大箱琴谱和三把小提琴一直是他的宝贝。为此，1993年上北京开会时，当时身体欠佳的他也专程跑到王府井琴行，特地为一把好琴选个新琴盒。

广州群众艺术馆，蒲蛰龙演奏小提琴

1988年1月20日，中国音乐家协会广东分会向蒲蛰龙教授颁发了证书，上面写着：“您从事音乐逾四十年，为祖国音乐事业做出贡献，特发荣誉证书，以资纪念。”后来他对我们说，在一大堆的证书中，他最喜欢这张。

蒲蛰龙的音乐荣誉证书

做老师，我宁愿少活几年，也不能说现在就讲不出话

南方日报：蒲老20世纪90年代后健康状况不理想，还坚持工作吗？

钟凤仪：1991年他在口腔医院做了检查后确认患舌癌，那时有两个选择，要么一次性清除癌细胞，要么慢慢化疗，清除的话必须割除三分之二的舌头，而化疗的话既痛苦难受且不一定痊愈，结果他再三考虑，告诉我们：“讲不出话来，这个是受罪，做老师，我宁愿少活几年，也不能说现在就讲不出话。”所以他自己决定不做手术，进行化疗。

经过化疗之后，健康状况好转了，于是又开始工作，1995年还拄着拐杖到过农学院，之后就经常住医院了。

（胡念飞　周蔚华）

学人小传

杜国庠（1889—1961），广东澄海人。马克思主义哲学家、历史学家，中国科学院学部委员（院士）。早年留学日本，在学时开始学习马克思主义理论。30岁学成回国后经李大钊介绍留北京大学任教，36岁辞去教职，开始了或力行或笔代的革命生涯。在此期间，他参加过『左联』、进过监狱、写过关于诸子的书、批过新儒家，当过中共华南分局宣传部副部长、广东省文教厅长、中国科学院广州分院院长、全国人大代表、省政协副主席等。

杜国庠：

当书生遭遇政治

当学者遭遇政治，难免被压迫和影响。西方有苏格拉底的申辩，东方有韩非的说难孤愤。当政治遭遇学者，难免被冲击和改变，西方有柏拉图的理想国、东方有荀子的隆礼重法。

杜国庠，一个学者，也是一个革命者。由此，被郭沫若称为“墨者杜老”。兼具学者—革命者两种身份的人有很多，比如说梁启超、鲁迅。但如此处理学者—革命者之间张力的人却仅杜国庠一个。

在革命阵营中，他“逆流而动”，为鲁迅辩护，为陈寅恪“张目”；在学术阵营内，他“逆流而上”，批过名噪一时的冯友兰，心仪“无父无君”（孟子语）的墨子。

他经历了“五四”、国民大革命、抗日战争、国共内战、新中国成立、“大跃进”运动。幸运的是他1961年即告别尘世，没有活着遭遇“文革”，虽然死后墓依旧被掘，家依旧被抄。

他对关押他的国民党说过“我不愿躯壳出去，而把灵魂留在这里”，或许也会对抄家掘墓的红卫兵说“我不愿灵魂染尘，就把躯壳留下了”。

千里关山，一梦难觉，醒来重把来路认：书生耶？革命耶？书生遭遇革命耶？革命亦遭遇书生耶？

世紀廣東学人

历历往事

我们的革命文艺运动虽然很幼稚，但一开始便走上了正轨

1928年2月，在上海经“太阳社”成员钱杏邨、蒋光慈的介绍，杜国庠加入了中国共产党。随后，杜国庠和该社成员洪灵菲、戴平万等人一起组织“我们社”，出版《我们》月刊，开设“我们书店”。该月刊不久便因“实行反动宣传”被国民党查禁，而“我们社”也自动解散。

1929年秋，直属中共中央宣传部的中央文化工作委员会（文委）成立。杜国庠是五位文委成员之一。“太阳社”和“我们社”的成员，以及“创造社”中郭沫若、成仿吾、郁达夫、田汉等骨干随即被整合到了1930年新成立的“中国左翼作家联盟”（简称“左联”）中。

在此期间，杜国庠化名“林伯修”，积极参与当时革命文学的争论。他的《一九二九年急待解决的几个关于文艺的问题》，是第一篇具体论述文艺大众化的文章。在该篇文章中，杜国庠指出“普罗（法语中‘普罗列塔利亚’的简称，意思为无产阶级的）文艺运动是普罗斗争中的一种方式，它和政治运动一样地是阶级解放所必要的东西。它与政治运动是有着内面的必然的联络，所以它必然与政治运动合流”。

在这里，文艺和政治已然不能分割了。就像钱杏邨在《批评的建设》里所说的那样，“文艺是有阶级性的，文艺是离不开时代的，政治上的阶级色调既如此明显，有时代性的文艺也就不能不走上阶级分化的一条道路了”。

对于此种腔调，和“左联”对着干的“新月派”（胡适、徐志摩、梁实秋等）显然是不认同的；而且后来创立“帮闲哲学”（杜国庠语）的冯友兰和“带着花岗岩脑袋见上帝”的陈寅恪也不会这么认为。

现今的我们，也可以对杜国庠“文艺要为政治服务”的观点进行反思。不过，这已是后话。在马克思主义远没有巩固的1929年，杜国庠的想法是“我们的革命文艺运动虽然是很幼稚，免不掉许多过错，但是，它一开始便走上了正轨”。

我无过可悔，我不愿躯壳出去，而把灵魂留在这里

1935年2月，上海共产党组织遭到破坏，杜国庠被捕入狱。

8月，杜国庠被转到苏州反省院看押。国民党两广监察使刘侯武来看望杜国庠。他早年与杜国庠相熟，此时劝杜国庠写点东西表示悔意，但当场遭到了杜国庠的拒绝：“我要是愿写东西，早在南京就出狱了。我无过可悔。我不愿躯壳出去，而把灵魂留在这里。”西安事变后，国共两党第二次合作。杜国庠在1937年6月获释。至此，杜国庠在狱中待了854天。

1939年9月，第一支战地服务队成立。它的主要目的是做好军队里的政治宣传工作。后来，迫于日军登陆杭州湾的形势，战地服务队需要从上海撤离。杜国庠受命于危难之际，担任代理队长，带领40多名文化兵在“和司令部失去联系，敌情我情全部不了解”情况下、“没有一条枪护送，完全靠判断和一幅学生用的地图来指导行动……穿插在敌军之间……沿途惊涛骇浪，险象环生，11月6日在青浦县挨了敌机轰炸，差点受到严重损失。杜老在这时发挥了中流砥柱的作用。他沉着干练，判断准确，决策果断，终于突出重围”。

随后，杜国庠调到国民政府军事委员会政治部第三厅工作。在这里，他又遇到了更大的“苦差”：以“代厅长”的身份，带领100多名赤手空拳的文艺兵从武汉撤往衡阳。当事人回忆说：“老科长（指的是杜国庠，他在第三厅担任对外宣传科第一科科长）不是那种‘登车揽辔，澄清天下’的人物，历来是恬淡自甘，不追求名利，走着艰难的革命道路，默默地奉献，认为这就是他的本分，始终不脱书生本色。”

1961年1月，杜国庠因胃癌病逝于中山医学院，享年72岁。

生平挚友加战友的郭沫若吊曰：“生死交游五十年，老兄风格胜前贤。墨名绝学劳针指，马列真诠费火传。夜雨巴山窗尚在，风云潮汕榻尝联。便桥一集成千古，手把红棉读逸篇。”

十年“文革”动乱期间，杜国庠进了“四人帮”凭空捏造的

百年双喜
世紀廣東学人
当书生遭遇政治——墨者杜国庠
百年新史 世纪风范 广东中烟工业有限责任公司特别呈献

抗战时期，杜国庠（左二）和郭沫若（左四）共事时摄于重庆

杜国庠埋头写作

“叛徒名单”，“杜国庠的坟被造反派挖掉了，家也被抄了，杜老的儿孙生活难以维持，度日如年，十分凄惨！”十一届三中全会后，杜国庠得到平反，陵墓也在家乡澄海重建，现为广东省爱国主义教育基地。

世事本就无常，更何况这种身后事？对革命事业“赴火蹈刃，死不旋踵”的墨者杜老如泉下有知，不知是否会有遗憾？也许，泉下有一个声音会答道：我不愿灵魂染尘，就把躯壳留下了。

书生式的战斗，革命式的研究

作为一个学者，杜国庠在政治经济学、哲学、文学、古文献学、佛学、逻辑学、因明学（印度逻辑）等领域内均有建树。

值得玩味的是，杜国庠在日本拿的是经济学学士学位。他回国后却因翻译马克思主义著作、研究先秦诸子文化而扬名。

在杜国庠之前，《墨辩》的研究者们解读墨家逻辑时，普遍都以亚里士多德的形式逻辑作为参照。杜国庠虽也认为墨家逻辑“呈现了科学的光辉”，但这种光辉不是因为其可以比附西方的形式逻辑，而是因为它将“重客观贵实践的精神带到了认识论上来”，即有着辩证逻辑的色彩。

在《论〈公孙龙子〉》一文中，杜国庠认为公孙龙哲学属于多元的客观唯心主义。“有是有非，并且是非有一客观标准”的想法，却又让公孙龙避开了诡辩的危险和怀疑主义的泥潭。最让人称奇的是，杜国庠在这里就开始了对现代新儒家的批判。他说“在研究中，也时常觉得公孙龙好像还活着，活在近人的新理学之中。公孙龙指的世界，似就是新理学的真际——理世界……他们都从实际的分析出发，而结果都不切于实际，不合乎真理”。其中“近人的新理学”自然指的就是冯友兰的“新理学”。

这表明杜国庠研究先秦诸子，一方面要从传统中发掘诸如辩证逻辑等有价值的东西，另一方面则是因为“时代的落伍者，也惯会向古老的思想武库中，找着他们所喜爱的长满了锈的武器，拿来镀点金，贴上‘新’的商标，到处叫卖。因为，读者如果不愿上当，就必须有点思想发展史的常识，首先清楚先秦诸子的思想，尤其是他们中间的关系，才不至为那些漂亮的商标所贻误”。

可现代新儒家为什么就这么不招杜国庠喜欢呢？

最简单的回答就是，现代新儒家主张反思“五四”以来激烈反传统的种种过失。用现在的眼光看，现代新儒家的这种主张有其道理，而且成为树立传统信念的重要一派。但在当时而言，这种主张显然不能为承继五四精神的杜国庠所认同。至于为什么选择冯友兰批判，原因有两个：一个是当时的冯友兰在现代新儒家的阵营中影响甚大。他写的《贞元六书》文风晓畅，比熊十力晦涩难懂的《新唯识论》更有受众。另外一个原因就是冯友兰和国民党走得较近，其新理学“经虚涉旷”“空谈道德性命”，难免有“帮闲哲学”（杜国庠语）的嫌疑。

从道理上说，冯友兰政治上的“嫌疑”是不能成为思想罪证的。所以和冯友兰相比，杜国庠已经不是纯粹的学者，而是有着革命立场的学者。面对将新理学做政治化解读的杜国庠，冯友兰只能说“他们不懂，我同他们之间没有共同语言”。

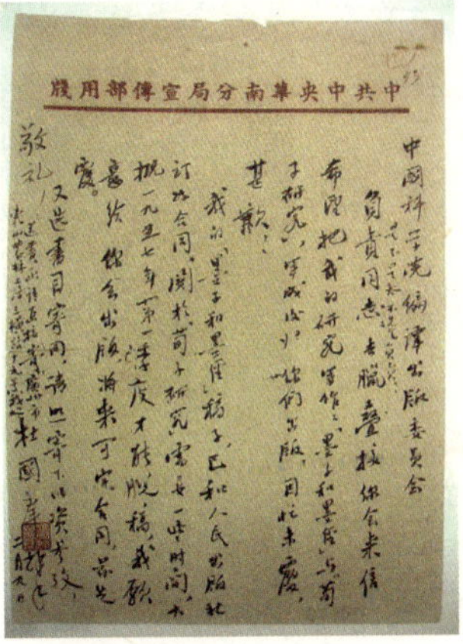
中共中央華南分局宣傳部用箋

杜国庠致中科院编译出版委员会手札

书生耶？革命耶？——墨者杜老

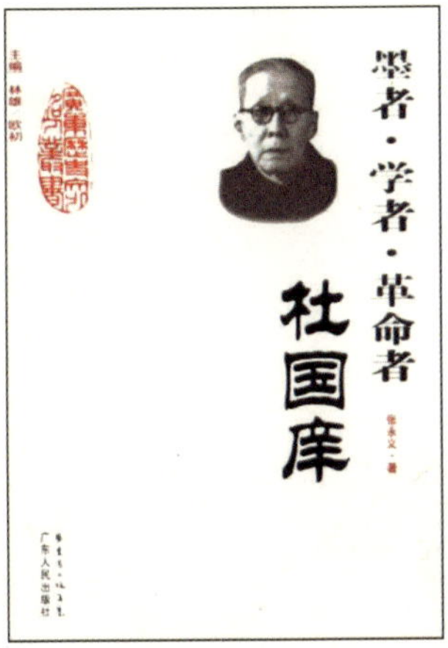

《墨者·学者·革命者——杜国庠》（张永义著）

杜国庠首先是学者，还是革命者？这个问题不太好回答。

其著作《社会主义与中国经济现状的分析》《一九二九年急待解决的几个关于文艺的问题》等文章是在议论时政；翻译的马克思主义理论著作——普列汉诺夫的《艺术论》《史的一元论》，德波林的《辩证法的唯物论入门》，是为了给革命提供理论武器；随后受周恩来指派担任潮州金山中学校长、参与“太阳社”、筹组“左联”、发起“社联”、代理队长、代理厅长更是不折不扣的革命事业。

若就此而言，杜国庠应该首先是革命者。

即使杜国庠玩弄笔杆子的时候（如批判新儒家、参与编写《中国思想通史》等），哪样不是在战斗呢？用侯外庐的话来说就是：“杜老研究思想史，上自先秦，下至当代，跨数千年的历史长河，始终如一地贯穿一个特点，那就是他毕生不遗余力地阐扬唯物主义传统，揭露、批判唯心主义错误。”

事实上，杜国庠从一开始就真诚地相信，辩证唯物主义是一种科学的方法，而且运用这种科学方法也确实得出过许多有益的结论。对于这种一开始就有的真诚，陈寅恪评价“道不同，然相知高谊仍在”。

在旧社会坚持马列主义，信仰共产主义，有着掉脑袋的风险，所以，新中国成立以后，这部分人大讲马列主义，不但可以理解，而且也理所应当。相比那些“眉样当年又入时”（陈寅恪语，意思是原本不是马克思主义者，却在新中国成立后改变信仰）的“白头学究”们，杜国庠更像是一位有担当的学者。

当学者做到了杜国庠这种程度，“墨者杜老”自是实至名归。“墨者杜老”本是杜国庠老友郭沫若的一句玩笑话，想来其中缘由不外有两点。

杜国庠生活清苦。邱汉生曾亲身经历的“举家食粥”，侯外庐亲眼目睹的那件“旧货摊上买的西装”，郭沫若为之泪下的“家徒四壁”，这些都告诉我们，杜国庠的确过着一种十分简朴的生活。

李锦全教授曾这样回顾杜国庠：“在50年代末的经济困难时期，他虽已年老多病，但国家对高干的某些物质照顾，却不肯接受，要与广大群众同甘共苦，为党分忧。后来病重住院，组织上每天给他一磅面包，半两黄油，他还多次表示过意不去……士之楷模，国之桢干，杜老一生是当之无愧的。”

这种作风和墨子“以裘褐为衣，以跂为服，日夜不休，以自苦为极”的做法颇为意合。难怪侯外庐会说杜国庠“确实是身体力行恪守墨家人格的”。

由此，本来是作为玩笑话的“墨者杜老”，便在杜国庠的朋友圈中传开了。现在看来，这个称谓更有一种巧合：墨者创出了“墨学”（学者），却也有“任侠”精神（革命者）。这和将“学者—革命者”有机熔铸在一起的杜国庠有着天然的相似。所以，“墨者杜老”的称呼对于杜国庠来说再合适不过。

（参考《杜国庠文集》《墨者·学者·革命者——杜国庠》《杜国庠同志诞辰一百周年纪念专辑》《纪念杜国庠诞辰120周年座谈会文集》《劝君免谈陈寅恪》。）

（赵洪杰　田飞）

学者视点

李鸿生、张永义、邢益海接受专访评说杜国庠

他骨子里是一名学者
表面上是一位革命者

A21

他骨子里是一名学者，
表面上是一位革命者

广东中烟工业有限责任公司特别呈献

“杜老是杜守素兄……他是墨学研究的专家，而且是相当崇拜墨子的人。只有这一点上我和他的意见不十分一致。他的生活很艰苦，我们有时戏称他为墨者杜老。”“墨者杜老”本是郭沫若的一句玩笑话，却成为杜国庠一生的雅号，在朋辈看来，用这个词来称呼他再恰当不过。

杜国庠朋友很多，最要好、最志同道合的是郭沫若和侯外庐。侯外庐在一篇纪念文章中，更是直接称赞杜国庠是永远活在自己心中的“墨者杜老、学者杜老、革命者杜老”。

杜国庠在研究《墨辩》时称墨子虽“出身卑贱”但“刻苦耐劳”“说到做到”“布衣粗食”“刻苦地去替老百姓做事”“处处从老百姓的利益着眼”。他是一位真诚的令人尊敬的马克思主义者，同时也是对中国古典传统作出现代解释的先驱之一，为后人研究中国思想史、哲学史留下了“便桥”。

今天，我们对杜国庠60多年前写下的文字做出的学术批评，相较于论学理，反思20世纪的中国思想史研究更有兴味。为此，南方日报记者专访了广东省社科联教授李鸿生，中山大学中国哲学研究所副所长、哲学系副教授张永义和广东省社科院研究员邢益海。

位于澄海文化馆内的杜国庠雕像

汕头市澄海区杜国庠墓

既重视理论指导，又严格要求在丰富资料和翔实考证基础上做论断

南方日报：在您看来，杜老最突出的学术成就或者贡献是什么？

李鸿生：五四新文化运动以后，研究中国思想史，特别是研究先秦诸子思想的风气十分浓厚。根据革命的需要，杜老在上世纪30年代初期，把主要研究力量从经济学转移到哲学上来。他埋头研究先秦诸子，而对墨者的逻辑和名家公孙龙的研究，尤有成绩。

他对先秦诸子中墨家、公孙龙、荀子以及礼法思想的研究，对中古唯物主义的探索，以至于对清初反理学思想的研究，都功力极深。他的有关中国哲学思想史的著论——《先秦诸子思想概要》《先秦诸子的若干研究》《便桥集》和《杜国庠文集》等，为运用马克思主义总结中国哲学思想遗产做出了贡献。

他既重视马克思主义理论的指导，又严格要求在丰富的资料和翔实的考证基础上作论断，对问题力求进行全面具体的分析，避免偏爱或偏恶。他对先秦诸子中墨家、公孙龙、荀子以及礼法思想的研究，对中古唯物主义的探索，以至于对清初反理学思想的研究，都功力极深。他的有关中国哲学思想史的著论——《先秦诸子思想概要》《先秦诸子的若干研究》《便桥集》和《杜国庠文集》等，为运用马克思主义总结中国哲学思想遗产做出了贡献。

杜老对于学界最重要的贡献应该是他对墨子的研究，一般学者的看法会随着时代和环境的变化而变化，但杜老一直坚持他对墨子的看法，不随便摇摆。他关于墨家的研究比后人做得更为扎实，到现在还可以拿出来看，拿出来读，对现在的研究依然有借鉴意义。杜老治学严谨，他的很多研究都是坐冷板凳坐出来的，不像我们现在的一些学者，纷扰太多，定力不够，难以集中精力从事研究。杜老对于墨子的定位，无论对他当时的社会还是现代都是有益的。

张永义：杜老最为突出的贡献就是他对于先秦诸子思想的研究。他对于先秦诸子思想的研究主要体现在对墨家、名家和法家的研究，主要观点是：一、站在百姓的角度对墨子做出定位，如《墨辩》，现代很多人还在做这个研究；二、认为《公孙龙子》不是诡辩而是纯逻辑，这一个观点与当时很多人不一样，现代也有很多人为公孙龙辩护，这是在学术上很有指引价值的地方；三、讨论怎样从儒家转向法家，我们通常认为战国末年时转向法家，杜老在这方面做了很多研究。总的来说，杜老的学术贡献是对于名家之外六家的梳理，但他的问题也是过分强调阶级。

他是真诚的唯物主义者，不是僵化的教条主义者

南方日报： 如何评价杜老唯物史观的立场？

李鸿生： 杜老骨子里是一名学者，表面上是一位革命者，可以说是学者与革命者的矛盾统一体。

最重要的一点是，他是真诚的唯物主义者。尤其是抗日救亡时，他认为应该宣扬自强不息、经世致用的务实精神。而在国难当头的年代，还倡导人们去谈闲说虚，只能是走向清谈误国的老路，他对此提出批评，可以说适应时代的要求和革命工作的要求。所以他批评“新理学”并非针对某个学者，正如他对侯外庐说过：“新理学者玩弄古董走到那里，我不得不跟到他那里，予岂为古典而古典研究哉？予不得已也。”杜老批评“新理学”应该也算实事求是，他写文章的立论总是结合历史实际，力求做到证据准确，以理服人。

总的来说，他是一个以马克思主义理论作指导的哲学史家，不是僵化的教条主义者，只要通读杜国庠的主要学术著作，都会对此有深刻的感受。

张永义： 唯物史观是解释中国思想史的一种角度、路数，而非唯一的，所以看杜老的唯物史观要从整个近代史进程来看待，他的唯物史观深受早期的马克思主义思想和中国抗战环境的影响。

杜老认为冯友兰先生是“帮闲”“开倒车”，我个人认为是太过了。但我可以理解杜老做这样的评价的原因，从学术的角度来看，20世纪正是抗战时期，强调革命。批评冯友兰，是为鼓舞民众，提升民族精神，一致对外对抗日本；从革命立场和意识形态上看，杜老和冯友兰处于不同的政治立场，我想杜老对于冯的批判更多的是出于政治任务，要上纲上线，所以我觉得对于冯的批判，在学术上很多是不能成立的。

百年来中国哲学史研究弊端，最严重的是“立场优先”

南方日报： 杜老写了《玄虚不是中国哲学的精神》《玄虚不是人生的道路》以及《论理学的终结》批判“新理学”，从中我们看到的是一位革命学者战斗的气魄，但从现在的学术发展怎么去看这一段历史？

邢益海：杜老受历史局限，没有对宋明理学进行全面的、内在的研究。所谓全面就是对整个宋明理学体系及其发展进行周全的研究；所谓内在，是指注重研究宋明理学自己所重视的问题和讨论，而不是从西方哲学的问题意识或社会变革的要求出发去决定研究的方向和问题。

陈少明对百年来的中国哲学史研究进行了自觉的反思，认为以前的弊端和歧向最严重的就是“立场优先”。他说过，当所代表的观点在意识形态中占据主流以后，其追随者则将其推至极荒谬的地步，一个人的政治身份或经济地位可以成为衡量其哲学水平的尺度。而一个承认常识但没有文化的人则可以被认为比唯心主义的哲学家更高明。

认为批判陈寅恪的文章根本不讲道理，也没什么学术味道

南方日报：新中国成立后杜老担任过很多职务，对于广东学术发展起到了怎样的作用？

李鸿生：从1953年起，他先后担任中共华南分局宣传部副部长、广东省科学委员会副主任、广东哲学社会科学联合会主席、中国科学院广州分院院长等职，也是广东社会科学院的创办者与奠基人。1958年广州哲学社会科学研究所宣告成立，他担任所长。此时正处在“大跃进”、人民公社高潮中，受到极左思潮的严重干扰。杜老在这种情势下能够保持相对清醒的头脑，提出并坚持自己的主张：捍卫学术尊严，维护科研的正常秩序。1961年研究所的规划和研究项目刚刚制定好，杜老积劳成疾，与世长辞。他的临终遗嘱是：将私人藏书2360册捐献给广州哲学社会科学研究所。

他还赞扬并保护了爱国学者陈寅恪先生。他曾经告诫青年“陈寅恪和陈垣先生是爱国学者”，要向二陈先生学习而不应偏激。杜老去访问陈老时，多次向陈老请教并与之讨论有关魏晋清谈与玄学的关系以及佛教传入后对中国思想文化的影响。他们谈得很欢洽，他了解了陈老的生活、健康等情况，并向陶铸反映，在可能的范围内，由中大加以落实，对陈老给予许多照顾。如陈老近盲，只有微弱视力，便在其住宅前，用白水泥铺了一条小道供他散步，在工作上为其配了助手，派了专门的护士照料健康，在困难时期又保证了副食品供应。

更加难能可贵的是，他虽然是党政高级领导，是有长期革命资历的左翼文

化人，然而他看到批判陈寅恪的文章后，指出这是人身攻击和谩骂，根本不讲道理，也没有什么学术味道。他是一位老共产党员、老革命，但终其一生不慕名、不求利。他生前曾用“流水孤村花数朵，于无人处最销魂”来表示自己是个不图名利、不求闻达之人。他把自己的著作命名为《便桥集》，并说：名“便桥”者，“一来，示别人于自珍的‘敝帚’，二来，一俟更好的钢骨水泥的乃至全钢结构的桥梁建造出来的时候，便可毫不惋惜地摒置或拉杂摧烧了它”。然而，后学正是借助这座“便桥”，在学习的征途上，少走了许许多多的弯路，闯过了一个又一个的激流险滩。

邢益海：杜老、侯外庐一辈的马克思主义学者对中国传统思想资源的重视和一些独特、细致的挖掘，直到今天仍是非常有价值、值得肯定的。我栖身的省社科院是杜老创办的，他以自己的影响力和学术眼光，曾将马一浮先生在抗战时期创办的复性书院珍藏的近十万册古籍收归广东省社会科学院图书馆，使我们这些后辈学者至今仍受惠于杜老的恩泽。尽管当前信息技术对传统文化的整理功德无量，但每当我走进古籍书库，置身于中国古代思想文化的海洋，一种使命感便油然而生，而每念及此，感恩之情便油然而生。如果说，我们对于杜老写于革命年代的文字斗胆做了一些学术批评，我想套用郭沫若的话做一些总结：“只要是桥，便会被过桥的人抛在后面，但过河无须拆除，这可毫无疑问。”

（赵洪杰　李碧娇）

《便桥集》

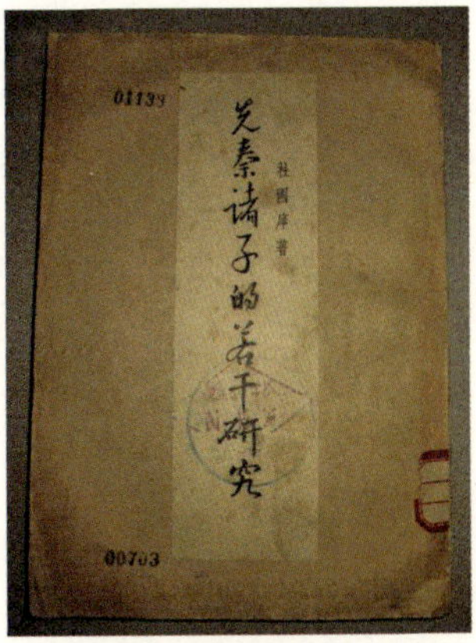

《先秦诸子的若干研究》

学人小传

陈焕镛（1890—1971），字文农，号韶钟，祖籍广东新会，生于香港。著名植物学家，《中国植物志》第一届主编，中国科学院第一批学部委员（院士）。创建了中山大学农林植物研究所（华南植物研究所前身），建成中国南方第一个植物标本室，负责创建了中国第一个国家级自然保护区——鼎湖山国家级自然保护区，发现100多个新种、10多个新属。

陈焕镛：一草一木总关情

如果说人生如戏，那么陈焕镛人生的开幕，比绝大多数人都要充满戏剧性。

他生于官宦之家，父亲陈言是广东新会人，1872年负责创办了香港最早的华文报纸之一《华字日报》。张之洞到伦敦为英国维多利亚女王庆100岁生日时，陈言是他的翻译。

颇为国际化的陈言还有一段国际婚姻。在任清政府驻古巴领事期间，他结识了陈焕镛的母亲、古巴籍西班牙人伊丽莎，是他的第四位太太。1890年，伊丽莎在香港生下陈氏的第十三个孩子，即陈焕镛。

幼年时，陈焕镛跟随父母回到家乡，7岁移居上海，15岁父亲去世，陈焕镛和母亲前往广州，曾就读于广肇中学，几年后被父亲的朋友带到美国继续就读。

在情节跌宕的童年过去后，混血青年陈焕镛在远离中国的大洋彼岸，发育出一颗中国心。看到中国的植物标本存放于欧美各国标本馆，原始文献用不同文字发表，散见于各国出版的刊物上，他萌发了中国人自己研究中国植物的念头。在81年的岁月里，他顺着这唯一的人生主题坚定前行，“竹杖芒鞋轻胜马，一蓑烟雨任平生”。

1915—1919年，陈焕镛在哈佛大学取得林学硕士学位。毕业时，陈焕镛的毕业论文获得舍尔顿奖金500美元，按惯例，这笔钱用于获奖人前往欧洲游历，陈焕镛却提出要到中国采集标本。

时任阿诺德树木园主任的美国著名分类学家C. S. Sargent建议他去海南岛，认为那是中国植物标本采集的空白点。1919年10月，踌躇满志的陈焕镛只身前往，开启了中国现代植物学分类研究的图卷，并最终成为中国华南植物研究第一人，与著名植物学家胡先骕并称“南陈北胡”。

2011年是陈焕镛逝世40周年。让我们一同走近陈焕镛，一位倾尽一生为植物正名立传的植物学家，以资纪念。

历历往事

一世“冤家”
标本屡遭祝融之灾，还差点使他成为“文化汉奸”

陈焕镛毕生“心之念兮”的是如何采集植物标本和搜集植物资源，看得甚至比亲人和个人名誉还重，偏偏挚爱却如“冤家”，一次又一次地重创植物学家的心。

中国科学院华南植物园吴德邻研究员介绍，1919年，血气方刚甚至还有点鲁莽的陈焕镛从哈佛只身出发，只携带简单的采集用具就前往海南岛，计划在那里逗留一年。

“当时的海南岛可不是现在这样，交通非常不便，生活极其艰苦”，吴德邻说。陈焕镛先是被毒蜂蜇伤，继又罹患恶性疟疾。

更不幸的是，首次海南行采集的标本，存放在上海招商局码头时因发生火灾全部被烧，给了陈焕镛当头一棒。不过这次采集让他看到了海南植物资源的重要性，此后多次派人前往采集，为日后编纂《海南植物志》奠定了基础。

意想不到的是，劫难对于这位植物“情人”来说，才刚刚开始。1922年夏天，陈焕镛和植物学家钱崇澍在南京筹集经费500元，与秦仁昌等一起组织鄂西植物调查队，共采集近千号标本。这是中国植物学家自行组织的第一支大规模调查队，意义重大，所得最完整的一批标本存放于上海招商局仓库。1924年，一场大火不期而至，标本全部被焚。

然而，劫难越夺去挚爱，他越对之一往情深。1927年，陈焕镛在中山大学任教授，又继续往粤北、广州、香港、广西、贵州等地采集标本，与此同时还和英、美、德、法等60多个国家的学者和标本馆联系，交换得3万多份外国标本。

次年，陈焕镛在过去历年所采得标本的基础上，终于建立了我国南方第一个具有一定规模的标本馆——中山大学农林植物标本室。成立5年后，陈焕镛用不无欣喜的语气自述：“所藏标本已超6万号，固不敢与国外著名植物园具有百数十年者相为媲美，然环视国内各植物标本室，实未遑多让。”

事实上，因为陈焕镛的努力，上世纪30年代，广州已成为中国植物分类学三大研究中心之一，其他两个为北京静生生物研究所和南京中国科学社生物研究所。

或许是标本这个“冤家”在陈焕镛的生命中占据分量过重，导致了劫难的再次发生，这次差点毁了他的名誉和生命。

抗日战争时期，广州不时遭到日机轰炸，为了保护标本、图书、仪器等免落入敌手或毁于弹火，陈焕镛冒险抢救。1938年春天，经中山大学批准，陈焕镛拣出全部重要标本、图书等搬至香港，设办事处继续进行科研。

1941年底，香港沦陷，办事处被日军包围搜查，标本上因皆有中大标志，面临被劫夺毁灭的厄运。

他心急如焚，经多方交涉获准将该所公物及全部人员运回广州，安置在岭南大学（其时被改名为广东大学）校园内，更名为广东植物研究所。为保存这些科研资料，他不顾危难，多次奔波于广东和香港之间，使资料完好保存至今日。

日军投降后，岂料竟有人诬告他为文化汉奸，将文物运回敌占区。当时教育界、法律界等社会名流如许崇清、金曾澄、沈鹏飞、邓植仪等，出于正义感联名上书，并愿担保。1945年12月31日，农学院院长邓植仪给中大校长王星拱的报告中如是陈述：“该员忍辱负重，历尽艰危，保存该所全部文物，使我国植物学研究得以不坠，且成为我国植物研究机关唯一复兴基础，厥功甚伟，其心良苦，其志堪嘉。”最后当局以“不予起诉”结案。

百年双喜 特约

世纪广东学人

陈焕镛：一草一木总关情

百年新火 世纪风范 广东中烟工业有限责任公司特别呈献

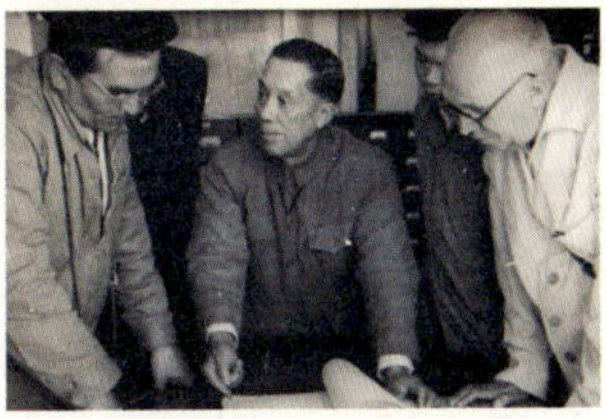
1958年，陈焕镛与苏联著名植物系统学和区系学家塔赫他间院士（左一）、拉夫连科院士（右一）讨论学术问题

极具天资

发现“植物熊猫”银杉，凭残渣辨识杀人毒草

陈焕镛辨识植物极具天资，馆藏标本除少数寄往国外请专家鉴定外，多数都是他亲自鉴定。1932年，他协助香港警方破获一宗命案的经历，更为他严谨的治学生涯增添了传奇色彩。

当时，香港发生一宗命案，经法医解剖检查，发现死者胃里有树叶的残渣碎片。遍寻香港地区，都无人能够识别是哪种植物，法院对案件也就无从下手。后来求教于陈焕镛，方知是剧毒藤本植物胡蔓藤（又名大茶药）。从此，陈焕镛在省港民间也声名鹊起。

与这种传播甚广的故事相映衬的是，陈焕镛作为科学家的严谨和持重。先后受业于陈氏门下的陈封怀、李康寿、黄成就等曾回忆，陈焕镛从事植物分类工作时，非经广泛深入的研讨，从不轻易撰文发表；探究某新分类群可否成立，尤为审慎。发现“植物界熊猫”银杉的过程即是如此。

银杉是裸子植物中极少数孑遗种之一，在地球的其他地区早已经灭绝，只在中国的局部山地还存在，这对植物分类研究意义重大。据介绍，在外部形态上，陈焕镛于发表文章的前两年已经鉴别其为新分类群，为探讨部分器官之解剖特征，整整推迟了两年多时间，不断推敲，最后与匡可任教授合作署名发表。

胡先骕常举例，特产于中国的马尾树被外国人抢先发表，引为遗憾，而最先发现的也是陈焕镛。因这种植物在中国的邻国也有分布，陈焕镛无法肯定别人是否已识别，后借去印尼出席太平洋科学会议之便、带标本至茂物标本馆核查时，被奥地利植物学家发觉，抢先发表为新科。这也表明陈焕镛治学的严谨态度。

已去世的植物学家秦仁昌曾在东南大学当助教，陈焕镛当时在东南大学任教，两人过往甚密。在回忆文章中，秦仁昌也有对其严谨治学的描述。当时，陈焕镛对植物分类学的造诣已经很深，但从不夸夸其谈，不满足于一己之得。秦仁昌记得，在南京期间，他对中国樟科和壳斗科植物的分类下了很大功夫，有时通宵不眠，稿子写成了再改，但四五年过去了，他还不放心付印。

从事植物研究半个多世纪中，陈焕镛发现了新分类单元逾百种，新属不少于10属，尤其以银杉和观光木属的发现最引人注目，使国际植物学家对中国植物的丰富至感羡慕。

华南植物园黄观程研究员接受采访时告诉记者，1957年下半年，陈焕镛教授拿了一份手书的英文信，让他翻译成俄文给当时的苏联植物学会会长、《植物学杂志》主编苏卡乔夫院士，同信寄去《中国南部和西部的松科一新属——银杉属》的稿件和附图。译好信后，陈焕镛当即要求一句句口述给他听，并认真做了修饰。不久，苏卡乔夫院士亲笔回信说：“银杉这一新属真是太美妙了！”破例全文刊载在1958年4月号的《植物学杂志》上。该杂志当时并不刊载纯分类描述的文章，可见对陈焕镛学识、才华和贡献的重视。

国际声望

20世纪30年代已蜚声中外，被誉为“华南植物的一流人物”

无论是身处民国时的风雨飘摇，还是新中国成立后在世界上的相对孤立，陈焕镛一直以卓尔不群的姿态保持着其国际视野和学术水平。

哈佛大学科学史毕业生威廉·J.哈斯在《把植物学移植到中国：陈焕镛的交叉文化经历》一文中说，20世纪20年代，为了证明中国人不比洋人差，胡先骕和陈焕镛合力编撰了《中国植物图谱》第一册，达到当时的国际先进水平。

1951年，陈焕镛与吴征镒院士（右）在印度

据华南植物园植物学家胡启明研究员介绍，1927年，陈焕镛从东南大学到广州，筹建农林植物研究所，当时的华南地区植物研究由岭南大学一统天下。一开始，岭大的洋教授并不把陈焕镛放在眼里，不久见陈焕镛对华南植物的研究工作飞速发展，甚至超过了他们，该校生物系主任、《岭南科学杂志》的主编威廉·荷夫曼提出和陈焕镛“约法三章”：第一，交换标本；第二，划出势力范围；第三，不得在同一季节考察同一地区。

藏于华南植物园标本馆内、由陈焕镛1957年鉴定发表的“活化石”银杉标本

陈焕镛当即回绝。对于第一条，他说，自己并不需要岭南大学的标本；对于其他两条，更是义正词严地斥责对方是在合作的幌子下进行限制。“他说我来广东就是为了研究广东的植物，要走遍所有地方，不论何时何地都尽可能多地进行必要的考察。”这样目的有两条，一是出版一本高水平的广东植物志，一是收集和栽种尽可能多的珍稀植物以保护它们不致灭绝。“他所有的做法都是因为热爱植物学和中国的植物资源。”胡启明说。

为了进一步提高我国植物学水平，20世纪30年代，陈焕镛创办了以孙逸仙命名的英文杂志《Sunyatsenia》（《中山专刊》）。刊物作者都是美国、英国、德国和国内的权威，陈焕镛亲自审阅全部文章，非常严谨。他的研究成绩很快为国内外同行瞩目，被中外科学家誉为“华南植物的一流人物”。

1929年，他代表中国参加在雅加达举行的第四届太平洋科学会议，总代表是翁文灏，代表有竺可桢、胡先骕、陈焕镛等十余人。次年8月又率5人代表团参加在英国剑桥大学召开的第五届国际植物学大会，会上他做了《中国近十年来植物学研究之成绩》的演讲，受到与会各国代表的重视，会议主持者将中国植物研究列为此次会议的重要议题之一。

1935年，他率中国植物学代表团参加在荷兰举行的第六届国际植物学大会，任该会分类组执行委员，同年又被选为命名委员会副主席。归国途中，经纽约植物园、新加坡植物园、香港植物园均受到礼遇，并收到大批馈赠的珍贵图书、标本及种子、苗木。1936年被英国剑兰学会聘为名誉会长。

1951年，陈焕镛率新中国植物代表团出席在印度新德里召开的“南亚栽培植物起源”的学术讨论会。据中国科学院院士吴征镒回忆，针对当时会议讨论的中心问题，中国代表团中并无这方面的专家，事先未做准备。但与会的其他国家学者急于摸清中国的底，并久闻陈焕镛大名，于是提出请他做即兴演讲。

“陈焕镛即席做了一次演讲，充分显示了他的雄才和博学。”吴征镒评价。他言人所不敢言，直陈印度农业中由于宗教束缚，对热带易淋溶流尽肥力的土壤长期不施有机肥导致板结成砖红壤的弊端，他还介绍了中国传统农业施用农家肥，长期维持地力的经验。

陈焕镛的讲话措辞渊源于古典欧洲文学，语句精练雅洁，地道的英语和精湛的农业思想使听者无不动容和惊诧，纷纷报以热烈掌声。这也大大促进了代表团的考察内容和接待方式，国际知名的植物学家、印度植被研究者Puri教授专门在家中接待了中国专家。

（本文参考吴征镒《怀念陈焕镛先生》、吴德邻《纪念陈焕镛院士》和陈德昭、黄成就的《陈焕镛传记》，并得到了中国科学院华南植物园的大力协助，特此致谢！）

（林旭娜）

华南植物学界谈陈焕镛

他的科学预见性令人惊叹

A25

华南植物学界谈陈焕镛

他的科学预见性

令人惊叹

广东中烟工业有限责任公司特别呈献

2010年1月，“《中国植物志》的编研”被授予国家自然科学奖一等奖，一套历经四代科学家、耗费半个世纪完成，拥有126卷册5000多万字、9000多幅图的浩繁巨制，终于实至名归。然而，当无限荣光来临时，一些历经千辛万苦、甘于寂寞的科学家已远离尘世。担任该书第一任主编的陈焕镛就是其中的代表人物。

一同被授予这项荣誉的华南植物园胡启明研究员、参与《中国植物志》编研的吴德邻研究员和华南植物研究所前所长梁承邺研究员、曾在陈焕镛身边工作的黄观程研究员，接受南方日报记者专访，他们的讲述勾勒出一个更加立体生动的陈焕镛。

引领植物学走上现代之路

南方日报：1919年陈焕镛回国时，中国现代植物学研究“一穷二白”，但他在晚年作为首任主编参与了世界最大的植物志《中国植物志》的编纂工作。如何评价陈焕镛在学科建设中的价值？

梁承邺：他的学术地位，我认为冠以中国现代植物学主要奠基者的评价应该是恰如其分的。在他这批人之前，中国植物学尚未进入现代范畴。80多年来，植物学的分支越来越多，但中国植物学的源头是从他们的分类研究、资源搜集开始的。

判断一门学科的形成有几个标准，应包括专业机构、专业队伍、专业刊物，在这些条件下能持续产生有现代意义的一批论著和讲义。回顾一下就可以发现，在陈焕镛那个时代这些标准都符合。

首先看专业机构：中国两个最重要的研究所，北京静生生物研究所和中大的农林植物研究所。其次看专业队伍：民国时期最高学术机构中央研究院自然历史资源研究所中设有植物研究所，后来该院设评议会，代表三四十人中，有两个研究植物学，可见已经奠定了学科地位，钱崇澍、胡先骕、陈焕镛等第一代植物学家的研究生也成为植物学的第二代领军人物。陈焕镛还创办了中国第一个专业植物分类学刊物。这样学科就基本形成了，其间陈焕镛所起的作用是非常重要的。

南方日报：中国人关注植物有上千年的历史，诞生过《本草纲目》这样的重要著作，陈焕镛和同辈科学家如何超越传统的研究方法？

吴德邻：现代植物学按系统分类，古代按木本、草本等进行分类，古代的研究方法不能反映自然界的进化过程，西方的系统法则尽量反映这种进程，并且可以用化石、地质年代等证据来证明。

其次，现代植物学按照门、纲、目、科、属、种划分，有规范的国际命名法规，一种植物只有一个合法的名字。不像中国，不同地方对同一种植物的叫法就有可能不同。陈焕镛他们编撰的早期著作，已经完全按照国际规范的分类法，与《本草纲目》不可同日而语，他引领植物研究走上一条现代之路。

80年前即提出退耕还林

南方日报：陈焕镛的研究为今天的广东学术界留下什么遗产？

吴德邻：作为中国植物分类学祖师爷级别的人物，不但为广东，也为中国做了大量奠基性的工作，现在的研究都在他们的基础上深耕。他的四大贡献显示出惊人的创新思想和超前意识，即使现在看来还是如此。

第一大贡献是建立了中国最早的自然保护区——鼎湖山自然保护区。他出席第一届全国人民代表大会期间，就和秉志等6位科学家联合提出“在全国各省（区）划定天然森林禁伐区，保存自然植被以供科学研究的提案”，后获得通过。在此背景下，他继续提出在肇庆鼎湖山建立自然保护区的设想，最后在国营鼎湖山林场划出1.7万亩建自然保护区，区内保存有典型的南亚热带常绿阔叶林和当地野生植物2400余种，有北回归线沙漠带上的“绿色明珠”之称。

早在1930年，陈焕镛就提出资源保护策略，提出要有公共供热、供水系统，提出森林资源保护要减少浪费，要注意副产品的开发，科学监管，实行可持续发展，限制工厂的烟尘，现在已经是共识，但我们还没有完全做到，需要反思。退耕还林我们做了没多少年，但这却是80年前陈焕镛提出的理念。可见其科学的预见性多么惊人。

第二大贡献是设立华南最大的植物标本馆。标本是研究植物分类的基础。在其不遗余力数度组队采集后，至1938年标本已达15万号，其中有和英、美等60多个国家交换的珍贵标本以及浸液标本。吴征镒院士认为，至1954年华南植物研究所的分类学基础在当时已属全国首位，这在很大程度上也是陈焕镛院士在标本馆建设等方面所做的开创性贡献的结果。如今，华南植物园的标本馆馆藏已达百万号，为我国三大植物标本馆（北京、昆明、广州）之一。

胡启明：他创建华南植物研究所时，中国还没有自己的植物学，书籍、名词多是照搬日本的，教学用的标本要从日本进口。如果没有陈焕镛和胡先骕等老一辈科学家奠定了标本、图书、文献基础，并大力培养人才，《中国植物志》是不可能现在就完成的，更不可能获得国家自然科学奖一等奖。

华南植物园的标本采用严格的科学管理，每号标本有3套卡片，标本若被发表的文章引证，即用特定标签贴在标本上；标本封套内还附上原始记载、重要专著等文献资料，不但使定名更准确，也为研究提供了条件。

高标准的管理为后来采用计算机管理标本打下了基础。几十年来，英、美、德、日等国专家参观后无不感叹其管理之完善。

吴德邻：华南植物园是他的第三大宝贵遗产，这是中国最大的南亚热带植物园。早在上世纪30年代，陈焕镛教授任中山大学农林植物研究所所长期间，就注意采集苗木、种子，开辟苗圃，设立植物园作研究之用，这在当时是非常难能可贵的。1956年，他亲自规划建设占地4500亩的华南植物园。目前植物园每年有100多万人次徜徉其中。

他的第四大贡献是创立了华南最有价值的专业图书馆。文献和标本是植物分类研究的依据，二者缺一不可。早在建所伊始他就设立了图书馆。据1937年统计，馆藏中外文图书已达4000余部，中外文定期杂志50种以上。许多珍贵的西方植物学文献均有收藏，如分别于1737年和1753年出版的林奈《植物属志》（Carl Linnaeus，*Genera Plantarum*）和《植物种志》（*Species Plantarum*），以及欧美植物分类学的重要期刊和中国古农书、方志、本草等重要文献。这些植物分类学的经典著作对于后人进行植物学研究、编写植物志，提供了极大的方便。

痛心中国植物被外国采了200年

南方日报：与陈焕镛同一个时期，中国涌现出一大批著名的植物学家，如钱崇澍、胡先骕、汤佩松、吴印禅、吴征镒、蔡希陶等。在这个相对冷清的专业里，为什么人才成批涌现？

吴德邻：早期研究中国近代植物分类学的都是外国人。据不完全统计，自17世纪末至20世纪40年代，先后有16个国家约200人来中国调查植物资源，在200多年中，采了近100万号标本、上千种植物苗木和种子，记载新发现、新记录植物上万种，新属158个。

这些人中，大家熟悉的人有英国人汉斯（H. F. Hance）和汉姆斯莱（W. B. Hemsley），美国人F. N. Meyer，法国人J. P. A. David和J. M. Delavay，俄国人C. J. Maximowicz，奥地利人H. Handel-Mazzetti，日本人早田文藏和山本由松。值得一提的是，很多植物学家都很熟悉中国的园林花卉和经济植物，他们到中国采集、研究植物的背后都隐藏着战略或经济利益。

胡启明：当时欧洲流行一个说法，“没有中国的花卉，不成为庭院”。植物学，并不如普通公众认为的是个冷门，在国外一直是热门。西方进入一个新的殖民地，首先要弄清楚的就是资源，包括矿产、文化、动植物等，到中国最早的一批传教士、海关官员等，都为中国的植物资源惊叹，一批批采集，又一批批运走。

西方的每一个公园、植物园里，都有中国的花木，杜鹃、菊花、茶花等被大量引种。像猕猴桃就是从中国引种出去的，改良为商品在国外已有几十年，而我们才几年。陈焕镛他们回国时，中国的植物资源已经被国外采集200年了，你说他们不痛心、不感到迫在眉睫吗？

吴德邻：陈焕镛在进入哈佛大学学习时，就已立下了保护、开发祖国植物资源，改变我国植物学研究落后面貌的志愿。他目睹一些国家的探险家、传教士和植物学家大量搜集我国珍贵植物出口，使我国植物资源不断外流。世界许多著名的植物园都栽培着中国的珍稀植物，中国植物的模式标本大多被保存在外国的标本馆内，而在国内却缺乏完备的植物园和标本馆，以致研究本国植物分类学不得不远涉重洋到外国去寻找资料、参阅标本。这些现实使陈焕镛深感痛心。

教学未废一日，育才毫无保留

南方日报： 陈老一生科研、教学，未曾一日废离，很多学生在回忆文章中都讲到，他培养人才毫无保留。

胡启明： 陈封怀、蒋英等第二代植物学家，都是在他的基础上成长起来的。我听导师陈封怀先生讲过，他们师生时常打成一片，一有空陈老就会找他谈话，并经常请客。陈封怀先生自己成为植物学专家后，对导师始终非常尊敬。

在金陵大学、东南大学任教时，陈焕镛以自编的*Chinese Economic Tree*作为辅导教材，这是英文版本的。在广西大学任教时，又自编《广西植物分科检索表》作为材料，遇到外语根基不好的学生，他都由基础教起，因人施教。

吴德邻： 1955年，刚认识陈老时我是小字辈，从南京大学毕业分配到他任所长的华南植物研究所，他已是学术大家，但一有机会都不忘提携后学。

1962年我在编写《海南植物志·姜科》的时候，在我所标本馆发现了2张从来没有见过的标本，1张采自广东信宜，1张采自海南保亭。后经过仔细研究后，确定它们为中国的新分布科——兰花蕉科，并且是两个新种，分别是兰花蕉和海南兰花蕉，其中兰花蕉现已被定为国家三级保护濒危物种。

当我向他汇报这一发现并把标本拿给他看时，他说北京植物研究所的汪发缵教授正好在这里，最好拿给他看看，后确认我的鉴定无误。我很兴奋，准备立即发表。陈老却不以为然："兰花蕉科全世界只有1属数种，你既然已确定广东标本为新种，说明你对全世界的种类已有所了解，不如写一篇专著性论文，顺便讨论一下该科的位置。"

我担心没有外国标本，陈老说，没有标本可以想办法。于

1958年，陈焕镛（左二）在高加索考察植物资源

1919年，陈焕镛在海南采集植物标本

是，他当即写信（由我执笔）给当时在印尼的华侨孙洪范先生，请他代为采集该科的标本。后来孙先生果然寄来了兰花蕉属的外国标本，这为我撰写论文提供了很大的帮助。

1963年中国植物学会30周年大会在京召开，经他安排我在会上做了题为“兰花蕉科植物之研究”的报告。这一发现由于对研究中国植物区系的热带亲缘有重要意义，受到了同行的关注，这对我是一种莫大的鼓舞。后来他还亲自帮我修改英文摘要并安排于1964年的《植物分类学报》上发表。他热情帮助、循循善诱的情景至今仍历历在目。

黄观程：1955年夏，我在北京毕业后被分配到中国科学院，院部通知我立即到华南植物研究所报到，陈焕镛所长不久就找我到他家里谈话。因为我是俄文专业毕业，他专门叮嘱我要好好学植物学、学英文、学拉丁文，并让我教其他科研人员俄文。

拉丁文是搞植物分类的必修语言，他在美国受的教育，英文、拉丁文造诣很高，相反，国内的学生大多欠缺这方面的训练，他就自己制作了卡片，一个字一张卡片，法国、瑞典、英国等各国大家的用法他都抄下来，做了一抽屉。很多专家都是用他编的教材来接受拉丁文启蒙教育的。

讲道理的性情中人

南方日报：他的学术生涯以严苛著称，性情是否也如此？

吴德邻：陈老工作时可以夜以继日，但也有幽默轻松的一面，有时会喝杯小酒，讲讲笑话。我记得他讲过一个笑话，印象很深，说他在林中解手，把帽子放在一根竹笋上，解完手怎么也找不到，最后发现原来竹笋长成竹子了，帽子被顶上天了。

黄观程：我和陈院士在一起工作的日子并不多，但到苏联考察的3个月我们天天待在一起，所以印象很深。

有一次，他叫我去找一本植物学文献，我找了很久，等找到时，他有些生气，说我浪费了半个小时。原来是他写给我查阅的字条有个别字，如果是标本也许还可找到，但图书就难找了，因为书名错了就可能出现在很远的书架上，所以耽搁了不少时间，他知道情况后马上就向我道歉了。

在苏联考察时，有天我们一起等车，他手上有英俄对照的小册子，一边看一边跟旁边的人聊起来。当时是5月份，天有点凉，我看他手上空空，就跑回去把他的大衣拿回来。一见面，他就批评我："有没搞错，是我等你还是你等我？"等我把大衣给他，他又道歉了："对不起，有时候是应该我来等你。"

批评归批评，道歉归道歉，他是个很讲理的人。3个月中，我学了不少。我们什么都聊，他说他对俄罗斯文学很感兴趣，但看的是英文版。我们高兴时还一起喝点酒。一次，他让我去买下酒食品，等我把东西买回来，他已经喝醉了。

还有件有趣的事：出国时我没有经验，只带了一条领带，他却带了好几条，看我来来去去都是同一条红色领带，就找出一条有植物图案的送给我："你不能每天都戴同一条领带，我送你一条。"那条领带很有朝气，到现在我还保留着。

（林旭娜）

1958年，陈焕镛与苏联科学院巴拉诺夫院士（左）考察后在湖畔小憩

学人小传

梁宗岱（1903—1983），诗人、翻译家，精通法、德、英、意等多国语言。原籍广东新会。1956年起受聘中山大学、广州外国语学院（现广东外语外贸大学）担任教授。代表作有《梁宗岱选集》、诗集《晚祷》、词集《芦笛风》、论文集《诗与真》《诗与真二集》等，主要译作包括中译版《莎士比亚十四行诗》《水仙辞》、法文版《陶潜诗选》等。

梁宗岱：言师采药去 留得清凛在人间

“五四”以后，中国现代史上迎来又一个薪传隆盛、“云兴雷奋”的时代。在鲁迅、胡适之后，第二代学贯中西、博古通今的知识分子当中，梁宗岱虽不是声名最盛的一位，却无疑是一位特立独行的奇才：16岁即在新诗界崭露头角，被誉为“南国诗人”；在中国现代文学史上，没有第二人像他那样与瓦雷里、罗曼·罗兰、纪德等世界文学大师直接沟通；游欧七年，精通英、法、德、意等多门外语，却与陈寅恪一样不修学位；两次“婚变”都酿成风波，沦为闲人谈资；正值壮年却突然投笔行医、隐居乡野之举，更是令人不解。

观其成就，法译《陶潜诗选》被瓦雷里称为“不可多得的杰作”，中译《莎士比亚十四行诗》，被余光中誉为“莎士比亚十四行诗的最佳翻译”；他翻译的歌德《浮士德》虽然只有半部面世，却被海外学者评为目前《浮士德》译本中最优秀之一。柳鸣九更称赞梁宗岱是“中国翻译史上的丰碑”。他写于20世纪三四十年代的《诗与真》《诗与真二集》《论直觉与表现》等论著，不仅代表着当时诗学研究的最高水平，开启比较文学之新篇，至今仍是研究中国新诗演变历程时不可或缺的参考著作。

然而，梁宗岱的最大魅力却源于他的“诗人气质”。拜伦的风流多情、歌德的浪漫昂扬、陶渊明的静穆旷洁、屈原的清高耿直、李白的疏狂狷介，在他的血液里浑融、涌动。他的一生被后世学者概括为“诗意人生、戏剧人生、传奇人生”。

历历往事

游欧七年却不拿任何文凭

“一天早晨他来到我家，年纪轻轻，风度翩翩，操一口很清晰的法语……满腔热忱地跟我谈诗。”

这是1930年法译《陶潜诗选》在巴黎出版时，法国象征派诗人、法兰西学院院士保罗·瓦雷里（旧译梵乐希）在此书序言开头写下的一段话。这是陶渊明的作品第一次被译介到西方国家。同年，瓦雷里的名作《水仙辞》中译版首次与中国读者见面。这两本书的翻译者便是瓦雷里笔下那个一谈到诗歌就迸发出“罕见的火花”的年轻人——梁宗岱。

梁宗岱年仅16岁就开始在广州各大报纸以及《小说月报》等杂志上发表新诗，被称为“南国诗人”，1921年，还是培正中学学生时，便在沈雁冰和郑振铎的邀请下加入文学研究会，其后出版诗集《晚祷》。

1924年秋，梁宗岱在岭南大学读了一年之后，由于不满足于所学内容，遂从香港乘船前往欧洲。7年里，他辗转求学于日内瓦大学、巴黎大学、柏林大学、海德堡大学等著名学府，与傅雷、刘海粟、徐志摩、朱光潜等文艺名家交往，却没有获得任何文凭。

到欧洲两年后，留学生活最初的兴奋逐渐消退，当他“整个人浸在徘徊观望和疑虑中”时，通过朋友引荐、发表诗作，先后结识了两位对其一生影响至深的法国文学大师——瓦雷里与罗曼·罗兰。

在《保罗·梵乐希先生》《忆罗曼·罗兰》两篇文章中，梁宗岱回顾了他与两位大师交往的经历。“梵乐希为人温雅纯朴，和善可亲，谈话亦谆谆有度，娓娓动听。我，一个异国底青年，得常常追随左右，瞻其丰采，聆其清音”，“使我对于艺术底前途增了无穷的勇气和力量”。而据梁宗岱弟子、《梁宗岱》一书作者之一黄建华教授回忆，瓦雷里曾建议梁宗岱以务实的态度，博采西方文化之精义，不必为学位虚名去钻某一门学科的牛角尖，这是他决心放弃学位的主要原因。

而罗曼·罗兰对他的馈赠主要是在“精神或道德方面”。18岁时梁宗岱和好友一起读《约翰·克利斯朵夫》英译本，读到不能自已，悲怆痛哭，仿佛听到了上帝的声音：“一个人并非为快乐而活着。他活着是为了完成我底律法。受苦。死。但做你所应该做的——一个‘人’。”

1929年秋，梁宗岱第一次在日内瓦附近的新城拜访了罗曼·罗兰，两人纵情谈论中法文学、歌德的诗与巴赫、贝多芬的音乐；第二次是在1931年9月18日，正值罗曼·罗兰的父亲辞世不久，自己又新病初愈之时，他破例与梁宗岱一席长谈，特别谈到了中法两国民族性之间神秘的“精神血缘”，临别之际又以一张近照及《歌德与贝多芬》等两部题了词的新作相赠。

当晚梁宗岱得知沈阳沦陷的消息，决心报效祖国、即刻启程。此后他仍与两位大师保持通信，但遗憾的是，罗曼·罗兰写给他的6封信连同瓦雷里的13封信在“文革”中被毁于一炬。半个世纪之后，黄建华教授和时任法国驻联合国教科文组织常驻团团长的瓦雷里之子——弗朗索瓦·瓦雷里取得了联系，于1980年元旦期间向病榻上的梁宗岱转达了诗人之子的问候，再也没有机会故地重游的老人激动得热泪盈眶。

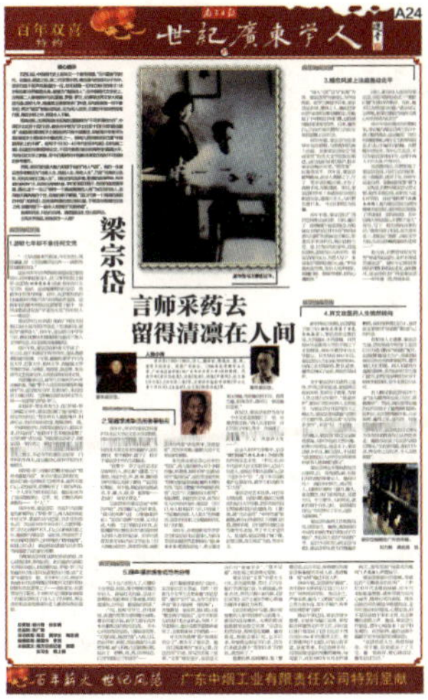
A24
百年双喜 特约
世纪广东学人
梁宗岱
言师采药去 留得清凛在人间
百年新火 世纪风范 广东中烟工业有限责任公司特别呈献

常因学术争论而老拳相向

1931年，28岁的梁宗岱应邀担任北京大学法文系主任兼教授，同时在清华大学授课，学生当中不乏卞之琳、罗大冈等青年俊杰。当时的北大英文系主任温源宁，在其著作《一知半解》中，留下了一段关于梁宗岱个性的生动描述：

“我整个一辈子也没见过宗岱那样的人，那么朝气蓬蓬，生气勃勃，对这个色、声、香、味、触的荣华世界那么充满了激情。”“宗岱喜好辩论。对于他，辩论简直是练武术，手、腿、头、眼、身一起参加……老是打一场架才算完。”

吴宓曾形容梁宗岱是“中国的拜伦”，而用他自己的话来说，“我只有坏脾气这一点像他（指拜伦）”。梁宗岱自幼脾气火暴，又习过武，号称一生打架超过100次，在欧洲留学时便有多次与轻视中国人的洋人动手的记录。20岁时就敢发表文章向当时文学浪尖上的人物如成仿吾、郭沫若叫板，痛批郭译的雪莱“诘屈聱牙、煞费思索”，因为学术观点不同大动干戈更是家常便饭。

朱光潜是梁宗岱心目中的“畏友”，两人逢面便吵；对于李健吾他心怀敬重，照样不客气地指责对方“滥用名词”，还挖苦过梁实秋“厚颜无耻地高谈阔论他所不懂的东西”。沈从文把他“吵吵嚷嚷的风格”，比作“江北娘姨街头相骂”。根据萧乾、李健吾的文章，在当时文人时兴的沙龙中，梁宗岱一旦开口，旁人根本插不上话，只有碰上“当着她的谈锋，人人低头”的林徽因，梁宗岱才在抬杠之余勉强保持礼仪上的沉默。

1935年，古希腊研究学者罗念生和梁宗岱在北京见面时，为新诗节奏的问题竟然老拳相向：“他（指梁宗岱）把我按在地上，我又翻过来压倒他，终使他动弹不得。我警告他，如再动手，我可以一拳送他回老家。”

在复旦，梁宗岱还曾当众与一个中文系老教授打了一架。旁观者撰文称：“两人从休息室一直打到院子中间，终于一齐滚进了一个水坑；两人水淋淋爬了起来，彼此相觑一下，又一齐放声大笑……”

在亲人和学生印象中，梁宗岱“傲骨峥嵘”（柳无忌语）、争强好胜的性格至老未变。20世纪五六十年代在中大法文系教书时，已是六旬老人，还扳着手指头盘算自己拿下过多少个“第一”，连下乡劳动挑重担也算在内，被学生们戏称为“自大狂”。

梁宗岱对艺术狂热，对官场却很淡漠。抗战时期，他在迁至重庆的复旦大学任教，曾多次接到高官厚禄诱其出山的邀请，均一口拒绝，视“立法委员”“中将待遇”如敝屣；蒋介石特命侍从下请柬以招揽，照样不理。昔日留学同窗受命驾驶专车去接，等了半天才见到人。及见面，梁宗岱竟以“刚下课，肚里正饿，改天再说”为由，坚决不去。

婚恋风波上法庭轰动北平

“诗人气质”总与“浪漫”为伴。梁宗岱因性情闻名，为性情所累。在学生黄建华看来，梁宗岱是多情、重情之人，他在巴黎时也曾与法国女郎安娜相恋，给她取了个中国名字叫白薇，这段感情随其回国而告终。后来，他将自己与女作家沉樱所生的长女取名思薇，以示纪念。

1933年底，梁宗岱为结束早年包办婚姻，与原配何氏闹上法庭。主张梁宗岱接受“既成事实”的北大文学院院长胡适，亲自出庭为何氏辩护，指责梁宗岱抛弃发妻，“婚变案”一时轰动北平。次年夏，梁宗岱被判败诉，在旁人调解之下，付了一笔不菲的赡养费，才办了离婚手续，尽脱藩篱。事后，梁宗岱和学术上本就存在分歧的胡适交恶，遂离开北大，与沉樱东渡日本，一年后归国结为伉俪。

1941年春，梁宗岱回广西百色料理父亲后事。其间，他看了一出粤剧《午夜盗香妃》，对饰演女主角的花旦甘少苏“妙语清香句句圆”的表演过目难忘，知悉其不幸身世后，顿时由怜生爱。梁、甘当时均有家室，且地位悬殊，恋情为时人所不容。梁宗岱顶住压力，为爱人写下一本词集《芦笛风》表白心迹：“世情我亦深尝惯，笑俗人吠声射影，频翻白眼。荣辱等闲事，但得心魂相伴。”

同时，新诗诗人出身的梁宗岱，因《芦笛风》形式上“重蹈旧辙”招致诗界批评。对此，他不以为然地回应道：“就是词又怎样呢，如果它能恰当地传达我心中的悸动与晕眩？”

1944年，身在重庆的沉樱闻讯，带着她与梁宗岱所生的三个孩子黯然离去。

抗战胜利后，沉樱拒绝了梁宗岱会面、共同生活的要求，在上海谋职、抚育子女，1948年远走台湾。据杨建民《怨“藕”》一文所述，沉樱对梁宗岱又爱又恨，始终未能忘情，在和友人通信中署名一直是“梁陈瑛”（沉樱本姓陈），她与梁宗岱在台湾的妹妹关系很好，还替梁宗岱出版了译诗集《一切的峰顶》。多年后两人恢复通信，沉樱以“故人”身份，写下一段伤感而真挚的话：“我常对孩子们说，在夫妻关系上，我们是‘怨藕’，而在文学方面，你却是影响我最深的老师……”

赴台前，沉樱曾对好友发誓“要走得远远的，永世不再见到

梁宗岱与沉樱在日本

梁宗岱”。1982年已移居美国的沉樱回国探访老友，盘桓数月，还是没有去广州见梁宗岱——40年前一别，终成永诀。

弃文攻医药人生悄然转向

新中国成立初期，梁宗岱蒙冤下狱三年，罪名竟多达数百项，大到通匪，小到偷猫。直到1954年在胡乔木等的干预之下才获释放，1956年重登中山大学教坛。其实早在1944年后，梁宗岱的人生长河已悄然转向，经商之余主攻制药，教书、论著、翻译反倒成了副业，鲜有作品问世。

关于梁宗岱弃文就药之选择，学界已多有论述，如新中国成立后政治形势，知识分子政策，当事人特立独行的秉性，“悬壶济世”、顺应自然的中国人文传统等。与梁宗岱交往甚笃的卞之琳认为，梁宗岱兼具歌德气质和浮士德性格，喜欢追求“无尽的多变性”，不会“以一生而殉一业”。另据彭燕郊、黄建华等人士的观点，梁宗岱自幼受父亲制药熏陶，对医学抱有天然兴趣。此外时局更迭，前途未卜，梁宗岱耿介率真，难以适从，于是想“通过创造活人济世的良药来填补读书人使命感的落空”。

梁宗岱再也不像执教复旦时那样，以一身西装短裤、长膝白袜的潇洒形象示人。他有时约上一两位乡村医生，或孑然一人，太阳初升便带上镰刀、锄头，箪食瓢饮，出门采药而去，至暮方归。半生繁华，人间风光，就此作别于山水之间，一如苏轼的诗句：“方其梦时了非无，泡影一失俯仰殊。”

梁宗岱的制药工作断断续续，贯穿余生。他潜心配制出的中成药主要有类似万金油的“草精油”、类似抗生素的“绿素酊”等。据甘少苏回忆录《宗岱与我》，梁宗岱常免费为百姓施诊赠药，成功案例数以百计，还曾在“文革”里用“绿素酊”救过自己的性命。

有知情人士透露，梁宗岱生前，曾有侨商专程登门，愿意以15万港元购买“绿素酊”配方，在香港和加拿大生产，并承诺保留梁宗岱的专利权和制造权，遭到梁氏夫妇拒绝。两人不愿药方流落至国外，多次向医疗卫生部门献方，但终因各种原因止步于临床实验阶段，至今未获公开认可。

有人慨叹梁宗岱的后半生“诗人翻译两无成，只合江湖做郎中”。然而两位深爱他的女性却给予他理解和慰藉：在世时有沉樱鸿雁往来，共享制药、施药之乐，还得到一句宽厚的评价“晚景不错”；甘少苏毕生侍奉左右，梁宗岱离去后又继续为争取“绿素酊”获得公认四处奔走。施蛰存在读了《宗岱与我》后赞叹：“北有新凤霞，南有甘少苏，皆女中之佼佼者，令人肃然起敬。”

晚年屡次挨批仍怡然自得

“五十五六岁的人了，可脚步十分坚稳、轻快，像个精神抖擞的年轻人。满溢红光的脸，总是开朗明快；笑起来样子像顽童，坦坦荡荡的，却带着一股睿智的风采。”

卢岚、柏桦等学生，曾用深情、诙谐的笔墨为梁师晚年画像：课余挽起衣袖，向学生展示洗冷水浴锻炼出的粗壮肌肉，一不小心冒出鸡皮疙瘩；上课临场发挥，“天地经纶，随意抒放”；入秋之后，仍着汗衫、裤衩，摇着蒲扇与人昂然争辩，霸气不减；生活困难时期，饲养了一群鸭、鸡、鸽，洋洋得意，自封“海陆空三军司令”……

在日渐敏感紧张的政治气氛中，梁宗岱依旧百无禁忌。组织上曾派几个女学生去帮助他“改造思想”，他的“交代”是，女学生们的声音“像小鸟嘀啾一样好听”；一次他路见一条标语，随口指点说“删去两字更简洁”，完全不知那句话出自毛主席语录；全国上下学雷锋时，他却说都学雷锋补破袜子，会妨碍新袜子的销路……

中大历次批判“资产阶级知识分子”，都少不了梁宗岱。他一直以陶渊明的“宠非己荣，涅岂吾缁”自励，并写到黑板上宣讲。“文革”爆发前夕，梁宗岱还天真自忖“放屁不多”“微不足道”，对处境之危急毫无觉察。

梁宗岱在“文革”中被大斗4次，多次被软鞭、铁尺、自行车链打到满地打滚，头破血流；抄家20次，抄到只剩4条内裤，《蒙

青年梁宗岱

晚年梁宗岱

田试笔》《浮士德》等呕心沥血的翻译手稿化为灰烬。

《宗岱与我》中写道：那时候挨整的人家特别害怕点名批斗、游街的高音喇叭，失明的陈寅恪教授更是深受其害。“宗岱却坦然得很，照样能吃能睡。他对我说，即使会被打死，也不自杀，并要我也保证不自杀，因为自杀就会落个‘畏罪自杀’的罪名，我答应了。”

轮番折磨，疾病缠身，加上繁重劳动，营养不足，体格健壮的梁宗岱渐渐瘦到不成人形，香港媒体一度“哀悼”他已不在人世。

1969年底，梁宗岱获得“解放”，次年随中大外语系迁至白云山下的广州外国语学院。劫后余生，严寒未消，他马上又唱起“反调”，公然为刘少奇、邓小平辩护，所幸没有再惹来“言祸”。

随着年事已高，梁宗岱很少授课，主要参与编订词典、审校联合国翻译文件等工作，同时夜以继日地完成了《莎士比亚十四行诗》（154首）的重译工作。原打算重译《浮士德》，可惜力有不逮，拿起笔来，手已动弹不得。后因误服过量的安眠药瘫痪，每况愈下，直至1983年11月去世前一两天，连续发出“闷雷式的吼叫”（卢岚语），声震屋宇。

梁宗岱弥留时的怒吼，常被比作“天鹅绝命的长鸣”。上世纪50年代末嗜酒成癖、60年代末皈依基督教，被外界视为其内心痛苦、精神幻灭的表现。终生追随恩师的黄建华教授坦言，老师可能是有话想说，心里着急，但不见得是出于事业未竟、壮志难酬的悲愤之声。他说，梁宗岱生性豪迈，暮年心境基本上是平和乐观的。直到临终，他仍是温源宁50年前见到的那个梁宗岱：“宗岱热爱人生，热爱得要命。对于他，活着就是上了天堂。他一息尚存，便心满意足。他笑着过生活。”

（郭珊　郑上保）

学 者 视 点

黄建华、伍方斐评说梁宗岱

中西交流之贡献　常人望尘莫及

黄建华伍方斐评说梁宗岱——
中西交流之贡献
常人望尘莫及

梁宗岱学贯中西，才情盖世，在20世纪前半叶曾是活跃于中国诗坛学界的风云人物。然而，由于作品不算丰厚、后半生转攻制药等种种原因，梁宗岱的名字在现当代文学史上几经沉浮、乃至一度失隐，直至去世多年后，才冲破历史的迷雾，光芒日显。

2003年，梁宗岱生前任教的广东外语外贸大学（以下简称“广外”）曾举办“纪念梁宗岱百年诞辰学术研讨会”，还在校本部图书馆设立梁宗岱先生特藏室，并在大学城校区校史馆开辟梁宗岱专题展区。该校图书馆还自建了“梁宗岱先生著述与研究专题全文数据库”，广泛收录海内外梁宗岱先生的著述及相关研究资料。梁宗岱的故居——广外云溪路10号也保存完好。

梁宗岱（左一）与马思聪、王慕理、沉樱合照

学者陈希在《好诗良药，长留德泽天地间》一文中指出，梁宗岱研究是尚待开拓、品位很高的学术富矿。“深入认识和公正评价梁宗岱先生在中国文学史上的地位和贡献，透视时事沧桑、总结经验教益、启发人生思考，具有重要的学理价值和深远的现实意义。”南方日报记者为此专访了梁宗岱弟子、原广州外国语学院院长黄建华教授和广外图书馆馆长伍方斐教授。

谈学术成就

诗人身份是梁宗岱翻译家和学者身份的底子

南方日报： 梁宗岱先生集翻译家、学者、诗人以及教育家等众多身份于一身，您认为哪一种身份最为重要？

黄建华： 在我看来，梁宗岱先生翻译家和诗人的身份最为重要，他所取得的成就主要是这两种身份使然。在翻译方面，欧洲游学期间，他最早把陶潜的诗歌翻译成法文，在欧洲的文学杂志上刊登；同时，他又把瓦雷里的诗歌如《水仙辞》翻译回国内，引起轰动；在此基础上，他又写了很多中西文人的比较性文章，如歌德与李白、但丁与屈原。因此，梁宗岱先生可以称为最早沟通中西文化的学者，是中西文化交流的桥梁。

在诗学理论和文艺批评领域，他撰写的文章虽然不多，不超过30万字，散见于《诗与真》《诗与真二集》等，但得益于他自身的诗人气质，他的评论性文章行文相当艺术化，生动活泼，读起来别具一种美感，让人如沐春风。

伍方斐：从产量和实际成就与影响看，恐怕主要还是前两者，即翻译家、学者。翻译家可以说是他众多身份中最确定的一个。他精通德、法、英、意等多国语言，从作品的数量来看，也的确是译诗和译文最多，在改革开放之初重印的8种著作之中，就有6种是译著。

他的诗论文集影响力甚广，今人对梁宗岱的研究也主要集中于他的诗论和文论，由此可见梁宗岱的学者身份也是可以确定的。

但是，梁宗岱骨子里是诗人，他在翻译、诗论甚至为人处事等方面的独特价值，都与他的诗人性情和才华有关。可以说，没有诗人梁宗岱，就没有翻译家、学者梁宗岱，诗人的气质是他在翻译和学术上取得卓越成就的基础。

南方日报：据您的观察，现在学界对梁宗岱的研究主要成果有哪些？他的“契合”等诗学主张，对于今天诗歌创作有何指导意义？

伍方斐：目前对梁宗岱的研究主要在其诗论和翻译。迄今共有400篇左右专题学术论文、近10种重要专著（包括传记研究）问世，例如陈太胜《梁宗岱与中国象征主义诗学》等。目前平均每年至少有20篇专题论文发表，但从材料的挖掘到视角、观点的创新上仍存在局限，亟须引起学界重视。

梁宗岱一直未受大众阅读、文学史专著的足够重视，作品不多是主要原因。作为诗人的梁宗岱仅有1924年出版的一册新诗集《晚祷》，以及1943年印行的一册旧体诗词《芦笛风》。其诗作不仅突出体现了文学研究会的写实主义风格，而且在艺术形式上凸显诗歌的散文化，梁宗岱在初期白话诗坛的地位仍值得研究重评。

梁宗岱诗学理论中的“契合”理念，强调的是心灵与外物、精神与自然的神秘契合，有点类似中国的天人合一，在诗学表现上注重含蓄、精致与蕴藉，对于早期白话诗的直露和粗糙确是一剂良药、一种补充，对于国内生吞活剥的象征主义诗风，也起到了一定“纯化”作用。

一时代有一时代之文学。梁宗岱对象征主义的推崇，与当今这个诗意欠缺、节奏加快、生活粗粝的时代不免有“隔”。如今诗歌创作流行时尚，包括各种欲望写作、“下半身”、“垃圾”写作等，表达方式上的口语和直接，似乎更具有表现力和穿透力，而精致和象征却不免虚幻。“纯诗”理论虽然对于当下诗歌语言的锻造以及意象塑造有所帮助，但是如果一味地套用，也有形式主义之嫌。

谈精神财富

他在多种语言与文化之间如鱼得水，成就译坛神品

南方日报：您怎么看待梁宗岱为今人留下的“精神财富”？

黄建华：按目前的高教职称评审“条件”，梁宗岱根本不够格当教授，无学历、无业绩，著作论文数量也不达标。但是他留给我们的最大“精神财富”，精简概括便是，要重视真才实学并为此矢志不渝地追求，尤其在当下这个越来越浮躁的社会中，这样一种对学问的虔诚和忠贞，显得更为弥足珍贵。

伍方斐：对于广外而言，虽然梁宗岱真正的教学时间不长，但却树立了根基深厚的学术传统。从保存下来的档案资料看，即使在“文革”期间，梁宗岱在法语教学上仍强调“精读”和“讨论”等研究性与启发性方法的应用。同时，梁宗岱渊博的学识以及对中西文化的融通、浪漫率真的诗人气质和刚正博爱的人格风范，可视为广外校训“明德尚行，学贯中西”的真正践行者。

南方日报：当今是一个比拼文化软实力的时代，梁宗岱是一位熟谙中西方文化的杰出传播使者，就当前文化交流形势而言，他又为我们带来了哪些重要启示？

伍方斐：梁宗岱在中西文化双向交流方面均做出了卓越贡献，常人望尘莫及，中西罕见。除却其自身的诗人性格和出类拔萃的天分，很大程度上来源于他对中国传统文化的深入了解和强大的民族自信心，以及深厚的西学修养。如果没有这三者，定然无法在多种语言与文化之间如鱼得水，成就译坛神品的。

之所以中国有许多优秀文化无法顺利、忠实地对外传播，很大原因便是我们缺乏像梁宗岱那样深厚的国学根底以及强大的文化自信心，自觉矮人一等；

有时候又缺少像他那样开放的心境、广阔的视野和对西方文化设身处地的了解，在引进和拿来时，眼光也就难免失之偏颇，缺少应有的广度、深度和高度。这也正是今天，我们在全球化语境和建设“文化强国”“文化强省”的理念下，研究这位世纪学人的现实意义之所在。

谈人生选择

他之所以“弃文从药”，一者是迫于时代洪流，一者也是他主动做出的选择

南方日报：在人们眼中，梁宗岱是一个地地道道的性情中人。在为人为学方面，他的哪些事情令您特别难忘？

黄建华：我眼中的梁宗岱先生非常率真，直肠子，有什么就说什么。比如他瞧不起某些拿了博士文凭但无真才实学的人，很不留情地呼为“草包博士”。此外，爱辩、争强好胜又是他一个重要的特点。他号称自己有三十多个第一，比如“种菜第一”“养鸡第一”“喝酒第一”“力气第一”，甚至在“文革”时期，敲锣打鼓驱赶麻雀时，他也要把锣鼓声敲得最响，争个第一。

梁宗岱先生不喜欢备课。记得有一次刚开学，连教材都没有准备，他也不慌张，就让我们去图书馆随便挑了一两本法国诗选，一拿到诗选后马上上课。别人可能误会他不重视教学，但是听过他的课的同学就知道，教材对于梁先生而言并非那么重要，他胸有成竹、信手拈来，而非现炒现卖。

梁宗岱先生又是一个极为乐观的人。“文革”时期批斗最严重的一次，他颈上的大动脉被锯破，腰部严重受伤，足足躺了两天，鼻孔只有微弱的呼吸。1969年之后，梁宗岱先生获得“解放”，他常常带着轻松的口吻提起过去经历的一些小事。总之，巨大的磨难虽然令梁宗岱健壮的躯体受损，却没有压垮他那铮铮铁骨所表现出来的昂扬精神，对那时身为红小兵的晚辈们，他表示出了最大的谅解。

南方日报：有人曾说，如果梁宗岱后半生没有遭遇蒙冤入狱以及“文革”等重大打击、没有沉湎于制药的话，他的文学和学术成就会更大。您怎么看？

黄建华：我觉得梁宗岱先生“弃文从药”是他在社会大环境下的一种主动选择。在反右气氛甚浓的上世纪五六十年代以及“文革”时期，整个社会的大

环境是不允许凸显个人真挚感情的翻译和创作出现的，以梁宗岱先生放荡不羁的性格以及对文艺的虔诚，他自然不愿意逢迎这种虚伪浮躁的社会气氛。最为明显的是，“文革”时期有一阵很流行下乡劳作时创作“民歌”，可是作为诗人的他硬是没有写过一首这样的“民歌”，即便是红小兵们强迫，他也没写。在我看来，荒唐的年代葬送了梁先生的才华，却更能凸显他特立独行以及对文艺的坚守，他以自己的转向表达对时代的无声抗议。

如果他后半生没有遭遇各种不幸的话，我想他可能在翻译上会取得更大的成就。以《浮士德》的翻译为例，“文革”前，梁先生已经译出上卷，可由于当时在文艺界地位较高的郭沫若已有译本，在紧张的文艺体制氛围之下，没有出版社敢于承接出版。辛勤付出却没有得到世人的见证和认可，梁宗岱先生心中很是愤懑不平。很可惜，由于《浮士德》翻译手稿毁于“文革”，后来重译也只译出上卷，《浮士德》的翻译成为其未竟之业。

伍方斐：在我看来，梁宗岱之所以“弃文从药”，是他的兴趣、人生经历与生活条件综合作用下的抉择。他既受到家庭的医药传统的影响，又接受过西方科学精神的熏陶，他触动于战争之中西药青霉素短缺而导致病疫流行、伤员得不到救治，希望通过研究中药，制造具有类似消炎功效的“绿素酊”，这可能是他“弃文从药”想法的起始。再者，在上世纪五六十年代的社会风气中，已经不允许他继续从事纯粹的学术研究，选择“弃文从药”也可以视为一种对荒诞社会的无声抗争和适当的自我保护。概括而言，一者是迫于时代洪流，一者也是他主动做出的选择。

（郭珊　郑上保）

手抄版的诗集《芦笛风》

学人小传

王季思（1906—1996），名起，字季思，多以字行世，浙江温州人，潜心于元杂剧和中国文学史研究。曾任中山大学中文系主任、古文献研究所所长，国务院第一届学科评议组成员、国家古籍规划出版领导小组成员。著有《王季思诗词录》《击鬼集》《新物语及其他》《玉轮轩前集》《新红集》《求索小集》《玉轮轩后集》等。先后主编《中国文学史》（与游国恩等合作）以及《全元戏曲》《中国十大古典悲剧集》《中国十大古典喜剧集》等，在国内外学术界有重大影响。

王季思：

不爱六经爱五剧
桃李文章焕九州

在20世纪中国众多的戏曲研究者中，王季思是特别值得关注的一位。

如果将20世纪戏曲研究划分为前后两个50年的话，那么，在前一个50年中，王国维将宋元戏曲推上学术殿堂，吴梅将戏曲引入大学课堂；而在后一个50年中，尤其是在后二十年间，王季思在岭南，乃至在中国，培养了一批以古典戏曲研究为特色的学术团队，使之成为一门“显学”。

王季思近七十年的学术生涯，堪称20世纪中国戏曲学术史的缩影。而其九十年跌宕起伏的人生历程，更是一部中国传统知识分子在新旧时代激荡中的心灵史诗。

“演悲欢离合，当代岂无前代事；观抑扬褒贬，座中常有剧中人。”我们一同走近中国戏剧研究泰斗、文化名人、中山大学教授王季思。

历历往事

本色：别有豪情万丈

“樽前一局兴亡，眼底八年抵抗。与君举酒对斜阳，别有豪情万丈。”这是1945年9月3日王季思写的《小令八首》中的一首。2011年9月3日，和王季思的《小令八首》一起，《光明日报》刊发柳亚子、陈寅恪二人同日的诗作，以纪念抗日战争胜利66周年。

在王兆凯（王季思长子）的童年记忆中，对父亲最难忘的印象是抗战期间在浙江丽水处州中学一次欢送高年级学生奔赴前线的大会上，王季思一边喝酒，一边用破酒瓶划破自己手指，让血一滴滴往下流，并慷慨陈词，“虽不能一起去抗日，但愿血流在一起”。

青年王季思，人送外号“王老虎”。中学时，王季思因参加“五四”运动，为留日归来的校长、学监所不满，被迫退学。1927年任教于瓯海中学，因宣传国民党第一次全国代表大会宣言，反对西山会议派，在“四一二”事变时遭逮捕，经亲友保释重返南京读书。抗战爆发，王季思深入浙南山区宣传抗日救国，组织民兵；后因反对温州专员兼浙江省保安司令蒋志英收缴民枪，被迫流亡。

王季思后来剖析自己：“我生长于乡村，从小跟野孩子混惯了。后来想从民歌中闯出一条诗歌创作的路子，又有意无意结识了一些社会下层的人物，因此性格比较粗犷，有时议论不合就盛气凌人；看到忍无可忍的事就横起干涉。”

王季思先生从教70周年庆祝大会

对此，好友“一代词宗”夏承焘曾劝告：“当于忍无可忍之处，常存若无其事之心，才能专心治学，不以杂务分心。”1948年，王季思离杭南下，曾经的老同事徐震堮也告诫他：“漫续新声《惆怅爨》，半生豪气误元龙。”（元龙，三国名士，陈寿称之“有雄气壮节”。）

章诒和在《心坎里别是一般疼痛——忆父亲与翦伯赞的交往》一文中写道，反右之后，教育界推行“教育为无产阶级政治服务，教育与生产劳动相结合”的方针，学生视教师为对头，“拔白旗”“批白专”运动方兴未艾。王季思当时对她和其他搞戏曲史论的同事说：“1959年大学里掀起学生写教材的热潮。人们常说荒唐梦，这样的事比梦还要荒唐。我私下里对北大王力先生讲：‘现在教育界的情况是，教授不如大学生，大学生不如中学生，中学生不如小学生，小学生不如幼儿园。’想想吧！这是多么可怕的愚昧。”

是年，王季思已过知天命之年。

改革开放之后，王季思年届耄耋，秉性不改。“提了一些意见，全国政协委员就只做了一届。”王兆凯告诉记者。

1979年春节前夕，温州友好来函邀请王季思回乡讲学，他作词回复：“六十年间路。有几番惊涛骇浪，横风暴雨。德赛两生何处去。”

百年双喜 特约
南方日报
世纪广东学人
A16
王季思：
不爱六经爱五剧
桃李文章焕九州
冰雪照人肝胆热
薪尽火传光不绝
半生心力付金元
百年薪火 世纪风范 广东中烟工业有限责任公司特别呈献

当行：半生心力付金元

《西厢五剧注》是王季思一生学术的起点和里程碑。

王季思的家乡温州，是宋元南戏发源地，民间演出旺盛，其老家上田村和周围几个村子，每逢春秋两季，轮流演出社戏。但直至“五四”运动时，王季思从《新潮》《新青年》等刊物里接受了平民文学的观点，才用一种新的眼光来看待戏曲。

王季思自称是“以前人治经、治史之法治曲”。治经之法，习自孙诒让；治史之法，则主要受王国维影响。

从浙江第十中学被退学后，王季思转入瑞安县立中学，和同乡戴家祥（后师从王国维，治金文甲骨之学）在清末名儒孙诒让家借住。孙诒让时已过世，王季思从其后辈处得阅部分手校本及其与同时学者俞樾、戴望等的论学往来信札，从中习得校勘考证之学。

王国维坚决摒弃将戏曲视作“末技”的正统文学观念，对元剧高度肯定，将一向不为士林所重的元曲提高到与唐诗、宋词并肩的“一代之文学”的高度，让王季思的学术思路顿时豁然开朗。

而对其学术道路起着关键性影响的则是吴梅。

吴梅，字瞿安。著名学者浦江清说：“近世对于戏曲一门学问，最有研究者推王静安先生与吴先生两人。静安先生在历史考证方面，开戏曲史研究之先路，但在戏曲本身之研究，还当推瞿安先生独步。”

吴梅很赏识王季思，在王季思的一次作业后批道：“自万里（赵万里）、雨亭（孙雨亭）、维钊（陆维钊）去后，复得斯才，我心喜极！”并告诉王季思，“治曲当从元人入手”。

由于传统文坛轻视戏曲，可供参考的工具书几乎没有。王季思从掌握第一手材料开始，阅读了全部元人杂剧和散曲，札记其中的特殊用语，制成几抽屉的卡片。并考查关汉卿、王实甫等元代作家的生平和元代戏曲中人物故事的演变，为研究元代杂剧打下坚实的基础。

1944年，王季思结集《西厢五剧注》出版，一时洛阳纸贵，超越金圣叹的评点本。当时还有人结合王季思的感情经历写诗嘲讽：“不读六经爱五剧，西厢浪子是前身。”

安徽师范大学教授黄秉泽认为，王季思对《西厢记》的研究，“继承发展了明清时期盛行的评点方法，站在新的立场观点和学术水平上，对剧作进行深入细致的评点”。20世纪50年代，香港《文汇报》副刊刊出王季思专页，干脆冠以“当代金圣叹”之名。

王季思不断拓展研究视野，撰写了有关关汉卿、王实甫与高则诚《琵琶记》、孔尚任《桃花扇》等论著，主编《中国十大古典悲剧集》和《中国十大古典喜剧集》，朝探讨民族戏剧的审美特色的方向迈出了坚实的一步。

八十高龄之后，王季思依然亲自指导博士研究生，主编《全元戏曲》。

《全元戏曲》是王季思晚年最重要的学术成果和他一生中最重要的学术贡献之一。《全元戏曲》第一卷出版后，王季思欣然赋诗：“半生心力付金元，一代精英继宋贤。燕赵才人萦旧梦，永嘉南戏有新编。”

王季思的东南大学同学、暨南大学前校长王越说：“王季思年逾八旬，精研宋元戏曲，殆此道中之‘鲁灵光殿’也。”（鲁灵光殿，硕果仅存的人物。）

王季思《西厢五剧注》

文采：冰雪照人肝胆澈

“百虫肥一鸭，百鸭肥一人；生人归泉壤，还饱蝼蚁身。释氏戒杀生，毋乃儿女仁；杀机苟不起，大化何由均？”这是王季思在江苏松江女中任教时，愤于时势，在丰子恺画的“长生鸭”上题的打油诗。彼时《护生画集》正流行，听说丰子恺见了这首诗，不大高兴。王季思倒是不在意，诗兴盎然，直至终老。

王季思幼承庭训，熟背不少古人名作；在东南大学，喜读唐人歌行；在宣城教书，受姐夫陈仲陶影响，爱好转向宋诗。陈仲陶诗多哀时念乱之作，为陈去病、柳亚子所称赏，待人接物，温厚平和，每以王季思锋芒太露为戒。

离开宣城后，王季思在松江教了6年书。由于生活稳定和风土柔和，诗风亦从“巉刻险僻”走到“和易近人”的一路去，而其内在金铁之声，时时有闻。“我觉得诗人必须掌握时代的脉搏，关心当时绝大多数人为之痛哭流涕或手舞足蹈的事情”，“在这国难深重之际，对于那些大腹便便的奸商贪吏，最好的办法是杀了他熬油，或在他的脐眼里点起灯来”。

其间，既有不少反映现实的慷慨激昂之作，如《抗战军歌》，也有百炼钢绕指柔之作，如《古决绝词》。其中两句“钗分寒雨夜，魂碎落花前”，是王季思二十首乐府诗中，朱自清最为欣赏的。

夏承焘曾指出王季思的诗："明白如话，农夫妇女一读就能上口，但没为读者留有余地，也是一病。"但王季思对此其实颇为自得："回顾我前半生写的诗歌，在群众有点影响的并不是我追唐摹宋、刻意经营的诗词，倒是这些有感于民生哀乐，信口成吟的乐府民歌体。"

王季思最小的女儿王小雷曾说："爸爸的最后几年有意识地用诗词文章来证明他的生存。这些作品不一定写得好，但我总为他坚韧的意志、活跃的思维，尤其是对生命的信念和热情而感到安慰和敬慕。"

王季思的文章历经三次转变，莫不与时代息息相关：经"五四"运动而一变，抗日战争爆发而再变，至全国解放而三变。晚年，王季思还欲思变，但自认已力不从心。

王季思的学生、中山大学教授康保成说："毋庸讳言，从内容看，先生的诗文创作，比他的学术著作更多地打上了时代的烙印。其中既贯穿着求新求变的精神，也有随风倒伏人云亦云的一面，二者构成一个整体。毕竟人无完人，难以求全责备。"

文章千古事，得失寸心知。王兆凯在《王季思全集》编后记中说："他（王季思）有他的时代和社会局限，并不是他想怎么写就能怎么写，即或有迎合之作，形势使然，读者心里明白即可。如果能看到时代和社会对文人的约束有不利于国家走向民主富强之处，从而促其改进，那就是《王季思全集》最大的收获了。"

人师：薪尽火传光不绝

"我是教师，我必须教好书，使自己逐步成为一个比较称职的教师，这是我在人生道路上探索前进的途径和目标。我面对的是青年，他们是祖国的未来，我必须引导他们向前看，看到祖国灿烂的前景，也看到个人光明的前途。"王季思从教70余年，培养学生倾尽心血，扶掖后学有口皆碑。

黄天骥，中山大学教授，2006年当选"国家级教学名师"。1952年，17岁的他考进中山大学中文系。大学三年级在《光明日报》发表评论陶渊明的文章。毕业答辩，他研究《桃花扇》的论文被董每戡、詹安泰和王季思一致评为优秀。年少得志，当时有人说他调皮，屁股尖坐不住。

为了磨炼黄天骥，1961年，王季思参加《中国文学史》的编写工作，把系里的《中国戏曲选》编写工作留给他和另一位青年教师去完成。要他们从校勘元人杂剧的不同版本入手，再确定全书体例和各剧注条。王季思告诫他："聪明人要下笨功夫。"

1973年，王季思和黄天骥又一次合作选注《聊斋志异》，这又是一件麻烦工作。黄天骥似乎也不耐烦，但终于透出一句话："锻炼锻炼耐性也好。""我听后心里暗暗高兴，知道他终于懂得认真读书、做学问的重要，而不是那些风云一时、昙花一现的人物。"王季思在黄天骥《冷暖集》序中写道。

解放前夕，军警抓走中山大学一批进步师生，其中赖春泉有杀头之虞，经多方营救，仍需一名教授担保才得脱身。王季思慨然出面，接出赖春泉。后来成为广州《诗词报》主编的赖春泉说："是王老师不顾自己的身家性命，把我从死神那里拉了回来。"王季思学生、广州市原市长杨资元称这是师生之间的"生死相托"。

不唯对学生，对于后辈学人，王季思都是长者风范，宽容大度。自己珍藏的资料也从不敝帚自珍，这种情况越到晚年越是明显。1980年春，教育部委托王季思主持"中国戏曲史"教师进修班，当得知进修班学员、兰州大学教师宁希元在写《元刊杂剧三十种新校》书稿时，便将自己积累多年的有关《元刊杂剧三十种》的资料提供给宁希元参考。

资料堪称治学的根本。王季思在学术上遭遇两次重大挫折，均与资料有关。一次是一批宝贵的札记卡片资料在抗日战争时毁于兵火。另一次是从1964年"文艺黑线专政论"起，到1976年"四人帮"垮台止，积累的图书、资料、讲稿大量丧失。尤其是后者，王季思1978年谈及此事仍是气愤填膺："除图书资料的损失外，还在理论上颠倒黑白，思想上制造混乱，破坏性比八国联军、日本侵略都严重。"

晚年对于盛名，王季思心存警惕。在《给长女王田兰的家信》中，他说："由于老一辈专家如游国恩、冯沅君、夏承焘、徐震堮等，死的死了，病的病了，而我还勉强能动动笔，'蜀中无名将，廖化作先锋'，名声渐渐显著，实际远难相副。苏轼在黄州，自说畏过实之名如畏虎，我今实有同感。"

为此，王季思将有涯之生命，投入到无尽的教学当中。据黄天骥回忆，有一次，几位来自远方的学生回校看望王季思。席间，有人举杯祝愿老师身体健康，多留下几部专著。王季思一饮而尽，却又摇摇头："我能写出几部？人生有限，事业无穷。"随即拿出几页文字，风趣地说："我有长寿之秘诀，不死的灵方，它就在这里。"原来是一份培养研究生的教学计划。

王兆凯告诉记者：王季思"有一个理论，叫'水涨船高'"，也就是说，学生获得一定的成就，又没有忘记老师的教诲，这使老师也会很有成就感。

时光倏忽而过。谁能想到，曾经在社戏台下，听锣鼓铿锵胡琴嘶哑、看竹制刀枪菖蒲翎子的懵懂少年，几十年后，走上了研究中国古典戏曲的道路，成为戏曲学界的一代宗师，并培养出一大批杰出弟子，将中山大学建设成为中国戏曲研究的重地。

（参考文献：《王季思全集》《王季思从教七十周年纪念文集》等。感谢暨南大学图书馆提供便利。）

（吴自力）

后人追忆

王季思长子王兆凯反思父亲

王季思和陈寅恪走的是不同的路

A17

超越金圣叹的"学人之笔"

王季思长子王兆凯反思父亲

王季思和陈寅恪走的是不同的路

广东中烟工业有限责任公司特别呈献

王兆凯，一个精神矍铄、性情率直、说话中气十足的79岁老人。"是什么就是什么。我们对人要负责任，无论是活着的人还是去世的。"2011年10月24日，王兆凯向记者细述父亲的家庭、婚姻、事业，甚至包括他认为的王季思的不足之处。不虚美、不隐恶，从王兆凯的话锋中依稀可以感受当年"王老虎"的性情。由于有些内容事关他人隐私，故略去不表。

大部分精力放在学问上

南方日报：王季思非常爱护学生人所共知，不知道他对家庭的态度怎样？

王兆凯：他把大部分的精力放在学问和教学上，放在扶助青年上。受过他提携的学生、年轻学者不少。他是个很有成就的学者，这是无可否认的。

对子女的话，他没有花很多的精力去扶助或者引导。我们的专业是自己选择的，他从来没有建议。只有最小的女儿王小雷，因为父亲和她的母亲年岁差距比较大，所以对她特别疼爱。

另外，你说这个人是爱国主义者、民族主义者，这我都不否认。你说他是一个很好的老师，他带出了一支队伍，带出了一个班子，这些都不可否认。但你说他是一个对感情很负责任的人，你要这么说，我也不反对，但我是不认可的。

南方日报：王季思病榻上的很多诗歌是你誊录的？

王兆凯：是，他已经不能写了，眼睛看不见，手抖写不了。我就听，含糊不清的话也能听懂，然后写下来，念给他听，是不

中山大学东南区一号王季思旧居，楼上则是陈寅恪居所

晚年王季思

是那么回事？哪些字错了，再改。再念给他听，没有问题，就发到报刊。不管写得好不好，人家都出。

南方日报：王小雷在《文字商量之乐》一文中说“爸爸的最后几年有意识地用诗词文章来证明他的生存”。

王兆凯：生存意义啊？！现在问题是这样。你只要把他解放之前和解放之后的诗词做个对比，解放以前他的屁股是坐在哪里？他坐在百姓那边，平民那边，反映他们的疾苦。解放以后，写的那种，什么在灿烂的阳光下，今天是好日子，明天是好日子，后天还是好日子，这种应景的诗词，他本身也是很痛苦的。

南方日报：王季思也说他在大学教书之后，脱离了广大群众，反映现实的诗作越来越少。

王兆凯：对，他（解放之后）写的那些诗词寄给报馆，他说写的是应景之作，不得已而为之，能不发表更好。我昨天还整理了，他亲笔写在那里。他没有办法。他以前是个创作很多的人，前线去，底层也去，也有人赞同，也有人反对，但没有说这样不能写，那样不能写。

“王老虎”因反内战被解聘

南方日报：王季思年轻的时候被人称为“王老虎”。

王兆凯：“王老虎”呢，是当年王季思和夏承焘住浙大龙泉分校一个房间，王季思中午睡着了，趴在桌上，影子投在墙上，夏承焘用粉笔画出来就像个老虎，然后就传出去了。

南方日报：王季思的脾气和这个外号，还是比较接近的。

王兆凯：年轻的时候应该是的。1942年，他在浙大龙泉分校，做训导主任，训导主任是管思想、管行为的。光复之后，1946年，浙大龙泉分校搬回去。很多人还认为，分校的师资水平比本校差多了，其实荒唐得很。龙泉分校出了王季思、夏承焘、徐震堮……不光老师过硬，学生也过硬啊，现在很多学生在华东师大（任教）。当然，你可以说这是文人相轻。

南方日报：他1948年离开杭州南下广州，是不是文人相轻的结果？

王兆凯：不是。当时，浙大的教授，因为通货膨胀，但工资没有适当的调整，因此搞了罢教，然后到街上去摆摊，卖皮鞋、卖长衫，反饥饿、反内战，要求调整工资，要求提薪。那个时候，（这些教授）写过一些什么宣言，罢教宣言、停课宣言，要求解决待遇问题。他是经常写文章的，也是一个好的写手，大部分都是他起草的，最后就被解聘了。然后到之江大学去了，之江大学是教会学校，但是学术水平就谈不上了。中大刘节就是温州人，大家彼此了解，就邀请他过来，中大也接受他。

凡人有的欲望他都有

南方日报：请您看看这个，这是《南方日报》刊出的第二批世纪广东学人名单。

王兆凯：“移一时之风气，示来者以规则”。这个很难的。要大力提倡的是陈寅恪的“独立之精神，自由之思想”。我现在思考的应该是，知识分子是怎样被驯化的？

你们年轻人不知道我们走过的路，我今年79岁，王则柯69岁……像现在的朝鲜，是解放还是奴役……沈从文去故宫搞文物，曹禺再也写不出《雷雨》。

中大东南区一号，大钟楼对面，楼上就是陈寅恪，楼下就是王季思，你知道吗？

南方日报：两家关系怎么样？

王兆凯：两家关系，《陈寅恪最后二十年》一书的作者不是写了嘛，“鸡犬相闻，老死不相往来”。就我来说，陈寅恪的形象远比王季思的高大。现在，就是要用“独立之精神，自由之思想”这两句话来挽救中国的知识分子、中国的知识界。

南方日报：黄天骥教授回忆说：“当年，我去拜访他，他常提醒我说话声音要轻一点，以免影响楼上的陈老先生。我知道，他对陈寅恪教授由衷地敬佩。”

王兆凯：这个没有问题。但是王季思走的，和陈寅恪走的是不同的路。王季思走的是驯服的路。

南方日报：你认为王季思走的是驯服的路？他自己怎样认为？

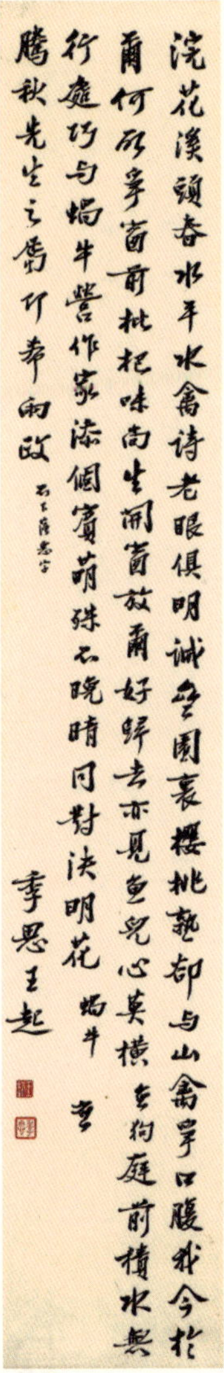

王季思手迹长卷

王兆凯：他没有办法，因为他知道，以前他被浙大解聘了，可以到之江大学，可以到中大；如果解放后中大解聘他了，没有一个大学会接收他。

南方日报：那为什么他在“文革”会被打成“反动学术权威”？

王兆凯：那是一种驯服的手段。也就是说你是有辫子的。你不要忘了你参加过国民党，你曾经是国民党县党部秘书。

南方日报：从王季思的一些文章中，可以感觉到在现实生活中，他有妥协，但他始终还想坚持一些东西。

王兆凯：他即便透露这么一点东西、信息，没有力量啊。提了一个意见，马上就下来，全国政协委员，就当了一届。他对一些现象情况看不过眼，发表一些文章，马上（政协委员）第七届没有了，第八届也没有了。他是民盟的中央委员，1982年入的党，又是中共党员，照理说，如果肯听话一点，就会一直当下去。

南方日报：你最想让人记住王季思的是什么？

王兆凯：最想让人记住的，他是一个人、一个平凡的人、一个学者、一个出色的学者。凡人有的欲望他都有。

他在学术上确实是下了功夫的，研究问题很透。他研究元曲的时候，会去研究《元典章》，就是元朝的法律。研究中国古典戏曲的现实意义是什么，研究古典戏曲，对我们研究今天的社会是有意义的，它在今天是有投影的，或者说是有影响的。

学 者 视 点

学生董上德评说老师

超越金圣叹的“学人之笔”

“经师可得，人师难求”，这块牌匾，是由黄天骥、吴国钦等学生于1993年4月12日献给王季思的。“桃李不言，下自成蹊。”王季思从教七十余年，弟子遍布海内外。在学术追求和教书育人之间高峰突起的王季思，道德文章、戏曲研究都有哪些卓越之处？记者专访了王季思的学生、中山大学教授董上德，请他为我们一一道来。

谈《西厢记》研究

破除了人们对金圣叹批评本的迷信

南方日报：《西厢记五剧注》是王季思学术的起点，也可以称得上他的学术奠基之作。王季思在《西厢记》研究上有哪些成就？

董上德：王老师研究《西厢记》，成就之一是破除了长期以来人们对金圣叹批评本的迷信。“金西厢”不是一个完整的本子，它剔除了该剧的第五本；而王老师的《西厢五剧注》强调的是“五剧”，即认为第一本至第五本构成一个整体，不可或缺，从而认定了五本连成一体的“凌濛初本”在《西厢记》版本史上的独特地位。

成就之二是为广大读者提供了一个校注详备、释义贴切、结构清晰、便于阅读的本子。这个本子可以称之为现代意义上的“善本”，在众多《西厢记》校注本中享有颇高的权威性。

成就之三是做出了戏曲小说文本整理、校注工作的良好范本，学术性、资料性与可读性兼备，为后人提供了成功而珍贵的校勘古代通俗文学读本的经验。

南方日报：王季思的西厢研究对他一生的学术走向，有着什么样的影响？

董上德：王老师在自己的实践中探索到一条如何“进入”文学文本的路子：文学研究要讲基本功，既要做到“一字不放过”，又不能拘泥于一字一句，应该对文本做整体理解，领悟字句背后的神髓。

换言之，要做出真正的学问，却不要做迂腐的学究。据我观察，王老师在给朋友的书信里颇以自己没有“学究气”而自喜。

基本功与文学悟性的结合是王老师的治学特色，也是他分析文本、从事古典文学研究的“看家本领”。这不仅体现在对《西厢记》的研究上，也体现在王老师的一系列古典文学论文里。王老师同样以这一做法来培养研究生，可以称之为“王门心法”。

谈戏曲研究

提高了“非经学文本”研究的学术品位

南方日报：王季思自称是以治史、治经的方法研究戏曲，能否详细谈谈这种治学路径的特点？

董上德：王老师的《西厢记》研究，在一开始就有一种自觉的意识，就是要超越金圣叹的“才人之笔”，而代之以“学人之笔”。

他认为，金圣叹批评《西厢记》，很有才气，可是也过于随意。他对这种“才人之笔”并非全盘否定，但在选择治学路径时有意跟金圣叹拉开距离，标举“学人之笔”，即讲究学术规范，有本有源，有根有据，不发空论，借助对文学文本的校注，借助对特殊语词的分析，借助对民俗风情的阐释，等等，用今天的术语来说，就是以多种手段来细读文本，深入理解文本的内涵，领悟文本的精神特质。

从这一点来说，王老师的研究改变了金圣叹的“空疏”做法，使得戏曲文本研究回归传统学术的路数，颇有乾嘉遗风。不过，这不是对乾嘉学术“有样学样”的简单模仿，观念上与乾嘉学人有明显的区别，试想，乾嘉学人会用那么大的气力去校注一部被贴上“诲淫”标签的《西厢记》吗？做这样的工作，需要胆识，需要毅力，也需要功底，缺一不可。

可以说，《西厢记》研究只是个案，王老师在此个案中借用“经学”手段去做“非经学文本”的研究，使“非经学文本”进入学术语境，提高了“非经学文本”研究的学术品位。

南方日报：王季思在戏曲、文学研究上取得了哪些重大成果？

董上德：王老师最重大的成果要数他晚年主编的《全元戏曲》（12卷）。在已有的《元曲选》及《元曲选外编》基础上，进一步整理，并且重新辨析《脉望馆钞校本古今杂剧》里一批为数不小的元明之间的无名氏作品，联系创作史与演出史的实际情况，从这批作品中剔除了显然是明代的部分，对疑似的元杂剧一一考辨，提出收录的理由，部分尚难确定的，以“暂收”的方式处理，给后人留下进一步研究的空间。这样一来，传世的元杂剧作品的面貌大为改观。

同时，以同样的做法，辨析宋元时代流传下来的南戏作品。于是，《全元戏曲》兼收杂剧与南戏，成为一代戏曲文献的总汇。随着时间的推移，这部书或许会出现这样或那样的瑕疵，可是，其学术价值和文献价值还是不可忽视的。

有一点特别要强调，王老师的主编工作是名副其实的，大事、小事均不放过，我手上还珍藏着当年他在校改《全元戏曲》时用颤抖的笔写给我的一些便条，指点我在写作校记时如何修订、补漏，非常细致。

谈人生经历

知识分子难免受到政治生态的左右

南方日报：从王季思的一些文章来看，相比学者身份，他似乎对教师身份更看重。你认为王季思对于学生和后辈学人的关心、照顾、提携，动力是什么？

董上德：王老师在一次上课时说过一件事。在其学生时代，有一位语文老师很不负责，学生交了作文他放在一角，过了好长一段时间，才猛然记起，结果，学生的作文全被老鼠咬破，当时，王老师拿着发还的作文，看着老鼠留下的斑斑点点，深有感触，暗自发誓：如果日后自己有机会在学校执教，绝不做这样不负责任的老师。责任感，是王老师关心、提携学生的最为内在的动力。

南方日报：王季思的教育成就，对当今的大学教育有什么样的启示？

董上德：其实，还是一句老话：言传身教。课内课外，都是教学的场所。我们得益于老师的授课，更是得益于老师平时似不经意的言谈。这些言谈，有历练，有学养，有见识，时而风趣，时而深沉，学生沐浴在春风里，这是最令人感怀的。这也算是大师的“范儿”吧。

南方日报：请谈谈对解放后王季思人生经历的看法。

董上德：不必讳言，人无完人。中国的知识分子总是活在具体的政治生态中，不免受到政治生态的左右。王老师对自己的人生经历有过认真的反思，用他的话来说，就是“我有时只能左右摇摆，跌跌撞撞地前进”。这与他当时在“高压”的政治环境里做一些行政工作有不可忽视的关系。王老师哲嗣王兆凯先生在《王季思全集编后记》里也说：“他有他的时代和社会局限”。然而，王老师在晚年是真诚反思过的，较能表达他的人生历练的文章是改定于1990年的《王季思自传》，以及写于1993年的《祸福交乘，冤亲平等》。

（吴自力）

学人小传

夏昌世（1905—1996），广东新会人，赴德留学十年，曾是中国第一代建筑师中仅有的两位『海归』博士之一。其著名的『夏式遮阳』系统颇受关注，被认为是岭南建筑风格的重要源头。他在广州培养了新一代青年建筑师：岭南建筑最有影响力的建筑大师莫伯治先生长期跟随他工作，中国工程院院士、华南理工大学建筑学院院长何镜堂则是他所带的唯一毕业的研究生。1973年夏昌世移居德国，1996年去世于德国弗莱堡。

夏昌世：真正属于中国的建筑大师

2011年11月的广州依然是赤日炎炎，水产馆前，三五成群的人们散落周围。76岁的陈姨幽幽地说："当年水产馆刚开的时候，那可是人挤人啊……现在参观的人已经很少了，没了新鲜感。"

陈姨不知道水产馆的设计者就是著名的岭南建筑学派先驱、被吴良镛先生盛赞为"真正属于中国的建筑大师"的夏昌世。实际上，和水产馆一样，夏昌世的建筑作品，连同他本人，随着时过境迁，面临被历史遗忘之虞。

历历往事

一次偶然，让他决定改学建筑

1922年，夏昌世在广州培正中学毕业后赴德留学。起初学的是化学，一次偶然经历，让他对建筑学产生浓厚兴趣，并改变他一生的学术走向。

在德期间，他利用休假去探望在德累斯顿学习机械工程的哥哥夏安世时，一个正在作图的建筑系学生给他留下深刻印象，由此兴趣逐渐转移，并立志成为一名建筑师。

1932年，27岁的夏昌世在获得博士学位后返华。那时，他已为人父，妻子是德国人，1岁的女儿取名夏德华。4年后小儿子出生，他又将其取名为夏华德，"寓意中德交融"。

回国后的近20年时间里，时值国内局势动荡，战火四起，夏昌世先后做过铁道部和交通部的工程师，加入了中国营造学社，和梁思成、童寯一批同辈的建筑大师、建筑学家一起进行中国建筑的研究。抗战时期，夏昌世先后执教于昆明国立艺术专科学校、同济大学、中央大学和重庆大学。

然而，在重庆大学和中央大学的教学"以一场不愉快结束"。夏先生教学中十分强调建筑的实用功能，强调建筑构成的合理性。他的教学内容和方法遭到校内外一些"学院派"的责难和排挤。1945年，陈伯齐、夏昌世及龙庆忠陆续离开重庆来到广州的中山大学。他们就是后来华南理工大学建筑学院著名的三老。

对建筑构成合理性的追求是夏昌世一以贯之的坚持。新中国成立初期，苏联的政治制度和艺术观念全方位输入，建筑中的国家意识和技术模式被明确和规范。夏昌世曾隐晦地提出质疑，表示苏联模式的"社会主义现实主义"建筑在南方地区的不适应："过去设计上对结合到地方上的特殊情况和对人的居住问题是关怀得不够的……在设计上适应使用要求，实质上就是对人关怀的问题。"此时的他扮演了文化反抗的角色。同时，他还反对在图书馆上使用琉璃瓦，认为教育应是平和而不是威严。

选择与阳光较量，他创造了“夏氏遮阳”

夏昌世引起大家的注意，还得从他独特的遮阳系统开始谈起，也就是后来蜚声业界的“夏氏遮阳”。

岭南地处亚热带，炎热多雨。华南理工大学建筑学院副教授冯江向记者介绍，那时居住在顶层的通常是热得如坐针毡，难耐至极，为实现屋面隔热的需要，夏昌世尝试采用曲拱屋面，通过组织隔热层通风等手段实现建筑顶层的降温。

何镜堂介绍，至1957年，夏昌世已经形成一套成熟的遮阳板形式语言，包括垂直遮阳、水平遮阳、综合遮阳等。他把遮阳设计作为建筑的主要外在表现手段，进行了多方面的探索，被学界称为“夏氏遮阳”。

实践证明，“夏氏遮阳”的效果明显。根据1956年7月一天14—15时的时间段内，在中山医学院建筑群的温度测试数据显示，相较于一般没有遮阳和隔热设施的房屋所产生室内外温差，获得室内外温差比为3—4℃。

实际上，夏昌世的第一次遮阳实践是从1946年设计中山大学女生宿舍开始的。有意思的是，设计署名是夏昌世，而绘图署名则为夏日长。“没有夏日长这个人，这个就是夏昌世。”广州市设计院前副总建筑师蔡德道，1947年毕业于中山大学原建筑系，是夏昌世的学生。蔡德道曾询问夏昌世，为什么取名“夏日长”，夏昌世回答：“人皆苦炎热，我爱夏日长。”冯江在接受记者采访时提到，夏昌世在节省造价方面更是令人折服。“他总是能用很简单的办法去达到一个建筑创作中的目的，夏老提出一个观点，建筑不要因穷困而变得唯唯诺诺，即使条件受限也要是一个有尊严的作品。”

1956年，夏昌世在《肇庆鼎湖山教工休养所建筑纪要》里记述，鼎湖山工程的土建费9万余元，单运输费一项，几乎占了3万元左右，其困难是可以想象的。但结果全部费用并未超出预算，计每平方米造价为45元。

百年双喜 特约

南方日报 世纪广东学人 A20

夏昌世：真正属于中国的建筑大师

百年巨大 世纪风范 广东中烟工业有限责任公司特别呈献

夏昌世（后排左四）与大哥及其他朋友，摄于德国

夏昌世和夫人

蔡德道评价道，鼎湖山教工休养所是当年颇得好评的一座建筑，不仅仅因为其优异的设计，还因为其低廉的造价。“夏先生的设计可以低投入，高产出，没用过大理石，更没有见过铝合金，但是，贫物质、高精神。鼎湖山教工休养所，基本上是对自然的一种尊重，没有‘人定胜天’。”

“在创作灵感上，夏昌世是一位真正有力量的建筑师，敢于用设计应对苛刻的外部条件，并以最大的关怀对待场地给予的一切。”何镜堂院士描述鼎湖山教工休养所建筑时说，“你看这很亲近自然，一点夸张都没有。夏老当时的作品都强调避免对原有自然环境的破坏或调整，要么依山造势，使用地方材料，这样既保护了环境，还减少了施工土方量。现在我们搞重庆的建筑和一些山区的建筑，都沿用他这种建筑风格和手法，非常成功。”

在夏昌世的建筑思想中，更加难能可贵的是，其设计所体现出的对自然的尊重和原生态的保护。一张绘制于1954年1月16日的“中山医学院解剖及生理生化园道及平土建坡坎施工图”显示，夏昌世为了保护一棵玉兰树，而在图纸上用偌大的感叹号强调：“大树保存！”

属于夜猫子型，吃应该是他最大的爱好

何镜堂院士这样形容导师夏昌世：“戴黑框眼镜，口衔烟斗，拄着一支文明棍，着装时髦，尽显傲气、潇洒……”

谈及生活中的夏昌世，熟悉他的人不约而同地说到“潇洒”二字。夏昌世的潇洒首先体现在穿衣打扮上，当时校园内曾流传着一个段子：“那个穿花衣服的男教授就是夏昌世了。”

1982年，何镜堂与夏老阔别多年重逢，再见面时，夏老的潇洒不羁依然不减当年，令他印象深刻。“夏老应邀设计华侨医院门诊部，正好那时候我从北京到广州探视，我们一起坐车到广州大厦。当时天气很热，已近80岁的夏老光着膀子画图。”

“虽然他表面高傲、洋气，名士派头十足，可一旦接触，就感觉完全没有架子。工作时可与各行各业合作，交朋友不分贵贱。他与医生是好朋友，与木工师傅喝茶。”在何镜堂眼里，夏老是一个非常随和的老师。

“夏先生业余爱好是听唱片、喝茶，最喜欢的应该是品美食。”夏昌世的学徒陆天佑向记者描述说，自己也受夏老的影响，爱上了听唱片。“我家里现在有几千张唱片，都是外语的。”

“他属于‘夜猫子型’，早上起得比较晚，有时都到中午了，晚上一般都工作到第二天的凌晨两三点钟。往往半夜12点饿了，他就会到街边吃夜宵。他喜欢广州各种各样的点心、小吃。吃应该是他最大的爱好了。”陆天佑笑笑说，“夏老比现代人还懂得享受生活。”

然而在那个“人人都穿蓝布衣服”的年代，夏昌世的潇洒成为众人眼中的异类。这些在现代人看来再平常不过的装扮和生活方式却为他惹来不少闲言碎语，一时间，他成了众矢之的，批斗不时袭来。

龙庆忠之子龙可汉对当时的情景也是记忆犹新：“我知道的夏昌世，很潇洒的，穿个花褂子。可是就因为这个事情，我老爸都斗（批评）他，斗他的作风问题。现在看就没什么了。”

夏昌世诙谐幽默的性格同样在学生中留下了深刻印象。华工建筑学院刘管平教授，至今想起夏昌世讲课时的神情也禁不住觉得好笑。“如果你这个渲染图渲染得不好，他也不跟你说应该怎么渲染，就只说一个评语：这个像什么人的底裤颜色。他很多时候，都不太在意一些边幅的。”

如果不念《红楼梦》，就不是我的学生

生活中随性的夏昌世在教学方面却不失严谨，坚持亲自绘制施工样图。“记得做学校一号楼的时候，他亲自教我们怎么画施工图。画施工图是他的习惯，所以现在看到的很多图都是他亲自画的，他们家的家具也是他自己亲手设计完成的。跟其他老师不同，他是从理论到实践一直到整个作品完成，都控制得很好。他有这样的能力，学生都很服他。”何镜堂说，见过夏先生画的施工图的人，都对图面的精致、布局的匀称、线条的流畅和详细的描述赞不绝口。

据了解，夏老对学生同样要求严格，在教学中强调对构造的学习，要求每个方案必须画出外墙剖面的详图，扭转了学生只重视方案和渲染图的倾向。

“夏老师带学生，更像是师父带徒弟的感觉，他是一个很温和也很较真的

老师。对学生的论文会逐字修改，从错别字到标点符号都反复推敲，直到满意为止。”何镜堂回忆。为了实践“建筑就要到生活中去学，到社会中去学”的观念，夏昌世常常把课堂搬到茶楼、搬到市场，言传身教。“夏先生没有很正规地讲课，都是我和他到茶楼里面。他就喜欢在享受生活的过程中完成自己的创作构思。”

夏昌世同样要求学生要有很广的知识面，要学习中国传统文化。他曾对学生说：“如果不念《红楼梦》及《三国演义》这些古典文学，就不是我的学生。”

何镜堂说，夏老习惯从细微处培养学生。“有一门课他给学生讲，建筑师怎么‘投机取巧’，就是夏老师常说的‘偷鸡’。当时在设计医院，医院走廊的宽度必须考虑到推床的宽度，那这样的话就很宽了。但是他巧妙地把每一个病房的门做大，这样走廊就可缩小二三十厘米。”

20世纪60年代，何镜堂随夏昌世做园林调研。“当时也没有卷尺，园林这么大，他就教你怎么用脚步来量，怎么控制大的比例，所以现在我画的园林图是比较准的。”

夏昌世言传身教的基本功让何镜堂终身受益。“印象最深刻的就是上世纪90年代我到香港出差，当时住的是五星级宾馆，我白天工作，晚上在没有测量工具的情况下，把五星级宾馆的所有平面用图纸搞出来。当时我就靠着脚步的功夫，测量得非常准，而且比例非常好。然后写了一篇论文《香港五星级酒店的客房设计》，在《建筑学报》上发表。”

在政治运动中屡遭冲击，被戏称为“运动健将”

20世纪50年代后期，各类政治运动风起云涌。夏昌世却经常冒出一些与当时环境不合拍的言论，加上妻子是德国人，所以屡屡受到冲击，有人戏谑地称他为“运动健将”。

华工建筑系著名三老之一的龙庆忠与夏昌世一起共事多年，当年曾与夏昌世先生一家比邻而居。99岁高龄的龙庆忠夫人曾育秀女士回忆：“我们两家是在重庆认识的。夏昌世的太太白蒂丽没有工作，待在家里照顾孩子，还养了8只猫。因为妻子不懂汉语，夏昌世平时和妻子都是用德语交流。”

何镜堂记得，有一次“反洋气”运动，夏昌世开玩笑说：“不用了，把我爱人拿去展览就行了。”何镜堂说，这样的例子还有很多。

“不过，批判了就算了，他也不在乎。”夏昌世曾经的助手胡荣聪先生说，对于外界的责难和非议，夏昌世“比较看得开，不当回事”，甚至常用“看开点”来安慰自己和家人。

然而，世事弄人。1966年，腥风血雨般的“文革”袭来，夏昌世再一次成为批斗对象。不过这一次的激烈程度和磨难是夏昌世所始料未及的。最终，他还是做不到“看开点”。

龙可汉回忆：“当时一个五万人的批斗大会就在如今的湖滨路操场上召开，批斗夏昌世。批完就抓起来了。”1968年11月，夏昌世被关进广州黄华路监狱。次年5月，连他的妻子白蒂丽也被关到同一个监狱。陆天佑回忆，当时两人一个在楼上一个在楼下，四年里，虽然身处一地却从未见面。

一次中德邦交的互动给他们带来了转机。1972年7月，联邦德国外交部长格哈德·施罗德（Gerhard Schroeder）到北京做非官方访问，协商中华人民共和国与德意志联邦共和国的未来外交关系。施罗德在北京与周恩来讨论了夏氏一家的情况。随后，这一家人从监狱被释放出来。

1973年8月，夏氏一家取道香港，移居联邦德国弗莱堡市。3年后，“文革”结束，之前受到批斗的知识分子陆续得到平反。夏昌世始终相信自己是无罪的，平反和澄清总会轮到自己的。不过时间一天天流逝，希望一点点破灭。

夏昌世始终没有放弃回国的努力。1982年夏天，他回国参加华侨医院设计的时候，跟周围的朋友表达了自己想回到祖国的愿望。同年11月，夏昌世给华南理工大学领导写了一封信，希望能对自己过往所受的侮辱平反。遗憾的是，这封信从来没有得到回复。

1996年12月4日，在漫长的等待中，夏昌世在弗莱堡于苦闷中离世。德国工业大学研究院Eduard Koegel称夏昌世在德国度过的最后23个年头为“流放生活”。

（本文参考《南方建筑》2010年第2期有关内容，华南理工大学建筑学院副教授冯江提供相关图片和视频资料，特此致谢。）

（胡念飞　汤凯锋　高金花）

何镜堂院士、冯江教授评说夏昌世

建筑应以谦逊姿态立于场地

谈建筑

他致力于探索建筑与地方性的结合，迥异于主流的国家主义

南方日报：这么多年过去了，为什么会在2009年举办夏昌世个人展？此次展览的意义在哪儿？

冯江：本次展览的缘起有些偶然，2008年11月8日，德意志学术交流中心在广州举办研讨会，原计划邀请德国策展人Eduard Koegel介绍夏昌世先生，Koegel先生难以成行，因为以前相识，所以他推荐我代他去。

讲座那天，深港双年展的总策展人欧宁正好在场，他对夏昌世的经历和作品产生了浓厚的兴趣，也敏锐地意识到夏昌世对岭南地域建筑学和当今建筑设计的意义，后来邀请我们在2009年的双年展中筹备一个关于夏昌世的回顾展。此次是深港双年展历史上第一次为建筑师举办个展。

回顾夏昌世的建筑思想与实践，是为了呈现中国建筑师在现代建筑的语境中探索建筑地方性的努力与成就，唤起对当代建筑的反思。比如，我们的建筑是否已缺失了对地域特性的基本尊重？是否失去了老一代建筑师在吸纳西方思想和技术的同时创造自我的努力？

南方日报：为什么说夏老是岭南建筑的先驱？他在专业领域最突出的贡献体现在哪些方面？

何镜堂：他使岭南建筑有几个非常大的转变：一是气候环境方面，从对微气候的处理，到各种遮阳技术的处理，还有屋顶的架空层、解决通风问题等。二是他的建筑不拘一格，结合环境、气候，非常自然。三是他的建筑形式，从过去传统的比较封闭、厚重的风格转到岭南建筑轻逸、通透、明朗的风格，奠定了大家对岭南建筑的基本理念，呈现了我们岭南精神、岭南风气。建筑界称夏先生为现代岭南建筑学派的先驱，是恰当的、中肯的。

冯江：夏老突出的建筑思想贡献在于他的建筑结合中国实际，抛弃意识形态的束缚。对政治的不敏感促成了他的建筑成就，而这也成为他后来人生的转折点。他的作品在岭南建筑整个20世纪的变迁过程中有着分水岭般的地位。以夏昌世为代表的南方建筑师实现了建筑性格的重要转变，作为扎根岭南的一代建筑大师，他致力于探索现代建筑与地方性的结合，迥异于当时主流的国家主义潮流。现在的建筑师大多期待戏剧性的场景，但夏老的很多作品更像是本来就存在于此，不是以艺术品出现，更像是生活的一部分而存在。当我们在若干年之后，看惯了千奇百怪的钢筋混凝土建筑后，夏先生的作品却又引人遐想。

世纪广东学人
A21
何镜堂冯江评说夏昌世
建筑应以谦逊姿态立于场地
他致力于探索建筑与地方性的结合，迥异于主流的国家主义潮流
无地安放的落寞
他建筑作品的低成本对于当下倡导低碳的设计者而言，有着重要借鉴意义
广东中烟工业有限责任公司特别呈献

谈启示

他建筑作品的低成本对于当下倡导低碳的设计者而言，有着重要借鉴意义

夏昌世在德国

南方日报：据可考的资料显示，夏老在有条件的创作环境下，建筑设计19个大项，超过46个建筑作品，论文12篇，著作2本。夏老的建筑设计作品非常丰富，相较之下，著述却显得较少，这是为什么？

何镜堂：谈业务夏先生是最好的。他对建筑有天赋，对设计敏感。

在灾难深重的家国命运下，夏先生无法完成其建筑构想的全部。他对地域适应性建筑的探索终止于20世纪70年代初。1995年由他的学生蔡建中资助出版的《园林述要》是夏先生有关中国古典园林的最后论述。他与莫伯治合作的《岭南庭园》在他去世后12年才由夏先生的另一位学生、《世界建筑》前主编曾昭奋先生整理出版。

夏老发展了适应气候的建筑构造，却未能从更广泛和更深入的层面将其升华为理论。他对岭南园林庭园的分析、辨识也只停留在调研阶段，未能付诸实践。其标志性遮阳构造在20世纪中后期成为南方地区建筑的典型特征，但他本人设计的许多建筑包括文化公园水产馆、肇庆鼎湖山教工休养所、前中山医学院和前华南工学院建筑等，却难逃破损、改造甚至被拆除的命运。

单从建筑学的角度来分析夏先生的学术论文和著作，他的设计还在探索阶段，建筑构想远非系统和完整，并没有形成系统的学术思想和理论范式。

不过这与历史境遇有关。遭遇“文革”时，夏先生60多岁，一般情况下来讲，正是专心做研究、沉下心来写东西的年龄，可惜命运弄人。

南方日报：如何看待夏老建筑设计的现实意义？

何镜堂：夏昌世高超的设计水平、优良的求实精神以及在建筑上重视节约的作风，对年轻一代建筑人才带来深刻的影响。

由于在其后的“文革”中失去了创作机会，夏先生没能将园林的研究成果运用于实践，但是对后期岭南现代建筑的进一步发展意义重大。莫伯治、佘畯南、林兆璋、吴威亮、陈伟廉、蔡德道、陈立言等建筑师在创作中延续了他的这一思想，将现代建筑创作同岭南传统园林空间相结合，他们设计的白云山庄旅社、广州宾馆、矿泉别墅、白云宾馆、中山温泉宾馆、白天鹅宾馆等一系列优秀作品，使岭南建筑达到了一个新的高度。

另外，在应对全球温室效应的当下，夏昌世的气候适应性建筑思想无疑有着存续发展的必要。他建筑作品的低成本以及构造方式的低技术对于当下倡导低碳的设计者而言，有着重要的借鉴意义和研究价值。

谈传承

并不是把岭南建筑搬到外地，而是根据当地条件创造适合当地的建筑

南方日报：颇受好评的“夏氏遮阳”如今在中国的应用不多，继承的难点在哪里？

冯江：小时候在家乡见到那些伸展出来的混凝土遮阳构件，对这样的建筑产生好奇，不知道为什么会有这样的建筑。后来，我念大学时在华中理工大学也看到类似的建筑设计，甚至在新疆的布尔津都看到了这样的例子。（注：1952—1953年，夏昌世担任武汉的华中工学院、中南动力学院和中南水利学院三校校园规划处处长，后来三校合并为华中工学院。）在了解夏先

生以后，心中一下子豁然开朗，原来夏先生是这种建筑的开创者。

传统的岭南建筑主要是营造良好的微气候，为了获得荫蔽和清凉，建筑致密、晦暗，很少开窗，受制度的影响，建筑不能够使用明亮的色彩。

20世纪初，我国建筑技术已经西方化：洋砖、水泥、混凝土进入，结合了本土的琉璃瓦、大屋顶、纹饰等官式建筑的元素或特征。

20世纪50年代，以夏昌世为代表的南方建筑师实现了建筑中的重要转变，发展了气候适应性技术，从基于微气候的建造转向基于气候的建筑设计，在结构形式和使用材料上下功夫，寻求遮阳、隔热和通风的新对策，建筑业开始使用明朗的浅色调。

80年代，随着科技的发展，建筑师们开始走上了主动技术条件下的建筑设计。电风扇、空调的产生和普遍使用，让岭南建筑的地域性特征被削弱。因此，现在“夏氏遮阳”的应用变少了，我们看到的不再是那些简单的遮阳隔热构造，而是一排排的空调。

南方日报：据了解，现在夏昌世设计的很多作品要么被拆毁，要么改造幅度较大，完好保存下来的几乎没有了？那么我们如何保住岭南建筑文化呢？

冯江：是的，这也是我们感到非常遗憾的地方。夏先生设计的这批建筑的历史价值和对建筑学的意义常被严重低估甚至忽视了，因此在历次的改造过程中，那些存在于建筑之中的抽象价值慢慢地被人遗忘甚至是消失殆尽。

何镜堂：有人说，夏先生在设计中执着追求两样东西：一是恪守对基地原貌和环境的尊重，坚持建筑以谦逊的姿态立于场地；二是物尽其用，在极端艰苦的经济条件下，用智慧建造出最经济、最合理的建筑。

我个人觉得岭南建筑并不是单纯指某种古典建筑，或者是某种建筑形式上的追求，更应该保持岭南建筑所透露出来的“务实、革新、兼容”的思想。

我带的团队做了很多广东以外的工程，好多人问我“你是不是把岭南建筑带到那里去”，我给他们解释，岭南建筑不是一种固定形式，而是一种创作思想，就是要求设计思想和当地的环境、文化结合，更具体说是和地域、文化、时代相结合。

（胡念飞　汤凯锋　高金花）

学人小传

马思聪（1912—1987），广东海丰人，中国第一代小提琴音乐作曲家与演奏家。早年两度赴法求学，曾入法国南锡音乐学院和巴黎国立音乐学院进修，1932年归国后，创办中国第一所现代私立音乐学院广州音乐院（星海音乐学院前身）并担任院长，任教于中央大学教育学院音乐系。

抗日战争爆发后，辗转于华南、西南各地频繁演出，先后任中山大学教授、中华交响乐团指挥、贵阳艺术馆馆长等职。抗战胜利后又担任台湾交响乐团客座指挥、广东省立艺术专科学校音乐系主任、上海中华音乐学校校长、香港中华音乐院院长等职。

新中国成立后任中央音乐学院首任院长、中国音乐家协会副主席等职。『文革』中被迫出逃，赴美定居。1987年5月20日于美国费城逝世。代表作品有《思乡曲》《摇篮曲》《西藏音诗》《塞外舞曲》等。

马思聪：『把每一个音符献给祖国』

在20世纪中国音乐史上，马思聪的名字是一个独一无二的存在。较之沈心工、李叔同、萧友梅、黄自等早期留学归来的音乐启蒙先驱，马思聪的与众不同之处在于首先是以演奏家身份扬名。就演奏和作曲成就之高、创造力持续时间之长、作品影响之大而言，他无愧于“中国小提琴第一人”之美誉。

以“思乡曲”为主题，马思聪饱经离乱坎坷的“命运交响曲”，为今人留下一段百味杂陈的“弦外之音”：1948年，报国心切的马思聪谢绝美国驻华大使司徒雷登的亲自邀请，从香港投奔即将改变“颜色”的中国的心脏——北平，“文革”开始后却因不堪忍受摧残，于1967年中铤而走险，逃亡美国，成了一名“叛国者”。

20年后，他终获昭雪，却溘然长逝。生前虽对故土一往“琴”深，奈何魂逐飞蓬，恨别经年，竟成永诀。2007年底他的骨灰才得以归葬故乡，归去来兮整整40年。

“善教者，使人继其志。”马思聪留给后世最宝贵的财富，是一句名言：“我要把每一个音符献给祖国。”叶浅予在《为马思聪饶舌》一文中写道：“受过欺凌而被迫逃亡的人，最懂得祖国的可爱，爱国之心也是最切。马思聪不欠祖国什么。”琴声如诉，乡思不绝，谁解其中味？唯有赤子心。

历历往事

序曲
音乐“神童” 横空出世

1929年，一位年仅17岁的小提琴家在广州、香港、上海、南京等地陆续登台，“每次表奏，会场必人山人海”。广州《民国日报》称其“天才名副其实，技艺登峰造极”；南京《中央日报》赞其“神技一奏，全场屏息凝听。其顿挫抑扬，令人神志飘逸”；上海《大众文艺》呼之为“我国最近的乐宝”。从1929年10月到1930年1月短短三四个月间，仅上海《申报》就在其莅沪期间连续做了16次报道，演出之外，凡访故省亲、联谊酬酢，备悉其详。

不及弱冠能惊世，占尽东风第一枝。这便是马思聪传奇人生的破题之笔。1923年，11岁即随长兄马思齐赴法，15岁成为第一个考入巴黎国立音乐学院的亚洲人；17岁在广州长堤青年会等地举办独奏会，是现代中国第一位举办个人独奏会的音乐家；1932年归国创办中国第一所现代私立音乐学院——广州音乐院并担任院长时，还未满20岁。

马思聪并非生于音乐世家，却是音乐家族的“马头”。他于1912年出生在广东省海丰县一个开明的书香家庭，父亲马育航曾参与反清运动，做过广东省财政厅厅长。马思聪曾说：“我的家庭一向和音乐是很隔绝的，亲戚里头想找一位能拉拉胡琴、吹吹洞箫的人是办不到的事。”然而，马家10个子女（两个早逝），出了7位教授，其中有5位是音乐教授。

“天才”之于马思聪，绝非过誉之辞。在学习小提琴之前，他会风琴、口琴、月琴，赴法期间除精研小提琴、钢琴和作曲，还辅修箫，学过单簧管，12岁写出处女作《月之悲哀》和《项羽自刎》。据说他在13岁入读南锡音乐学院期间，一年半内拉完了帕格尼尼所有的小提琴作品。

留学期间，马思聪遇到了影响其一生的恩师——犹太作曲家毕能蓬。“毕能蓬先生不仅是我的和声学作曲法的教师，他同时是我整个艺术修养的指导者。”毕能蓬教他“学习时尽量严格，创作时尽量自由”，要注重人文修养，作品要“体现本民族的风采”。

马思聪还在巴黎结识了冼星海，当时冼星海处境窘迫，失业十几次，在浴室当堂倌。马思聪钦佩好友历经万难从不灰心的精神，为其引荐名师。后来在他笔下再现了这样一幕：两个意气相投的中国青年在天黑之后，纵情谈论音乐，穿行于灯火辉煌的巴黎街头，“四面八方的天边，像大火焚烧般的一片通红……”谁曾料到，这对日后光耀华夏的岭南双星均陨落海外，最终于白云山麓泉下重逢，结伴长眠。

百年双喜特约
世纪广东学人
马思聪：“把每一个音符献给祖国”
音乐“神童”横空出世
一曲成谶 终生思乡
诚心诚意 孺子好牛
永别故土 苏武牧羊
百年薪火 世纪风范 广东中烟工业有限责任公司特别呈献

主题
一曲成谶　终生思乡

抗战爆发后，时局动荡，马思聪一家随中大迁徙，浪迹梧州、桂林、贵阳、昆明、澄江、重庆、广东坪石等地。1943—1949年间，7年之内就搬了20多次家。

战争是铁与血的尖锐交响。空袭炮火震碎了象牙塔，救亡怒潮席卷书中桃源，马思聪这一代知识分子的心境，也随着神州震荡的节奏、山河破碎的曲调，在“阳春白雪”和“下里巴人”之间急遽摆荡。

1942年应民盟邀请，马思聪夫妇与叶浅予、戴爱莲、钟敬文、聂绀弩等流落至桂林的文艺名流泛舟漓江，两天一夜尽诉心曲。船到浪坪，又在江边草地上野餐、联欢，思聪拉琴，爱莲起舞，大乱之中暂消块垒，都有些“梦里不知身是客”的恍惚。

另一方面，马思聪从崇尚室内乐等“雅乐”，转而关注“民众的需要”，认识到抗战歌是“民族斗争中宏伟的推动力”，创作了20首抗战歌曲。他与广东文艺界同仁精诚合作，包括与诗人金帆“吹响”《自由的号角》，与欧阳山以广州方言合写《武装保卫华南》。

在“台前琴声，台后儿女哭声”的环境中，他在各地义演筹款，深入学校、厂矿、乡间组织抗日歌咏活动。没有舞台，就露天演奏；没有灯光，就用蜡烛照明；借不到钢琴，就舍弃伴奏。

滇桂僻壤扬弓，粤北陋室传艺，箪食瓢饮，难移其志；设帐授徒，不求束脩，甚至为穷学生倒贴学费、推荐工作。

马思聪代表作《思乡曲》从谱曲到填词都是在广东完成的。女儿马瑞雪在《父亲的思乡曲》一文中披露，1936年马思聪第一次来到北京，为京韵大鼓等北方曲艺所震撼。“七七事变”爆发后，他在广东省七星岩附近的广利谱写了《思乡曲》。没有书桌，他栖身于阁楼之上，坐着小板凳，把五线谱铺放在凳子上，内蒙民歌《城墙上跑马》的旋律流淌于脑际，“他的灵思驰骋在塞北的黄土高原……”完稿后，他拉给妻子王慕理听，“母亲听完流下泪来，她说：太美了，可是，好悲凉呵！”

另据其堂侄女马之庸透露，1942年春马思聪回海丰期间，与堂弟马思周联手为曲子填词，几天后，又在海城一家剧院做了首演。不久这首充满浓郁乡愁的歌曲，就从东南海隅传遍全国。1942年，徐迟在致郭沫若信中，谈到他听了《绥远组曲》（《思乡曲》为第二首）后非常激动，“遂至失眠”，好像读了《屈原》和鲁迅的《阿Q正传》那般激动。

“举目回望，四野荒凉，落日依山，雁儿飞散。”在马瑞雪看来，“与其说父亲是‘思乡’，不如说是‘恋乡’。”谁想一曲成谶，原本是在“想象着离开家园的凄惶”时写下的曲子，竟成了马思聪倾尽一生、天涯断肠的主题。

变奏
诚心诚意　孺子好牛

1949年4月，马思聪与沈钧儒、马寅初等100多位知名人士从香港投奔和平解放的北平。随后当选全国音协副主席，出席第一届全国政协会议和开国大典，同年底被任命为中央音乐学院首任院长。37岁时马思聪的人生乐章转入一段不规则的快板，从最初“春风得意马蹄疾”到十余年后的“雪拥蓝关马不前”。

“诚心诚意做一条孺子的好牛”，这是马思聪给中央音乐学院校报的题词。除了强调试唱练耳、音阶训练等基本功之外，马思聪非常注重培养学生对音乐的敏感度、想象力和文化素养。他有句名言：学音乐的人第一感觉是耳朵，第二感觉才是手。他教向泽沛拉《菲奥里罗》时，启发他把乐句想象成一条小溪，用心体会“幽咽泉流水下滩”的味道。有一次，马思聪带他去颐和园佛香阁，念起陆游的“城上斜阳画角哀，沈园非复旧池台”，要他倾听飞檐上的角铃，说：“那里有音乐，你听：叮当——叮当——”

1952年，马思聪“隔墙听音”，把15岁的林耀基从广州招进中央音乐学院少年班。林耀基记得，上课时老师常常示奏，讲解曲目细致入微，不时以中国名画、唐诗意境作参照。闲暇之余，马思聪引领一众后辈游览湖光山色，领略园林之趣，以此增进对音乐的理解，揣摩运弓的力度和音色。林耀基评价这套教学法“极其有益”。马思聪家中藏有齐白石等名家字画，有一回到《流民图》作者蒋兆和家中拜访，还特意带上得意门生旁听两人论道，提升内涵。

马思聪要求严格，但人很和气。若是发现弟子偷懒不练琴，怒得满面通红也不会骂人，仅是把脸一沉。他辅导学生从不另收学费，只说“有国家给我的就够了”，还主动建议学生向盛中国的父亲盛雪等其他名家求教，与今时今日某些优秀学生沦为老师“私有”，师生只剩买卖关系迥乎不同。

为人称道的，还有马思聪儒雅内秀的个性。学生们评价他不喜高谈阔论，喜欢钻研，“是一个真正的文化人”，所以作品简单而有内涵，有一种“何当共剪西窗烛，却话巴山夜雨时”娓娓道来之感。他拉《思乡曲》，不像现在人那样一板一眼，而是很自由，一张一收之间，蕴含着一种半醒半醉的叹息。

和许多选择“留下来”的知识分子一样，马思聪积极响应号召，赴抗美援朝前线慰问演出，到淮河水库工地参加劳动，创作歌颂工农兵和新生活的作品。尽管如此，琴弓之下仍“杂音”频出：他热情肯定冼星海的成就和“勇士精神”，却又不客气地指出其技术缺陷；在贺绿汀成为批判对象时仗义执言；针对解放前的音乐派别之争，他对李凌说，提倡抗日救亡的音乐家好比黄河，而刘天华等人犹如黑龙江、闽江、红河、辽河，“各有功德，各有优胜，没有必要长久地势不两立”。

1949年第一届全国文艺界代表大会上，有人建议向毛泽东画像三鞠躬以示效忠，马思聪对此极为反感。他还是极少数敢于当面对毛泽东说“不”的人之一。有一次毛泽东和他谈音乐，认为艺术必须为人民乐于接受，而马思聪却举出贝多芬《命运交响曲》为例，驳称伟大的作品往往要历时多年才能为群众接受。

尾声

永别故土　苏武牧羊

20世纪50年代后期，一场场“揭发和批判”运动令马思聪身心俱疲。因为“只专不红”、“把中央音乐学院办成巴黎音乐学院”，他从“拔白旗”的对象一步步沦为“资产阶级反动权威”和“吸血鬼”，被卷入“文革”风暴核心。

抄家、关押、剃光头、戴高帽、全身贴满大字报、受批斗、写检查、唱认罪歌、被迫爬行吃草、打至遍体鳞伤……挚友弃世，妻儿成了漂泊四方的“饥饿的幽灵”。1966年11月28日，中央人民广播电台对台湾和海外侨胞广播停止播放《思乡曲》，改为《东方红》。马思聪自忖“死路一条”，万念俱灰，1967年1月15日晚，携家人和小提琴，从广州乘船逃往香港，转至美国。

4月12日，马思聪在弟弟马思宏位于纽约的家里露面，并做了《我为什么离开中国》的公开讲话：“我个人遭受的一切不幸和中国当前发生的悲剧比较起来，完全是微不足道的，眼下还在那儿继续着的所谓‘文化大革命’运动中所出现的残酷、强暴、无知和疯狂程度，是17年来所没有的。”

马思聪“叛国案”在国内牵连极广，数十人遭隔离审查、蒙冤入狱，二哥马思武跳楼身亡。1985年获得平反之际，他才知晓身为“一介书生，满脑子音符的人”，“罪名”竟是“叛国投敌”！

在美期间，马思聪一家受到美国情报部门的多次盘问，甚至仪器测谎。他拒领“政治避难”救济金，只愿以提交作品为条件，接受作曲家协会提供的每月1200元美金补助，主要依靠演出和发表作品为生。

马思聪一家客居费城一套两房一厅的普通居室，陈设均是中式风格。每日他与墙上的齐白石、张大千默然相对，潜心读书、谱曲，闲时推草除叶，满腹愁绪都寄托在《相见时难别亦难》等作品之中。无法在异乡付梓或公演的作品，就装订成册予以封存。晚年马思聪仍勤奋执笔，精益求精，舞剧《晚霞》写了8年，改了8次，歌剧《热碧亚》的手稿有9寸厚。

“外地见花终寂寞，异乡闻乐剩悲凉。”上世纪70年代初，马瑞雪有一次在洛杉矶听父亲的演奏会，全场爆满，观众多为海外侨胞。《思乡曲》终，满座黯然。马瑞雪说，赴美后父母亲总共去过台湾8次，林昭亮、汪大卫等青年才俊都慕名来听音乐会。父亲所到之处，都有作曲家把《思乡曲》改编成乐队总谱，包括苏联和台湾。

1984年11月，作家徐迟在美和马思聪会晤之时，发觉他“神志泰然，相当乐观”，但声音笑貌中“不时流露着一点点不易觉察的细微凄怆”。去国二十载，马思聪的内心已永成谜题。夫妇俩曾在家书中提到，初到美国半年都做同一噩梦，害怕被捉回去再逃不出来。“‘文革’之罪，头上伤痕仍在……何堪回首话当年！”1971年基辛格派人向他转达了周恩来的问候，马思聪关上门，独自大哭了一场。有一次听贝多芬的《命运交响曲》，他突然喃喃自语：“这个世界……”再无下文，失声痛哭。1985年正月初二，他会见平反后第一个前来采访的内地记者，万分感慨地说：“苏武牧羊19年啊！”

马思聪一直等着“一个适当的时候”回国。他热心为昔日学生寄去美国大学报名表，关心祖国改革开放形势，念念不忘家乡的芝麻茶、擂茶、白字仔小调，梦想着“重新驰骋在祖国土地上每一个角落，拥抱全体同胞”，病床上还放出豪言，要登喜马拉雅山，要做“音乐界的拿破仑”。奈何天不从人愿，1987年5月20日因心脏手术失败，猝然病故，再也无法“归家洗客袍”。

马思聪没有留下遗言，只有书桌上留下的一篇未完成的遗作——标题叫“思乡曲”。他生前说过的一句话，与《思乡曲》一起流传四方：“国家不是房子，房子住腻了，可以换一间，祖国只有一个。”

（郭珊　黄泸容）

马之庸、向泽沛追忆马思聪

音乐，越是民族的才是世界的

翻开中国近现代音乐史，20世纪20年代末，有一个令中国人自豪的响亮名字——马思聪，随着他美妙的琴声在中华大地响起；30年代一部充满民族神韵的小提琴杰作《绥远组曲》，让他名扬国内外，其中第二乐章《思乡曲》的艺术魅力，半个多世纪以来几乎成为马思聪的代名词。

2012年5月7日是马思聪诞辰100周年，广东省、汕尾市及海丰县各界人士隆重举办系列纪念活动，表达对大师的缅怀与崇高敬意，南方日报记者也有幸采访了马思聪堂侄女也是马思聪在广州唯一的近亲马之庸女士和马思聪的入室弟子、跟随其学琴时间最长的学生、中国著名小提琴演奏家向泽沛先生。

“文革”期间“出走”

他既是为了保命，也是为保护艺术财富

南方日报：“文革”期间，马思聪离开祖国举家赴美，当时被认为是“叛国投敌分子”，直到1985年才平反。2007年马思聪夫妇的骨灰得以归葬广州，当时其子马如龙曾说：“父亲生前一直对我们说，我没有对不起祖国。对的就是对的，总有一天会真相大白。”我们如何看待马思聪的“出逃行为”？

马之庸：其实，当时马思聪并不是自己想要跑，只是到处都没有人敢收留他，不走不行。当时他还犹豫，他以为“文革”一阵风就过去了，但实际上不是的。在这样的情况下，他不走可能会死，但他又满怀理想，还有很多创作计划还没完成。毕竟作为一名艺术家，他应该还有很长的艺术生命，他的“出走”既是保命，也是在保护他的艺术财富。后来，他发表了一篇文章《我为什么离开中国》，里面提到“当时的人是没有理性的，我不能忍受这样的摧残”。

他爱祖国、爱中华民族五千年的文化，要创作自己民族的音乐。他不喜欢

党派之争，艺术上的派别讨论他也不参与。他当时的心情是沉痛的，他爱国，但最后还是离开了，假如他不走，就没有后期的包括歌剧、舞剧、双小提琴协奏曲等各种创作，也不会有台湾采风的经历，他当时创作了很多以高山族民歌为素材的《高山组曲》等，所以知识分子采取不同的形式来抗争"文革"是对的。当然，虽然后来1985年平反，国家领导人一再邀请他，却因为心脏不好，加上当时歌剧《热碧亚》也没有完成，迟迟没有回国，一直到1987年在费城去世，很遗憾。

向泽沛："出逃""叛国"的说法是一种错误，解放初期周恩来总理把他从香港召回来以后，他一直在为祖国的音乐事业做各种工作，包括他当院长、教学生以及到全国各地演出。据我所知，"文革"时他女儿马瑞雪跟他说到南方避一下，当时斗争得太残酷了。在乡下待了一段时间后，马瑞雪说干脆咱们到香港避一段时间吧，他并不是真心想走。马思聪是很正直的儒家知识分子代表，他受不了那种侮辱。那个时代不能用非黑即白的眼光去看，他在国外一直惦记着回国，给自己制订了大量的创作计划，一个老人每天还坚持创作。因为他在国内的很多手稿都丢了，到美国后他也为祖国的音乐积累了很多重要曲目。

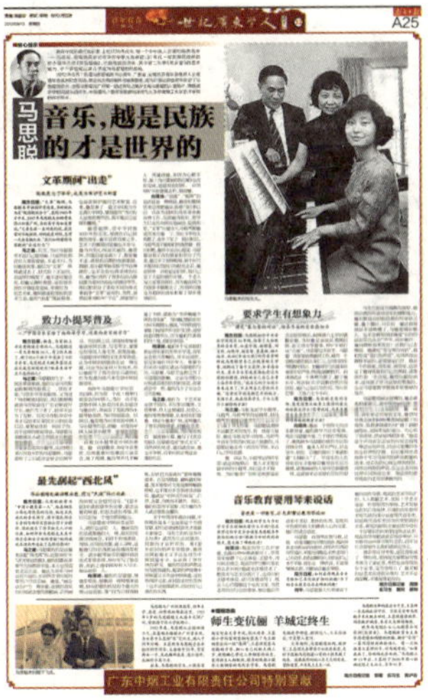
A25

马思聪

音乐，越是民族的才是世界的

文革期间"出走"

致力小提琴普及

最先刮起"西北风"

要求学生有想象力

音乐教育要用琴来说话

师生变伉俪 羊城定终生

广东中烟工业有限责任公司特别呈献

致力小提琴普及

"中国音乐家除了向西洋学习，还要向老百姓学习"

南方日报：据悉，马家祖上并没有精通音律的人，马思聪这一辈兄弟姐妹10人，有2个夭折了，剩下的8个孩子中竟出了5位音乐家，马思聪是天赋异禀还是后天成长环境使然？他在生活中是个怎样的人？

马之庸：马思聪出生于一个民主革命家庭，他的父亲马育航是陈炯明的智囊之一。由于这样的家庭背景，马思聪兄弟姐妹从小就受到民主共和思想的教育。马思聪的大哥马思齐业余喜欢拉小提琴，从法国回来时拉给9岁的马思聪听，马思聪听了之后就决定要去法国学习。到法国之后，哥哥经常要求他读中国名著、写毛笔字，家里也经常托人寄毛笔、宣纸给他。马思聪对中国的文化非常热爱，认为中国的民族音乐是一种宝藏，只是当时还没开发出来，所以他在学了西方音乐后就将此作为先进的技巧来发展中国民族音乐。他说：“中国的音乐家除了向西洋学习技巧以外，还要向老百姓学习，因为他们代表我们的土地、我们的民族。”

向泽沛：他们5个兄弟姐妹都是音乐家其实并不罕见，音乐是会相互影响的，并不是遗传，相反环境作用非常大。像最小的弟弟马思宏就是马思聪指导的，马思琚、马思芸也都受到了马思聪的影响。

马之庸：他作为一个艺术家是很平民的，不仅知识渊博、文质彬彬，待人也很诚恳、有爱心，他经常帮助傅聪，从来没有回避他。1962年他来广州，还叫他儿子寄东西给傅雷，但他在艺术、专业上却非常固执，当时要庆祝第一届政协开幕，他写了《欢喜组曲》，结果被说成“形式主义”，用外国的乐器，最后就没演，他也不争辩，后来时间证明这是一部好作品。

最先刮起“西北风”

作品儒雅充满诗情画意，因为“民族”所以经典

南方日报：马思聪被誉为“中国小提琴第一人”，他在钢琴方面也有很高的造诣，他追求民族化的音乐语言，将中国民间音乐素材与西洋乐器融合得十分精妙，因此诞生了许多脍炙人口的经典。如何评价马思聪先生在中西音乐融合方面的贡献？他的成就在国内外造成了怎样的影响？

马之庸：马思聪的作品是最先刮起“西北风”的，比如1937年写的《绥远组曲》，他的民歌在形象等方面都很丰富，本人也很喜欢北京大鼓。他认为音乐与画是互通的，在法国念书时经常到卢浮宫看画。他说：“画会让你产生一种形象，在创作音乐的时候就会想到那幅画，看到画的时候又会想到音乐。”《思乡曲》中就有思乡的形象，思念是最有味道的，有思念就有希望，所以它在每一个地方都有魅力。

马思聪在中国演奏是第一人，创作也是第一人。他演奏的作品就像他的人一样，深沉但充满诗情画意，不同于热情奔放，纯情、深刻而含蓄，耐人寻味，这跟他写的东西都是有感而发有关。就小提琴演奏的题材而言形式非常多样，1945

年写了协奏曲，在此之前中国没有人写过，他也是第一人。

向泽沛：他的作品思想、情绪非常浓，很难用一种风格来说明，但马思聪的作品有个最大的特点是儒雅，像“何当共剪西窗烛，却话巴山夜雨时”那样娓娓道来。作品很精致，越听越有味道，既不像柴可夫斯基那种抽抽噎噎，也不像贝多芬那样涂涂抹抹，他就是“中国式的诉说”，自然、含蓄、内敛而不激烈。所以，他的作品并不狂野，因为他的为人就是儒雅含蓄的。

关于中西音乐融合问题，中国现在基本上也是在这个方面发展，但它必须要民族化才能被大家接受。马先生的作品为什么经典？就因为它是民族的，民族的才是世界的。像《思乡曲》的和声非常精妙，他将法国浪漫主义手法运用到中国民谣中去，也是做了很仔细的研究。他的作品和声都是经得起推敲的，配器和声既像中国味道又不全是中国味道，还有些西洋元素，在民族素材

马思聪夫妇与女儿

中年马思聪

的发挥上也不是按部就班，而是有自己创作的东西。

要求学生有想象力

讲究“琴与琴的对话”，培养耳朵的音乐感知力

南方日报：马思聪担任中央音乐学院院长16年间，培养了大批优秀的音乐家，他在培养学生、子女上有什么独特的方法？

马之庸：他一直认为，小提琴是西洋乐器，就必须要培养一批人才才能发展中国的小提琴，所以选才不拘一格。当时他来广东听见林耀基在拉小提琴，很喜欢就决定把他带回北京好好培养，向泽沛六七岁时就跟着他，当时他父亲是从美国回国、在天津大学教书，1957年被打成“右派”，马思聪也不在乎。马思聪一次参加治理淮河工程，碰到一个会唱山歌的孤儿朱仁玉，也带回音乐学院附中培养。但他对学生的基本功要求非常严格，特别是视唱练耳。向泽沛就是一个典型的例子，跟了他16年，现在快70岁高龄仍然拉得很好，他自己也以身作则，当时在巴黎一天练六七个小时。

南方日报：马思聪是您的老师，您觉得从他身上获得的最大收获是什么？您曾说过，马先生教学生善于启发学生的想象力，您如何评价他的教学方法？

向泽沛：他是一个很伟大的音乐教育家，他的教学方法非常棒，现在马思聪全集、生平创作等都有了，唯独缺少马思聪的创作方法的详细介绍。他本人并不严厉，话也很少，但你一看他的脸沉下来就知道“大祸临头”了。学音乐的人有没有音乐才能要看他对音乐是否敏感，就像画画的人要对色彩敏感一样，这就要求必须要有很好的想象力。

马先生在这方面做得很好，他培养我的耳朵对音乐的感知能力，他沉默寡言但恰恰我的耳朵很灵敏，他上课时，只会拉一遍让我辨别是不是听懂了，与他差别在哪儿。他也不会讲得很详细说“你的错误在第几小节”等，而是拉一遍问我听出来没有，让我自己去辨别。他讲究“琴与琴的对话”，我们常说“苍白的语言”，光用语言是解释不清的，必须要亲自拉。他是一个作曲家、演奏家，这决定了他对乐曲有自己的理解，就像创作有一个意境，他给你描绘出来，这对孩子学习是很有帮助的，也是马思聪教学里面非常重要的地方。

马思聪对画是很懂的，他去蒋兆和家聊天，讲中国绘画历史，我就在旁边

听，受益匪浅。他一直说，音乐家必须要有文化，他曾经带我去颐和园听佛香阁屋檐下的角铃，给我讲陆游的诗：“城上斜阳画角哀，沈园非复旧池台。伤心桥下春波绿，曾是惊鸿照影来。”他说这个声音在你悲哀的时候会出现一种悲哀的声音，但是可能佛的寺院也有禅的宁静。有可能风吹动角铃千军万马犀利的声音都能听出来，要看你的心情怎样地投射，同样是角铃的声音，你怎么去拉出各种不同的音色来。像这样的教育现在的老师很难做到的。

音乐教育要用琴来说话

音乐是一种语言，不光用嘴还要用琴说话

南方日报：现在的学生与当时学习音乐时相比有什么不同？您在教学过程中是否会借鉴马思聪当年教你们的方法？根据当今时代的新特点，您又做了哪些改进？

向泽沛：现在的学生负担更重，光做各种功课就累死了，毕竟音乐要静下心去体验、去思考，花时间去感受。现在的学生哪可能有那么多时间？他就光注重技术了，把技术与艺术分离开了，也没时间去思考体验，就只注重音符了。现在人心浮躁跟这个也有关系，当然老师的引导也很重要，要让他看到音乐中美妙的东西，发现其中的那些伟大和激动人心的元素，他自然就会喜欢。

马思聪一直用琴在教导我，让我一直能领略到拉琴的美妙。现在很多老师都是语言教育，音乐的东西要用琴说话，不能光用嘴说，有些老师自己不动手，有的是懒得拉，有的是自己水平不够。音乐是一种语言，不需要慢慢去教，关键是让他去领悟。

（周豫　戴珂　郝帅）

学人小传

詹安泰（1902—1967），字祝南，号无庵，广东饶平人，著名古典文学学者、诗人、词人、书法家。1926年毕业于广东大学，同年受聘于广东省立第二师范学校（韩山师范学院前身），任文史教员。1938年以名士身份受聘于中山大学中文系，主讲诗词，曾任中文系主任、古典文学研究室主任，在中大执教近三十年。一生从事古典文学研究和教学，精于诗词研究与创作，尤以词学研究和词创作享誉学界。著述有《中国文学史》（先秦两汉部分主编）《宋词散论》《古典文学论集》《詹安泰词学论稿》《屈原》《李璟李煜词》《离骚笺疏》《花外集笺注》等，诗词集有《无庵词》《滇南挂瓢集》《鹪鹩巢诗》《詹安泰诗词集》等。2011年10月，《詹安泰全集》六册由上海古籍出版社出版。

詹安泰：「岭南词宗」的苍凉背影

他被称为“岭南词宗”，在新学昌盛的20世纪执着古典，潜心词学创作研究，与夏承焘、唐圭璋、龙榆生并称“现代中国词学四大家”。

他是康乐园里的一代名师，跟随中山大学迁徙云南粤北、抗日战争胜利后定居广州，与容庚、商承祚、王起、董每戡等一起接续了中大中文系在新中国的学脉。两次举荐饶宗颐，传为学界佳话。

他以诗人的真诚积极投入新时代，宣布“三年不读线装书”，与陈寅恪先生唱和“春光好”，却因直言被打成“右派”，在“文革”风暴初起时孤郁辞世。

2012年是詹安泰先生诞辰110周年，中山大学在12月2日举办了学术纪念活动。在他的身上，我们可以看到那一代知识分子的苍凉背影。

历 历 往 事

饶平詹祝南，崛起韩江湄

1938年10月，由陈中凡教授推荐，36岁的詹安泰以名士身份受聘于国立中山大学中文系，继陈洵主讲诗词。这是詹安泰人生道路的一大转折。

在此前12年里，他一直任教于广东省立第二师范学校。这段时间，恰是其“名士”身份形成的阶段。

詹安泰出生于潮州饶平新丰镇一个中医家庭，祖居润丰楼是一座典型的客家土楼，有祖上留下的书斋“学文堂”，族中亦有能诗长者。

1926年，詹安泰毕业于广东大学（中山大学前身）国文学系。当时修读科目相当广泛：有中国文学史、西洋文学史、历史、地理、政治概说、哲学概论、法制经济、伦理学与心理学、数学、体育及外国语。文史哲兼顾，中外融合，这为后来其治学能广博融通、出入腾挪打下良好基础。

同年8月，他受聘于家乡潮州的广东省立第二师范学校。韩江山水的滋养，海滨邹鲁独特的人文环境，诗意的心性和专业的学养，成就了一代学者。学成归乡任教的詹安泰，非常自然地融入了这个人文环境中，相互切磋砥砺，诗艺渐进。后来詹安泰作《怀潮中故旧六首》，言及石铭吾、谢贤明、饶宗颐、杨光祖、林青萍、丘玉麟等师友，皆为当时能手。

1935年暑假，詹安泰携二弟天泰出游。先往上海，走访在暨南大学任教的龙榆生，后往杭州拜访夏承焘。从此，分居南北的词学三大家开始互通音讯，酬唱往来，推动百年词业的发展。

1936年詹安泰在龙榆生主编的《词学季刊》发表《论寄托》一文，纠正了清代词学重要观念“寄托说”的理论缺失，拓展了它的理论内涵，引起词学界重视。《花外集笺注》亦于此时完稿。隔年，詹安泰又选词100首，刊印个人词集《无庵词》，为倚声界所激赏，词曲名家吴梅评价：“取径一石二窗而卓有成就”。由此，詹安泰在词坛上声名鹊起。

对于他们的交谊，夏承焘《天风阁学词日记》多有记录。1957年1月，夏承焘到广州参加中山大学学术会议，两位老友一别22年，偕游广州。《天风阁学词日记》对此有详细记载，生动反映了当时的学人情谊与广州风光。

随中大流徙，《词学研究》寄忧思

作为与20世纪同龄的知识分子，传统文人士大夫的家国情怀，同样在詹安泰身上得到充分的体现。

抗日战争爆发后，神州大地硝烟日炽，詹安泰以笔作枪，发表时事评论，唤起民众投身救亡事业，先后在《韩师半月刊》《韩师周刊》等刊物发表《抗战前途之预测》《欧局和缓与远东问题》等一系列文章。他还撰写《杨髡发陵考辨》论文，借古讽今，以宋元易代时元军的残酷影射侵华日军之暴行，显示不屈风骨。

1938年10月21日广州沦陷，中山大学西迁云南澄江，此后又几度迁徙，詹安泰从赴澄江任教开始，便随之辗转流离。“辗转西南慷慨多，寄怀家国几悲歌”，短短一年半时间里，詹安泰感慨激发，吟咏不辍。此间他刊印了诗词合集《滇南挂瓢集》，选诗、词各100首。世变日急、国难日深以及羁旅漂泊之感充实了作品的内质，使无庵词在早期清厚绵丽的基础上更添沉郁幽忧之思。如其《丹凤吟·高吹万先生属题风雨勘诗图》，有“黯黯悲沉何世，废垒烟芜，严城寒掠”描写乱世颓景，“最是伤情，前社客、尽飘零天各”哀叹社友飘零离散，“痛共青鹃诉，剩殊乡心赏，冰纨凄托”写友人们在风雨中互诉互持、惺惺相惜。词作反映时代风云，给人们带来了心灵冲击，具有很强的感发力量。

在抗战动乱的环境中，詹安泰仍振奋精神，坚持钻研。最能体现他词学思想体系的专论《词学研究》，就是在中大迁徙粤北坪石期间写就的。《词学研究》原著包括论声韵、论音律、论调谱、论章句、论意格、论修辞、论境界、论寄托、论起源、论派别、论批评、论编纂十二论，这十二论兼顾“学词”与“词学”，旨在示人门径，建立起一个具有内在逻辑的学科体系。

百年双喜 特约
世纪广东学人
A20
詹安泰：“岭南词宗”的苍凉背影
广东中烟工业有限责任公司特别呈献

“三年不读线装书”，反对公式化研究

1949年后的中国文坛理论建设是从学习苏联文论起步的。詹安泰下决心“三年不读线装书”，系统地阅读了200多种中外文艺理论著作。

1953年起，他开始尝试运用马列主义观点方法研究中国古典文学。首先在“诗”“骚”研究上，发表了《〈诗经〉里所表现的人民性和现实主义精神》，此文被誉为解放后第一篇试图用马列主义观点方法研究《诗经》并取得卓越成绩的学术论文。又相继完成了《屈原》和《离骚笺疏》著作。同时，应教育部之聘，组织容庚、吴重翰等学者编写《中国文学史》（先秦两汉部分）。这是由高等教育出版社作为高校交流讲义出版的解放后第一部文学史教科书，影响深远。1958年，又出版《李璟李煜词》。这些研究成果带有鲜明的时代色彩，注重从中国古代文学中挖掘人民性、爱国主义和现实主义精神。

另一方面，他对当时学界存在的庸俗社会学倾向和简单化、公式化、概念化等问题予以揭示和批评，对学生们由于爱好苏联文学而忽视中国古典文学的偏废现象亦心怀忧虑，发表了《关于处理古典文学的一些意见》《对我国目前古典文学研究工作的意见》《学习苏联文学理论对于我们古典文学教学的一些体会》等一系列论文，在科研、教学方面力图纠正时弊，调和政治标准与艺术标准间的矛盾。

他指出：“由于他们错误地认为懂得几个简单的词汇，如自然、精炼、生动、活泼、正确、鲜明等，就可以解决古典作品中关于艺术性的问题，因而对古典作品就不加深入钻研”，“应该扩大古典文学作品研究对象的范围，把思想内容和艺术形式结合起来，除了表现有利于人民大众及国家民族的作品外，凡是能够运用民间文学的形式、反映祖国伟大的图貌以及描写部分人民的生活的作品，都值得考虑，不应用狭隘的偏见去理解人民性和现实主义的精神”。

工夫茶香育英才，与陈寅恪早春唱和

从韩山师范学院到中山大学，詹安泰一生未离教坛，对学生极尽关爱和呵护。

据其长子詹伯慧回忆：“无论是在澄江、坪石简陋狭窄的宿舍中，还是在广州康乐园窗明几净的客厅里，总是经常围坐着前来求教的门生。学生向他请教学问，他总是轻声细语，不厌其烦地解疑释惑，使人茅塞顿开。有几位潮籍的中大学生，如丘陶常、陈叔良、方书春、汤擎民、许寄侬、郑碧珠以及福州籍的陈必恒、新会籍的陈湛诠等，从澄江到坪石到梅县，几经搬迁，大都时相过从，成为父亲身边的至亲门人。他们每来我家，父亲必然以当时不可多得的家乡茶叶来待客，一边‘拍嘴鼓’，一边喝父亲亲自泡制的工夫茶，亦师亦友，亲如一家。”

1952年院系调整之后，中大中文系开始制订新的教学计划系统讲授文学史，其中詹安泰主讲《诗经》《楚辞》诸章。

当年的学生、中大中文系教授黄天骥回忆说：“他讲《诗经》，语言表达并不生动，潮州口音又重，但他旁征博引，爬梳剔抉，抽丝剥茧，洞见精微，强烈地吸引着我，由此爱上了古代文学。”学生唐玲玲说：“尤其是讲《楚辞》时，先生以丰富的史料、精辟的见解，滔滔不绝地向学生讲述，加上他劲隽秀丽的板书，使我每次上中国文学史课都兴冲冲地跑步占领前排座位，留心地静聆先生的教诲，日长月久，逐渐地培养了我对学习古典文学的强烈兴趣。”

多位当年学生回忆，他们上课总对先生板书很着迷，下了课也舍不得擦去，常常就着先生的板书练字，甚至有其他系的同学慕名常来旁听。

1957年，康乐园里的教授们迎来了一个短暂的早春。

当时，经常有剧团到中山大学演出。4月1日广州京剧团与教授们欢聚一堂。陈寅恪先生难得激情地写下三首绝句，分赠中文系三位知名教授詹安泰、王起和董每戡，谓请“祝南、季思、每戡先生一笑”，希望能得同道唱和。其中有“红豆生春翠欲流，闻歌心事转悠悠。贞元朝士曾陪坐，一梦华胥四十秋”等句。

陈寅恪的诗和董每戡、詹安泰、王季思的奉答之作，均登在1957年6月18日的《南方日报》第三版上。詹先生和了一首《南歌

1959年2月，詹安泰一家在广州合影

子》：“南国花齐放，京华艺不群。廿年骚屑等流尘，谁信演员教授一家春。说笑人曾识，听歌近愈真。番番奇响遏行云，料得归来异日更情亲。”

陆健东的《陈寅恪的最后二十年》中写道：“太不容易了。这是陈寅恪晚年唯一的一次公开向‘同道中人’求心灵的和鸣与回应。其情不自已于今亦能感受到生命的欢欣所带来的喜悦；沉重的历史亦因为这一连串发自灵魂深处的欢声而抹上了淡淡的一道油彩。”

书生嶙峋骨，困厄不夺志

但这一年的深秋，詹安泰就和董每戡被打成“右派”。主要“罪名”是“与董每戡、卢叔度、吴重翰、叶启芳组成反党小集团”“主张教授治校”“企图夺取中文系领导权”等。

董每戡当时敞开心扉写了一首诗：“书生自有嶙峋骨，最重交情最厌官。倘若推诚真信赖，自能沥胆与披肝。”传唱各方，连时任中共广东省委第一书记陶铸也引用了。性格低调温和的詹安泰肇祸，则是5月19日民盟广东省委员会邀请各高等学校教授举行座谈会，反映各高等学校在贯彻“大鸣大放”方针中存在的障碍和矛盾。第二天，《南方日报》头版头条报道了此次会议，提及詹安泰就“是否真正放”内容发言一事。

8月初，批判詹安泰的大字报和漫画铺天盖地而来。据其三子詹叔夏回忆，几天后詹安泰去理发，路上平常跟先生打招呼的人都躲着他，到了理发店，詹安泰坐在角落里一言不发。

但他仍记挂着学生，托人带了一张纸条给助教郑孟彤，嘱道：“孟彤，我犯了错误。恐怕组织上不再让我教课，文学史可能由你代课，望你认真备课，把课教好，不要辜负同学们对这门课的期望。”

“右派”的帽子阻断了詹安泰与朋辈的往来，甚至是见面的寒暄都没了。只有耿直的容庚教授每次在校道上遇到他，都主动大声地问好，也常挺身而出为他说话，给了他几许安慰。

1961年，詹安泰“摘帽”。学生陈新伟回忆说：“从母校传来消息，詹安泰老师的‘右派’帽子摘了，马上开了宋代文学史。据说，教室挤得满满的。

许多校外名流，也前来听课。其中两个最好的座位，是中文系指定留给粤剧界的泰山北斗：马师曾和红线女。”

1967年，詹安泰淋巴癌复发，中山医学院附属肿瘤医院不肯收治，只得在中大护养院最高一层觅得一床位住下，先生笑称是“天字第一号”。4月6日，与世长辞。

当时，“文革”进行得如火如荼，抄家、破四旧，詹安泰的文稿也难逃一劫。一天傍晚，三子叔夏把他的两大箱书稿拿到楼下“破四旧”，先烧已刊印的手稿，然后才是未刊印的，慢慢一张一张地烧，直到在场的红卫兵等得不耐烦，让拿回去等候处理。有一段时间，詹叔夏每天都偷偷藏几张在衣服里，带出学校，埋到地下，终是保住了他的部分心血，可惜《宋词研究》十七章以后的原稿无法留住。焚烧书稿的时候，病重的詹安泰就趴在窗台上，一边看一边流泪。

1984年，中共中山大学委员会发出《关于“詹安泰先生被错划为右派分子”的改正结论》，去掉“尾巴”问题，至此詹安泰的罪名彻底洗脱。

（陈枫　陈椰　黄晓丹）

20世纪50年代，詹安泰与夫人柯娥仙合影于广州珠江边

詹伯慧、彭玉平评说詹安泰

“他要在旧文体中创出一条新路”

现当代广东学人中，有不少父子享誉文坛的佳话。比如国学大师饶宗颐的父亲饶锷就著有《潮州艺文志》，又是潮州著名诗社“壬社”的领袖。而詹安泰、詹伯慧父子则是另一个例子。

作为詹安泰的长子，詹伯慧师从语言学大师王力先生，是当代著名语言学家、汉语方言学的学科奠基人。改革开放以来，詹安泰的遗著得以陆续出版，中山大学和故乡潮州多次举办研讨会，詹伯慧都是“推手”。2011年底，《詹安泰全集》由上海古籍出版社出版，80岁的詹伯慧作为主编，几年来的辛勤劳作，拿着放大镜在电脑前一一汇总校对的功夫，总算还了一个“慎终追远”的夙愿。

而詹安泰执教多年的中山大学也没有忘记他。2004年中山大学80周年校庆，学校精选出版了17位人文社科学者的文集。其中，《詹安泰文集》由中山大学中文系教授吴承学、彭玉平主编。彭玉平说，漫步于詹先生生活过、工作过的地方，读其书、思其人，踏访其足迹，感到很亲切。走过詹安泰先生的故居，总是不自觉地会放慢脚步，因为满怀着崇敬。

大学毕业，租了一辆卡车运书回家乡

南方日报：詹家文脉悠长，父子两代都是知名学者。您觉得詹先生对你最大的影响是什么？

詹伯慧：记得小时候，父亲和两位叔叔一共三家人都住在润丰楼外祖先留下来的一栋叫作“学文堂”的房子里，周围的人管它叫作“书斋”。听乡里长辈说，父亲自小聪颖好学，特别酷爱诗词。

1926年他从广东大学毕业回到家乡时，带回来的书很多，租了一辆卡车运到新丰来。乡亲们总是拿这件事来印证“学文堂”不愧为书香之家。

上世纪80年代，我有机会访问母校四中时，见到这些父亲年轻时的藏书，更进一步体会到“书香门第”这几个字的分量。父亲年轻时读书、爱书、藏书的事迹在家乡广为流传，也深深教育了我们这一代。此后每当回到家乡，抬头看见“学文堂”三个大字，想到父亲一辈子扎进书堆中，拼命读书，拼命做学问的情景，不免感慨万千！

藏书按斤卖给古籍书店，每斤7分钱

南方日报：詹先生在反右、“文革”中的遭遇，令人叹息，反映了那一代知识分子的曲折命运。

詹伯慧：尽管父亲在解放后积极主动以自己的学术实践来表明乐于跟随时代前进，但没有料到，作为出身于旧社会的一名知名学者，却在历次政治运动中难逃厄运，成为“老运动员”。

正如吴承学教授在《我所感受的潮州文化》一文中所说：“我在编辑他的文集的时候，总是感到他的才能并没有充分地发挥。由于受到政治方面的影响，限制了他学术研究的自由。1957年以后，他的生活一直很压抑，65岁就去世了。如果天假以年，他肯定可以取得更为辉煌的成就。”

父亲过世后，家人被赶至东北区集体宿舍。母亲曾说过，家里的藏书救了全家的命。那时卖书按斤论价，每斤7分钱，卖给了古籍书店，共卖得2000多元。母亲用这笔钱买米，度过漫长而凄凉的日子。

彭玉平：读到这段历史，理解与痛心兼有。卖书是被逼无奈的选择。詹安泰先生积累的藏书不仅数量可观，而且不少有批语点评，对于研究詹安泰学术思想的发展很有价值，流失掉了，是一种无法弥补的损失。这批书中可能也有詹安泰的若干手稿，如他曾写过一本《中国文艺批评小史》，已经写到宋代，但现在不见踪影，实在是可惜的事情。

A21
别開詞境
“他要在旧文体中创出一条新路”
广东中烟工业有限责任公司特别策划

诗集取名小鸟“鷦鷯”，有自己的人生意趣

南方日报： 詹先生11岁作诗、13岁填词，日本学者有“南詹北夏，一代词宗”的评誉。您能从他的词作中挑出一两句感触最深的词句吗？

彭玉平： 詹先生成名甚早，这个名最初就出在创作方面，上世纪30年代，他的《无庵词》和《鷦鷯巢诗》是影响深远的诗词别集。他的诗歌虽然也在“宋诗”的范围之中，但取径与同时代人不同，受梅尧臣影响特深，有一种平易亲切、关怀民生的俗世特征。我喜欢他的“金元明清谁短长，自然体大大无方”之句，体现出他开阔的胸怀。他的诗集取名“鷦鷯巢”，鷦鷯是一种小鸟，用庄子的话来说就是“巢于深林，不过一枝”，但自由自在，翩然自乐。这一命名背后有着詹安泰自己的人生意趣。

他举荐饶宗颐走上讲坛，饶宗颐力促其遗著面世

南方日报： 潮汕人常把国学大师饶宗颐先生和詹先生联系在一块儿，你们两家交谊很深厚吧？

詹伯慧： 早在父亲到韩山师院任教后，和宗颐先生尊翁饶锷就有来往，饶家书斋天啸楼藏书十分丰富，父亲常去那里找书看，有时也带着我去，成为饶家的常客。1932年饶锷老先生邀集一班潮州诗人喜结诗社“壬社”，我父亲就跟诗社成员石维岩、杨光祖等频频酬唱。父亲比宗颐先生长15年，那时宗颐先生还是一位二十岁左右的翩翩少年，但已经在乃父的培育下饱读诗书，熟谙艺文，也能吟诗作对，是位有名的“潮州才子”了。我们家的客厅上，常引来一些文人墨客，高谈阔论，品茶论艺，其中经常可见宗颐先生。

记得父亲有一次生病不能上课，韩师急需找位老师代课，父亲就推荐了宗颐先生。宗颐先生欣然受命，果然不负所托，课堂上深受同学欢迎。这是宗颐先生第一次上讲堂，真是出手不凡！一个20岁左右的潮州才子，这下一鸣惊人，尽显他那自学成才、出类拔萃的才华了。

就在父亲决定离开韩师前往中大任教的时候，他念念不忘才华出众的饶宗颐先生，约请宗颐先生同往。1939年初父亲单身先期赴任，其后，我母亲和宗颐先生相约一起绕道惠州经香港再转安南（今越南），取道滇越铁路上昆明找

我父亲。后来宗颐先生因路上生病，抵港后为香港文化界所聘用，终止入滇行程，留下来在港工作。从此开始了宗颐先生跟香港结下的大半辈子情缘。我母亲只好带不到两岁的妹妹辗转入滇。半个多世纪以后，我母亲还经常跟我们谈起当年和宗颐先生结伴入滇的往事。有时候我会这样想：假如当年宗颐先生和父亲一起到中大工作，失去了留港工作的机遇，日后宗颐先生的人生道路，会不会跟我父亲有所雷同呢？

几十年来，父亲与宗颐先生始终相互眷念，书信往来与诗词唱和一直没有间断。直到1957年父亲蒙冤戴上“右派”帽子，两位潮州杰出学者才无奈地中断了联系。1967年父亲含冤谢世，宗颐先生悲痛万分，对父亲遗作的付梓刊行，总是耿耿于怀。直到80年代初，我在日本讲学期间，有幸带父亲诗词手稿与宗颐先生相聚京都三缘寺，共商刊印遗稿大计，其后经宗颐先生将手稿带到香港，多方奔走，几经周折，才终于得到时贤何耀光先生的赏识，以《至乐楼丛书》第25卷将父亲诗词遗作《鷦鷯巢诗》《无庵词》在港影印刊行。

2002年，中山大学举办纪念父亲诞辰100周年学术研讨会，85岁的宗颐先生专程从香港赶来开会，他说：“我的词学研究，是受了詹先生的影响。”我母亲也从医院坐轮椅前来和大家见面，跟饶公亲切叙谈忆旧。宗颐先生鼎力促成先父遗著面世，凸显两位潮籍学者的深厚情谊，在学术界传为佳话。

（陈枫　陈椰　黄晓丹）

1957年夏，北大、复旦、中山、武大四校中文系部分教师受高教部委托在青岛编写统编中文教材，詹安泰（第一排右三）与长子詹伯慧（后排左二）参加，和王力、游国恩、余冠英、林庚、王起、袁家骅等合影

20世纪50年代，詹安泰与长子伯慧游览华严寺

学人小传

陈伯齐（1903—1973），广东台山人，建筑师、建筑教育家。他是中国亚热带建筑研究和创作的开创者，岭南建筑学派的重要奠基人之一。

陈伯齐曾先后在日本东京工业大学与德国柏林工业大学学习建筑专业。1940年回国后，在重庆大学创建建筑系并任首任系主任。后离开重庆，先后在中山大学、华南工学院等校任教授、系主任。

在华南工学院任教期间，陈伯齐致力于推行有特色的建筑高等教育，以及南方传统民居和亚热带地区的建筑理论、建筑设计研究。他创办了亚热带建筑研究室，后发展成为我国建筑学领域的第一个国家重点实验室。他主持过多所大学校园的规划，一生参与设计的工程达100余项，主要作品有广州文化公园总体规划及展馆设计，武汉华中理工大学、中山医科大学及武汉水利电力学院总体规划以及华南理工大学总体规划及1号教学楼、化工楼设计等。

1973年10月4日，陈伯齐病逝于广州。

陈伯齐：现代主义建筑教育的寻梦者

20世纪初，由于中国本土建筑师人才的极度匮乏，中国高端建筑市场长期被西方建筑师牢牢把握。与此同时，中国院校建筑教育体制还处于蹒跚学步阶段，亟待汲取来自外界的建筑思想精髓。直到20世纪20年代，一批批奔赴西方国家学习建筑专业的留学生先后学成归国，这种现象才有所缓解，而陈伯齐就是这批留学生之一。

从日、德学成归国后，陈伯齐赴重庆大学任教。由于自己所持的现代主义建筑思想与国内占主流地位的“学院派”建筑思想格格不入，陈伯齐在重庆度过了一段极为压抑的岁月。最终，他选择回归岭南故土，继续自己的现代主义建筑教育之梦。

在华工建筑系“三老”之中（另外两位是夏昌世、龙庆忠），陈伯齐担任华工建筑系主任时间最长。然而，关于他的流传至今的文章资料却最少。他亲自设计的建筑不多，但在那个年代，出自华工建筑系教师之手的作品却离不开他的影响。陈伯齐的学生蔡德道评价说：“他的性格就是这样，甘居幕后。”

让我们走近陈伯齐，一位用一生探索中国现代主义建筑教育之路的建筑教育家。

历历往事

留学日德带回世界先进建筑思想

1903年7月，陈伯齐出生于广东省台山县汶村的一个侨工家庭。1926年，23岁的陈伯齐考取了广东省公费留学，赴日本东京工业大学学习建筑专业。当时，日本的建筑教育极为注重建筑材料与技术的运用，东京更是战前日本现代主义建筑思想的重要实践地。在这种环境的浸淫下，陈伯齐完成了自己的建筑思想启蒙之旅。

好景不长，赴日求学后，陈伯齐因参加地下革命运动遭受波及，被迫中断求学之旅，离开了日本。这次意外将陈伯齐引上了另一条求学之路。当时，德国现代主义运动正蓬勃兴盛，本着对先进学术思想的追求，1934年，陈伯齐转赴德国柏林工业大学建筑系学习。德国建筑教育体系重视技术，注重建筑的功能和实用性的建筑思想在陈伯齐脑海中留下了深刻的烙印。1939年，陈伯齐以优异成绩提前半年毕业后在德国留校任教，并等待合适的机会回国大展身手。

时机终于来临。1940年，接受多年现代主义建筑思想教育的陈伯齐临危受命，回到国内主持创办了重庆大学建筑系，并担任首任系主任。在重大执教期间，陈伯齐怀着满腔热血，试图把重大建筑系建为现代主义建筑教育的试验田。当时，他与夏昌世、龙庆忠等一批留日、留德的教授并没有采用当时占主流地位的“学院派”教育体系（由巴黎美术学院开创，特点为以艺术训练绘图为主，不注重技术因素，设计强调抽象古典美学构图原理，设计成果注重图画表现等），而是在教学中提倡现代风格，注重建筑的功能和技术因素。

陈伯齐采用的这一“另类”的教学理念引起了不小的震动。长期以来，以中央大学、东北大学为代表的“学院派”教学体系牢牢地占据了国内建筑教学思想的主流地位。当时，现代建筑教育虽然已经在世界范围内广泛兴起，但在国内却处于“发育不良”的状态。重大建筑系的部分学生崇尚同在重庆的中央大学建筑系采用的“学院派”教学方法，并责难重庆大学采用的德日教学思想，重庆大学建筑系开始受到校内外一些师生的抵制。1943年，陈伯齐与一批留学德日的教师被迫离开重庆大学，结束了短短三年的重大任教生涯。

“一个新归国的留学生，带来世界最新的理念，却经历这样的遭遇。这其实是一个教训。”广州市设计院前院长、陈伯齐的学生蔡德道感叹道。

离开重庆后，陈伯齐辗转回到故土岭南。20世纪40年代中期，陈伯齐、夏昌世、龙庆忠陆续来到广州国立中山大学建筑系任教。1952年院系调整后，三人成为华南工学院建筑系（即后来的华南理工大学建筑学院的前身）的教师，并被称为华工建筑系的“三老”。

百年双喜 特约

世纪廣東学人

A12

陈伯齐

现代主义建筑教育的寻梦者

百年薪火 世纪风范　广东中烟工业有限责任公司特别呈献

中国建筑界的“非主流”派

20世纪50年代，脱胎于法国“学院派”的苏联建筑思想输入中国，建筑界开始“一边倒”地号召“向苏联学习”，其他流派的发声一时难觅踪影。

陈伯齐坚持对现代主义建筑的学术研究。他在文章中写道：“建筑艺术究竟不同于其他如绘画、雕塑等艺术，脱离了适用与经济就毫无意义可言。过分强调建筑的艺术性，甚至把建筑说成就是艺术，大有喧宾夺主之势，是不符合实际的。”

华南工学院1号楼（局部）

“他是中国建筑界的另类，‘非主流’派，在那一代知识分子中，这是非常可贵的。”蔡德道如此评价恩师。

不同地区建筑应各有地域特色，这是陈伯齐在建筑设计上提出的观点，他是最早在建筑教育上倡导地方特色的学者。华南理工大学建筑学院副教授冯江介绍，1978年，亚热带建筑研究室的实验成果获得了全国科学大会奖，这项荣誉离不开陈伯齐等人的努力。在陈伯齐影响下，对亚热带建筑的研究、对地域主义建筑的探索成为华工建筑系的重要传统。

从重大来到华工后，陈伯齐仍一如既往地秉持现代主义建筑教学理念。他在一篇文章中写道：“建筑的艺术处理，不是单方面由主观出发，而是要适应客观实际需要，在功能与经济的基础上来进行的。”在陈伯齐的主持下，亚热带建筑研究室的工作主要集中在亚热带城市与农村住宅的研究上。“他不是着眼于高楼大厦，而是以民居住宅为主。”蔡德道回忆说，陈伯齐曾让学生研究广东的民居为什么凉快。面对困惑的学生们，陈伯齐指出，广州西关民居典型的特点是“小面宽、大进深、多天井”，结构利于通风，短短九个字就解决了学生们的疑惑。直到今天，亚热带建筑设计的重点依然是考虑湿热气候的特点，通过遮阳隔热、通风防潮等方式提高居住舒适度，与陈伯齐当时提出的观点并无原则性的区别。

虽然接受的是西方建筑思想教育，陈伯齐骨子里对中国建筑的文化遗产却是极为热爱。1953年，陈伯齐与夏昌世、龙庆忠共同创办了民族建筑研究所，研究南方传统民居的特征及其形成的原因。他认为，建筑设计可以“洋为中用”。“他很早就认识到建筑设计要从本土文化特征入手，而我们现在很多建筑都还没有做到这一点。”蔡德道说。

20世纪50年代，有人认为骑楼是殖民地的建筑形式，应该摒弃。陈伯齐批驳了这一观点，他认为，骑楼能遮阳防雨，减弱太阳辐射热量，在南方很有用处。他还在文章中呼吁保护骑楼：“对国外的某些建筑形式，只要对我们适用，群众还是欢迎的。我们应加以改进和发展，使之成为我们自己的东西。骑楼的建筑形式，不就已成为我们南方城市建筑的特征之一了吗？”

平易近人的“斋叔”　不拘一格的“引导者”

在学生的心目中，陈伯齐性格和蔼，平易近人。国家设计大师袁培煌1955年毕业于华南工学院建筑学专业，据他回忆，当年在华工有人把陈伯齐名字中的“齐”字错读成“斋”，后来按广东称呼，大家都叫他“斋叔”。这个称呼被叫开来以后，久而久之，陈伯齐也欣然接受，不以为意。

平日性情温和的陈伯齐，在教学上却对学生要求十分严格。在课堂上，他要求学生画出一座多层房子的剖面，从屋顶一直到地基，要准确画出房子是怎么盖起来的，以此培养学生的基本功。曾在华南理工大学任教的胡荣聪于1951年毕业于中山大学建筑系，毕业仅仅一年后，他就参加了华中武汉三校的设计工作并挑起大梁，他说，“这都是得益于陈先生严格的教育”。

陈伯齐曾经许下诺言，华南工学院建筑系毕业的学生，如果不会画施工图，一律“回炉”。据蔡德道回忆，他在广州市设计院工作的时候，华南工学院每年都会输送一些学生过来实习、工作。陈伯齐常常私下向他交代，如果学生只会泛泛而谈又不会画图，一律把他们退回，不必碍于情面。

在陈伯齐执掌华工建筑系时期，建筑系开设了“建筑与经济”“特殊结构与形式”等课程，意在强调基本技能训练。据1948届毕业生金振声回忆：“建筑初步课程中并没有大量的渲染构图练习，只是画过柱式的线条图，培养墨线线条绘图的能力。在设计课程中，老师们也并不是最看重形体，而是更注重实用功能的安排、技术手段的综合考虑。”

在陈伯齐严格的教学要求下，一批批学成毕业的学子被分配到各地的建筑设计院，他们优异的表现令华工建筑系日渐声名远扬。

陈伯齐不仅帮助学生建立扎实的技术功底，还在潜移默化中影响着他们的学术观念。20世纪60年代，岭南建筑在全国很有名气，有人提议要对岭南建筑的特性做总结，但陈伯齐对此表示反对。他认为，不能用“紧箍咒”将未来的岭南建筑束缚起来，而是应该研究未来创造岭南建筑的方法论，至于创造出什么样的建筑，不应提前对其做出假设。

蔡德道认为，好的老师教给学生的是“背景”，让学生明白“原理”，为学生指明一个正确的大方向，而不是灌输某种定型的事物。陈伯齐所扮演的，正是这样一名“引导者”的角色。

甘居幕后的“建筑教育家”

与另一位以“夏氏遮阳”而闻名的教授夏昌世不同的是，陈伯齐亲自设计并流传于世的作品相对较少。在华工任教期间，他多是负责规划和主持等工作。1951年，陈伯齐负责华南土特产展览交流大会的总平面规划工作，并与其他教授合作设计了12个展馆。这些展馆均采用现实主义手法设计，形式各异，变幻自由，

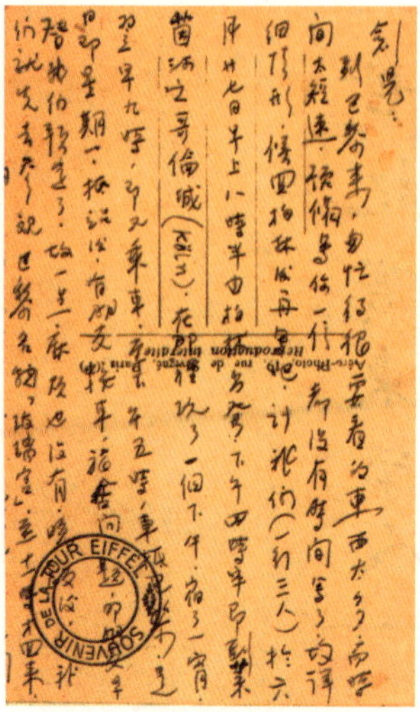

陈伯齐手书的明信片

华侨新村宅前绿化

陈伯齐与夫人

颇具南方建筑灵巧通透的风格。

“如果说夏先生是从个人的自省自觉来发现现代主义与地方气候相适应，属于个人探索的话，那么陈伯齐则是担负起责任，有意识来组织整个活动的人。”广州大学建筑与城市规划学院副教授彭长歆长期研究岭南建筑史，他如此评价陈伯齐。

而在学生们的心目中，与其说陈伯齐是一位建筑家，不如说他是一位建筑教育家。蔡德道认为，陈伯齐存世的建筑作品虽然不多，但他的教学方法对华工建筑系乃至全国建筑系的影响都是深远的。

据陈伯齐的学生、华南理工大学教授史庆堂回忆称，陈伯齐善于改革教学制度、学科设置和学生培养方式。他提出“要让学生在校时学习毕业后学不到的东西”，并要求专业教师参与专业基础课教学，主张设计课同年级的设计组甚至不同年级之间相互交流观摩。当时，这些经验在全国来说都颇具创新意义。

1962年，陈伯齐兼任全国高等工业学校建筑学教材编审委员会副主任委员，与杨廷宝教授等人共同筹划了全国建筑学教材。中国建筑学教材体系及教学大纲的完成，其中陈伯齐功不可没。

然而天有不测风云，“文革”期间，各地大学校园掀起批斗知识分子的腥风血雨，陈伯齐也受波及，被冠以“反动学术权威”的污名。即使在病榻上，他仍然坚持着翻译德文著作《新建筑在非洲》。对于那段遭遇，陈伯齐本人鲜有提及。但是，从他去世前将所有书籍捐给重庆大学而非华南理工大学这一点来看，不难推想“文革”对其迫害程度之深。

（本文参考史庆堂《陈伯齐教授》，袁培煌《怀念陈伯齐、夏昌世、谭天宋、龙庆忠四位恩师》，练伟杰、刘业《永远的精神 永远的财富——纪念夏昌世、龙庆忠、陈伯齐教授百年诞辰》，钱锋《现代建筑教育在中国》，胡冬冬《1949—1978年广州住区规划发展研究》。广州市设计院前院长蔡德道、华南理工大学建筑学院副教授冯江为本文写作提供重要文字与图片资料，特此感谢。）

（范琛）

冯江、胡荣聪评说陈伯齐

强调建筑的科学性与适度美感

A13
陈伯齐
强调建筑的
科学性与适度美感
陈伯齐当年主持了好几所大学的规划
陈伯齐设计规划建筑作品简介
陈伯齐的功绩也在于教学和培养人才
广东中德工业有限责任公司特别呈献

每逢春节、中秋等中国传统节日，不少广州市民便会赶往位于珠江河畔的广州文化公园参加花会、灯会等活动，感受浓郁的节庆气氛。但即使是常年泡在文化公园的“老广州”也鲜有人知道，这座公园的规划设计者之一，同时也是岭南建筑学派的重要奠基人之一——陈伯齐。他的建筑规划、设计作品遍及广州的多个住宅区和大学校园，其设计理念曾深远地影响了岭南建筑，甚至深远地影响着我们这一代广州人的生活。

陈伯齐的建筑思想对广东现代民居建筑风格的形成有重要影响。华南地区炎热时间较长，对室外空间的充分利用显得尤为重要。陈伯齐主张在居住建筑中适当缩减一些室内面积，每户设阳台或阴廊，作生活、会客、夏季卧室等多种用途。如此，既经济适用，又丰富了建筑的立面，改善了岭南亚热带地区的居住条件。广州地区住宅体形秀薄、立面丰富的建筑风格便是如此形成的。

对于曾经或如今仍在广州求学的学子来说，陈伯齐是一个应当被记住的名字。在1952年全国高等院校院系大规模调整之后，大学校园的建设热潮在全国范围内迅速兴起。当时，大多数建筑师都缺少高校校园规划的经验，而陈伯齐则成为了探索新中国大学校园建设的先驱者之一。他主持过多所大学校园的规划和设计，如广州中山医学院（现中山大学医学院）校园总体规划，华南工学院（现华南理工大学）总体规划及1号教学楼、化工楼设计，以及武汉华中工学院（后更名为华中理工大学，现华中科技大学）、武汉水利电力学院（后更名为武汉水利电力大学，现已并入武汉大学）的校园总体规划等都出自这位建筑学家之手。

然而，在广州城历次轰轰烈烈的造城运动中，陈伯齐等岭南建筑师当年留下的一些颇具历史价值的建筑已随之消逝。1951年，陈伯齐与多名华南工学院建筑系的教师共同设计建造了华南土特产展览交流大会建筑群，堪称是岭南现代建筑的第一代建筑师留下的经典佳作。如今，该建筑群已被拆得所剩无几，不禁令人扼腕叹息。

为了领略这位建筑学大家的学术风范与个人风采、重温其建筑思想对广东现代民居建筑风格形成的重要影响，南方日报记者对华南理工大学建筑学院副教授冯江、原华南理工大学建筑学院教授胡荣聪进行了专访。

陈伯齐当年主持了好几所大学的规划

南方日报：您认为陈伯齐先生的功绩主要体现在哪些方面？

冯江：首先，在建筑教育方面，他创建了重庆大学建筑系，让建筑系区别于土木工程系，他来到广州之后，又长期担任华南工学院（现华南理工大学）建筑系的教授、系主任，兼任全国高等工业学校建筑学教材编审委员会的副主委，在教育上的贡献是很突出的。

在建筑研究方面，他倡导建筑中的科学技术研究，将建筑更多地与科学技术而不是艺术联系在一起，这些研究支撑了岭南建筑师们具有鲜明特色的地域适应性设计。

作为一名建筑师，他主持了广州女子师范学校、华中工学院、武汉水利电力学院、武汉测绘学院等多所校园的规划和部分建筑的设计，以及华侨新村的规划与建筑设计等，还曾作为广东建筑学会的代表之一参加了北京十大建筑设计组的工作，有着丰富的实践，留下了许多优秀的作品。

另外，陈伯齐先生有着较为广泛的社会影响，在重庆时他就曾担任都市建设计划委员会委员兼建筑组组长、浮图关体育场总工程师，解放之后兼任过中国建筑学会理事，《建筑学报》第1至3届编委，中国城乡规划委员会委员及建筑创作委员会委员，广东省第一届、第二届政协委员等，他曾经在1959年的《建筑学报》上发表《对建筑艺术问题的一些意见》，支持“适用、经济、在可能的条件下注意美观”的建筑设计方针，关注供大量平民居住的建筑和“群众路线”，而不主张以艺术之名在建筑上进行美学的过度表达。

南方日报：怎么评价陈伯齐先生的学术贡献？

冯江：解放后，陈伯齐先生长期担任华工建筑系的系主任，他在和龙庆忠、夏昌世等教授筹划建筑研究和教学发展方向的时候，比较坚定地选择切合地域条件、面向社会现实和大量性建造的地域主义建筑道路，我认为陈先生的核心贡献是建筑的科学技术研究。建筑在很长的一段时间里被当作艺术来看待，尤其是在有巴黎美术学院传统的地方，而陈伯齐比较专注的就是技术，他很注重亚热带建筑的通风、隔热、防潮、防湿等方面的实验研究。

陈伯齐通过做实验的方式把建筑的经验逐渐科学化，使它成为一门学问，这个推动某种意义上导致后来有了亚热带建筑研究室，陈先生在1958年创立了这个研究室，“文革”期间别人都在搞斗争，他们都还坚持在做实验和记录。1978年，研究室的成果获得了全国科学大会奖。在这个基础上建筑技术的研究以及建筑技术与建筑设计的结合得到了较好的发展，国家科技部在2007年批准华南理工大学筹建亚热带建筑科学国家重点实验室，现在它仍是全国唯一一个在高校里的建筑学科的国家重点实验室。

陈先生在建筑实践上很特别的一点是，他当时主持了好几所大学的规划。在20世纪50年代，当时能做这种大尺度的校园规划的人相当少。最近十几年来，华工规划设计了全国200多所大学的校园。很多人觉得这里面是有种基因在遗传的，这个校园规划设计的基因和陈伯齐当年的工作有很大关系。

1952年院系调整后，有一批高校需要进行建设，当时这个建设量是有限的，而20世纪90年代以来院系合并、高校大发展的时候又有很多大学要扩招、扩建，这其中很长的一段时间里没有什么新的有影响力的大学产生，大多数建筑师都缺少高校校园规划的经验，而陈先生他们在50年代的经验对后来的大学校园建设是有影响的。

南方日报：陈伯齐先生当时主持规划这些大学校园，对后来华工建筑系的影响是什么？

冯江：在华工建筑系的“三驾马车”中，龙庆忠先生专注于建筑历史与理论、人文层面上的工作，夏昌世先生更多投入的是建筑设计与园林研究，陈先生则承担了大量科学技术层面上的工作。

当时陈先生做的大学规划后来成为积淀在华工建筑教育和设计实践中的宝贵经验，否则华工不可能一夜之间在全国规划设计200多所大学校园。

陈先生上世纪50年代在探索新中国大学建设的道路应该怎么做，在新的意识形态下、在当时交通条件下应该怎么建设校园，这些都是需要经过重新考虑的。从民国高校数量少但建筑上投入相对较高的大学校园，到上世纪50年代新中国成立之初相对较大量建设的校园，改变是非常困难的，这是一个时代和另一个时代的区分。社会主义背景下的高校应该怎么建设，这个经验当时是零，应该说这个经验就是从陈先生他们那时候开始积累的。陈先生要做大量的建造但是没有钱，也没有太多可以借鉴的经验，这就需要尝试去做新的改变。

南方日报：这种改变的困难之处在哪里？

冯江：这种改变的难处在于，你不能把武汉的学校再造成武汉大学，广州的学校也不能再被建成中山大学。这些院校都有自己的主题和风格，形成中国传统文化的一种很浪漫的意象，但在社会主义国家建立之初是不允许有这么多浪漫的想象的，它需要解决现实问题，需要解决意识形态转变的问题，还要稍稍有一些诗情画意的成分。

陈先生的做法和我们上世纪70年代之后几乎完全把诗情画意扔掉是不一样的，他和我们今天去追求泛滥的官僚主义色彩的校园模式也是不一样的。陈先生他们当时面临这样的问题：用少量的预算盖出大量的房子，而且，还能维持住校园的诗意和知识气质。

陈伯齐的功绩也在于教学和培养人才

南方日报：您认为陈伯齐先生的主要功绩在什么方面？

胡荣聪：我认为陈伯齐教授在教学、科研、生产这几方面，主要的功绩在于教学、培养人才。早在抗战前，他在重庆大学的时候就已经培养出一批学生，这些学生后来在全国各地的建筑设计院和大学里都有突出的成绩。抗战胜利后他回来广东中山大学当教授，后来院系调整他留在华工，直到“文化大革命”前的十几年，他一直是建筑系的系主任，负责系里工作的时间最长。

华工建筑系很多教授都是陈伯齐教授做系主任的时候培养出来的，包括现在建筑学院的院长何镜堂也是他做系主任的时候教过的。我是1947年进中山大学，1951年毕业的，也是陈伯齐教授的学生，受他的影响很大。

南方日报：陈伯齐先生的教学特点是什么？

胡荣聪：特点是比较重视理论联系实际，很多设计院的人会向我们反映，搞设计工作的学生中，一般从华工和中山大学毕业的学生比其他学校的学生更容易上手。陈伯齐和夏昌世、龙庆忠都是德国或者日本留学回来的，德日建筑教育的特点是比较重视建筑技术，而美国留学回来的会比较重视建筑艺术，他们真正搞起设计工作可能比不上我们。

1952年我们参加华中武汉三校的设计，我是1951年刚毕业的，那时候才刚刚毕业一年，但当时我已经可以带学生去参与设计了，这批学生也很快就能上手。有的学校的建筑系学生画建筑画很漂亮，但真正搞起工程来就不行了，而我们的学生很快就能进入工作状态。

陈伯齐先生当时是受德国教育的，比较重视技术，这和陈先生的教育理念也有关系。在教学风格上，陈先生和夏昌世先生不一样，夏昌世先生上课发挥比较自由，比较风趣幽默，而陈先生比较注重扎实的学术功底。他主要是教基础建筑和建筑构造，上课比较严谨，对学生要求很严格，培养出来的学生基本功都很好。

（范琛）

中年陈伯齐

广州华侨新村鸟瞰图

华侨新村屋顶处理

学人小传

谢志光（1899—1967），广东东莞人。我国著名的临床放射学家和医学教育家，中国放射学的奠基人之一，为我国培养了几代放射学专业人才。是中山医学院著名的八大教授之一，一手创办了华南肿瘤医院（今中山大学附属肿瘤医院的前身），并对恶性肿瘤进行了深入的研究，尤其是对鼻咽癌的早期诊断、临床发展规律及治疗方法有独特见解。

谢志光：医志所至　光亮岭南

出身贫苦农民家庭的谢志光自幼便发愤图强，屡次跳级，最终以优异的成绩获得医学博士学位。在治学和从医过程中，他敏锐地感觉到放射学对于现代医学的重要意义，于是远赴美国学习最先进的放射学技术，并成为第一个获得美国放射学学会会员资格的中国人。

学成归国后，谢志光成为中国放射学的重要奠基人。在临床放射诊断领域，他有多项研究成果，其中最著名的，莫过于国内外放射学领域广泛称誉的“谢氏位”。

谢志光为人光明坦荡，深受学生和同事的敬重。在日常生活中，他平易近人、和蔼谦逊，对学生视如己出，关怀备至；在治学过程中，他亲力亲为，作风严谨，一句“X光不会骗人，骗人的只会是医生”深深地影响了一大批后辈学人；在科研领域，他态度严谨，实事求是，积极探索，敢为人先，勇攀高峰，为我国的放射学开疆拓土做出了重大贡献。

为人——真诚谦逊，爱国情深

有些东西他不懂就说“我不懂”

照片上的谢志光总是笑容和蔼，宽大的黑框眼镜衬托出他睿智的学者风范，而那一绺别致的山羊胡子则显出他的温和可敬。

不管是谢志光的亲传弟子，还是跟随过他学习和工作的后辈们，提起他的为人，无人不佩。

谈到自己的恩师，原中山医一院院长肖官惠流露出尊敬的神色，言辞之间更是充满了无限思念。“谢老师是一个很平和、很慈祥、很平易近人的人，心地也很好，不论从哪方面来说都很好，对我们像对自己的子侄一样，有这样的老师真是我们做学生的天大福分。”

谢志光另外一位弟子、原中山医一院教授周孝珍回忆起老师时，忍不住泪流满面，她说恩师不仅为人正直诚恳，而且平易近人，丝毫没有大教授的架子。“他对我很好，就像自己的女儿，我是在他家里结婚的，他是我的证婚人。”

周孝珍说，老师不仅在学业和工作上对自己的学生倾心关注，而且对他们的日常生活也给予热情的帮助，但凡学生需要帮助，只要不违反原则，他“来者不拒”，真正地将学生们“视如己出”。

为人谦逊、心胸坦荡是谢志光赢得同事和学生敬重的另一个重要原因。“学风很正派，从来不会炫耀自己，所以学界对他十分尊重。有些东西他不懂，他就说‘我不懂，你们要去查书’；平时看片的时候也从来不会夸大自己；还有就是论文的署名顺序问题，他也很注意。实际上我们写的很多文章，都是在他的学术思想指导下，我们去组织材料写的，但他坚持认为谁付出最大，谁的名字就应该摆在首位，不会夸耀自己的功劳。他为人就是这样，一派万世师表的风度。”数十年后，肖官惠仍对谢志光谦和的为人和治学态度记忆犹新。

“如果为了赚钱，我一早就到外国去了”

20世纪30年代，目睹国家内忧外患，报效祖国、振兴中华成了当时广大学人的共同理想，谢志光就是其中一位具有崇高民族气节的医生。

“九一八”事变后，国难当前，为了灾难深重的祖国医学事业，谢志光不惜忍痛告别国外的亲人，继续留在中国，与同胞共度患难。

太平洋战争爆发后，北平沦陷，北京协和医学院被日本侵略军占领。两个月后，医院被改为日本军医医院。当时谢志光40多岁，身患高血压，经济很困难，但他宁可失业，也不为日本人服务，毅然选择离开协和医院。

1948年10月，谢志光离开刚复办仅5个月的协和医学院，只身回到阔别30年的广州，到岭南大学任教。当时许多人不明真相，谣言四起，说谢志光到广州是为出国做准备。

他的一位在香港工作的学生也想以高薪聘请他到香港工作，却遭到谢志光的拒绝，他说：“如果为了赚钱，我一早就到外国去了。”自此，谢志光便坚定地在广州扎根。

廉洁奉公是谢志光一生不变的作风，用学生们对他的评价来说就是从不占国家一分一厘的便宜。抗战时期，他生病卧床，需用药用酒精和汽油，但一时难以买到，他的学生就从门诊弄了两小瓶酒精送给他，当他问明来路后，一反平时和蔼的态度，疾言厉色地对他的学生说：“给我拿回去，我不要！”

20世纪50年代，谢志光腰痛发作，行动艰难，有人想将医院的红外线灯拿到他家里，以便治疗，亦被他拒绝。

一心一意为国为民，不存半点私心，这正是谢志光为人的真实写照。

百年双喜 特约 世纪广东学人

中国临床放射学的奠基人谢志光——

医志所至，光亮岭南

百年薪火 世纪风范 广东中烟工业有限责任公司特别呈献

谢志光教授支持全院病例讨论

1963年11月，中山医校庆，谢志光同梁伯强（左）、柯麟（中）合影

科研——积极探索，勇于创新

“谢氏位”在国际医学界留下浓重一笔

1895年，德国科学家伦琴发现了X射线。很快，X射线就被用于对人体检查，进行疾病诊断，形成了放射诊断学（diagnostic radiology）这一新学科。

放射学在医学上的运用具有里程碑式的意义，它不仅能帮助诊断肉眼无法看到的身体疾病，扩大了诊治范围，更能进行一些常见疾病的鉴别诊断。

到上世纪二三十年代，临床放射学已经成为西方国家普遍使用的诊断和治疗方法，而在我国，却只有在少数外国人开办的教会医院才有放射设备，且这项技术被外国医生所控制，中国人鲜有涉足。

当时，跟随美国教授学习的谢志光在医学实践中深深感受到放射学的重要作用，于是便下定决心要开创中国人自己的放射学。

1925年，谢志光到美国密歇根大学进修放射学，一年后他获得医学硕士学位。1928年归国后在北京协和医院担任放射科主任，这是中国医学史上第一次由中国人担任放射科主任。1930年和1937年他两度远渡重洋，先后到英、美、德、法、奥、瑞典等国参观、学习有关放射学的诊疗、教学和实验室研究。

新中国成立后，谢志光成为国内首屈一指的放射学专家。1953年中华医学会在北京创办《中华放射学杂志》，谢志光出任名誉主编，该期刊至今仍是国内放射学方面的权威；第一届全国放射学会，他又被推选为主任委员。

在医学放射史上，“谢氏位”是一个重要的称谓，而它正是以谢志光名字命名的。在上世纪30年代，谢志光首先提出一种特殊的投照位置，它对临床放射学中髋关节后脱位的诊断有着十分重要的作用。这个位置能清晰地显示脱位的股骨头和髋臼的关系，这一位置至今仍被国内外医学工作者广泛采用，这就是著名的“谢氏位”。它在世界临床放射学史上，留下了中国人浓重的一笔。

国内最早关注恶性肿瘤防治

除了在放射学领域做出卓越贡献外，谢志光也是我国最早一批关注恶性肿瘤防治和诊断的专家。他对恶性肿瘤的诊断和临床发展规律以及治疗方法有深入研究，特别是对鼻咽癌的早期诊断和临床发展规律的研究以及治疗方法有独到见解。

早在1955年，谢志光就根据我国卫生工作的具体情况向全国呼吁：“当前对恶性肿瘤的早期诊断和早期治疗，应属于我国卫生方针的四大原则之一即预防为主原则的一部分。”

在肿瘤的早期诊断方面，他着重提出要做好宣传教育工作，要把肿瘤防治的知识教给医生和群众，并且列举了各国对恶性肿瘤治疗的数据以说明早期治疗的重要性，明确地指出早期发现、早期治疗是当前恶性肿瘤患者得以恢复健康的唯一希望。

事实上，早在1959年，谢志光就已经着手筹建肿瘤医院。

据肖官惠回忆，当时谢志光先在中山医一院建立了一个肿瘤科，并对一批相关人员提前进行专业培训。经过几年的准备，1964年，华南肿瘤医院（后改名中山医学院附属肿瘤医院，即现在的中山大学附属肿瘤医院）正式成立，谢志光任院长。现如今该肿瘤医院已经成为全国知名的肿瘤专科医院。

谢志光还是首创鼻咽腔钡胶浆X线造影检查的学者之一，该方法能准确地定位肿瘤病灶。

医务人员向记者介绍，解放初期，鼻咽纤维镜是诊断鼻咽肿瘤的一种手段，然而对于医生来说并不能看得非常清晰，因此不能准确地定位病灶，这在临床诊断上造成了一定的瓶颈。谢志光教授首创了鼻咽腔钡胶浆X线造影检查，这一方法使得放射诊断医生能立体地观察到病人的鼻咽腔，从而准确地定位肿瘤病灶。

肖官惠说，这种方法成为早期鼻咽癌诊断的重要手段，谢志光的相关文章也在国际肿瘤会议上发表并得到广泛的肯定。

据了解，直至CT检查推广，该检查方法一直被医学界广泛沿用推广。

治学——言传身教，甘为人梯

交给学生打开知识宝库的金钥匙

多年以后，中山医学院的后辈学人们还是更愿意把谢志光看作一个医学教育家，而谢志光也是这样定位自己的。

谢志光在教学上特别注重言传身教，注重理论与实践相结合，不但亲自讲课，而且亲自操作示范。他教导学生有个“三部曲”：一是他做你看；二是你做他看；三是他放手让你做，做完后再检查纠正。他十分重视培养学生的自学能力，不会用填鸭式的方法教育学生。在上世纪50年代末中山医学院的一次教学会议上，他提出：“我们不可能也不应该将全部医学知识塞进学生的脑袋。我们要传授给学生打开知识宝库的金钥匙，让他们自主地去探索和开拓医学知识。”

他经常指定参考资料，让学生自学对照别人成败的经验不断提高自己的工作能力和科研水平。谢志光要求学生要有自己的独立思想，鼓励他们不要因循守旧，更不要信奉什么权威学派，要把求学的钥匙拿在自己手中，大胆地去怀疑，大胆地去验证，在怀疑和实践过程中不断地提高自己、丰富自己。

谢志光经常说：“学习是没有止境的，要学习得好，光从书本上学还不够，还要向有学问的人学，要到临床实践中去学。”所以每当自己的学生达到了一定的专业水平后，他就设法送他们出国进修，并嘱咐他们学习科学不能故步自封，不管是哪个国家的，不论是哪个学派的，只要是先进经验，都要学习，要把国外的新知识带回来以提高我国的放射学水平。

一位中山大学附属肿瘤医院的年轻医务工作者对记者感慨地说：“现在看到谢志光教授他们那时的教学资料，听他们在教学中的种种轶事，真的感觉到他们是真正的医学大师，是一心一意扑在教育上，扑在科研上，这种真诚和负责令人肃然起敬。”

谢志光为新中国培养了一批又一批有真才实学的专家。例如荣独山、张去病、汪绍训、胡懋华、丁德泮、徐海超等，都是他的第一代学生，日后都成了国内外知名的放射学家。

X光不会骗人，骗人的只会是医生

谢志光以教学严格、认真负责为学生们所津津乐道。

原中山医科大学放射学教授张承惠，曾跟随谢志光学习放射诊断。现在想起老师的谆谆教导，依然十分感慨：“他对我们学生的要求也是很严格的，要求我们用辩证的思维方法，说这是做好临床诊断、保持好水平的最重要的方法，一定要我们坚持这点，不能够马马虎虎，不要看到一点东西就一下子说是什么病，一定要有临床资料，不能光有影像资料就下结论。”

谢志光经常对学生们说的一句话是：“X光片是不骗人的，骗人的只会是医生。”他告诫学生，任何一个错误的诊断都会给病人带来无法估量的损失。直到现在，张承惠在自己的教学过程中也秉承着老师严谨教学的理念，“我对自己的学生也是这样要求，不能有丝毫马虎”，他说这是老一辈中山医学人留下的宝贵财富，要永远传承下去。

1958年底，广州出现麻疹，中山医学院第一医院（即中山大学附属第一医院）建立了一个专门的小儿麻疹的病区。当时一些年轻的医生要对麻疹、小儿肺炎做一个总结，于是便搜集了一些病例，请谢志光指导他们看X光片，他一口应允并亲自参加，和他们一起搞麻疹、肺炎的总结分析。“在看片的过程中，谢教授都会教我们怎么样正确认识异常征象、这些征象反映什么、临床的检查材料应该怎样去对照，等等。”据当事医生回忆，像谢志光那样德高望重的老教授亲自和他们一起做科研，真的是很难得。

“放射科医生一定要先学放射诊断，才能做好放射治疗。”这是林浩皋教授刚毕业分配到中山医一院放射科时，谢志光对他们说的话。“我们毕业一两年时，写的文章仍然比较粗糙，谢教授虽然很忙，但他还是一一帮我们修改文章，字里行间透着严谨和认真”，“他不要我们署他老人家的名字，但他却很认真地帮我们改文章，不图名，不图利。”他感慨地说道，“真正做到言传身教，这就是大师风范啊！”

（胡念飞　闫昆仑　李永杰）

谢志光教授和家人

学者视点

肖官惠回忆谢志光

最困难的情况下他也没动摇医者信念

后辈学人眼中的谢志光，是一位德高望重、著述颇丰的医学家，他不仅为我国的临床放射学作做了巨大的贡献，更给广东留下丰厚的文化遗产，产生了深远的影响。

谢志光几乎后半生都扑在了华南地区的放射学发展上，为华南地区的放射学发展付出了半生的心血，为广东现代医学的快速发展做了巨大的贡献。

谢志光留下的无形财富是其高尚的人生品格、热忱的爱国情怀、严谨的治医作风、负责的教学精神。他身上的超卓人格精神影响了一代又一代的后辈学人，正是有着像谢志光这样真正具备“医者仁心”的大师们的影响，使这些良好的精神品格在中山医学院一代代学人身上得以传承，才使中山医学院的良好口碑享誉海内外，极大地提升了广东医学的世界形象。

作为土生土长的广东人，谢志光学成归国后，当家乡人民有需要时便毅然放弃自己在北京的优越生活和科研条件，回到几乎是“一无所有”的故乡，用自己的心血和生命为家乡谱写了一首荡气回肠的长歌。他的一生像一束温暖的阳光，不仅照亮了岭南大地，更温暖了岭南民心。为此，南方日报记者对著名放射学专家、原中山医学院第一附属医院院长肖官惠进行了专访，回忆这位“医者仁心”的大师。

他是中国放射学的先驱

南方日报：谢志光教授对中国临床放射学的主要贡献表现在哪些方面？

肖官惠：谢志光教授是我国放射学的奠基者，他是第一个对中国人肠结核、长骨结核的X线征象做出全面、系统描述的专家，并提出国人患长骨结核并不像欧美国家那样罕见，从而引起国内专业学者的重视，减少了误诊。早在20世纪30年代，他就提出人体心脏面积测量方法和国人心脏面积正常值标准的计算方法。经过以后几十年的实践，证明这些论据是完全适合我国国情的。

在X线诊断工作中，谢教授还强调要有优良的投照质量，要周密观察和全面分析X线表现，并结合临床资料做出诊断结论，反对那种主观片面罗列X线征象的诊断方法。他提出的分析X光征象的六项基本原则，即位置、大小、边缘、密度、与邻近器官的关系、结合临床，受到了业界广泛的肯定，并被写进教科书中沿用至今。

在放射治疗研究方面，谢教授也有很深的造诣，1936年，在我国还没有使用抗生素的情况下，他就发表了应用X线治疗疖和痈并取得成功的报道。他还根据多年的临床实践经验对X线与视力的关系进行了全面论述，根据正常人具有X线视觉的特点，他首创了在对白内障及角膜混浊病患者进行手术前，把X射线用于测定视网膜有无萎缩的检查以及对中心盲点的检查的先进技术。

南方日报：在放射学科方面，谢教授有什么学术贡献？

肖官惠：谢教授认为，放射学科是一门综合性的学科，不但包括诊断、治疗，还应包括放射生物、放射物理、机械和放射剂量学等内容。只强调诊断、治疗，忽视其他方面是不完整的。他曾参考国外的先进经验，在放射科内，除了采用X线诊断疾病外，还建立了放射治疗室、放射生物室、放射物理实验室，以从事射线的计量测定和防护以及射线对生物的影响的研究。他是在中国将放射生物、物理与临床应用密切联系起来的创始人。为了提高各种仪器设备的使用效率，他所在的科室聘有经过正规训练的机械师和投照技师。他想方设法使放射科的设备日趋完善，人员的配备组合日臻齐全合理。他在世时放射学科被视为辅助科，他当时已向卫生部提出，放射科专业工作完全属于临床诊断范畴，应属临床学科。这个意见当时已引起卫生部领导的重视。今天，卫生部已明确，凡已具备X线、CT、磁共振成像、介入放射、超声等条件的医学影像学科，属临床学科。谢志光学科建设的心愿亦已实现。

谢志光教授还认为放射学不是一门孤立的学科，不论是X线

A13

著名放射学专家、原中山医学院第一附属医院院长肖官惠回忆谢志光——

最困难的情况下

他也没动摇医者信念

谢志光教授在指导年轻医生

谢志光教授与家人，1954年摄于颐和园

诊断或放射治疗，都与基础医学和其他临床科有密切的关系，他最早提出对肿瘤的诊断应把临床、X线、病理三者结合起来。中山医学院的骨肿瘤三结合研究小组和定期的三结合会诊制度，就是在他的倡议和直接领导下成立和开展工作的，至今已成为中山医放射科对各种肿瘤诊断的一个传统。

肿瘤防治方法独特

南方日报：谢志光教授在肿瘤防治方面也颇有建树，您能给我们介绍下吗？

肖官惠：位于广州市东风东路的中山大学附属肿瘤医院，是20世纪60年代广东省唯一的肿瘤专科医院，也是我国成立较早并在国内外享有较高声誉的肿瘤防治研究机构。该院就是由谢志光倡议创办的。

当临床放射学的建设具有一定基础时，谢教授又发扬拓荒牛的精神，积极从事肿瘤防治工作的开拓。他认为早期治疗是恶性肿瘤患者得以恢复健康的唯一希望，于是提出开展癌瘤的统计和普查工作，从而制订出有效的防治计划，建立癌瘤防治机构网，并且他还向全国呼吁：对于恶性肿瘤的早期诊断和治疗，应属于我国卫生方针的四大原则之一（即贯彻预防为主方针）。而这些都成为当时、现在以至将来的防治肿瘤工作的方向。

谢教授对恶性肿瘤的诊断和治疗做了深入的研究，特别是对鼻咽癌的早期诊断、临床发展规律、晚期病例的分型分期和治疗方法等，积累了丰富的经验，持有独到的见解，深为国内外专业学者所重视。

在他的倡议和支持下，中山医学院附属第二医院（原博济医院）、第一医院分别于1956年、1958年成立了肿瘤科。1961年，谢教授积极向广东省委建议成立肿瘤医院。当时的省委第一书记陶铸同志对此十分重视，省委很快同意了他的建议。在陶铸同志的支持和领导下，于1964年正式成立我国南方第一家肿瘤医院——华南肿瘤医院（现改为中山大学附属肿瘤医院），他是首任院长。

南方日报：您认为谢志光教授给广东医学留下了怎样的一笔遗产？

肖官惠：谢教授给我们既留下了无形的精神财富，也留下了有形的物质财富。无形的财富主要是给我们中山医学院的后辈学人树立了积极高大的医者形象。他严谨负责的科研态度，大公无私的精神，影响了我们一代又一代的学生，形成了中山医学院优良的行医和治学风格，获得社会的广泛认可。在广东地区，“中山医”三个字代表着最顶尖的医疗资源，甚至在港澳台、东南亚地区，我们学院的医生凭着超高的医术、认真负责的医德也赢得了良好的口碑。

我觉得，这些跟谢志光教授他们那批开院学者的影响是分不开的。我们在并入中山大学之后依然秉承这些前辈导师留下的精神品格，而且我们也会“薪火相传”，将这些大师的崇高精神永远传承下去。

谢志光教授在工作中

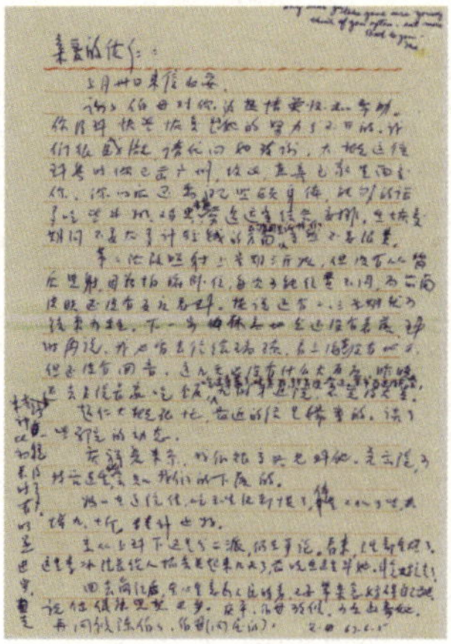
谢志光教授信件手稿

“医者仁心”终其一生

南方日报：作为后辈学人，您如何评价谢教授的一生？

肖官惠：谢教授的一生，是为祖国临床放射学的创建和发展而奋斗的一生。他热爱共产党，热爱祖国，忠诚于自己的事业，在旧中国行医，历尽艰辛，百折不挠；他学识渊博，医术精湛，但平易近人，讲求学术民主，从不骄傲矜夸；在教学上，他言传身教，治学严谨，教学有方，毕生致力于祖国的临床放射学教学，几十年如一日，为我国培养了几代放射学人才；在工作科研上，他谦虚谨慎，勤奋好学，在X线诊断学、放射治疗学、放射机械物理学、X线检查技术等方面，造诣都很深，在国内外享有很高的声誉；他在进行医疗、教学的同时，还坚持继续学习，坚持从事科研，形成了一套完整、独特的学术思想体系，对学科的发展有敏锐的洞察力和科学的预见性；他创办肿瘤医院，为华南地区乃至全中国的放射学和肿瘤学事业做了不可磨灭的贡献。

（本文采写得到中山大学附属肿瘤医院的大力支持，特此感谢。）

（胡念飞　闫昆仑　李永杰）

学人小传

罗明燏（1905—1987），广东番禺人。工程力学专家、教育家。早年毕业于唐山工学院，后求学于美国麻省理工学院、密歇根大学和英国伦敦大学，精通英文、德文和法文，是建筑、结构、力学、造船和飞机设计等多位一体的复合型专家。

1947年2月，罗明燏回到祖国，出任中山大学工学院院长。1952年，华南工学院筹建，罗明燏被周恩来总理任命为第一任院长。身为院长的罗明燏曾教授过土木系结构、造船系材料力学、机械系零件等课程，华工的师生们给了他一个既别致又尊敬的称呼——『海陆空专家』。20世纪50年代至70年代，罗明燏亲自勘测设计、主持设计与审查200多项国家工程项目，与邝正文教授联合主持设计的广东顺德人民礼堂（顺德县大良镇人民大会堂），开国内大跨度钢筋混凝土双曲薄壳拱顶设计之先河。

罗明燏：一生淡泊名与利 报效祖国犹未悔

他把生命的年轮镌刻在一个个的工程建设项目上，他将毕生的心血谱写成一曲曲祖国建设的动人乐章，他留下的一言一行为后人树立了光辉的榜样。

他早年毕业于唐山工学院，后求学于美国麻省理工学院和英国伦敦大学。丰富的阅历开阔了他的视野，使他对教育具备了更为超前的发展理念。他师从当代土木建筑界泰斗茅以升，在建筑、结构、力学、造船和飞机设计等领域均有建树。

他是一位赤诚的爱国学者，毅然谢绝美国航空委员会的高薪挽留，归来报效祖国；他是一位传奇的“海陆空专家”，主持修复广州的珠江桥、南方大厦，广州的梅花村、海珠桥等知名建筑均出自他之手，他曾免费为国家设计工程200多项。

他更是一名杰出的教育家，以“办大学就要创一流”的办学理念，打造学校发展的高起点。

他是华南工学院（现华南理工大学）首任院长、一级教授、并曾先后任教于北洋大学、西北工学院、重庆交通大学、广东省立勷勤大学和国立中山大学。

他，就是著名设计家、教育家罗明燏。

历历往事

做人——不为利往　不求闻达

“细路哥，冇乜事。要读书，学识字。入学堂，要立志……讲修身，明礼义。知救国，争唊气。”20世纪初的广东番禺流传着这样一首童谣，其文虽浅，其义甚精。知立志、去奴、救国之任，正是那个时代所需。

1905年9月11日，罗明燏出生于番禺沥滘，家中排行第四。罗氏乃当地名门望族，罗明燏之父罗文庄，曾任清朝驻檀香山领事和法部主事等职；叔父罗文干，曾任段祺瑞政府代国务总理和国民政府外交部长，由于拒签与日妥协的《塘沽协定》，被蒋介石免职。罗氏祖辈刚正，家教甚严。幼年罗明燏就读于私塾，打下深厚的古文根基。

20世纪20年代初，罗明燏考入唐山工学院土木系，当时的录取率大约是几百比一，在这里，成绩优秀的罗明燏有幸结识并师从当代土木建筑界泰斗茅以升。

1926年，21岁的罗明燏毕业后返回广东，在中山大学教预科班，随后在广州工务局从测算员做起，三年内便升至技正（总工程师）一职，并且深得时任广州市长林云陔及后来主政广东的陈济棠赏识。

罗明燏所到之处，都留有他辉煌的作品，然而他从未以此谋私获利或转道仕途。是傻？是迂？是痴！是义！

陈济棠主政广东时期，广东经济建设盛极一时，其中就有罗明燏的功劳。1928年，罗明燏受陈济棠委托，担任广州最早的别墅式建筑区——梅花村工程监理并负责设计主要工程，工期为时4年。梅花村百多幢中西合璧的园林式建筑群中，罗明燏设计了十多幢，其中包括陈济棠私邸。这座别致的住宅，连同庭院占地4000多平方米，用柚木做地板，楼高三层半，没有栋、没有梁，颇为雅致。建筑耗资5万大洋，罗明燏却没有收取分文设计费。房子竣工后，当局答允拨地让罗明燏也在此建一幢住宅作为回报，但被他婉拒。

1947年，陈济棠委托刚从美国留学归来的罗明燏代购两艘美国退役舰船，并承诺每艘舰艇付给罗佣金7500美元。罗明燏一直将陈济棠视为知遇者，当陈济棠的儿子去接收船只时，罗明燏把包括佣金在内的全部余款都归还，陈就改口说要借给罗明燏3万港元，让他买下香港附近的一个岛，罗明燏也谢绝了。

“业而优则仕”，似乎是一般人的保守选择。罗明燏在面对事业和仕途的分岔口时，他毫不犹豫地选择了前者。

1944年，国民党集训教员曾单独会见罗明燏，邀请并希望其加入国民党，并许以高官厚禄。“我不想当官，也不要什么好处。”罗明燏回绝。

在抗战期间，因为罗明燏的一次拒绝，广州才免除被美军轰炸的厄运。1945年春，美国空军人员拿到一张广州军用地图，准备轰炸侵占广州的日寇，并请来正在美国的罗明燏指明轰炸点。罗明燏顾及家乡父老的安危，坚决反对。“我不能这样做，这是我的家园，你们不能去炸它。”

百年双喜特约 世纪广东学人 A12

罗明燏

一生淡泊名与利 报效祖国犹未悔

治学——师夷长技 归国报效

百年新火 世纪风范 广东中烟工业有限责任公司特别呈献

治学——师夷长技　归国报效

1932年，罗明燏获公费资助赴美国麻省理工学院留学。罗明燏在两年内同时取得土木工程及航空系两个硕士学位，也通过了航空系的博士生资格考试。在此期间，他结识了比他低几届、当时在航空系求学的钱学森。1955年，钱学森冲破障碍回归祖国时，罗明燏受广东省委书记陶铸之邀前往深圳火车站共同迎接。

1952年，罗明燏主持修复的南方大厦

正当罗明燏满怀希望准备完成博士学业时，传来父亲病逝的噩耗，罗明燏只得放弃学业回国守孝，这成为他终生的遗憾。

1944年，北美华侨捐款资助中国航空考察团来北美，罗明燏被选作这个五人团的领队。考察完毕后，罗明燏曾先后在美国航空咨询委员会（National Advisory Committee for Aeronautics，即现在美国太空总署的前身）做飞机结构研究工作，并在密歇根大学选修造船。其间，美方曾询问罗，是否有意申请绿卡居留，罗依旧婉言谢绝，表示“仍打算回中国”。

罗明燏和妻子、儿子在一起

罗明燏早年国外求学的丰富阅历开阔了他的视野，使他具备了更为超前的教育发展理念。罗明燏回到广州后，曾在中山大学任教。1952年，作为华南工学院的筹委会主任，他和许多老一辈华工人从建校伊始，就立志把华南工学院建设成为世界一流大学。

1955年4月，经叶剑英元帅（时任广东省人民政府主席）举荐、周恩来总理亲自签发任命文件，罗明燏担任华南工学院（现华南理工大学）首任院长。罗明燏任院长15年，从教35年间，基于自己在学术界、教育界的威望，他成为华南工学院组建之始一呼百应的一面旗帜。

罗明燏治学严谨，但不教条，经常要求学生要学以致用。1976年，广州白云宾馆建成后，罗明燏仅仅凭借一把计算尺，很快就推算出这座30多层的大楼摆度在万分之六以下。他鼓励学生们学习要不怕累、不怕苦，他曾对学生们笑言："我以前也经常通宵学习看书，学习是不会把身体学坏的。一个好的工程师必须下很大的功夫，不劳而获是极少的。"

1982年，罗明燏应邀赴美参加学术会议。国家拨给他出国经费3000美元，除了旅费和一批科技书籍外，罗明燏没有从国外带回一件高档商品。从美国取道香港回广州时，罗明燏行李中除了几本最新的外文资料，还有佩戴多年的旧手表。如此"形迹可疑"，引起了海关人员的注意，盘查后海关才确信，这是一位"只专心于学问的大学教书匠"。回广州后，罗明燏将余下的1600美元余款全部如数上交。他只有一句话："国家存点外汇不容易。"

新中国成立之初，全国满目疮痍，百废待兴，罗明燏怀着一腔的爱国热忱，带着海外所学的知识和技能，投入到这场建设中。

1949年，国民党败退时炸毁了海珠桥。次年，广州市人民政府准备修复被炸毁的海珠桥，这一工程任务落到了罗明燏的肩上。

怎样修复桥是个难题。正愁眉不展之际，一日罗明燏在庭院散步时，看到一群小孩子在玩"骑马斗牛"的游戏——两个大孩子各背一个小孩子对立站稳，被背的两小孩俯低身体、头对着头互相角力。孩子们这种造型启发了罗明燏，他从中得到灵感：新海珠桥的桥墩必须要非常稳重，桥身再配合设计为半拱形，这样既牢固又受力。

重建后的海珠桥主引桥为钢筋混凝土结构。其钢铁桁架也成为一种地标，沉淀了老广州的城市记忆。

南方大厦的前身是"大新公司"，是当时中国相当现代化的一座建筑。日寇侵占广州时，南方大厦遭受连续三天三夜的烧劫之灾，大楼仅剩下一副焦黑的钢筋水泥框架，成了残损不堪的危楼。抗日战争胜利后，大新公司聘请了外国工程专家进行检查，结果认为破损严重，无法修复。1952年，罗明燏协助市建筑工程局制订了周详的修建工程计划，采取先进的方法修补和加固梁柱。经过罗明燏的改良设计修复竟又“起死回生”，而南方大厦也成为许多建筑工程的学生学习研究的生动教材。

凭借丰富的经验，罗明燏往往能够凭借一把计算尺解决别人头痛的难题。1959年，新丰江水库建成后，不断发生地震，有一次曾波及广州。叶剑英邀请罗明燏去“诊治”水库，他只带着计算尺测算了蓄水总容量给地层造成的负荷，就提出了解决方案：降低五六米水位，让库容在地层负荷的限度以内。水库按照罗明燏的意见进行了调整，果然地震大大减少。30多年来，附近的居民不再因新丰江水库压力引起地震而日夜不安了。

风骨——言传身教　薪火相承

20世纪50年代至70年代，罗明燏为国家设计完成200多项工程项目，参加过的海、陆、空三军军事工程及省市公、民用工程设计超过100项。其中包括主导设计、规划、检验审核、事故处理及补救工程等项目，绝大部分是广东的重要工程。这些项目是罗明燏作为中山大学、华南工学院教授职务以外的工作，罗明燏全部无偿贡献，分文未取。

罗明燏处处为国家着想，而他的中西结合与学以致用也为国家节省下不少资源。1951年，中南某地建地下油库，要在10米的岩石下作业。由于外国专家设计上的错误，15栋库房塌了11栋。当时华南分局第一书记叶剑英找到罗明燏说：“你去看看能否改变原来的设计，重起炉灶？”一个月后，罗明燏交出了一卷重新设计的图纸，按照他的设计施工，地下油库终于落成，比原计划节省了100亿元（旧币，折合100万元）。

在罗明燏的号召和影响下，许多新中国第一代理工科专家汇集于华南工学院：电子专家冯秉铨、建筑工程测量专家陈永龄、土木结构专家陆能源、土木工程专家罗崧发、硫酸工业专家李敦化、造纸专家王宗和……他们各展所长、孜孜以求，为组建之初的华南工学院注入无穷的发展动力。

尽管学问满腹，罗明燏以院长身份在公开场合致辞发言时，却总是“惜字如金”。在某一年的华工开学典礼上，主持人邀请罗明燏上台致辞。主持人话音刚落，只见罗明燏站起来，缓缓走到麦克风前，中气十足地说了一句“同学们好，谢谢！”回头就走，全场哗然。

“文革”开始时，身为华南工学院院长的罗明燏成为受冲击的主要对象。作为当时曾留学英美，又曾在国民政府工作过的知名知识分子，一条条莫须有的罪名被强加在罗明燏头上，62岁的老人百口莫辩。

此时，周恩来总理亲自打了几个电话给广东省革委会，要求对罗明燏加以保护。因此，罗明燏被送到粤北山区韶关的枫湾干校“接受贫下中农的再教育”。后来，时任广东省省长陈郁找到华工革委会谈话，罗明燏才从“牛棚”中走出来。1978年4月，出席全国科学大会的几十位专家得知罗明燏还未平反，当即联名请求为他平反。经时任国务院副总理方毅和广东省省长习仲勋过问，罗明燏终得昭雪，并被选为广东省人大第五届常委，全国政协第六届委员。

“一个知识分子，尚能得到位处领导层同志的理解，便会有干劲，便能竭尽全力报效祖国，虽九死犹未悔。”罗明燏说。

（感谢华南理工大学党委宣传部、华南理工大学档案馆提供文献材料支持。）

（闫昆仑　李永杰）

学 者 视 点

李伯天、李坚权谈罗明燏

他是工程师的典范，是一座丰碑

罗明燏是著名的工程力学家，是我国建设史上的一位奇才，也是中国教育事业上一位重要的教育家，在中国的工程力学界享有美誉。

平时不善言辞的罗明燏很少交际，专注于业务，他用中国的文化去理解科学，把中国文化和新科学结合起来。罗明燏淡泊名利，一生主持和修建了各种大型工程，不管是政府的、部队的还是企业的，他都分文不取，把自己的毕生都奉献给了国家和社会。

罗明燏从来不讲空话套话，他是一名实干家。正是这样的性格，使他在学校建设发展史上留下了浓墨重彩的一笔。

罗明燏继承了中国知识分子的优良传统，却极少著书立说，因此能找到的关于他的资料有限。2013年是罗明燏诞辰107周年，南方日报记者采访到罗明燏院长的同事、华南理工大学原副校长李伯天先生以及罗明燏院长曾教过的学生、中国建筑学会结构分会计算机委员会副主任委员、中国工程标准化协会砌体结构委员会副秘书长李坚权，通过他们的回忆和讲述，还原出一个真实的罗明燏。

A13

世纪广东学人

罗明燏趣闻轶事

他是工程师的典范，是一座丰碑

将中国文化与科学完美融合

"他是华南理工大学的一座丰碑"

"学生尊敬他，他尊敬学生的未来"

广东中烟工业有限责任公司特别呈献

将中国文化与科学完美融合

南方日报：罗明燏作为知名的工程力学专家，既受过中国传统文化的熏陶，也有海外留学经历，他在专业领域取得如此高的成绩，与这两者是否有一定的关系？

李坚权：他对业务很专注，而且最大的特点是，他用中国的文化去理解科学。因为罗明燏是读私塾出身的，有很好的国学功底，而且他对科学的认识很全面，实践经验也非常丰富。罗明燏教授不是唯科学论的人，四书五经、阴阳五行、中国文化他都懂。所以他还会将中国的传统文化应用于解决工程问题中。

南方日报：大家一般都知道罗明燏院长在工程力学方面有着突出的贡献，为什么学生们却都称他为“海陆空专家”？

李坚权：是的，“海陆空专家”。“海”主要是指建桥，“陆”主要是指他搞的建筑设计，“空”则是指他还对机场建设做出了巨大贡献。比如，在汕头机场、白云机场筹建时，空军就把罗明燏请到现场去，他能马上给出建设方案。1955年，海军在广东潮安筹建一个军用机场，要起落18吨重的苏式轰炸机。当时，苏联专家勘测认为六七米硬土下全是淤泥，如果要建3000米长的跑道，需将硬土下的淤泥挖掉，再投放大石、小石，铺沙，填上水泥路面，估计要填土五六百万立方米，工程浩大，难以完成。

时任广东省委书记的陶铸同志请了罗院长与苏联专家接洽。罗院长细细地察看了机场的土质后，采用当时最新的研究理论，不挖硬土层，不对硬土层下的淤泥做处理，只将混凝土加厚，形成一浮在淤泥上的“水泥板”，即可承受18吨飞机起落。苏联专家对此表示质疑。罗院长在一张纸上列了几个公式递给苏联专家，并用英语告诉他们：“这不是我的发明，我是从英国土壤专家威士特·卡特（West Gart）最新发表的论文中发现的。这一做法已对土质做了最坏的估计，我经过试验，坚信它能行。”最终，机场建成了，并且提前了6个多月竣工，比原来的方案节省了246万元，重要的是，当时设计降落的是18吨重的飞机，后来连40吨重的波音747客机也可以降落。

罗院长能够把中国文化和新科学结合起来，人家认为没有可能的事，他能完成。为什么别人不敢搞？因为别人都是唯科学论，只在乎很多科学数据，不了解自然科学和天地人之间的关系，就是不了解科学和中国文化之间的关系。

指点江山，却不留文字

南方日报：两位对罗明燏院长平时的日常工作生活有什么印象？他有没有留下什么著作？

李坚权： 他喜欢读老子，指点江山，却不留文字。罗院长不是不想把自己的学问留给后世，而是历史不允许他这样。

罗院长有一个特点，也是最大的特点，“名利”这个词在他的脑袋里是没有的。这很奇怪，普通人稍微取得一些成绩就会很骄傲，很重视名利，可是他对此真的很淡泊，对名利没有任何要求。

他见了毛主席之后，有人问他：“罗明燏，你见到毛主席了，有什么感想？”他说：“人一个，就是人一个。”所以他说我们大家都是平凡人。

李伯天： 罗院长不喜欢开会，1930年到1940年，他在西北工学院航空系做主任，任职期里一共只开了七次会，就是每个学年的开始开会布置新学年的教学任务。如果不得不参加一些例行的行政会议，罗院长就会带着自己的一把测量尺和业务工具来参会，上边讲上边的，罗院长自己做自己的科研。他对科研业务相当专注，可以说已经到了痴迷的地步。

平时罗院长很少来学院里的办公室，甚至学院的办公室里已经没有他的办公桌了，他跟自己的两个老朋友，也是中大过来的老教授一起扎根在机械系的研究室，沉湎于自己的科研之中，所以很少来学院本部。

他还常常到茶楼去备课。他心态特别好，特别专注，在嘈杂的茶楼里，罗院长心无旁骛，一边喝着茶一边看自己的书、备自己的课，根本不受任何影响。

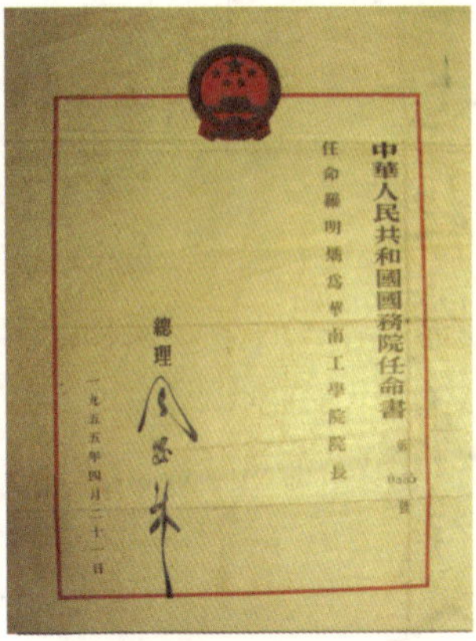
中華人民共和國國務院任命書
任命羅明燏爲華南工學院院長
總理 周恩來
一九五五年四月二十一日

由周恩来总理签名的任命书

“他是华南理工大学的一座丰碑”

南方日报： 罗院长对华工来说有着什么特殊的意义？您觉得罗院长给华工及社会留下了什么？

李坚权： 罗院长是华南理工大学的一座丰碑。不论从学术成就、世界威望，还是从大家对他的评价来看，都是如此。他成为工程师、科学家的一个典范，他是最明白的人，也是最出世的人。对业务精益求精，言传身教。特别重要的是，他非常爱国。

李伯天：说到罗明燏院长的重要贡献，尤其是对于广东的贡献真是数不胜数。上世纪20年代学成归乡后，罗院长就一直在为国家和广东做贡献。他参与了广州河南滨江大堤海珠桥的工程建设、梅花村公馆区的主要工程建设以及中山纪念馆的设计与建造。新中国成立后，据不完全统计，从公路、桥梁、水坝、厂房、大楼、礼堂、地下油库、船坞到机场的修建工程，他亲自勘测设计、主持设计与审查过的工程项目有200多项，其中包括著名的中苏友好大厦的设计建造、南方大厦修复工程等。当年南方日报大楼在建造时地基下沉，也是经罗明燏检查、建议才得以圆满竣工。罗院长是真真正正的“实干家”。

南方日报：在罗明燏院长的身上，我们看到了许多当代人所欠缺的品质。您认为他之所以能够取得这么大的成就，主要得益于什么？

李伯天：罗明燏院长是一位真正的学者、爱国者、知识分子，他一生主持和修建了各种大型工程，不管是政府的、部队的还是企业的，都分文不取，把自己的毕生都奉献给了国家和社会。当下社会太浮躁，拜金主义盛行，缺少的就是罗教授这种刻苦钻研的科研精神和大公无私的奉献精神，当代知识分子应以罗明燏教授为楷模，而不是随波逐流放纵自我，被物欲横流的社会所吞没。

“学生尊敬他，他尊敬学生的未来”

南方日报：罗明燏院长平时是如何教书育人的？他跟学生之间的关系如何？

李坚权：罗院长只是在学校开学的时候讲几句话。他不愿意在公开场合讲话，但和我们一起他是很健谈的，因为我经常到他家里去，一进来，他就是三鞠躬；走的时候，也是三鞠躬。他为什么要给学生三鞠躬？他认为学生里面一定有比他厉害的，他尊重比他厉害的。学生尊敬他，他尊敬学生的未来。

我1962年因为崇拜罗先生报考了华工，考完才知道当时的土木和建筑系都已经停止招生，后来，在罗教授的极力争取下才有了我们那个超小班，只有20人，专业是“工业与民用建筑”。1966年“文革”，本来全国大学生都要被下放到农村公社去，但是因为罗院长特别关照，留下了我们。1968年我才能读完书离开学校。

1950年，罗明燏主持修复的海珠桥

华侨大厦

李伯天：当初华南工学院刚刚成立的时候，为了把学院建成世界一流大学，罗明燏院长把行政完全交给当时的副院长罗雄才教授，自己则与冯秉铨、陈永龄几位老教授奋斗在教书和科研的第一线。当时有其他学校的教授特别羡慕罗雄才副院长，说“你们罗明燏院长真开明”。在为人处事方面，罗院长更是少有的豁达、单纯，与学生交往总是很谦和，平易近人，没有任何学者或领导的架子，这点深受华工人钦佩。

（闫昆仑　李永杰　梁丽斯）

学人小传

董每戡（1907—1980），著名戏剧家、戏曲史研究专家。幼时名国清，入学取名董华。先后就读于上海大学中国文学系、东京日本大学研究院。

主要论著有《中国戏剧简史》《西洋诗歌简史》《琵琶记简说》《三国演义试论》《西洋戏剧简史》《说剧》《五大名剧论》《中国戏剧简史》等。《中国戏剧简史》上起远古，下讫民国，是继王国维《宋元戏曲考》以后中国人自著的较早的戏剧通史。

新中国成立后，曾在湖南、广东领导并参加了戏曲改革工作，并在中山大学执教，1957年被错划为右派。1978年平反，回中山大学执教。同年11月作为特邀代表参加第四届全国文代大会，并被推为《中国大百科全书·戏曲卷》编委。1980年2月，因积劳成疾在广州去世，终年73岁。

董每戡：书生自有嶙嶒骨

这是一个经历无比丰富也无比传奇的人。这是一位热血的革命青年，也是一位沉静的学术宗师。

青年时，他曾经被瞿秋白介绍入党，他曾经与鲁迅有过交往，他曾经指导过赵丹这样的明星演戏，他曾经编写诸多抗日救亡话剧。这段时间，他是左翼进步青年，是“左联”的重要成员。

中老年时，他从“演剧性”的角度出发，对中国的戏剧从理论上进行了重新阐释；他写出了《中国戏剧简史》《五大名剧论》等200万字的著述，对于中国戏剧史研究有着极大的贡献。这段时间，他是“右派”，是无业人员。

“左联”或“右派”，不过是政治标签，作为学人，他只有一个响彻中国的名字：董每戡。

历历往事

解放前的“左派”

对不住鲁迅

1927年，大革命失败，白色恐怖笼罩全中国，诸多共产党人被追捕。

这年年底，在上海到温州的包船上，一位年轻人看起来愤懑而迷茫。突然之间，他拔出手枪，将整整一梭子弹射入水中……这一幕直到几十年后，依然让他记忆犹新，甚至还可以当作故事向子侄辈的朱树人讲起。

这位年轻人叫董华，温州人。此前在上海大学攻读戏剧专业。在学校求学期间，就已经在瞿秋白的影响下加入了共产党。这次他回乡的目的，就是受党指派回浙东地区重建当地组织，开展农民运动。只是，他还没有回到温州，就得知浙江省委机关遭到破坏，负责浙东起义的省委代书记王家谟及特派员周定、郑敬衡在温州被捕（后来全部牺牲），国民党在全省展开大搜捕。董华在木杓巷二号其姑母家的谷仓里躲过一劫，事后逃入郊外岷岗山林之中，结果就连家中的一些亲戚都以为他当了和尚。

1928年初，上海《申报》开始刊登通缉名单，《温属共产党人通讯录》第一人，赫然印着“董丏（读‘勉’）丏”。这个人其实就是董华。在温州话的发音里，“丏丏”和“每戡”的发音相同，于是从那时起，这位叫董华的革命者，就把自己的名字改成了“董每戡”。与这个名字同时使用的，还有两个化名：杨大元和杨每戡。

董每戡这个名字，在20世纪二三十年代的上海与很多左翼革命者联系在一起。除了瞿秋白，他还和鲁迅有过交往。如果你手头有足本的《鲁迅日记》，你可以翻到1928年5月2日，当天鲁迅曾经记载：“午后金溟若、杨每戡来。”算得上是二人交往的直接证据。不过，这段记录中所提到的另一个名字金溟若，却让董每戡后悔了很久，他觉得不该把这个人介绍给鲁迅认识。

根据董每戡之子董苗的回忆，金溟若是董每戡青年时在温州交往的一个朋友，从小随其父亲金嵘轩留学日本，日语很好。1928年时，金溟若翻译了有岛武郎论文集《叛逆者》，无处出版，董每戡便带金溟若前往景云里拜访鲁迅。结果第一次拜访时鲁迅恰好外出不在，他们留下字条言翌日再访。第二天鲁迅果然在家里等候，听说金溟若已经完成这项工作，十分高兴。后来金的译稿经过鲁迅帮助，陆续在《奔流》杂志上发表。鲁迅还鼓励金溟若将《有岛武郎著作集》全部翻译出来。他主动和北新书局李小峰联系，由北新书局按月给金溟若送生活费。但是，那段时间金溟若开始染上鸦片烟瘾，不再译书，没有钱花，又去请鲁迅帮助。结果鲁迅有所察觉，去问董每戡，董每戡据实回答。鲁迅愤然说：“我不能资助他抽鸦片烟。”随后不愿再见金溟若。而这段往事也让董每戡一直挂在心上，屡次表示这是他“对不住鲁迅的一件事”。

世纪广东学人
董每戡 书生自有嶙嶒骨

赵丹的老师

董每戡跟戏剧的缘分，从他小时候就已经注定了。董每戡的故乡，是号称“南戏故里”的温州。根据董每戡之子董苗的说法：“父亲从六七岁开始就对戏曲非常痴迷，祖母喜欢看温州乱弹班演出，常常带他去。在祖母的影响下，父亲从小培养了看戏的喜好。”

从上海大学毕业后，他就写过《频枷》等独幕剧，而在1928—1929年期间，虽然他在日本大学研究院攻读的是文学与戏剧，但更偏向于实践。归国后，他更是将学到的知识运用到革命斗争中——在上海剧专教学期间，他先是加入了中国左翼文化大同盟。1931年又加入中国左翼作家联盟和中国左翼戏剧家联盟，而他编剧的代表作，也正是在这一阶段创作出来的。

1932年，左联剧社接到上级指示，要批判充斥在文艺界的“为艺术而艺术”的观念。编写话剧的任务就落到了董每戡肩上。他用很短的时间就创作出三幕话剧《C夫人的肖像》。该剧讲述的是革命诗人的遗孀C夫人与青年画家张小石、时髦富家小姐白莉蕾之间的爱情纠葛。“一·二八”抗战爆发后，抗日浪潮风起云涌，画家毅然丢下两个争风吃醋的美丽女人，加入到抗日游行队伍中。

《C夫人的肖像》在上海的演出大获成功。董每戡在戏中直接让角色阐发自己的主张："艺术绝不是游戏，它是一种武器"，"艺术绝不能离开社会，它应该是普遍的社会生活的反映，它应该被一般民众理解"。有意思的是，这种不通过戏剧行为来表现的倾向性，在当时很受观众的欢迎。还有戏剧研究者说，这部戏的主角C夫人身上有着丁玲和胡也频的影子。

《C夫人的肖像》甚至捧红了一代著名演员赵丹。因为该剧正是由赵丹主演、郑君里导演。由于异常轰动，此前名不见经传的赵丹也得以加入明星影片公司，从此开始其漫长的演艺生涯。在排演过程中，董每戡曾经"深度参与"，因此，后来有人提到董每戡时，总会补充一句："当年他教过赵丹演戏，算是赵丹的老师。"

此剧上演后不久，董每戡听郁达夫说鲁迅曾表示有兴趣看看，于是他便请郁达夫送票。鲁迅看了之后，对董每戡通过戏剧表现国难当头中国人的觉醒表示赞赏，使董每戡受到很大鼓励。

而在《C夫人的肖像》之后，董每戡接着又写了《饥饿线上》《夜》《黑暗中的人》《血液出卖者》《典妻》等剧，猛烈抨击当时的国民党政府。抗日战争爆发后，他又在长沙成立一致剧社，自任社长兼编导，创作和导演了三幕话剧《敌》，动员人民起来抗战。此后又应田汉之邀，到郭沫若领导的军委会政治部三厅六处戏剧科工作，又到航空委员会神鹰剧团、贵州省戏剧施教队任编导。这期间创作了《神鹰第一曲》《孪生兄弟》《俘虏》《孤岛夜曲》《未死的人》《谁为谁做工》《最后的吼声》《保卫领空》《天罗地网》《秦淮星火》《杜玉梅》等剧。

解放后的"右派"

嶙嶒的风骨

如果要将董每戡的人生分为两半，1943年应该是一个分水岭。就在这一年，董每戡应聘东北大学任教授。从此开始转型为戏剧理论研究专家的道路。

与前人相比，董每戡由于有实践的基础，因此在研究戏剧史时就有着天然的独特视角。此前王国维等人研究中国戏剧史，大多把戏剧史和词曲史缠在一起，所重视的是曲词的文学性而非"演剧性"，而董每戡的很多研究，都是从实际演出效果出发，因此得出的结论也往往更为独到。

关于董每戡戏剧理论中对于实践的重视，他的学生之一、中山大学中文系教授、博士生导师黄天骥至今仍有深刻的记忆。黄天骥回忆说，当年他上课时“很调皮”，经常喜欢模仿先生的动作和语气，把同学们逗得很开心。有一天，当他正在讲台上模仿董每戡先生的时候，却发现同学们都很严肃地盯着他背后——原来董每戡先生正站在那里。黄天骥说：“当时我以为他会批评我，结果他却笑了笑，说我模仿得不错。后来还专门指点我去进行表演。在那之后，我才知道先生早年做过编剧和导演，在如何教人演戏方面有着很深的造诣。再后来，他甚至让我去参与一些戏剧社的排演。在我看来，这种亲身体验对戏剧研究是极为有用的，起码从演出性的角度，可以证实很多剧本是否行得通。”

1951年，董每戡与夫人、儿子在湖南大学

1956年，董每戡（右）与儿子董苗（左）及三弟董辛名（著名话剧导演）在广州合影

但是，专心于研究的董每戡却没想到，他在中大的美好时光仅持续了4年。1957年就因为一首小诗，“躺着中枪”成了“右派”。1957年5月19日上午，在中山大学召开了一场知识分子座谈会。此前董每戡曾经发表过一首诗：“书生自有嶙嶒骨，最重交情最厌官。倘若推诚真信赖，自能沥胆与披肝。”虽然那次座谈会他并没有打算发言，但由于这首诗给当时的领导留下了很深的印象，于是便被“请出来”讲了几句话。根据董苗的回忆，当时董每戡说了这样两个观点：第一，高等学校是学术机构，应以学术为重；而当时的学校重视的却是职务官衔。这种风气溯至党对学术的看法，若要赶上国际学术水平，必须扭转这种不重学术的风气。第二，一些党员有两副面孔，平时是寡妇面孔，不苟言笑，不去接近群众；可运动一来即转为屠夫面孔，极是凶恶，知识分子很怕他们。

座谈会后半个月，反右运动骤然发动。6月8日，民盟中央的章伯钧、罗隆基受到批判。又过了半个月，就在董每戡50岁生日那一天，一家三口去餐馆吃饭时，董每戡下楼买了一份《南方日报》，一篇不点名批判他“右派”言论的文章已赫然在上。

再然后，董每戡同詹安泰、吴重翰、叶启芳、卢叔度一起，成了中大中文系“右派反党小集团”，被迫离开广州，直到1978年被平反，中大派人将其接回广州。

遗失的巨著

被打成“右派”的董每戡，每月工资由二级教授的317元变成只有区区20元。当时对右派分子有种做法叫“自谋生路”，于是董每戡就和妻子胡蒂子一起去了长沙（胡蒂子是长沙人）。董每戡认为，就算不在中大当教授，他依然可以去“卖文为生”。于是在当年国庆节前，全家拎着8箱书上路了，在长沙，一待就是几乎20年。显而易见，董每戡当时的想法过于天真了。他被划为“右派”后，已经印好的《说剧》一书未能发行且被毁版，而他正在创作的《中国戏剧发展史》等书也无法再出版。

在被打成“右派”之前，董每戡也有一些重要著作，如包括《说“傀儡”》等5篇在内的《说剧》，如《中国戏剧简史》等。但他最有分量的一些著作，却都是在被打成右派分子期间完成的。根据董每戡生前的说法：“1958年冬天，忽发宏愿——开出一张‘空头支票’，想以余生写出整套近200万字的有关戏剧理论及中国戏剧史类的作业，这原是要有一定的生命力来对付的勾当，颇愿‘彻尽绵薄’。”就当时而言，这是一个庞大而详密的体系，它包括三个方面：一是剧史体系，以《中国戏剧简史》《中国戏剧发展史》《说剧》为其理论脉络；二是剧作体系，打算选元、明、清三代的名作二三十部，做较具体较详细的论析，作为《中国戏剧发展史》的续篇；三是剧论体系，李笠翁的剧论是中国戏剧史上的创举，但《中国戏剧发展史》只能简介。故拟另写专书，作为“本书的续篇出版单行，补足‘未尽欲言’的鄙见”。

这个阶段的董每戡虽处逆境，但并不失落，这从他1957年给夏承焘的一首词就可以看出：“壮志未老，握手言欢今日好；各有心期，报国还凭笔一枝。”而在他《说剧》自序中也有一段文字：“1958年深秋来居卑土，念半生劳碌，一事无成，二毛忽现，三省犹亏，乃埋头草写《中国戏剧发展史》，肇自上古，终于解放，日以继夜，笔不停辍。建国十周年纪念前夕，即得五十余万言，宿愿初偿，私心窃喜！”看得出，他虽然蛰居，但从未绝望。

虽有雄心壮志，但此后面临的困难却并不是董每戡能够预料到的。根据董苗的回忆，当时董每戡双手都开始颤抖不能握笔，于是用右手横握钢笔，再用左手食指推着右手钢笔管，双手合力进行写作，几乎每个字写得都很艰难。1966年到1972年董每戡停笔观望了几年。1973年形势稍见缓和，他就又来补订那部因为藏在灶膛底下躲过红卫兵却没躲过老鼠的《五大名剧论》书稿。当时董每戡一家三口全靠儿子董苗在街道工厂打工的每月41元8角工资过活，没有余钱买纸。于是董每戡把亲友来信的空白部分裁下来，把拾到的香烟盒、包装纸、废杂纸还能写字的一面翻出来，用糨糊粘贴成自制的“百衲纸”。哪还顾得这种自制“百衲纸”长短厚薄质地颜色不一，但求能写上字就行。

正是出于这样的坚持，自1958年至1976年，董每戡一共写成《中国戏剧发展史》近60万字，《五大名剧论》50万字，增补《说剧》21篇20万字，《〈李笠翁曲话〉拔萃论释》20多万字（原稿“文革”初被抄，重新写出《拔萃论释》19万字），《明清传奇选论》8万字，《〈三国演义〉试论（增改本）》16万字（定稿20多万字在“文革”初被抄走，又重写），总共近200万字。但直到他去世之后近二十年，这些书稿才在陈寿楠、黄天骥、董苗等人的努力下集结成册，汇编为《董每戡文集》出版。

（郑照魁）

董每戡（左二）与夫人胡蒂子（左一）、学生及其子合影，1979年摄于中山大学

学者视点

黄天骥评说董每戡
融会贯通　注重实践

与以往的戏曲史家相比，董每戡无疑是最具有理论家修养的。对于自己的戏曲史观，他有着清晰而严谨的理论表述，故他撰写出的戏曲史论著也有着明确的立论基础和合理的框架结构。由于早年对于西洋戏剧体系的学习和多部话剧作品的编导实践，董每戡在学术背景方面已经集观剧、编剧、导演、评论、教学于一体。也直接导致他的学术研究走上了迥别于前人的道路，尤其是在戏曲方面，不但改变了自王国维以来以治经的方法治曲的学术风气，而且确立了更为贴近戏剧艺术本体特征的戏剧观。这是戏剧研究思路继王国维之后出现新的变革的标志之一。

更为难得的是，虽然从他的一生来看，在广东的时间并不多，但他的这种“实证为主”的学术衣钵却留在了中大，这也直接造就了中山大学在戏剧方面的研究一直处于全国顶尖的水平。对于董每戡在这其中所起到的作用，他的弟子、中山大学中文系教授黄天骥感受最为深刻——

“从演出现实出发”是董每戡的理论基础

南方日报：谈谈您所认识的董每戡先生？

黄天骥：董每戡老师来这里工作，是从1953年到1957年，给我上课就是1953—1954年的样子。1957年他就成“右派”了。

在来到中大之前，董每戡教授就有不少关于戏剧的著作了，他在这方面已经形成了自己的体系。比如他写的《中国戏剧简史》，这是中国学者第一次用唯物主义的方法来看待戏剧。戏剧起源于劳动，每个时期的发展规律，都是力图按照当时的进步观点来写的。材料不算很多，但提出了很多吸引人的问题。还有一本《说剧》，是个单篇文章的收集，主要是研究戏剧的形态、戏曲的现象。在当时的条件下，能写到这个程度已经算是这一领域最前沿的研究成果了。

来到中大之后，董每戡先生给我们上中国戏剧史，然后就是外国文学，讲西欧作家的作品。他的理论水平和书斋类学者不一样，他的戏剧理论已经形成体系了。他的旧学基础也很好，诗词完全可以和老先生们唱和。他对外国文学、中国小说都有全面的知识，所以他跟一般的教授也就不一样。董老师既研究典籍，又直接参与实践，他不同于一般的学问家。他对现实、对理论都很关心。我觉得这是他留给我们的一笔财富，在我看来，很多文科学者都应该这样，而不是总钻在故纸堆里。他们那一辈人非常厉害，我们这一代不知道谁能这样，在非常艰苦的年代里都可以坚持研究学问。像我另一位老师王起先生，连逃难时都在做学问。

董老师虽然不会唱戏，但他做过导演和编剧，对舞台规律非常了解。他讲课就像演一台戏。也研究过大量地方戏，给我们上课时，他对这些地方戏的关系认识得很清楚。比如广西的桂剧跟滇剧的关系、跟粤剧的关系，他一听曲谱就知道了。当时他还花了不少钱买了很多地方戏唱片，一大箱子，现在应该还保存着。

上世纪50年代在中大的那段时间，他的研究方向主要是《琵琶记》。1954年，北京有《琵琶记》的讨论，他去参加了。当时有些学者否认《琵琶记》，觉得里面谈的都是忠孝仁义，是封建迷信。但董先生口才很好，当时在讨论时他就这样信口讲来，却讲得很透彻。结果后来作家出版社就让他写了一本《琵琶记简说》。之后他又写了一本《〈三国演义〉试论》，这本书更是风行一时，虽然只有六七万字，但内容很透彻，很多人很佩服。这样一来，董先生在小说史、戏剧史研究方面都有了很大的影响，大家公认他在这些方面造诣很深。

也就是他来中大前后，中大的教授工资开始拉开级别了。当时的一级教授的工资是381元，像陈寅恪、姜立夫这些学者都是一级待遇。二级教授有十几个，中文系有容庚、商承祚、詹安泰、董每戡等。董先生是二级教授里最年轻的。当时王起老师都只是三级教授。但董老师1957年就被打成“右派”了，“文革”过后不久就去世了。

A21

董每戡

融会贯通，注重实践

治学思路决定学人气质

南方日报：如您所说，董每戡先生在中大期间也就是1953—1957年这几年，便已成为“世纪广东学人”之一。短短几年间他都做了什么，使他在广东学界拥有这么大的影响？毕竟从现在看来，董先生的学术成就爆发期和高峰期，都不是在这个时段。而当年像鲁迅、郭沫若等也都在中山大学待过，却也算不上广东学人。

黄天骥：董先生虽然在中山大学待的时间并不长，但在我看来，他对于中大中文系，尤其是我们在戏剧研究方面有着极为重要的作用。简单地说，就是他所传承下来的这种研究方法，与以往戏曲研究有着很大区别，而这种模式也被证明是最贴近戏剧研究本质的。

董先生跟一般戏剧家不同。他有旧学基础，早年就出版过诗集《永嘉长短句》，他的旧体诗写得非常好。又参加过新文化运动，而且他不光看戏，自己还写戏、导戏，尽管没演戏，但他有着丰富的舞台实践——这一点，是此前很多戏剧研究者所不具备的。

在戏剧研究方面，有些先生注意材料的收集考证，有些先生注意文本上的分析。还有一些先生，虽然精研某一方面，但对各种地方戏剧也不见得都了解。一句话总结就是：懂戏的不懂文本，懂文本的不懂舞台。这就导致这些研究者对于戏的很多奥妙都看不出来。

但董先生不仅懂戏，而且懂得怎么导戏，这样很多难以言传的奥妙就能参透。他的经历决定了他研究戏剧的方式不同于王国维，不同于吴梅，不同于其他前人的路数。王国维其实是不懂戏的。他的做法就是把戏剧和旧学结合到一起去进行研究，那是乾嘉学派一脉相承下来的。而吴梅虽然能唱，但是他的研究方式，也都是从旧学的方法入手，追寻各戏种的源流，收集各种戏剧文本。董先生受条件限制，在唱这方面不是很内行。昆曲他是懂，但他不会唱，曲牌来源之类的他也懂，他肯定会演，他会比画。但理论方面，他受话剧的影响更大。

董先生在他那部《中国戏剧简史》的前言里曾经说过：“过去一班谈中国戏剧史的人，几乎都把戏曲史和词曲史纠缠在一起了，他们所重视的是曲词。”在他看来，研究戏剧史，就应该注意戏剧本身的特点。戏剧本身就具备两重性，既有文学性，又有演剧性，不能独夸一面而抹杀另一面。就算迫不得已要舍弃一面，那么也应该保留演剧性。也正是从这个角度出发，董先生提出了“剧史家”这个主张。

注重“演剧性”在学术方面给我们带来的是另外一种思路。比如，此前很多人都在考证“元杂剧”为什么叫“杂”剧。王国维都说，元代戏剧是真戏剧，这怎么能叫“杂”呢？从过往的文本之中根本找不到任何明确的答案。董先生也研究过这个问题，但他当时也没给出过明确的答案，他在《说剧》一书中就表示过没搞清楚。

后来我也研究这个问题，得出的结论是这样的：过去的舞台是没有幕的，而且基本都是一个人主唱。元代的戏剧，已经形成4节的概念了，这个主唱不可能一直唱下去，在节与节之间肯定得休息、化妆甚至换装。那么这段时间台上怎么办？空着？显然从演剧的角度来看，这样观众会不舒服。所以这种时间就被拿来“插播广告”了，有杂耍的、舞蹈的，或者逗笑说相声的……所以就显得比较“杂”，也就成了“杂剧”。

这个结论虽然不是董先生做出来的，但我们是从他注重“演剧性”的治学思路出发来进行研究的。如果只是注重戏剧文本之间的考证，这种结论很难得出来。所以我们认为，在戏曲史研究的领域中，董每戡先生是继王国维之后，做出了显著贡献的少数几位学者之一。

董先生和中大历史上的一些名人是不同的，因为像鲁迅，虽然在中大待过一段时间，但他并没有将自己的治学思路和学术传统留在这里，而董先生给我们留下的学术思路，使我们对于戏剧方面的研究直到现在还能保持在全国一流水准。

融汇中西，是大学问家的品格

南方日报：能否具体谈一下董每戡先生这种注重实践、注意与现实结合的治学思路对当下中大戏剧研究的影响？

青年董每戡

黄天骥：与现实相联系是我们在戏曲研究方面的传统。现在我们提出的一些项目，要么不提出，我们一提出就是重要的研究方向。这方面主要依赖于两位老师沿袭下来的学术思路，一是董老师这种注意舞台的思想，二是王起老师的关于文本、注释这些方面的要求。我写论文时，王先生给我校正、校勘，这些事情对我现在进行学术研究刻下了很深的烙印。而董先生给我的影响，是如何去看戏。如果我去演这出戏，我该去怎么演？董先生在我毕业的时候建议我去剧团实习，跟他们讨论，自己去摆弄过了，多少也就有了实践经验。包括舞台的布景、灯光，脚手架怎么搭，这些我去体验一下就知道为什么是这样了。

前几年中山大学中文堂建立的时候，我跟他们建议说，这个地方必须有个舞台，不管是演戏曲也好，演话剧也罢，但凡演过戏的人，就算你只是朗诵诗歌，上没上舞台真是不一样。我前几年出了一本《西厢记创作论》，里面提到的一些动作要求，哪怕是再简单的动作，其实里面都还是有不少名堂的。什么趋接科、混战科，这些杂剧里的内容，如果没有亲自在舞台上体验过，是很难理解为什么他们的剧本会变成这个样子的。而这种在实践中体会学问的方式，正是董老师对我的最大影响。

董老师不光是在理论上对戏剧有贡献，在实践方面也有很大贡献。就广东来说，其实他对推动粤剧的发展也有不少贡献的。当年戏剧改革，曾经请他去提过意见，他以前是搞话剧的，话剧很讲求人物性，他就从这方面来提高粤剧的表演水平。当年的剧团，我记得每个剧院都会给他留两张票，他什么时候想去就可以去看戏。像粤剧名家红线女、马师曾，都对他很尊敬。他也会讲，每次都能针对演员的不足提出建议，分析得也很透彻。老一辈粤剧演员都对他很尊敬，很多人都佩服得五体投地，因为这些人虽然都有丰富的实践经验，但在理论方面远没有董老师那么系统。

董老师在那时的中国戏剧界有很大的影响。他写东西又快，如果他能再多活10年，可能在戏剧研究方面已经是另一番局面了。现在我们没办法学到更多了，我们只知道他怎么看戏。我心里有一种感受，他的作风，他的道路，是有一种包容性的，将中外古今融汇于一炉的。看起来更像是我们岭南文化应该拥有的风格，在包容的基础上交融，不中不西，不新不旧，不古不今，甚至可以不三不四。把汉文化、西洋文化、中原文化、舶来文化……各种东西都融会贯通，这才是大学问家的品格。

除此之外，董每戡先生强调研究“主流学问”的态度，也是留给我们的宝贵财富。起码在我看来，现在有些人研究学问喜欢钻在牛角尖里，钻在一些小的论题，我觉得这样是很没意思的。一些三四流作家，大浪淘沙，该淘汰的就淘汰了。现在有些人总是挖一些名字都没听说过的，那是真的多余了。过去的就过去吧。

我觉得如果要研究一个课题，要么就是大问题，要么就是名作家，多找一些与现实有关的、能够对当下产生意义的话题来研究。董先生就是这样，他不碰那些不入流的东西，研究的都是名剧、名作。

（郑照魁）

在陈寿楠、黄天骥、董苗等人的努力下，《董每戡文集》终于在他去世近20年后得以出版

学人小传

梁家勉（1908—1992），农史学家，中国农史学科的开拓者和奠基人之一，图书馆管理专家。广东南海（今广州市石井镇）人，出生于书香世家，母亲是清代礼部尚书、闽浙总督许应骙的外孙女，祖母是光绪朝进士、京师大学堂前身西学堂的筹办人周汝钧的妹妹，伯父梁炳星是与梁启超同榜光绪己丑科举举人和甲午会试进士副榜第一名。因此，他自幼接受了良好的国学教育。

梁家勉1955年创立中国古代农业历史文献特藏室，从事古农书和相关文献的访购、整理和珍藏工作。1978年创立华南农学院农业历史遗产研究室并任主任，创办了由农业出版社发行的《农史研究》学术期刊。1980年成为全国第一位农史专业硕士生导师。1989年主编的《中国农业科学技术史稿》是迄今最全面、最系统的中国农业科技通史。

梁家勉：毕生君子 躬耕农史

1992年3月12日20时，梁家勉走出书房，落座于藤椅上小憩，片刻工夫后，竟悄然离世，平静安详，情状“如得道高僧之坐化”。这一年，梁家勉84岁，在亲友、学生眼中，他似乎选择了最契合自己个性和涵养的方式，告别有些洁癖、从未做过亏心事的一生。

20世纪20至30年代，中国风云变幻的特殊历史环境造就了一批学贯中西的知识分子，在他们的血脉里，传统知识分子的修养和新时代人格兼而有之。梁家勉即是其中的代表，即使是在最艰难的岁月，他始终恪守君子之道，唯情是重，而对于农史学研究，则历久弥坚，终生不渝。

纵观梁家勉的一生，清苦不离左右。在前41年的岁月里，国运家道的曲折磨难接踵而至，因为父亲突然病故，梁家勉在中山大学读至大三时只好肄业，一肩挑起拥有17个兄弟姐妹的大家庭。接着，日本侵华，广州沦陷，他又拖家带口，颠沛流离，为谋生当过农业推广员、小学教师、中学教师和农业职业学校教师。即使这样，他也未停止过农史研究，在艰难岁月中仍有《〈诗经〉之生物学研究发凡》《〈中国农植物史证〉叙例》《烟草史证》《〈中国古农解题〉志趣》等佳作面世。后半生中，梁家勉继续研究农史、潜心收集古农书、组建农业历史遗产研究室，成为中国农史学科的主要创始人和奠基人之一。

治农史
一生勤勉　成为农史学“四大家”之一

1988年5月，全国农史学界精英齐聚广州，共同为梁家勉庆祝八十大寿，70岁的农业部原常务副部长刘瑞龙特意做了一场报告，题目是《学习梁家勉同志的治学精神》，中国农业博物馆则专门请来曾为毛泽东画过肖像的画家为梁家勉绘制了巨幅肖像。

作为中国农业历史学界的开创者之一和中国农业历史学会的发起人、领导者，早在“文革”前，农史界已公认梁家勉对学科的贡献，南梁（家勉）与东万（国鼎）、西石（声汉）、北王（毓瑚）并称为“四大家”。

“万国鼎和石声汉先生已分别于‘文革’前和‘文革’中去世，王毓瑚先生身体一直不太好，1980年也去世了。”华南农业大学原农史室主任周肇基教授接受南方日报记者采访时介绍，在这种情况下，梁家勉成为“文革”后农史界的第一人。

这一论断从另一桩农史界大事中也反映出来。决定编撰《中国农业科学技术史稿》时，农业部下达的主持单位是当时实力最强的南京农业大学农业遗产研究室，主编却专门指定为华南农学院（1984年改名为华南农业大学）的梁家勉。

“梁老被选为主编是众望所归，但当时有人觉得不太服气，也搞出一些动静……编撰期间，农业部资格很老的两个副部长刘瑞龙、王发武甚至多番亲自出面协调。”《中国农业科学技术史稿》统稿人之一、长期在梁家勉身边工作的华南农业大学研究员彭世奖回忆，很多学者都为梁家勉打抱不平，但梁家勉始终不忿不怨，心平气和。众人无不对他发出“学问那么高，脾气那么好，肚量那么大”的赞叹。

这部堪称中国第一部农业科技史的巨著，参与编写的专家达40多人，分布在多个单位，且水平和风格各异，前后历经8年。统稿时大家才发现，很多文章体例不一，部分观点和材料也比较陈旧，需要修改的地方很多。

同样参加统稿的中国农业历史学会原副会长李根蟠记得，当时大量材料需要核实，相当部分需要大幅度修改，有的需要重写，工作量很大。梁家勉让大家充分发表意见，在认真讨论的基础上分工负责修改，修改后再反复讨论，还拿出自己尚未发表的手稿供大家参考。

“修改后的稿子将近100万字，最后都由梁老审核通过，这对一个近八旬的老人来说，无疑是一个沉重的负担。”李根蟠在一篇纪念文章中说。但作为主编，梁家勉以最高水准交出了成果，兑现了他在编撰前郑重表示过的要写“上对得起历代劳动人民，下对得起子孙万代的总结性创造性文献”的承诺。

在农史学“四老”中，梁家勉的学历和职称是比较低的。周肇基介绍，1979年梁家勉才获评研究员，加上他几十年里极大的精力都投注在图书馆事务上，又没有留过洋，治农史取得这么大的成就完全来自他自己的不懈努力。

1926年，刚刚18岁的梁家勉考入广东省立第一中学（即后来的广雅中学），在那里，他初识梁漱溟、黄庆、徐名鸿、罗干青、丁景堪、刘湛泉等名师，打下了坚实的文史哲基础。梁漱溟的乡村教育思想给他留下了深刻印象，著名农学家丁颖发表在中山大学《农声》杂志上的论文，开始引发他对农史的关注。

三年后，梁家勉考入中山大学农学院农学系，主修园艺，兼修农艺，选修了丁颖的两门课程。

“当时，从日本留学回来的丁颖院长十分重视发掘、整理和研究中国农业历史文化典籍，在教学中广泛介绍中国古代农法的精华，并在学术期刊上发表系列文章。”周肇基说，梁家勉深受感染，开始立志做一名农业科学家。

在3年的大学生涯中，在丁颖、侯过、陈焕镛等学界宗师的支持和指导下，梁家勉连续在《农声》《农林新报》发表了《孟子之农业政策观》《中国荔枝繁殖法考略》《关于以农立国问题的商榷》等多篇论文，颇得赞赏。

读大三时因父亲病故肄业后，梁家勉一直生活艰难，1941年，颠沛流离的他受到丁颖的邀请回母校图书馆工作，自此毕生

百年双喜 特约
世纪广东学人
A16
梁家勉：毕生君子 躬耕农史
百年新火 世纪风范 广东中烟工业有限责任公司特别呈献

耕耘农史园地。“史坛无限抛荒地，还待挥锄协力耘”，是梁家勉耄耋之年写下的佳句，可见其对农史学倾注之深。

真名士

学术上宽厚重情谊 生活上慷慨淡泊名利

“诗中天地殊空阔，何苦蝇营利与名”，是梁家勉《赤子集》中《偶成》的尾联，颇能道出其为人淡泊名利的底色。

在学术上，能体现梁家勉宽厚的君子情怀的事例很多，其中给人留下最深印象的是他和北京大学图书馆系主任王重民教授关于徐光启研究的交往过程。

梁家勉对明代科学家徐光启一直颇为敬重，早在新中国成立前即产生了编纂《徐光启集》的念头，并逐渐搜集徐光启生平有关资料，已列入出版社的出版计划，并拟定了“要旨和凡例”，还请竺可桢、陈垣审阅指正。

巧合的是，王重民也在进行类似的研究，获知情况后，便写信给梁家勉，希望两人可以合作。考虑到京穗两地遥远，商讨不便，也为了避免重复，梁家勉主动放弃了自己的计划，并将自己搜集多年的相关文献资料寄送给王重民。两位先生此后信件切磋不断。

王重民在书稿完成时提出两个人一起署名，但梁家勉婉言谢绝。为此，王教授特意在书前的《凡例》中特别致谢。

这样的例子众多。梁家勉对中国梯田历史有深入研究，但其缘起却是为呼应农业教育家、生物学家和农史学家辛树帜倡行的水土保持历史研究。一开始，辛树帜请梁家勉代查资料，梁家勉披检了大量典籍，甚至写成专文寄给他，有力地支持了辛树帜的研究。

生活中，梁家勉毕生耿直、忠厚。

“梁漱溟是梁家勉的业师，在极左思潮占上风的日子里，敢于讲真话的梁漱溟屡遭批判，一时间门庭冷落，人人避而远之。然而梁家勉先生趁一次到北京开会的机会，专门抽出时间，不顾人生地疏，又不知道具体地址，边走边问。寻找很久，年过古稀的他才找到老师的家门。”周肇基介绍。

同辈农史学者胡道静在“文革”极左思潮盛行时，关在“牛棚”里劳动，梁家勉出差去上海，专门要求与之见面，当面黄肌瘦、精神压力巨大的胡先生出现时，他紧紧握住对方的手。

周肇基还记得，早年有一次他到梁家拜访，看到一个六七岁的小女孩，以为是梁家勉的孙女，问后才知原来是研究生的孩子，父亲到外地求学去了，母亲也出差，年届八旬的梁老不顾年老体弱，为了学生能安心求学，把孩子接到家中照顾。

彭世奖则记得，在那个工资多年不涨的时代，和同辈教授相比工资明显偏低，并且家庭负担沉重的梁家勉，在学校专门多拨一个涨工资名额给图书馆的时候，他淡然地把名额让给了别人。

不计得失的梁家勉爱请客的印象，也留在多位同辈或后辈学人记忆里。李根蟠每次到华农，都被邀请至梁家吃饭。“当时不像现在，有招待费或课题费可以报销，请客要自掏腰包，梁老的工资并不高。农史界的人到华农，梁老都要请吃饭，大家都说，哎，请吃饭就把梁老吃穷了。”

江西省社科院原副院长、中国农史学会原副会长陈文华说，40多岁时自己还是个无名小卒，甚至什么职称都没有，但每到广州，梁老总要请他吃饭，让他受宠若惊。

梁家勉和妻儿合影

觅古籍

创中国古代农业文献特藏室　遍集6万余册古书

惜钱复惜书，心下两踌躇。
钱本父兄汗，书痴合笑余。
探囊将值给，乍忆家无馀。
姑节衣和食，买之又何如。

23岁时，爱读书、爱买书的梁家勉写下这首《买书》，那时候，他必不可能想到，有一天买书、管书会成为自己一辈子殊为重要的事业。

“1941年，梁先生受聘到中大农学院，除教学外主管该院的图书工作，自此开始他所谓‘四书堂’的生活，即读书、管书、教书、写书，由于他在过去的研究中深感搜集、收藏和整理古农书的重要意义，所以主管图书馆后，便决心搞一个中国农业文献专藏。”彭世奖告诉南方日报记者。

1955年，梁家勉实现了在图书馆创建中国古代农业文献特藏室的夙愿。是时，中国正进行轰轰烈烈的社会主义改造，很多人卖掉家中的古旧书，各大城市都有多间古旧书店营业，且都编有《古旧书目》，这对梁家勉而言，是购书的好机会。

“当时广州的上下九路、文德路、北京路都有这样的书店，一些私人藏书楼，如广州南州书楼也出售藏书。”彭世奖记得，当时梁家勉不断写报告、拟计划、申请经费，亲自给全国各地的书商、古旧书店发函，要求邮寄书目，亲自选购。

彭世奖说，当时梁老常常带着助手穿梭于书店，直至“文革”开始，古旧书店倒闭为止。

他身边的许多同事都知道，每次到外地出差，梁家勉从不观光，不管时间多紧，也要挤出时间到古旧书店、书摊找书。为了能搜集到有价值的古农书，在出差前，他总事先请熟悉古旧书行业的人士写介绍信，这样就能真正进入藏有好货的内部书库。

梁家勉还常检索各地主要图书馆的藏书目录，凡是这边没有的古农书或农业历史文献资料，马上写信或派人前往商谈复印，还常委托农史界的老专家代为复制特藏室独缺的古籍。

古籍买回来，梁家勉都要亲自动手进行装订裱补，修缺补漏，消毒防虫和编目上架。“积累到一定量后，还要请广州一位专写宋版字的卢先生书写书根，后来听说这位先生要到香港去，他还设法留他。”彭世奖记忆犹新。

藏书中许多书目卡片都是梁家勉手书，周肇基感慨地说：“每当利用馆藏古籍做研究，面对梁老几十年前装裱成册、扉页衬有防虫纸、书外配有樟木板的书籍，我崇敬爱戴之情便油然而生。”

“文革”时，特藏室里的珍贵书籍面临威胁，为了保护特藏室，梁家勉和大家商议，以造反派的名义主动将特藏室定为“四旧书库”贴上封条，虽然大家都无法看书了，但很好地保存了这批古书。

随着大量古籍充实进来和藏书的丰富，特藏室也发表了一篇篇有影响力的论文。1978年，华南农学院农业历史遗产研究室成立，1980年，成为当时学校8个部批重点研究室之一。此时，特藏室的藏书已由最初仅有的7部古籍发展到6万余册。其中有明代正统、弘治、正德年间的精刻本，而且有些是罕本，还有一些日本、朝鲜等国的古籍珍本。

梁家勉（右）与李约瑟教授等研讨学术问题

为了保存好这批珍贵的古籍，农学家、时任农业部部长的何康特批25万元，在华农建造了中国第一座农史楼，多年来成为农史研究者向往之地，还吸引了国外大批研究者前往。

梁家勉对书的专注和投入，还有很多细节令人记忆深刻。熟知梁家勉的人都知道他有一定程度的洁癖，每到北方出差，他都要从家里带一个水桶用来洗浴，带一瓶酒精给餐具和用品消毒。

有一次，梁家勉的助手林枫林陪他到北京开会，繁忙的工作间隙，他前往探望几位师友。这次拜访的大部分都是有名望的人士，临行前研究室同事建议他别带着酒精出门，但向来纯真坦然、以诚待人的梁家勉仍然我行我素，在进餐前先拿出酒精瓶进行消毒。

就是这样的梁家勉，有一次发现有些图书生虫子了，非常着急，立刻叫人买来一包“六六粉”，将之涂在生虫的书上。过后有老师提出，这样容易中毒，他又率领彭世奖等人把图书搬出，戴上口罩，边曝晒边扑打。同事觉得这样的工作太难为向来讲卫生的他了，劝他停下，他却坚持做到最后。

（本文参考了周肇基《中国农史学科的开拓者和奠基者之一——记中国著名农史学家梁家勉教授》、倪根金主编的《梁家勉先生诞辰100周年纪念文集》，一并感谢。）

（林旭娜）

学者视点

周肇基、彭世奖和倪根金评说梁家勉

无愧农史泰斗称号

作为农史学家和图书管理专家，梁家勉为后学留下的是丰富的藏书、精湛的研究成果和令人欣赏的学人风骨。在他的一生中，撰写农史、图书馆学等方面论文130多篇，出版著作（含合作）14部。他还是一位工巧辞章的诗人，在半个世纪中写下大量诗作。

梁家勉逝世已整整20年，难得的是，中国农史学界众多学者，即使现今已著作等身、白发苍苍，依然对他充满感恩、激赏。他的学术成果、治学风格、个性魅力，为中国农史学科留下什么？南方日报记者采访了华南农业大学农史室第二代领军人周肇基、彭世奖和现任主任倪根金，为读者解读梁家勉的学术密码。

对学科最终形成贡献巨大

南方日报：梁家勉先生被誉为中国农史学科的主要创始人和奠基人之一，如何评价他在学科建设中的价值？

周肇基：他作为农史学界的开拓者，尤其是在“文革”后，为农史学科做了几件可圈可点的大事：第一是创设研究机构，建立了华南农学院农史研究室；第二是对人才培养制度的建设性贡献，推动、确立了农史学研究生培养制度，培养了中国第一批农史研究生，梁老的第一个研究生黄世瑞现在是华南师范大学的博导；第三是学术期刊的创办，“文革”后第一份农史刊物《农史研究》是他办起来的，许多学者最早在这本刊物上开始发表论文；第四是他倡议成立了广东农史研究会；还有，召开了中国农史界第一次国际学术会议“《南方草木状》国际学术讨论会”。这几个方面是衡量一个现代学科是否真正形成的标准，可见他对农史学科的建设贡献有多大。

梁家勉先生一生中，撰写了百余篇农史论文，其中关于《齐民要术》《农政全书》和《南方草木状》等的研究，受到竺可桢、丁颖、李约瑟等国内外著名学者的高度评价。可以说，他无愧于农史泰斗这一称号。

南方日报：梁家勉先生在农史研究方面的学术成就，对当今学界有何影响？

倪根金：以他主持编写的《中国农业科学技术史稿》为例，这部被誉为农史研究里程碑式的著作，代表了中国20世纪80年代农史研究的新水平，是中国农史研究的一座丰碑，获得了农业部科技进步一等奖、国家科技进步三等奖等多个奖项，国际科学史研究院通讯院士胡道静教授称其为“巨型专业史”，“填补了我国科学技术史的空缺”。

《中国农业科学技术史稿》至今仍然影响深远，它是学术界广泛引用、参考的一部重要著作，国际上多所著名大学都将其列为研究生学习参考书，如美国加利福尼亚大学中国研究中心主任黄宗智教授就把其定为经济学博士必读书。

此外，梁先生的主要科学成就中有一项是建立中国古代农业文献特藏室，抢救农业历史文献，这批古籍无异于一座宝库，曾经造福了无数农史学者，现在仍发挥着巨大作用。

南方日报：他的研究对广东农史学界的影响应该如何评价？

周肇基：可以说，梁先生上世纪70年代末到80年代的努力，使得广东农史学界，从比较薄弱跃升到全国领先。

1954年，农业部召开了整理祖国农业遗产的座谈会，会后，南京农业大学和西北农学院相继成立农史研究机构，建立了农史研究队伍。这个时候，在岭南的梁先生还是孤军奋战的状态。

但很快，他响应要求，在华农图书馆设立了中国农业历史文献特藏室，开始有计划地搜集、研究中国农业历史文献，也有了最初的研究队伍，等改革开放的东风一吹，农史研究室就成立起来了。所以20世纪80年代，华农的农史研究非常活跃，与南京农业大学和西北农学院的农史研究比肩，这不是偶然的，梁老的开

梁家勉：无愧农史泰斗称号

梁家勉在工作，摄于1985年

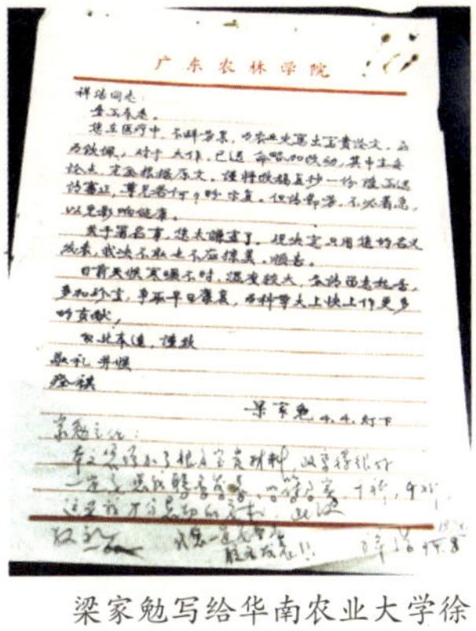
广东农林学院

梁家勉写给华南农业大学徐祥浩教授的回信

创之功很大。

解决过去、现在跟将来的连续性

南方日报：作为中国现代农史学科的开拓者和奠基人之一，梁先生如何超越传统的研究方法？

倪根金：中国农史学科肇始于农业历史文献的整理与研究。科学史原本多由科学家在研究本学科过程中兼做论述。

农学史的情况也十分类似，但梁家勉幼温国学，长于文献学、目录学、版本学，这使他研究古代农史文献得心应手。例如，《逐步丰富的祖国农业学术遗产》一文如数家珍地叙述了中国古代农业文献从萌芽到体例成熟，再到全面繁荣，涉及文献有综合性农书和专业性植物志、园艺、荒政、治虫、畜牧、兽医等，另有鸦片战争后传入中国的西方近代农业专著。这是我国早期一篇对农史文献全景式论述之作。

现代大学的农学教育，又成为梁先生开展生物及植物学历史研究的条件和基础。例如，他对植物史，特别是一些有特色的农植物的早期栽培、引用以及植物生理等方面做了较为深入的研究。其《烟草史证》是上世纪中国学术界最早探讨烟草史事的学术论文，比1959年吴晗发表《谈烟草》一文早了11年，且内容更为丰富、考证更加严谨。

国学根基和现代系统教育，让梁家勉避免了科学家写技术史的惯常局限。

人守学，学守书，书守类

南方日报：潜心搜藏古书籍是梁先生学术生涯的一大功绩，彭世奖先生长期跟随他在图书馆工作，对此最有发言权。

彭世奖：1947年，梁先生在《中国农业文献专藏简则·序端》中引用了宋人郑樵的话说，“有专门之书则有专门之学，有专门之学则有世守之能，人守其学，学守其书，书守其类。人有存没而学不息，世有变故而书不亡”。并说明他计划设立“中国农业文献专藏”的目的是希望“世守之人守学，学守书，书守类……藉是而溯流寻源，继往开来。以为交流世界文化，增进人类福利之助”。他对此可谓不遗余力，而且确实成就斐然。

在他搜藏到的古籍中，珍本很多。如通过国内外友人帮助而得到的珍贵书籍就有朱权著《臞仙神隐书》明抄本，被著名学者、藏书家郑振铎称之为“十年求之不得”的《农政全书》平露堂本，屠本畯的《闽中荔枝通谱》万历刻本，《齐民要术》金泽文库影印本以及《哈佛燕京学社引得》等。

有一次，梁家勉到北京出差，挤时间到琉璃厂买书，他看到有个书架顶上放着一捆满是尘埃的纸包，很好奇，请老板拿下来仔细翻阅才发现竟然是一部残缺不全的《尔雅谷名考》，高润生手稿。在行家看来，这无异于如获一宝，但价格却非常便宜。北京农业大学王毓瑚教授知道这件事后还幽默地说道：“广东人把北京的珍本都买走了！”这本书裱补后，成为特藏室的又一部珍本。

南方日报：农史室藏书从若干部到6万多册，这个过程中对学界有何影响？

彭世奖：农史室最终成为蜚声中外的农史文献藏书中心之一，除了华农的师生受益良多，慕名前来阅览、考察过并给予其很高评价的知名学者也多不胜数，其中就有中科院副院长竺可桢、国际科学史研究院通讯院士胡道静、中科院院士席泽宗、生物化学科学家曹天钦，英国的李约瑟、鲁桂珍博士，美国的席文、黄兴宗、马泰来，日本的中山茂、森村谦一、渡部武、滨岛敦俊、原宗子，澳大利亚唐立，法国白馥兰、梅塔耶等国内外知名学者。

周肇基：李约瑟博士1944年第一次见到梁家勉，34年后，他又与鲁桂珍专程到华南农学院访问，当他们看到农业历史文献收藏如此丰富时，都倍感惊讶，不顾年事已高，在高温里兴致勃勃地翻阅文献。两位客人还提出希望复制需要的文献，并约定3个月后再到华农看书。

平时，凡登门或来信索取农史室馆藏资料者，梁家勉皆来者不拒，现在农史学科的带头人中，不少人得到过梁家勉的帮助。

梁家勉与著名的农业科学家、教育家、水稻专家丁颖合影

梁家勉与研究生黄世瑞在蚕房

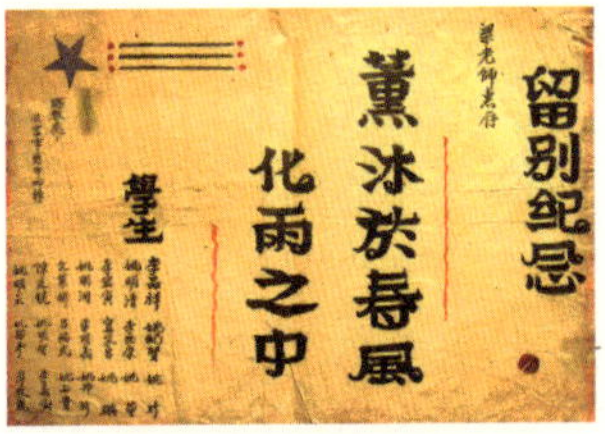

宜章中学学生感谢状

从未出国但深得国外同行赞许

南方日报：在梁先生身边工作多年的林枫林写过一篇文章，读大学时他与梁老首次在课堂上相识：在上世纪80年代初期，中国还很少见到外国人，美国宾夕法尼亚州大学的博士生穆素洁到中国短期进修，开了一场中国科技史的讲座，多次提到梁老在科技史上的贡献，并提到她的几位同学在撰写博士论文时都曾来华请教梁老，而她的导师、美国著名学者席文也很尊重梁老。林枫林对梁老的崇拜油然而生。

周肇基：的确是这样，梁老从未出过国，但他的研究工作却得到许多外国同行的认同。

20世纪40年代，李约瑟博士是英国驻华大使馆属下的科学联络局科学参赞，受英国政府派遣考察抗战中的中国科学教育的现状。他冒着危险于1944年4月27日来到避地粤北山区坚持办学的中山大学，并对分散在周边的各个学院进行访问。据梁家勉教授回忆，当年5月初，李约瑟到达在湖南宜章栗源堡办学的农学院。

参观图书馆时，李约瑟得知梁家勉正致力于中国古农书研究并有相当收获时，表现出很大的兴趣。第一天交流、访问持续了3个多小时。次日，李约瑟意犹未尽，提出要与梁家勉继续访谈。连续两个半天的访谈，给双方都留下了深刻印象。李约瑟回到中大校本部后，特意赞扬了梁家勉的研究，并建议学校多加支持。

倪根金：梁先生在撰写《〈齐民要术〉的撰者、注者及撰期时》，查阅了最早著录《齐民要术》的《隋书·经籍志》等几十部目录学文献，还寻找北魏的有关碑文作为古籍资料的补充，得出令人信服的结论，日本研究中国农史的专家田野元之助教授读完这篇文章后曾写信给梁先生："四五天来，我每天反复拜读，体会尊著内容，并将尽量引入拙稿。"可见梁先生的研究得到国内外许多知名学者的推崇。

培养中国第一个农史学研究生

南方日报：梁先生八十大寿时，整个农学界齐聚广州为他祝寿，很多同领域学人和学生对其印象深刻。如何评价他在培养人才和后继者方面的作为？

倪根金：农史研究在中国近代起步较晚，过去从未有过专门培养这方面人才的学校、专业和机构。为此，早在1962年，梁家勉就提出要重视“对新生力量的培养”。改革开放后，面对农史界年龄老化，他又多次在全国会议上联合各方代表，积极倡议在有条件的大学创建农业历史专业硕士点，培养科研人才。

于是，在1980年，华南农学院创立了全国第一个农史专业硕士点，梁家勉成为首位硕士生导师并培养了中国第一位农史研究生。在他的主持下，中国制订了《农史专业研究生培养方案》和《农史专业硕士学位论文要求》，为本专业人才培养的科学化、规范化做出了贡献。梁老自己培养了6名研究生，现在都是博导、教授、编审或者单位领导。

南方日报：据了解，除了高级研究人才的培养，梁先生也非常注重在本科生中开展农史教育。

彭世奖：1981年起，在梁老的积极建议下，华南农学院在全校为本科生开设中国农史的选修课，一时听众云集，梁老亲自登台上课。教学中他发现土化系有位学生对农史很有兴趣，学习成绩也很好，有从事农史事业的愿望，为此梁老专门去找了学院主管领导，希望毕业分配时把此学生分给农史研究室，学校采纳了他的建议，学生也如愿以偿。

（林旭娜）

学人小传

钟敬文（1903—2002），原名钟谭宗，广东海丰人，中国著名的民俗学家、民间文学家、现代散文作家。早年留学日本，曾先后在广州、杭州、桂林、香港等地任教，抗日战争期间从事救亡工作。1950年后任北京师范大学中文系教授、博士生导师。历任中国民间文艺家协会主席、中国民俗学会会长。他从事教育工作80年，为我国培养了大批优秀人才。他还出版有《钟敬文文集》《民间文艺学及其历史》《钟敬文学术论著自选集》等百余万字著作，有『中国民俗学之父』的美誉。他毕生致力于教育事业和民间文学、民俗学的教学研究工作，贡献卓著。

钟敬文：移山追日君莫笑 顽石难消一颗心

20世纪风云激荡的百年，定格了一位百岁学人。他以不坠青云之志，将民俗学、民间文学在中国的新芽，浇灌成一棵参天大树。他就是我国民俗学家、民间文学大师钟敬文。

翻开这位世纪老人的人生篇章，我们读到的是炽烈、坚毅而质朴的人生诗篇。动荡的世纪里，他坚守理想，历风雨纤尘、万里奔归，成为一座丰碑。

炽烈的理想志向，使钟敬文积跬步以成千里。“千年枯海怒潮腾，我也乘潮一后生。”钟敬文从粤东小镇走出，抱着“做学问是为了民众，做学问不是为了自己”的学术信条，放弃了让他更容易出名的文学创作，最终成为“中国现代民俗学之父”。

质朴的心性情怀，使钟敬文成为后辈师表、一座高峰。他笔下才情万千，百年生涯结交文化名流无数，从鲁迅、顾颉刚、郁达夫、聂绀弩到季羡林、启功等，风雅气度垂范后辈。但他甘做一粒麦穗，撒在泥土里，播种新生。他常说：“我是时代的小人物，生平没有丰功伟绩，没有赫赫声名，只是一个耕耘时间较长、涉猎园地较广的诚实的农夫而已。”直到去世前也没有停下工作，还指导着10多名博士生和访问学者。

钟敬文的百岁人生，让我们窥见了一个拓荒者的心路历程，他无惧风雨，忘我投入，为理想跌倒、爬起，一路狂奔。他曾这样说：“我们时代的道路太遥远而崎岖了。几多没有毅力的赶路人，不断地在中途的小站悄然下了车。”而钟敬文的百岁人生启迪后人：“守住一种理想，比获得一种理想远为困难。”

历历往事

初出茅庐
“五四”春雷惊醒乡野青年

“五四”新文化运动的一声春雷，惊醒了粤东小镇躲在阁楼中用朱笔点读《左传》《东坡集》，学作“子曰”文的文学青年钟敬文。没有这三月的惊蛰，便不可能有日后的一代民俗学大师钟敬文。

钟敬文自幼博览古代典籍，醉心诗词创作。满怀诗人激情的他，在“五四”的洗礼中，耽于《新青年》《小说月报》等新刊物。这时，不满20岁的钟敬文心存鸿鹄之志，渴望乘惊涛骇浪，展翅而飞，踏上一条迥异于以往的学艺新路。钟敬文后来曾这样回忆说：“‘五四’的智慧醒觉运动把我的心眼撞开了。”

“五四”前后，时任北京大学校长蔡元培亲自发表“校长启事”，征集全国近世歌谣。1920年冬天成立的北大歌谣研究会，会聚了李大钊、鲁迅、刘半农、胡适、周作人、顾颉刚、常惠、董作宾、朱自清等著名教授。1922年，北大国学门印行《歌谣》周刊，向全国广泛征集歌谣。这份周刊如电光火石，照亮了在家乡海丰教书的钟敬文的人生路。

“我的这颗心儿，犹如秋江寒潮，忽而澎湃沸腾，忽而悄然沉寂。”原本内心彷徨的钟敬文，走上了民俗学、民间文学的研究道路。民俗学也成为他一生寄放身心之所。

钟敬文的故乡是海丰的小镇公平镇，自古民间文化鼎盛，是广东广府、客家和潮汕三大民系交融之地；既有“五步一庙”的民间信仰，又有全国罕见的三个剧种、风格独特的疍歌（惠东渔歌）。对民间文化的敏感和喜爱，扎根于青年钟敬文的血脉里。接触到《歌谣》的钟敬文“像疯子一样，拼命向周围搜求民歌、谚语和故事，振笔写作关于歌谣的评论文章”，也为日后的学艺生涯在朦胧中找到了方向。

1924年前后，钟敬文开始把自己在家乡搜集到的百余件民间歌谣、口承故事，投寄到北京大学《歌谣》周刊，这些文章很快得以发表。他搜集编纂的《疍歌》，更被刘大白先生赞为“功绩不容渺视”。当这些一贯被忽视为“破铜烂铁”的“野生文艺”公然刊登在最高学府的校刊上时，一个偏居乡野、默默无名的有志青年，开始崭露头角。

更为重要的是，因《歌谣》周刊，钟敬文开始运用古典文献与民俗学田野调查相结合的方法，积极参与当时热点学术讨论，与董作宾讨论《看见她》，与顾颉刚讨论《孟姜女》。而钟敬文的天赋和勤奋，打动了著名史学家顾颉刚，甘当其引路人。1927年，顾颉刚从北京南下来到中山大学任教后，便推荐钟敬文调任中山大学中文系，成为傅斯年的助教。

当时，从北大纷纷南下的教授如顾颉刚、容肇祖、董作宾等齐聚中大，让这里成为民俗学研究的又一中心。钟敬文满腔热忱投入组织与研究工作，他协助顾颉刚等成立了我国第一个民俗学研究组织——民俗学会，创办民俗学讲习班，编印了《民间文艺》《民俗周刊》及民俗学丛书，推进了民俗学这门崭新学问的萌芽。

此时，这个从粤东僻壤走出的年轻学子，初出茅庐，登上了中国民俗学的世纪舞台。

A20
百年双喜 特约
世纪广东学人
钟敬文
移山追日君莫笑
顽石难消一颗心
百岁登顶
百年薪火 世纪风范 广东中烟工业有限责任公司特别呈献

钟敬文（左）与启功

求学扶桑
逆境奋起困厄不改志向

遭逢困厄不改志，坚毅苦学成大器，这浓缩在民俗学大师钟敬文的学术路上。1928年，一心沉浸在民俗学研究中的钟敬文却招来横祸。学校保守势力借口他经手付印的《吴歌乙集》掺杂“猥亵”内容，解除了他中山大学的教职。

蒙此不白之冤，钟敬文并未就此消沉。“五四”新文学运动的闯将刘大白得知后，慨然相助，将其介绍到杭州工作。经此一劫，钟敬文守得云开见月明，迎来学术事业第一个黄金时期。

西子湖畔的美景勾起钟敬文的诗人情怀，他笔下文思泉涌，大量优美散文小品一挥而就。1929年和1930年先后出版《西湖漫拾》与《湖上散记》，文辞静默、意蕴深远，在文坛成为闪亮新人。其散文成就，收录在其后由郁达夫编著的《新闻学大系·散文二集》（1936）中，被誉为“清朗绝俗，可以继周作人、冰心的后武”。与笔下绵绵不绝的诗文同时喷薄而出的，还有钟敬文对民俗学、民间文艺学理论研究的更上层楼。

1930年春，钟敬文与钱南扬、娄子匡、江绍原等人发起，在杭州成立了中国民俗学会，组织编印了《民间》（月刊）、《民俗学集镌》及民俗学丛书。他还致力于民间文学的搜集研究，写下了多篇民间文学的研究文章。一时间杭州成为继北大、中大之后的民俗学研究重镇。及至多年后，分隔台湾的民俗学会还一直尊杭州的中国民俗学会一脉为国内民俗学滥觞。

1934年，为进一步深造民俗学、文化学，他抛下教鞭，携夫人陈秋帆东渡日本求学。在早稻田大学进修的两年时间里，正是日本民俗学确立的重要时期。日本“民俗学之父”柳田国男创办了乡土研究所，发表了“日本第一部民俗学概论”，钟敬文眼界大开，如饥似渴学习日本和欧洲民俗学、文化学的相关理论。在跟著名神话学家西村真次学习神话学期间，钟敬文在当地的《民族学研究》《民俗学》月刊等学术杂志发表了多种关于神话、传说和民间故事的论著。此外，他向国内学术界发表译著文章17篇，涉及日本民俗学发展、俄罗斯民谣、朝鲜产育迷信、法国民俗学等方面内容。

求学扶桑，让钟敬文在民族学、民俗学、原始社会史和文化史等几个领域钻研下去，成为其日后学术思想的几块基石。留学末期，他深思熟虑后写出《民间文艺学的建设》这篇重要的学术文章，首次向国内学界提出了“民间文艺学”这个全新学科概念，为建设中国自己的民俗学学科体系做出了特殊贡献。

“时危抉笔赴军门，慷慨为文气薄云。”在那个战乱频仍的年代，钟敬文没有做一个躲在书斋的学者。1936年回国后不久抗日战争局势严峻，此后动荡的十余年，他不得不暂停学术研究，挟笔从戎投身抗战文艺创作，创作战地报告文学、编辑《新军》杂志。他陆续结识朱自清、乔冠华、柳亚子、叶圣陶、郭沫若、秦牧等文化名人，以如沸豪情创作文章支持抗战。

在时代漩涡里，钟敬文逐渐放弃了可以迅速成名的文学创作，毅然走向“冷门”的民俗学研究，他清醒地为自己的人生和事业选择了一个终身的方向——民俗学和民间文艺学，历千辛而不辍，尝万苦而自甘。钟敬文对人生和事业的选择，表现出一种“殉道精神”。他曾说：“写散文，我不写，还有别人；民俗学，我不搞，就很少有人坚持下去。”

“移山追日君莫笑，顽石难消一颗心。”老友俞平伯曾赠诗钟敬文，对他身上这种对学术走火入魔般的痴情感佩称赞。

钟敬文和妻子陈秋帆合影

雪虐风饕
二十载劫难意志未消磨

解放后，钟敬文终于得以完成心愿，回归一名纯粹学者。“不搞政治，只做学问”，钟敬文曾向老友乔冠华这样吐露心声。半生颠簸，钟敬文认为自己身上有一种崇尚更高自由的学者气质，一种甘于在野甚至隐逸的气质，希望远离政治，安心做学问。

在北京参加第一届人代会后不久，钟敬文进入北师大中文系工作，开设了民间文学课程，同时讲授现代新诗。讲台上的钟敬文倜傥风流、潇洒脱俗，深受学生喜爱。1953年，钟敬文在北师大中文系创建了人民口头文学创作教研室，并招收了第一批研究生，巩固了这门新兴学科。

1950年3月，他多年夙愿得以实现，中国民间文艺研究会成立。郭沫若任理事长，钟敬文和老舍担任副理事长。这一时期，他马不停蹄投身学术活动，先后主编会刊《民间文艺集刊》和《民间文学》月刊，还编辑出版《民间文艺新论集》等，驰骋在自己的学术世界。

一夜之间，西风拂拂，叶零如雨。然而，正当他即将迎来收获之季时，一场突如其来的寒风肆虐，让他在此后20年的人生发生突变。

1957年，“整风运动”开始后不久，受时任北京市委宣传部长鼓励，钟敬文本着诗人的真诚和天真，应邀在《人民日报》上发表了《破浪前行》的短文，他“坡老忧时有激言”的文人气质不改，多次热心谏言。结果“反右”运动一开始，他便被打成“右派”，被扣上了“资产阶级反动学术权威”的“大帽子”。

这场政治运动中，他被赶下大学讲台，从一级教授降到三级，被实施管教劳动。半生执笔的双手，颤抖着拿起笤帚清扫落叶、垃圾。之后的“文革”，他成为屡次被批斗、被抄家的对象，被下放到干校劳改，甚至外界一度风传钟敬文已经死去……

劫复一劫，磨难不断，这20年里，钟敬文身心饱受摧残，但他意志不曾消弭。他写下这样的诗句聊以自慰：“笤帚一枝横直扫，耙子有时兼举。荆刺钩衣，山坡滑脚，稍会樵童趣。一天活了，笑看黄日西注。”

以“笑看黄日西注”的心境，钟敬文在这雪虐风饕的20年里，仍苦心耕耘。他在艰苦环境中，推进我国近代民间文艺学史的拓荒工作，先后撰写了《晚清革命派著作家的民间文艺学》《晚清改良派学者的民间文艺见解》等几篇文章，开始梳理我国古代文献中的神话、传说、歌谣、谚语等民间文学资料。他以夹缝中求生存的意志，在民俗学和民间文艺学的狭长地带“挥了几锄”。

“几株黄落及霜天，触履沙沙一怅然。舍得将身作泥土，春风酬尔绿茵园。”钟敬文于1975年写成的这首《行落叶上有感》，是他坚毅、豁达人生态度的写照。

百岁登顶
甘做麦粒终成学界大师

“遥瞩前程红似火，拼同少年竞新鞭。”1979年后，噩梦结束，钟敬文等到了来之不易的大好时光，此时他已过古稀之年。但他并未有半点停歇，毫不喘息投入了民间文学和民俗学的恢复之中。

20世纪80年代之后，钟敬文开始肩负学术要职，成为民间文学和民俗学的一面旗帜。1979年，他为恢复民俗学的学术地位而呼吁奔走，亲自邀集顾颉刚、容肇祖、杨堃、杨成志、白寿彝、罗致平等著名学者联名倡议建立中国民俗学会。1983年，中国民俗学会成立，钟敬文当选为理事长。

一方面，他脚踏实地，扎实投入基础性研究工作。除了撰写大量学术论文外，他还倾注心血组织编纂《中国民间文学集成》（歌谣卷、故事卷、谚语卷）。此外，两次组织全国高校教师编写了基础教材——《民间文学概论》《民俗学概论》。

另一方面，他高瞻远瞩，以“中国学问”和“世界眼光”来构建民俗学的发展。钟敬文提出：“民间文学和一般作家文学，是两株树上开出来的形状和色香各异的花朵。”在他的提倡和努力下，民间文艺学被提高到新的研究高度。

在长达80年的研究生涯里，他就像在攀涉一座高峰，不懈怠、不停歇。上世纪90年代，钟敬文提出了以“民俗文化学”代替“民俗学”的设想。晚年，他更是提出“建立中国民俗学派”的构想。

凭借对学术理想“执着如怨鬼”的精神，凭借一个诗人的激情勃发，钟敬文在“年登大耋”之时攀上事业顶峰。他被尊称为“中国民俗学之父”，桃李满园。及至半世纪以来，全国民俗学、民间文艺学的诸多骨干，都出自他的门下。

“事功未竟意难安”。2001年夏秋间，年届百岁的钟敬文因病住院，而他的学术激情不但没有消退，反而勃发“勇冠三军”

钟敬文与家人在一起

1949年第一次文代会期间，钟敬文（后排中）与艾青、黄药眠、梅兰芳、胡风、冯雪峰等合影

（程千帆语）之斗志。他的病房变身研究所，几乎每天都有博士登门谈论论文。临终前他还在进行《中国民俗史》的编写，手下在读的博士生还有15位。

“我一息尚存，就要为所从事的事业竭尽智能。因为它已经成为我整个生命的全部了。”晚年的钟敬文在回忆文章《我与我的时代·祖国》中曾这样写道。钟敬文把自己比喻成一粒麦子：这一粒麦子如果用掉，就一粒都没有了。可如果把一粒麦子种在土里，就会长出麦穗，结出许多麦子。长达80年的问学之路上，他甘做一颗“麦粒”，忍受冬的严寒相逼，最后在春的泥土中萌芽、播撒种子。

而这百岁的不懈跋涉、一生坚毅求索，有多少壮志未酬？又饱尝了多少冷暖甘苦？钟敬文在98岁高龄时写下的这首《拟百岁自省》，杂陈了他身上那种永不消磨的生命意志：

历经仄径与危滩，步履蹒跚到百年。
曾抱壮心奔国难，犹余微尚恋诗篇。
宏思竣想终何补，素食粗衣分自甘。
学艺世功都未了，发挥知有后来贤。

〔本文参考了《飞鸿遗影——钟敬文传》（安德明著）《风雨世纪行——钟敬文传》（杨哲著）《钟敬文民间文学论集》《民间文化大风歌——钟敬文百年华诞纪念文集》（白庚胜、向云驹主编）《钟敬文生平·思想及著作》（杨哲著）等，对中山大学中文系教授、博导叶春生和中山大学非物质文化遗产研究中心教授刘晓春的帮助表示感谢。〕

（李培）

学 者 视 点

施爱东、刘晓春评价钟敬文

五四之子　民俗之父　性情诗人

A21
钟敬文:五四之子
民俗之父 性情诗人
广东中烟工业有限责任公司特别呈献

作为“五四”新文化运动大潮冲击下成长的一代，钟敬文把民族民间文化的“发采扬辉”作为自己毕生的事业。2002年，钟敬文逝世后不久，他的老朋友黄苗子撰文这样追忆他：钟敬文是一个渊静潇洒、温良恭俭的书生，具有诗人气质的散文家。可以用“五四之子、民俗之父”八个字概括他整整一个世纪的学问人生。

钟敬文把一生中最主要的时间、精力和智慧，都奉献给了中国的民间文艺学和民俗学。在近80年的学术生涯中，钟敬文基本奠定了中国民间文艺学和民俗学学科体系的理论构架，陆续开拓了中国神话学、传说学、故事学、歌谣学、近现代民间文艺学史、民俗文化学等诸多学科领域。对此，南方日报记者专访了中国社科院教授、民俗学者施爱东以及中山大学非物质文化遗产研究中心教授刘晓春。

学界地位

被誉为“中国民俗学之父”
最重要的组织者和经营者

南方日报：学界有一种说法，称钟敬文是“中国民俗学之父”。如何评价钟敬文对于现代民俗学的地位和贡献？

施爱东：前任中国民俗学会会长刘魁立曾说：“谈起中国当代民俗学就必然要提到钟敬文，说到钟敬文就必然会想起中国现代民俗学，中国现代民俗学和钟敬文是一对孪生兄弟。”这不仅表现为钟敬文是一个杰出的民俗研究者，更表现为钟敬文是中国现代民俗学最重要的组织者和经营者。

民俗学是“五四”新文化运动的产物，不是一门传统的学科。一门新学科的创建，需要倡导、呼吁、经营、建构、继承、发展，乃至维护和斗争，钟先生可说参与了全过程，既是开创时期的主要参与者，也是发展时期的主要领导者、规划者，是中国现代民俗学的总设计师。没有钟先生就没有今天的民俗学，如今中国民俗学科60%以上的从业者都是钟先生的弟子或再传弟子。

刘晓春：因为建设新文化、启迪民智的需要，五四时期的知识分子“到民间去”，发现民间，肯定民间的价值。刘半农、周作人、顾颉刚、董作宾，乃至胡适、鲁迅、茅盾等众多著名学者、文学家都或深或浅地介入到民间文学、民俗学的研究之中，为中国现代民间文艺学、民俗学奠定了基础。但他们大多有自己的术业专攻，顾颉刚专攻古史，刘半农的兴趣在语言学，周作人则是小品文名家，唯有钟敬文自始至终，70多年孜孜不倦地在民间文学、民俗学园地默默耕耘。对于中国民俗文化，钟敬文有许多创见性的思考，一如既往地重视民间文化的搜集、记录、整理，他有清醒的学科自觉意识，致力于学科建设与人才培养，被国内外学界誉为“中国民俗学之父”。

南方日报：如果说，中国现代民俗学滥觞于1918年的北京大学歌谣运动，追溯这个源头，“五四”新文化运动对钟敬文的影响是怎样的？

刘晓春：钟敬文一直强调“五四”是他的启蒙老师，“五四”唤起了他的国家民族意识，引导他走向新文学及民间文学，并一直贯穿在他的思想和生活实践之中。1919年夏天，“五四”运动迅速蔓延到钟敬文的家乡——海丰北部的公平小镇，他组织同学成立“救国会”，宣传爱国，抵制日货。一如大多数的五四青年，钟敬文开始阅读《新青年》《小说月报》等杂志，对于新诗，尤有兴味，当时的《尝试集》《女神》以及《湖畔》等，自然一一读过。因诗的缘由，他与当时在海丰的黄埔军校二期学员聂绀弩结下深厚友谊。

20世纪20年代初，北大国学门印行《歌谣》周刊，向全国广泛征集歌谣。此时钟敬文刚从陆安师范毕业，辗转于家乡海丰的小镇教书。1922—1926年间，钟敬文搜集、记录了各种形式的民间歌谣数百首，还有神话、传说、民间故事、笑话等百余则。自1924年起，这些资料经过钟敬文的编注，以专集、散篇的形式，陆续发表在《歌谣》《语丝》《北京大学国学门周刊》等刊物。1926—1928年间，结集出版了《客音情歌集》《疍歌》《马来情歌》《民间趣事》等。

南方日报：钟敬文与顾颉刚对于中国现代民俗学各产生怎样的影响？

施爱东：中国民俗学的研究范式主要是由顾颉刚创立的，钟先生作为顾先生的得力助手和好朋友，对顾先生的研究范式既有学习，也有发展，学习了他的历史演进的方法，同时加上了自己对于民间传说和故事的类型研究方法。

钟先生在民俗学领域领导核心地位的确立是在1978年以后，他和杨成志一道，反复呼吁复建民俗学科，呼吁创立中国民俗学会，后来由钟敬文先生执笔起草了《建立民俗学及有关研究机构的倡议书》（1978年），这是一份非常重要的历史文献，俗称“七教授上书”。正是因为这份倡议书，才有了今天的民俗学和中国民俗学会。

通俗地说，中国民俗学的开创时期是顾先生掌舵，钟先生和容肇祖先生干活，到了20世纪80年代的恢复时期，则是顾先生和容先生挂名，钟先生掌舵兼干活。

学术贡献

不是常规研究科学工作者
而是科学革命的建构大师

南方日报：钟敬文一生长达80年时间投身民俗学、民间文学研究，主要有哪些学术贡献？对于中国民俗学的构建，20世纪，这个学科一直夹杂在文学、史学、社会学之间，顾颉刚以一个历史学家的立场介入，杨成志一直主张民俗学向人类学的转换。请问，钟敬文在这一学科的创立、设置等方面有哪些重要贡献和奠基作用？

刘晓春：首先，钟先生提出了“中华文化三干流学说”。1950年，钟敬文就提出了“口头文学是一种重大的民族文化财产”的前瞻性理念。1982年，钟敬文在当时的杭州大学中文系讲学，提出中华传统文化可以分为三条干流：第一层是由封建社会上层阶级所创造和享用的文化，第二层是市民文化，第三层是广大劳动者创造和传承的文化，其中，第二、三层文化即民俗文化，三层文化共同构成了民族传统的优秀文化。正是因为他深刻认识到民间文化对于一个国家、民族文化传统的重要性，改革开放之后，他一直致力于组织、指导、积极参与民族民间文化遗产的发掘保护，主要负责《中国民间文学集成》（故事卷、歌谣卷、谚语卷）的编撰工作，他认为这是修筑中国民间文化的万里长城，任重道远，“吾侪肩负千秋业，无愧前人庇后人”。

其次，他对学科构建有自觉意识。1934—1936年，钟敬文在日本早稻田大学学习，其间完成了《民间文艺学的建设》一文，1936年1月份发表在《艺风》杂志，在国内最早倡议建设民间文艺学学科。钟敬文指出，与作家文学相比，民间文艺学的研究对象是集体创作、集体传承、集体享用的，民间文艺以流动的语言为媒介，是“口传的文艺”，不同于“书本的文艺”，更重要的是，“口传文艺”与民众的生产、生活密切关联，甚至是生活的一部分。

改革开放后，钟敬文一直致力于民俗学学科基本理论建设。1998年12月，在“中国民俗学运动八十周年纪念大会”上，钟敬文主张以“多民族的一国民俗学”研究，建立民俗学的中国学派。他认为，通过理论民俗学、记录民俗学、历史民俗学三方面的建设，以此建立民俗学的中国学派。中国民俗学的功用在于搜集、记录、整理中国各民族的民俗文化财富，增强国民的文化史知识和民族意识、民族情感，完善国家新文化建设的科学决策，丰富世界人类文化史与民俗学的宝库。

施爱东：郭沫若曾评价钟敬文是民间文艺的研究家、老舍是民间文艺的写作家。作为民俗学科的代表人物，钟先生密切关注着社会文化与社会生活，努力将民俗研究与社会文化生活结合起来，1990年前后，积多年的文化学思考，他终于提出了“民俗文化学”这一新创概念，立志把它建成一个独立的学科。晚年钟敬文的精神世界依然是十分年轻的。这一学科体系的构想体现了钟敬文对民俗学学科构成的一种战略性思考，这在中国现代学术史上是极其罕见的。“五四”以来，我们大量引入西方学术，从自然科学到社会科学，几乎全盘拷贝了一份西方学科目录，晚年钟敬文提出建立“中国民俗学派”，觉得有自成一派、自立体系的必要。而能够指出这种必要且能够倡导体系建构的，在现代中国民俗学界，只有钟敬文。

从这一点上看，钟敬文并不是一个常规研究的科学工作者，而是科学革命的建构大师。可以说，周作人是中国民俗学的呼吁者，顾先生是中国民俗学的创建者，钟先生是早期民俗学的骨干和积极参与者。由于早期民俗学的这种多学科参与的状况，导致了民俗学定位的不断摇摆。20世纪80年代之后，钟先生已经成为中国民俗学的绝对领导者，但是，他对于民俗学的定位也还处于一种摇摆不定的状态，他对于学科的设想有些过于庞大，实现起来有困难。

南方日报：钟敬文在民俗学教育方面起到什么作用？

施爱东：钟先生作为一个教育家，最伟大的地方在于因材施教。我在整理他的遗物时，发现两个小本子，上面写满了对于学生的评语和感想，针对不同学生的性格特点和知识结构，施以不同的教学手段。比如，他在一次博士的面试结束后就说，巴莫曲布嫫是野马，刘宗迪是黑马，两个人风格很不一样。他每次备课都非常认真、严谨，有详细的教学提纲，从来不会为了追求课堂效果而脱稿信口开河。对于学生的要求主要在两方面：一是绝对要求实事求是，要求引用的东西一定要准确，要仔细核对，绝不允许在学术研究中采取虚构和想象；二是对于写作的要求，他认为论文是写给别人看的，一定要平实，要好看，要清楚知道自己讲什么，还要让别人清楚你讲什么。

刘晓春：钟敬文把自己的生命比作护花的“春泥”，他不仅仅把民俗学、民间文学这一民众的精神文化当作自己的毕生事业，也通过办高级研讨班、编写教材、招收学生等不同方式，培养中国民俗学的后备人才。钟敬文一直有个愿望，希望写一篇《女娲考》，他积累了大量的资料，但由于工作忙，始终没有成书，有人劝他抛开一切，完成这部专著。但他笑笑说，写出来自然好，但那仅仅是一本书，如果我把这些精力投入到年轻有为的学生身上，那将会收获十本、二十本或更多这样的专著。

20世纪50年代，钟敬文开始招收研究生，第一届研究生中就有至今依然活跃在中国民俗学、非遗保护领域的著名学者乌丙安等。1993年，弟子张紫晨英年早逝，钟敬文顿感学科后备人才的培养迫在眉睫，于是再次出山培养博士研究生，他希望在自己的有生之年能培养25个博士，让他们像种子一样撒在全国各地，落地生根，开花结果。如今，20世纪80年代以来国内培养的民俗学、民间文学博士，已经成长为中国民俗学研究、非物质文化遗产保护的中坚力量，有人称之为中国民俗学的“黄金一代”，其中绝大部分都是由钟敬文及其弟子培养的。

学人精神

既有传统文人家国情怀 又有现代学者自觉意识

南方日报：尽管被一些学者和不少媒体誉为“中国民俗学之父”，但他生前却曾多次说过这样的话：“我去世以后，墓碑上写‘诗人钟敬文’这几个字就够了。”如何评价钟敬文身上的诗人特质？

刘晓春：他是一位性情诗人。上世纪20—30年代是钟敬文散文创作的高峰期，后结集出版为《荔枝小品》（1927）、《西湖漫拾》（1929）、《湖上散记》（1930）。他的散文一直备受选家、评论家和读者的承认与赞赏。1935年，阿英编《现代十六家小品》，标准甚严，钟敬文与周作人、俞平伯、朱自清、冰心、苏绿漪（雪林）、叶圣陶、茅盾、落华生（许地山）、王统照、郭沫若、郁达夫、徐志摩、鲁迅、陈西滢、林语堂等作家并称现代小品十六家。同年，郁达夫编《中国新文学大系·散文二集》，收录了钟敬文的多篇作品。有人认为钟敬文的散文具有浓厚的个人主义、感伤主义的情调。

对于自己的学问，钟敬文曾经多次自我评价：我的学问，做得最好的并不是民俗学、民间文艺学，而是诗。他甚至很深情、很认真地说过，百年之后能在墓碑刻上“诗人钟敬文”足矣。钟敬文以此表明自己与诗歌乃至文学密切相伴的一生，其实，“诗人”更是他的生存模式、他的人生境界。钟敬文一生作诗上千首，仅安徽教育出版社出版的《钟敬文文集》（诗词卷）就收录了800首，其中大部分是旧体诗。钟敬文历经百年，有大量的诗歌感慨世事的沧桑苦痛，以致“诗人怕问苍生事”。抗战爆发后，钟敬文毅然割舍一切，仅携一部陆游的《剑南集》投笔从戎，写下了“日暮军笳动离席，豪情别意两难平”“辕门草檄每宵分”“春阳如雪照戎装”等壮美诗篇。他的诗记录了自己与柳亚子、郁达夫、冼星海、俞平伯、聂绀弩、冰心、冯雪峰、夏衍等人的交往与深厚情谊，“江南自有春如海，不寄梅花只寄诗”，他以诗的形式，表达他对朋友的一片深情。他曾三次到柳亚子的墓前致奠，在“森森丛柏余清响，寂寂幽花递晚香”中写下了多首感人诗篇。

南方日报：回顾钟敬文80年的学术生涯，他那种坚持不懈、勇攀高峰的学术精神留给后人的启迪是什么？

刘晓春：钟敬文的百年人生，经历了中国社会从传统向现代转换以及民族复兴的重大历史时期。他的诗歌散文体现的个人气质，兼具古典的精致优雅与五四文人的感伤忧郁。他的学问功业，既满怀中国传统文人的家国情感，又深具现代学者的学科自觉意识，执着坚韧，孜孜以求。钟敬文以及五四时期的知识分子对民间文化的发掘、记录、整理、研究，在建立现代民族国家的过程中，对于启迪、动员民众力量，起到了积极的先导作用。在中华民族文化复兴的当代，钟敬文关于民族民间文化的学说及其实践，对于当前的文化自觉、文化自信，坚持文化多样性，以及保护非物质文化遗产，确立民众创造的传统民俗文化在民族国家文化中的正面价值，维护中华民族的文化认同，越来越凸显其重要的理论与实践意义。

（李培）

学人小传

梁伯强（1899—1968），医学教育家、病理学家，我国病理学奠基人之一，广东梅县人。1922年毕业于上海同济大学医学院，随后赴德国留学，1925年获慕尼黑医科大学博士学位，回国后曾担任同济大学副教授，1932年在广州任国立中山大学医学院教授和病理研究所主任。解放后，梁伯强先后担任过华南医学院、中山医学院教授及副院长以及卫生部科学委员会常委等职，与谢志光、陈心陶、陈耀真、秦光煜、林树模、周寿恺、钟世藩等同评为国家一级教授，誉为中山医学院的『八大金刚』之一。1955年，梁伯强被选聘为中国科学院学部委员，当选第一、二、三届全国人民代表大会代表。1968年11月病逝于广州。

梁伯强毕生从事医学教育和病理学研究。治学严谨，学术造诣极深，培养了大批优秀的病理学人才。他对鼻咽癌开拓性的研究，蜚声国际，为发展我国病理学做出了重大贡献。

梁伯强：妙术仁心　杏林漫山

在19世纪与20世纪新旧交替的时代里，不同学科都迎来了其知识转型的挑战或契机。而医学，这一门济世救人的特殊学问，恰好处在“西风东渐”大潮的风口浪尖上。

这些在时代浪潮洗刷下成长的新一代，远者如革命先行者孙文，近者有文学旗手鲁迅，都曾不约而同地在医学中探寻救国救民的良方。梁伯强，就是其中的一位。

梁伯强的一生，都献给了尚处草创阶段的病理学：确立了严谨的尸体解剖制度，建成完备的病理学教研机构，对当时尚不清楚致病机理的肝硬化、鼻咽癌等病症提出了准确的论断……而其影响更为深远的，乃是从上世纪50年代开始，为我国各医学院校和研究所，培养了数百名病理学人才。

将医家称作“杏林中人”，乃是源于三国名医董奉定下的一则奇怪的规章：为人治病，不取钱物，病愈者栽杏一株或五株，再将种杏所得，易谷济贫。十年之后，十万杏树，郁然成林。尽管梁伯强从事的工作，可以算得上医疗事业的“幕后工作”，然而，他所亲手培养的学生，早已成了今天中国病理学的前辈。而他学生的学生，仍在继续推进我国医疗事业步步前行。梁伯强的贡献，堪称杏林佳话的“故事新编”。

远渡重洋
寻找明灯燃亮医道

在19世纪的最后一年，梁伯强降生在梅县的一个知识分子家庭。父亲梁劭勤是一名教师，任教于本乡小学和梅县女子中学。在严父慈母的管教之下，梁家子女都勤奋好学，梁伯强在班中也是名列前茅。然而不幸的是，在梁伯强6岁时，一场疫症夺取了他母亲的生命。济世救人的理想，也像一颗种子，从此撒播在梁伯强幼小的心灵间。

20世纪初，随着传教士开设的医局和学堂，科学的治疗手段燃亮了神州大地，也照见出传统医术中愚昧落后的弊病。通过先进的西洋医术，增强国民体质，成为不少有识之士的洞见。“病理解剖对于医者，譬如一盏光耀的灯，在黑暗的中国医道上，光照他们，引着他们走上路。”梁伯强的感言，道出了那个年代中国医者的心声。

“病理学为临床医学之基础，欲求临床医学之进步，须先研究病理学。”在西医看来，病理学是临床医学基础中的基础。然而，在梁伯强的学生时代，中国病理学仍处于起步阶段。由于对致病机理缺乏系统性的了解，往往耽误了患者的治疗。在当时，只有《中华医学杂志》偶尔刊登病理学的相关文章，也只有北京协和医院等少数几家医疗机构，开设了独立的病理系。

1912年，梁伯强入读梅县巴色教会中学。梁伯强勤勉好学，每天坚持早起背诵德语词典。他仅仅用4年时间便修完了中学的全部课程，并以全年级第一名的成绩毕业，考进上海同济大学医学院，师从著名病理学教授F.欧本海姆，并在他的指导下学习尸体解剖。毕业后，梁伯强留在医学院里担任助教。而在这所为德国同行垄断的医学院里，梁伯强显然是一个另类。他不迷信权威，敢于独立思考，常常因学术观点的分歧，与德国教授争论。

因教学水平优异，梁伯强为校方推荐，赴德国慕尼黑大学研修病理学。留学期间，他在钻研西洋医术经典之余，还著文向海外阐述中国的医学成就。与当时学者普遍怀疑和否定中医的态度不同，梁伯强对传统医学进行了客观而辩证的分析。他表示，近代医学遇到的不少问题，如胃肠解剖等，在《黄帝内经》便早有论述。当然，梁伯强最感兴趣的，还是如何借助西方先进的医疗技术，提高国人的身体素质。从这个时候开始，他就着眼关注国人体质，以及地方的常见病和多发病。最终，梁伯强凭借《中国人的血型和地理关系的研究》一文，以最优等成绩获得了医学博士学位。

A12
百年双喜 特约
世纪广东学人
梁伯强
妙术仁心 杏林漫山
特立独行
“贡献尸体功德无量”
百年薪火 世纪风范 广东中烟工业有限责任公司特别呈献

特立独行

“贡献尸体功德无量”

回国后，梁伯强受聘为同济大学病理学副教授。1932年，由于上海战事吃紧，他回到了广州，作为当时教育部的部聘教授，受聘于国立中山大学医学院，兼任病理学研究所主任。

梁伯强教授在研究

当时的病理学研究所，只有一名助教和一名技术员，教学用具严重不足。梁伯强立即申请经费，购置教学投影机、显微镜和教学图片，并率领助教和技术员装配课室和建造尸解室，向德国母校征集人体标本。只用了短短几年时间，病理学研究所便成了当时国内学术氛围最为浓郁的第一流学术机构之一。

研究所条理的规范和勃发的生机，让梁伯强的“德国老师”也深受触动。来访的德国病理学教授H. 贝廷格称赞这是一所“完善的、极有发展前途的”研究所：“教学法好，科研有成绩，工作计划性强，标本和挂图都令人满意，师资培养受到足够的重视，研究所内外整齐清洁，有浓厚的学术氛围。”而梁伯强亦不无欣喜地表示：“本所虽无伟大可言，而简朴实用，颇适合我国教学及研究之需。”

梁伯强教授指导师资班学员观察病理玻片

古语有云：“身体发肤，受之父母，不敢毁伤。”由于俗禁未破，尸体解剖便成了难中之最，尸源尤为稀缺。梁伯强求学时代的同济大学，每年的解剖量也不过四五十例，对病理学研究来说无异于杯水车薪。为了争取尸体的来源，梁伯强竭力动员死者家属捐献遗体。他带头签名死后捐献遗体，并在自己的解剖室门口挂了一块牌子，写着“谁愿把尸体贡献给科学，功德无量”。

梁伯强、秦光煜教授等与进修生合影

梁伯强经常逡巡于市政厅、卫生局、慈善医院和掩埋队之间，宣传解剖的科学意义。

梁伯强对待解剖工作态度严肃。出于对死者的尊重，他禁止学生在尸体面前谈笑风生。然而，梁伯强对尸体解剖的高调宣传，也为他惹来不少麻烦。他曾经三度因解剖而几乎吃上官司，甚至还试过在军警的监视下完成解剖。其中一次，梁伯强在医院的同意下，取得无主尸体进行解剖，不料竟被当地地痞流氓勒索。梁伯强遭到了盗尸罪的指控，被敲诈巨额赔款。经过校方与社会名流的多方斡旋，事态方告平息。

在积极倡导尸解之余，梁伯强对病理学研究所管理工作的规范化和制度化建设也高度重视。连一向以严谨著称的德国人，也对他一手创制的“梁伯强格式”竖起了大拇指，甚至称赞“梁伯强格式”的科学性和规范性已经超越德国。对梁伯强来说，工作与生活并无二致。他将自己收藏的每本图书，都认真地在固定位置画线，贴上标签，就连战乱时期拍摄的工作照，都以工整的笔迹作注，记录下自己的行踪。他所创制的管理制度、尸解程序和记录规范，见诸其编写的《病理学实验室手册》《病理组织学标本制作技术》等工具书内。这些珍贵的学术遗产，至今仍在全国许多医学院中广泛沿用。

潜心学问
奋斗终生攻坚顽疾

1949年初，梁伯强正在美国约翰·霍普金斯大学考察。由于国内时局动荡不明，不少亲友都劝他留在当地工作。然而，梁伯强婉拒了这一请求，他毅然表示：“发展祖国医学事业，是我终生为之奋斗的目标。”解放前夕，梁伯强终于回到了广州，并以其将近20年的下半生，践行了自己的诺言。

20世纪50年代的中国，百废待兴。在全国院系调整中，中山大学医学院、岭南大学医学院和光华医学院合并为华南医学院（1957年命名为中山医学院）。梁伯强出任病理学教授、病理学教研室主任、第一副院长等职，主管全院的科学研究工作。

当时，中山医学院有“八大金刚”的说法，身为中国科学院学部委员的梁伯强便是其中之一，每月薪水为381元，同学们将其戏称为可望而不可即的

“381高地”。

然而，尽管梁伯强在学术水平上占据了这样的“高地”，但他的学术关注点却显得非常“草根”。早在20世纪30年代初，梁伯强便提出：“广东要与肺结核、麻风和肿瘤，特别是恶性肿瘤做斗争。”全国一解放，梁伯强便将鼻咽癌研究纳为中山医学院的科研重点。他改进了对鼻咽癌患者的治疗方法，引进放射治疗和化学治疗，代替过去单纯的外科手术，大大提高了患者的生存率。

梁伯强十分重视实地开展调研。他常常告诫学生“尽信书不如无书”。他认为，科学研究本身就是探索前人所未能认识的事物，因此虽重视前人的经验，却不能囿于前人的条框。“科学态度就是‘实事求是’。没有实事求是的态度，所谓的‘创造’，便成为无源之水、无本之木了。”

1962年，梁伯强在莫斯科第八届国际肿瘤大会上，首先提出了鼻咽癌的组织学分类，并阐明了“肿瘤间质反应”的新概念。他所提出的肝癌发生机理，也与当时国际的主流观点相抵牾。不少西方学者曾一度认为，中国的肝硬化多发是由于营养缺乏。梁伯强根据自己的长期研究，提出病毒性肝炎是肝硬化的致病因素之一。这一科学见解，直到20世纪80年代才为病毒学、免疫学和超微结构的大量研究资料所证实。

除了具体的致病机理外，梁伯强受卫生部委托，主编了全国第一部病理学教科书《病理解剖学总论》和《病理解剖学各论》，结束了我国无通用病理学教科书的历史。

严师慈父
掏心掏肺传授学问

每天步行上班，手上拿着一把长柄雨伞，向遇见的路人频频点头问好，是梁伯强在校园中给人留下的典型印象。尽管在学术界德高望重，日常生活中的梁伯强却是作风简朴、平易近人，将人才培养放在首位。

从1952年开始，梁伯强连同秦光煜、李瑛两位教授，连续开办了十多期高级病理学师资培训班。每逢开学之初，梁伯强总要亲临现场，做尸解示教，在解剖室里一站就是五六个小时。每逢上课铃声一响，梁伯强总是准时准点地出现在讲台上。他讲的每一堂课，都会让助手预先绘制图标，印发讲义，精心挑选标本和幻灯片。每做一场学术报告，梁伯强还要事先实地测量幻灯机的摆放位置，以求为听众预备最佳的观察距离。

“他真的是掏心掏肺地想把知识教给你。”学生叶嗣懋如此总结道。

尽管身为一级教授，梁伯强却虚怀若谷，不耻下问。他时常鼓励学生超越老师。梁伯强多次向自己一手培养的学生表示“甘拜下风”。对助手杨简制作的模式图，梁伯强更是逢人便称赞。他认为，只有“青出于蓝而胜于蓝”，病理学的事业才能前进。他也将“培养出能够超越自己的学生”，视为老师成功与否的一道检验。后来，杨简也因对食道癌病因研究的杰出成绩，成为国际知名的肿瘤学家。

学生们眼中的梁伯强，却是“不像大教授，像小学的班主任”。他们都将梁伯强视为“严师慈父”：“严”是因为态度严格，训练强度高，每逢周六，梁伯强都要按名册抽查，回答不上的学生要被罚站，若是上课时中途离座亦要挨批，因此，不少同学都在病理课上流过眼泪；“慈”则表现在生活中对学生关怀备至，视若己出。梁伯强将研究所的教职员工，都看作自己的亲人。逢年过节，学生们总会获邀成为梁家的座上宾，师徒促膝谈心，共叙情谊。同学们至今仍忘不了师母为他们制作的精美点心，还有存记心间的一份家庭温暖。

然而，随着文化大革命的爆发，这一幕幕温馨的情景再也无缘得见了。潜心学问的梁伯强，虽一直避免卷入政治漩涡，却未能躲过这场无妄之灾。他受到了严酷的审查，被打成“反动学术权威”。1968年11月28日，由于心脏病复发得不到及时救治，梁伯强在广州与世长辞，终年69岁。他的学生竟只能从当时交恶中的苏联广播里得悉他的死讯：“彗星陨落，举世同悲。”直到1974年，世界卫生组织还试图邀约梁伯强参与上呼吸道肿瘤组织学分型图谱的复审工作，可惜此时他早已不在人世，这也成了学术界永远的遗憾。

（本文参考了中山大学中山医学院提供的采访素材，在此对中山医学院病理学教研室退休教授宗永生的帮助表示感谢。）

（杨逸　王一如）

学 者 视 点

宗永生谈梁伯强教授

他是中国病理学开创人之一

A13

宗永生谈梁伯强教授：

他是中国病理学开创人之一

广东中烟工业有限责任公司特别呈献

我国病理学先驱的衔头，梁伯强是当之无愧的。在当时，学界有“南梁北胡”之称，前者指的就是梁伯强。他与北京协和医院的胡正祥、上海第一医学院的谷镜研、同济医学院的杨述祖等，一同开拓了我国的现代病理学体系。尽管他的大半生时间都在南国这片热土上度过，然而他的影响则遍及全中国。无论是人才培养、学术研究、工作作风等方方面面，梁伯强都占有重要的地位。

病理学是一门严谨而专业的学问。它需要在调查研究的基础上，归纳核对，才能做出准确的结论。病理学固然如此，为这门学问的开拓者立传，更不应离开客观的论述和评价。为此，记者采访了中山大学中山医学院病理学教研室退休教授宗永生。宗永生是梁伯强开设第一届“师资班”的学生，也曾经多年作为梁伯强教授的秘书，是中山医学院病理学教研室同步成长的见证人之一。由于受到梁伯强严谨治学态度的影响，宗永生教授的身上也折射出先师的影子。在采访将近结束的时候，宗永生一再提醒记者：“写梁教授时，实事求是就好，不必过誉。”

谈人才培养

“师资班”今天仍然走得很前

南方日报：梁伯强教授与秦光煜教授一同举办“师资班”，在当时是基于怎样的出发点？

宗永生：从1952年开始，国家为了培养医学人才，各个科室都抽调出较强的师资力量，在全国范围内开展“师资培训”，而中山大学医学院就开办了“病理学师资班”。这些病理学的“师资班”是由卫生部直属的。

梁伯强对“师资班”的开办非常重视。在第一届“师资班”的时候，当时卫生部只给了中大医学院3个名额，但梁教授为了更好地培养病理师资，他索性又招了9个。这9个人来自其他医学院校，那时已经是病理学老师了。为了办这个“师资班”，他还专门在校园里搭了间平房，作为“师资班”的宿舍。

实际上，卫生部后来还举办了几期就停了，因为全国各地都慢慢自行开展师资培训了。然而梁伯强还是一直在开办，直到文化大革命前，“师资班”就没有停过。

南方日报：从现在来看，梁伯强坚持开办“师资班”的做法，具有怎样的前瞻性？

宗永生：从病理学的角度来说，学生毕业以后，必须经过专业的训练过程，进入病理科。在德国和美国，这个过程被称为“住院医师培训计划”。这个过程大约3—4年。资金由联邦政府出，年薪约为3—5万美元。而且，这也并非所有设有病理科的医学院校或医院都有培养病理医生的资格，它必须是全国指定的医师院校。学生们最终还要经过几轮考试，合格以后才能获得病理医师资格。这一资格也是全国性的。

“师资班”的培训对全国病理学人才的培养，绝对是功不可没的。当时，全国病理学有超过1/3的领军人，都是从我们这里出去的。

我认为，“病理学师资班”或称“病理住院医师培训班”到现在还是应该继续坚持的，相信将来中国病理学要发展，还是离不开这样的培训计划。这说明梁伯强在当时是走得很前的。

南方日报：在教学法方面，梁伯强教授有怎样独特的教学模式？他对自己的学生提出怎样的要求？

宗永生：我们采用“1:2模式”教学，也就是说：听课1学时，就要实习2学时。梁教授会让我们跟着临床医师去查房，结合临床开展尸体解剖。这种模式在国内是梁教授首创的，实际上现在这样的做法也都减少了，但我认为这是很重要的。如果不是通过这样具体的观察，学生又怎能学到东西呢？

梁教授对学生的要求也是很严格的。学生的字即便写得不好，他也要求写得规规矩矩。他常常要复查我们书本里的知识。梁教授会问我们："你写这篇报告之前，有没有看过书？"所以我们在给他看之前，都还要事先将看过的书抽出来，而且他有时还要我们查德语的原著。他也要求我们结合片子来考虑问题，不能完全相信文献。他要求我们结合书本和标本，通过两者的对比才能得出结论。

此外，梁教授也特别强调论文要实事求是。他要求我们写文章要有导言、材料、方法、结果、讨论、结论。他还告诉我们，在方法、材料和结果的部分，必须实事求是。至于讨论的部分，可以发挥自己的观点，但引用别人的文句，必须用引号抄下来；如果是间接引用的，也要加附注一个引文，不能把别人抄下来的就算你的。

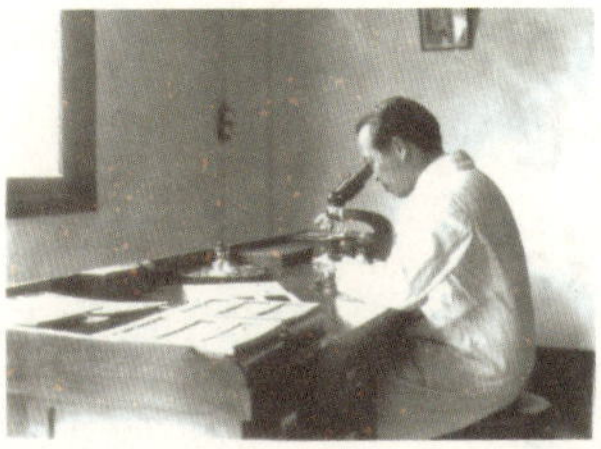
梁伯强教授在专心研究

研究所新旧同人

谈科学研究

研究学问决不"捞偏门"

南方日报：作为尸体解剖方面的先驱，在新中国成立之初，梁伯强开展尸体解剖工作存在怎样的困难？面对这些困难，梁伯强又是怎样克服的？

宗永生：病理学研究离开了尸体解剖是很难开展的，这也是当时很大的一个缺陷。由于刚刚解放不久，寒流一来，路边就会冻死一批流浪汉。梁伯强就专门请人联系市政府的掩埋队，在尸体掩埋之前，他们先将其送来中山医学院，给我们进行解剖。这样我们每天都能做上两三例，才保证了正常的学习质量。外国有规定，一个病理医生至少做上60例尸体解剖才能合格，但我们已经远远超出这个数量了。

然而，这种做法实际上是存在风险的。有一次掩埋队曾经运过一具"尸体"过来。可能是因为解剖室比较温暖，待了一个晚上，"尸体"居然醒过来了。在当时要找到老百姓签字捐献遗体是很困难的。现在的情况当然大不相同了。尸体解剖的来源主要是临床死亡的病人。要获得临床死亡病人的尸体，得由临床医生请家属签字，而这需要临床医生对病理学研究十分感兴趣才行。梁教授每次给临床医生送来的尸体解剖后，都会写成报告，查证死者的病因和疾病的形态，然后开展临床病理讨论会，请临床医生一起来进行讨论。只有这样，才能激发临床医生探究病理学的积极性，真正解决尸体解剖的来源问题。

南方日报：在具体的研究方面，他在学术上有哪些侧重点？

宗永生：梁伯强将精力完全集中在我们广东地区的多发病和常见病上，这一点实在是很难得的。他并没有自己去搞一些“偏门”的课题，而是老老实实地研究身边的常见病、多发病。这在全国范围来说，他的研究是开展得比较早的，很多人都还没有注意到这一面。

梁伯强的成绩，最主要还是体现在他对鼻咽癌的研究上。起初，他研究得最多的是肝硬化和肝癌。但后来发现，素有“广州癌”之称的鼻咽癌，才是广州地区常见的肿瘤。他就转去研究鼻咽癌。广州的鼻咽癌病例最初是在广州行医的外国人发表的，所以他们称为“广州癌”，但他们当时根本不知道这是鼻咽癌，也没有关于发病情况的数据。为了解决这个难题，梁伯强专门组织了一个“鼻咽癌调查组”，发动师生把珠三角和粤西的县城都跑遍了。现在提倡对鼻咽癌要“早期发现、早期诊断、早期治疗”，也是梁教授首创的。这些工作到今天都没有中断过。

谈组织工作

为顾全大局，甘心舍弃爱徒

南方日报：在20世纪50年代的院校调整中，梁伯强有没有面临过不同派系之间的学术理念碰撞？他又怎样解决同事之间相处的问题？

宗永生：病理学在过去也分为“英美派”和“德日派”。病理学是从德国发源的，再经英国传播到美国。在教学上，“英美派”使用英语，“德日派”使用德语，主要就是语言上的分歧。所以，在院校调整以后，我们要兼修德语和英语。梁教授主要教德语，英语则由秦光煜教授负责。

秦教授是从协和毕业的，去过美国，属“英美派”；而梁教授出身于同济大学，又到德国留学，是典型的“德日派”。但我必须强调的是，尽管这两位教授都很有名气，彼此的教学也不同，但两人相处得真的是好。他们彼此尊重，交流学术问题也是有商有量。到了发表论文的时候，梁教授用德文写，秦教授就主动帮他翻译。要是遇到只会德语的外宾，梁教授也会为秦教授陪谈。我们会诊的时候，都会轮流请教梁教授和秦教授。他们丝毫不存在什么“争斗”，而这种和谐的氛围一直影响到我们今天的教研组。

南方日报：梁伯强教授对行政工作的态度是很谨慎的。当他担任中山医学院副院长的职务时，又是怎样处理院系内外的行政事务、协调各方关系？

宗永生：梁教授是很有全局观念的人。从开办“师资班”的时候开始，上面第四机械工业部要人，在保密单位，他二话不说，就派邬立天医生去支援他们。后来支援河南医科大学就派周良樾医生，暨南大学成立的时候也是这样。他虽然很重视自己的学生，但当国家真正有需要时，他愿意舍弃自己的爱徒，去支援国家建设。

南方日报：您认为在梁伯强的学术成就上，还体现出怎样的家国情怀？

宗永生：现在提出的“中国梦”，正是我们这代人的夙愿。在梁教授身上也体现出这样的梦想。当时钱学森回国时，梁伯强还亲自到深圳罗湖桥去接。他自己1949年的时候去了美国，但终究还是回来了，而且留在广州，因为他真是看到了新中国的好。他是以自己的实际行动来表达这个梦想的，就是努力将中国的病理专业发展起来。尽管他没有用政治性的语言讲这些。

（杨逸）

第一期病理学高师班研究所员工合影

第一期病理学高级师资班学员与梁伯强等留影

梁伯强早期发表的多篇论文和译文

学人小传

刘节（1901—1977），温州朔门人，历史学家。1926年以优异的成绩考入北京清华学校国学研究院，师从王国维、梁启超、赵元任和陈寅恪。毕业后，执教于南开中学并兼任南开大学讲师。1930年秋，转任河南大学文学院教授兼中文系主任。1931年秋回北平任国立北平图书馆编纂委员兼金石部主任，1935年秋，转任燕京大学文学院副教授。抗日战争爆发后，离开北平赴沪，任上海大学教授。1939年冬只身自上海辗转香港、越南、昆明、贵州等地至重庆。1939年春任中央大学中英庚款派驻研究员，是年秋到贵州任战时浙江大学史地系教授。1940年春夏任成都金陵大学文化研究所研究员。1944年秋转重庆中央大学任史学系教授，生活极其艰苦而矢志不渝。1946年夏返乡携眷，南下广州任中山大学教授，20世纪50年代初任历史系主任和古物馆主任，1977年辞世。刘节著述颇丰，在中国上古史、古文字学、史学史方面均有颇高的建树。1989年上海书店影印的大部头《民国丛书》，新中国成立前刘节出版的《历史论》和《中国古代宗族移殖史论》被收录其中。

刘节：史家风骨士子魂

20世纪50年代以后的中山大学历史系，以名流云集著称，陈寅恪地位最尊，自不待言。陈又与岑仲勉并称“二老”，加上刘节、梁方仲，则号称“四大教授”。

了解刘节其人，阅读《刘节日记》无疑是一个最好的选择，在他的日记里存有大量阅读《通鉴纪事本末》过程中对五代十国政治史产生的零散感想，还有对《左传》中事件年代，《汉书》中所记天文、地理和食货的考证。在日记中，他直言自己耿直的性格，如“余好说真话，心之所然，则以为然，心之所非，则以为非”，“对人直说，往往见恶于人”。其附录《我之信条三则》中他更是写道：“人格同学问是一致的，绝没有学问好而人格有亏的伟人。”

谈及历史学家刘节，自然就无法绕开其师陈寅恪。自其考入清华国学研究院后，便师从王国维、梁启超和陈寅恪。刘节一生刚正不阿，“文革”时红卫兵意欲批斗陈寅恪，刘节挺身而出主动要求代替，并以之为无上光荣。作为中大文科教师中的头号“白旗”，刘节在“文革”期间一共遭受60多场批判。他的自我评价是“爱好是非，甚于功利”，在应调于中华书局校点《旧唐书》时，因不满政治式的校点拂袖而去一事中更是可见一斑。

有人提到，如果说蒋天枢是陈寅恪的托命之人，刘节可谓是陈寅恪倡导的“自由之思想，独立之精神”的坚守者。他既是师道尊严的捍卫者，也是传统文化的薪火相传者。1939年，刘节在是年日记的序言中说：“凡是力量充实的总是始终一贯的，中途变节就是灭亡的象征。”70多年前的声音，穿破时空而来。刘节一生坚持学术独立，捍卫学术尊严，不为任何时代潮流所动。他的治学与为人一以贯之，宁可被孤立，也不作违心之语，不写奉上之词，在当时知识分子普遍失声的情境下，他的作为显然独树一帜。

历历往事

尊师重教
长侍陈寅恪替师挨批斗

1926年，刘节考入清华国学研究院，师从王国维、梁启超和陈寅恪，专攻中国哲学史。刘节为清华研究院第二届学生，其入学成绩为第二，第一名是河南学生谢国桢，与他们同届的还有陆侃如、王力、姜亮夫等人。在清华国学研究院同学录上，有王力、吴其昌等人。对刘节的印象和评价，王力写道：“君待人无贵贱，一接以礼。视友事若己事，蔼然似长者。”王力状其性情、态度，吴其昌则写其学养：“君名节字子植，我浙江之永嘉人。永嘉自北宋周许刘鲍九贤传河南程氏之学逾一千载，至于孙仲容先生，学问彬彬称盛，君为能传其学者。”

1927年6月，王国维自沉昆明湖，1929年刘节等学生请陈寅恪撰文纪念，这就是著名的《清华大学王观堂先生纪念碑铭》。陈寅恪在此文中写道：“惟此独立之精神，自由之思想，历千万祀，与天壤而同久，共三光而永光”；“思想而不自由，毋宁死耳。斯古今仁圣所同殉之精义，夫岂庸鄙之敢望”。陈寅恪此文表达的精神在刘节思想深处打下深深烙印，影响了他一生的治学和做人。

如今在中山大学校园中，关于刘节尊敬老师陈寅恪及代陈挨斗的故事仍广为流传，在整个中国学术界，刘节与陈寅恪的师生情谊也广为人知。1949年陈寅恪南下广州岭南大学时，刘节已在中山大学任教授3年并兼任历史系主任。老师的到来给刘节以莫大的心灵慰藉，他时常从广州东郊石牌的中山大学往位于广州河南的岭南大学探望已目不能视的陈寅恪，继续向其问学请益。1952年院校大调整，岭大被并入中大，两人形成了师生兼同系同事的新关系。

陈寅恪致函刘节称“子植兄”，但刘节对陈寅恪行弟子礼却一点也不含糊。据中山大学历史系老师回忆，逢年过节，刘节去拜望陈寅恪时，必对老师行下跪叩头大礼，一丝不苟，旁若无人。刘节还曾对学生说：“你们想学到知识，就应当建立师生的信仰。”但这句话在当时被当作罪证受到学生的猛烈批判。1952年到1969年，在送恩师陈寅恪最后一程的陈门弟子中长期陪伴老师左右的，唯独刘节一人。他是在任何压力下都绝不批陈的学生，义无反顾地陪伴恩师同甘共苦，其自身所受苦难之深重已达无以复加之地，却还经常主动把老师要受的苦难都揽到自己头上。1967年底，红卫兵要抬陈寅恪教授去大礼堂批斗，陈夫人出面阻止，被造反派狠狠推倒在地。于是刘节挺身而出，代替老师去挨斗。批斗会上，“小将”们对刘节轮番辱骂、殴打，之后又问他有何感想，刘节昂起头回答：“我能代替老师挨批斗，感到很光荣！”

刘节：史家风骨士子魂

广东中烟工业有限责任公司特别呈献

专心治学
疾病缠身仍不忘研究

1939年刘节由香港经越南转到昆明，再至成都、重庆、贵阳，又到广西宜山的浙大任教。抗日烽火绵延，家国罹难，导致学人不能安于讲席，乱离流浪之苦，刘节可谓体验得真切。从《刘节日记》中可以看出，尽管背井离乡，生活条件恶劣，要靠中英庚款的研究经费资助才得勉强度日，他却安贫乐道，始终保持着一种乐观的心态，以治学和研究为乐。

在《刘节日记》的前半部分，体现更多的是一个单纯的文人学者的形象。当时国家处于抗战的生死存亡之境，刘节虽有切肤之痛，却不温不火，教书育人、读书治学、吟诗赋词应答如常。但此时的刘节并非完全两耳不闻窗外事的书生，从其日记中可见他订阅《大公报》的记录，个别篇幅中又多有讥讽汪精卫伪政权的话语，对历史上如石敬瑭之流卖国媚外也大加讽刺，他坚信抗战胜利，“中国终将走上英美法集团里去”，对当时的唯物史观和阶级斗争的观念，亦有自己独特的批判性评价。

在治学上他主张求真、自信。他说：“考据学是求真之学”，“历史学家要有很强的自信力，一个历史学家要坚定不移，不要为一时的风浪而动摇不定”。正因为这种求真和自信，1958年3月陈伯达做《厚古薄今，边干边学》报告，在全国掀起批判厚古薄今的浪潮，刘节却在批判会上发言：“科学是求真，无所谓厚今薄古。”“历史的精义也是求真，人类历史之‘真’，并无古今截然对立之分，同为人类社会共同的宝贵财富。”

读刘节上世纪60年代的日记，不难发现他在困厄之境地，每日所写无非是饮食起居的流水账，如菜园拔草、搬运竹片、打扫卫生等。面对那场浩劫，他深知读书做学问是一个学者的安身立命之所，始终没有放弃读书，即使在疾病缠身的生命晚境。刘节学生陈其泰在《〈刘节日记〉序》中写道：“在1971年，当已发现大便带血、脑血管痉挛、左半身偏瘫等疾病，血压高达230/130，需每日治疗之时，却先后读书达数十种，其中仅《宋元学案》即多达一百卷，日记中实实在在记载，逐卷阅读；尤其是1971年11月23日至1973年3月1日，以一年又三个多月的时间，读完《资治通鉴》二百九十四卷，还做了校、注、批的工作，先生具有的毅力，是多么令人惊叹！”

不改初衷
赴京治古史受批判去职

上世纪50年代，举国开展对胡适的批判。过去与胡适有过往来、接触的学者，忙于检讨、揭发批判胡适思想的危害性，刘节却公开说：“批判胡适，搞坏了学风，百年后自有定论。”知识分子思想改造之后是三反五反、拔白旗、反右，政治运动逐渐炽热，刘节作为一个信奉“独立之精神，自由之思想”的历史学家，虽置身于那个时代，却不趋时，作清醒之语。及至“文革”，刘节再也无法保持“清凉自在身”，外在环境的严酷，却激发了他的意志和信念。

在“文革”期间，刘节先后遭受60多场批判，受到戴高帽、剃光头、被抄家、遭殴打、罚劳改等非人待遇。在人生最艰难的时期，刘节仍写下这样掷地有声的话：“人格同学问是一致的，绝没有学问好而人格有亏的伟人。假定有这样的人，我们来仔细考查他的学问，其中必定有欺人之谈，因为他心中根本是不光明。”表示“假定有一种势力要打破我的信仰，使我不能安静为学，我当然要抵抗……设若有一种势力要阻碍我的志向，使我不能如愿以偿，我当然要拿出毅力来”。

他不仅在自己的“地头”——中山大学广受批判，1963年，中华书局从全国抽调专家赴京从事《二十四史》的整理工作，刘节也参与校点《旧唐书》，后因他个人对时事的态度，在书局受到批判并因此去职。罗继祖先生在《涉世琐记》里谈及："刘教授因主张当时不应再以阶级斗争为纲，应侧重生产的论点而受严重批判去职……"（《蜉寄留痕》）他认为："刘教授清华研究院毕业后治古史，著《古史考存》。平日持论有与当世牴牾处，在中华受批判，校《唐书》不终事而谢去。今日看来，其持论未必误。"（《学林往事》下册）

曾任罗继祖助手的王同策在其撰写的《翠微校史的日子里——罗继祖谈在中华书局点校"二十四史"》中提道："刘节来中华书局是负责点校《旧唐书》的。他的被批判，主要是因为他一生推崇孔子，崇拜儒学，对当时宣传得越来越强烈的'阶级斗争'有看法。他说：'经过了这么多次运动，哪里还有那么多的阶级敌人？所以，现在不应该再强调阶级斗争了，把政治空气搞得那么紧张，人们谁受得了？应该强调生产斗争，提高生产力，改善人民生活。'因为这些话，他在公开场合经常说，锋芒太露。1965年，刘节的言行也更加不能为当时的世风所容，书局遂以其点校稿存在问题为由，让他第一个离开中华书局回到广州。"

陈垣、郑天挺、刘节、唐长孺等专家合影

刘节全家福（摄于1957年儿童节）

宽容民主
教导儿子"感情专一"

早在20世纪50年代初的思想改造运动时，刘节已因"资产阶级唯心史观"受到指摘，在1958年厚今薄古运动中，刘节就受到正式的批判了。当时中大历史系专门开辟大字报栏批判"四大教授"，刘节的罪名众多：旧立场不变，将新、旧社会同等看待；对党的看法错误，认为党仍是用打天下的方法，而不是用治天下的方法；反对思想改造，认为改造应当用静的方法，不应当用动的方法；反对批判胡适，批判胡风则借口不认识其人而绝口不谈。

面对这类政治运动，现存的《刘节日记》没有留下这一时期的直接记录，但读书的人自能感受到他以平常心、宽恕心处之的。这有一个旁证，据其学生姜伯勤后来回忆，作为"白专"学生的典型，他也参与批判了刘节唯心主义史学，但1959年本科毕业时，刘节却向学校的党委领导表示："你们要把姜某留下来，这个人能成器。"（《回忆刘老师的教诲》）这既可见其眼光，也可见其胸襟。

在家庭生活中，刘节对子女的教育也一贯民主、宽容，据刘节儿子刘显曾回忆，他虽然出生于1937年，但真正与父亲一起生活是在1945年抗战胜利以后。"他从四川回到温州接我们母子到广州生活以后，一直到1962年春我离开广州到北京工作。我感觉他对我们兄弟俩是慈爱而不溺爱，严格而不严厉。"在他看来，虽然父亲可以说是"孔子的门徒"，但回想起来，父亲对儿子、母亲都是很平等、民主的。"他从来不说重话，可以说是对儿子是亦子亦友、对我母亲是亦妻亦友的。"刘显毕业于中山大学生物系，之所以选择这个专业也同样是因为父亲鼓励他发展自己的兴趣。在他的印象中，父亲刘节从来不直接教子女如何如何，而是在为人方面严格要求他们。在刘显曾20岁生日时，父亲对其说"感情要专一"。当时刘显曾正在上高中，当天他亲自来学校要儿子回家过生日，"在他看来这是我的成年礼了，所以要告诉我这个重要原则"。

（周豫　刘扬）

学 者 视 点

曾宪礼、章文钦谈历史学家刘节

他是独立自由精神的典范

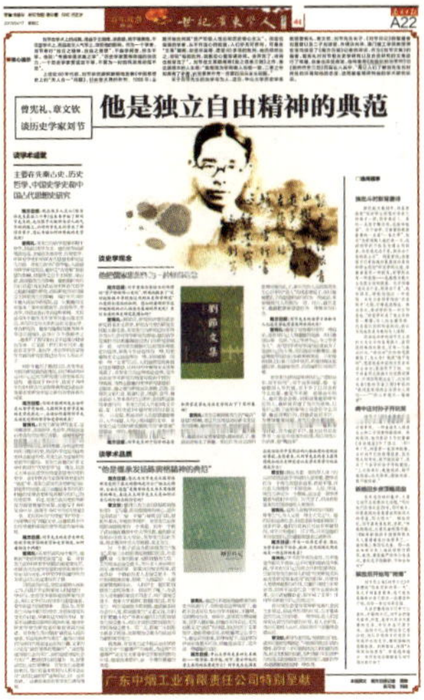
A22

曾宪礼、章文钦谈历史学家刘节

他是独立自由精神的典范

广东中烟工业有限责任公司特别呈献

刘节在学术上的成就，得益于王国维、梁启超，而于陈寅恪，不仅在学术上，而且在文人气节上，深受他的影响。作为一个学者，刘节奉行“独立之精神，自由之思想”，不曲学阿世，终生不移。他说：“考据学是求真之学”，“历史学家要有很强的自信力，一个历史学家要坚定不移，不要为一时的风浪而动摇不定”。

关于刘节先生的治学与为人，近日，中山大学历史学系教授曾宪礼、章文钦接受了南方日报记者的采访。

谈学术成就

主要在先秦古史、历史哲学、中国史学史和中国古代思想史研究

南方日报：现在很多人是从《陈寅恪先生最后二十年》这本书开始了解刘节先生的，也仅限于他的气节，而对刘节先生的学术了解得非常少，您认为该如何评价他的史学成就？

曾宪礼：刘先生的治学范围不限于史学，但是以史学为主。他的史学成就概括地说，主要在先秦古史、历史哲学、中国史学史和中国古代思想史研究这几方面。刘先生治学自哲学始，入读清华国学研究院后，他初受“古史辨”派思想的影响，但最终受益于王国维、梁启超、陈寅恪先生的影响。他此间所作的《〈洪范〉疏证》就是对中国古代哲学之起源问题的研究，而其研究方法则深受王国维先生的影响。1926年到1928年他入读清华研究院，这一时期他的文章基本上集中在训诂学、古音韵学、考古

学，特别是金石考古这些领域。尤其是1931年他任北平图书馆金石部主任后，所写的文章大多都是有关金石学、考古研究的。他参与编撰《续修四库全书总目提要》，是当时71个撰稿者之一，他承担了撰写金石文字这部分提要的任务。可见在上世纪30年代中，他在古文字学、金石学、考古学和古器物学方面的研究造诣已经为时人所认可了。

1939年他到了重庆以后，古史考证方面的研究虽仍在继续，但已明显转向运用自己已有的研究进行古史体系的建构。他完成于1943年、出版于1948年的《中国古代宗族移殖史论》就是在先秦古史研究中建立新的古史体系的成果。

南方日报：你刚才提到刘先生治学是从哲学开始的，又提到历史哲学是他的史学成就之一，应该如何看待刘节先生治史过程中哲学和史学的关系？

曾宪礼：刘先生研究甲骨金文，运用训诂学、古音韵学、考古学，特别是金石考古的方法考订古籍，一是要拓展史料范围，二是力求史料的真实可靠。而取得史料以后，如何理解、分析这些史料所呈现的历史，然后科学运用这些史料去叙述历史，刘先生认为这要有历史哲学的指导。刘先生在许多文章中都用到“历史哲学”这一概念，其意义大体是从哲学的角度去思考历史和史学。在《中国古代宗族移殖史论》的“绪论”中，刘先生就谈到古史研究的认识论和方法论，这正是他这本书的写作和他的先秦古史研究所履行的历史哲学。不过，刘先生在历史哲学研究方面更重要的成果，是他写于1940—1944年、出版于1947年的《历史论》一书。尤其其中的《历史论》和《历史上的两种法则》两篇文章，是他独具个性的历史观和系统的史学理论的集中体现。

谈史学观念

他把儒家思想作为一种修身信念

南方日报：刘节曾因为坚持当时所谓的“资产阶级唯心史观”，明确提出了“反对把阶级斗争理论运用到历史科学研究”而遭到全国性批判。您如何看待刘节这种超阶级的以人性论为基础的历史观？当时全国历史研究氛围如何？

曾宪礼：解放后，研究经济史的就去研究资本主义萌芽，研究古代史的研究农民起义最吃香，刘节先生的研究已经不符合当时社会对史学研究的需要，他的治学范围和方法都跟解放后热门的研究领域不一致。对历史的解释可以有很多种理论的选择，阶级斗争是选择的一种，历史唯物主义也是选择的一种，不应该单一用哪一种。“文革”以后，人们猛然发现外面有很多种思想，反而对历史唯物主义逐渐疏离了，刘节先生的这种理论选择，完全是站在学术研究的角度对政治干预的一种疏离，当然也跟他的史学研究思想有一定联系，他之前的研究是从图腾、氏族、宗族到父系社会、奴隶社会、封建社会等，他是沿着人类本身的生活和社会组织这条线来进行的。刘先生的《人性论》收文10篇，加上《历史论》中题材相同的2篇文章，一共12篇，都是关注人的思想道德修养、人性问题、人的心理问题的文章。刘节先生这方面的研究跟现代的“新儒家”思想是一样的，他提出这一点，在当时和现在都不为过，只不过是苦了他自己。

南方日报：刘节先生对于儒学的喜爱和推崇是否也为其史学观打下了某种基础？

曾宪礼：因为受顾颉刚先生的“疑古”思想的影响，更受到“五四”运动和新文化运动的影响，他年轻的时候，并没有对孔子和儒家思想表现出特别的尊崇。越到晚年，他越是认定儒家思想；越是批孔子，他越是需要去了解他。相比作为对立面和批判对象的孔子，新时代的人反而离刘先生心目中的“完人”的状态更远了，所以他要把孔子的思想和言行作为一种武器，来审视现代人所做的一切。同时，越到老年，他越把儒家思想作为一种修身的信念。

南方日报：刘节先生的治学方法和为人之道是否也有着某种共同之处？

曾宪礼：他除了对客观历史进行一种揭示，还有对自己人格道德的完善。所以他很信奉一句话，“古之学者为己，今之学者为人”。古代学者对学问的追求是为了完善自己的人格，所以随着年龄增长，他这种做学问的信念越来越坚定。正如他在《我之信条三则》中谈道，环境对我压迫越厉害，我越要坚持，而且要和你对抗到底。

《刘节日记》

刘节先生曾经这样评价自己："爱好是非，甚于功利。"对于是非问题，他一定要跟别人争到底，至于争了以后会有什么结果，他完全不顾。如果是年轻人，他可能会去做，但那是像他那样年纪的人，他应该看透了当时的形势，以及自己做了这些事情之后会有什么后果，他是很明白的，但他就是忍不住。为曹操翻案问题、古代社会分期问题、清官问题、以史代论问题……他都参与讨论，因为他忍不住，他无法容忍在学术上是完全荒谬的东西，所以用当时的话讲，他"跳出来"。

谈学术品质

"他是继承发扬陈寅恪精神的典范"

南方日报：您认为刘节先生从陈寅恪那里受到的最大的影响是什么？"独立之精神，自由之思想"是陈寅恪先生为王国维撰写的碑文，在这点上刘节先生又是如何以自己的行动去践行它的？

章文钦：蔡鸿生先生在《仰望陈寅恪铜像》一文写道，陈寅恪精神的核心，通俗地说就是"二要一不要"：要独立自由，要脱俗求真，不要曲学阿世。刘节先生是体现陈寅恪精神的一个典范。其中一个例子就是他在重庆中央大学任教，他的岳父钱稻孙出任伪北大校长，刘节先生以此为耻，辞去重庆中央大学教授，卖文为生。

另一个例子就是为陈寅恪先生"挨斗"。陈家三小姐陈美延教授回忆说，办会的人前一天来到陈家，要陈寅恪先生第二天到现场去接受批斗；当时老人家是病目膑足，卧病在床。如果真的要去现场，就是推着一个躺着的老人去接受批斗。但是到了晚上，办会的人过来跟陈家说不用去了，听广播接受批斗。暨南大学袁钟仁教授回忆说，刘节先生一听到说要批斗陈寅恪，他就跑去找办会的人说，陈寅恪先生"又老又盲，你们不怕把他斗死？"并表示他可以代陈寅恪先生接受批斗，所以才没有让陈寅恪先生到现场接受批斗。第二天，陈家二小姐陈小彭去了现场，在那里接受批斗的就是冯乃超和刘节先生。

我理解，刘节先生这个做法是中国传统文化中"师道尊严"的体现，当这种"师道尊严"在文化大革命中受到野蛮践踏的时候，他还出来维护，是一个尊师重道的典范。

曾宪礼：他已经不能按照他原来的治史方向进行了，但即使在这种情况下，他都不会去屈从当时的学术倾向，不跟风，反而唱对台戏。1959年，郭沫若为曹操翻案，很多人跟着跑，但他持不同看法，尤其是姚文元“清官”的问题，那已经到了“文革”前夕，他依然要反对。即使他再怎么书生气，他也看得出来，那种情况下，说这样的话是非挨整不可的，但他还是说了，完全是一种道德的义愤。

南方日报：中山大学历史系四人名教授——陈寅恪、岑仲勉、刘节、梁方仲身上共同的品质是什么？刘节先生也因其在政治运动中表现出的人格品质而受到后世尊敬，在您看来，从刘节身上最值得现今的历史研究者以及学术界学习的品质是什么？

章文钦：我认为老一辈的学人身上的共同品质就在于学问和人品并重，把学术作为一个终生理想去追求，孜孜不倦，同时在人格精神上不断完善。人品、学问、风骨三者成为一个整体，这是老一辈学者最值得我们学习的。时代变了，但是有些基本的东西需要有人来坚持。

曾宪礼：这些人在做学问的时候有一种书生气，为人又有一种士大夫之气。他们看似远离社会，但通过读书他们吸取了很多世事，他们的政治目光是非常敏锐的，对于时势他们一目了然，只不过他们不肯放低自己的道德理想去迁就外界。

南方日报：作为一位历史学者，您认为学术和当下社会、政治、文化环境之间应该是一种怎样的关系？

章文钦：胡守为老师说：“没有独立自由，就不可能有发明创造。”只有保持独立自由的精神，在学术上才能做出真正有价值的东西，有文化积累的价值，为世界留下可以传世的东西，从陈寅恪先生到刘节先生，他们的学术成果里就有这样一种东西。

（周豫　刘扬）

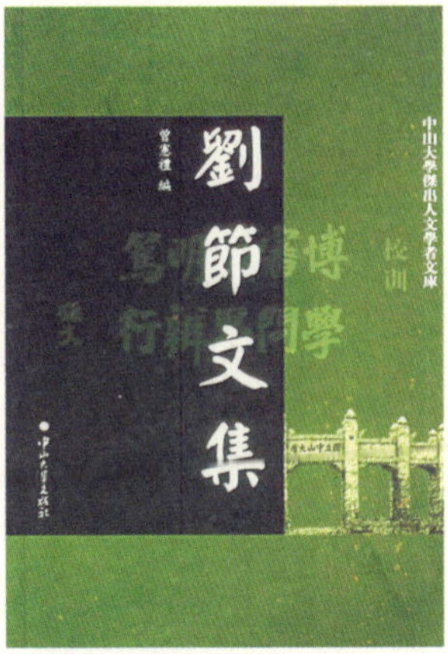

《刘节文集》

学人小传

高兆兰（1914—1999），云南昆明人。1934年20岁获岭南大学物理学学士学位，1936年获物理学硕士学位，并担任岭南大学物理系助教。1940年获东方妇女奖学金（巴伯奖学金）赴美国密歇根大学研究生院物理系深造，1944年4月获物理学博士学位，并先后被选为美国两个荣誉学会（西格马·克西及斐贝诺·卡珀学会）的会员，1944年5月受聘于美国锐提安公司研究部担任研究员，从事气体放电及雷达X波段开关管的研制。抗日战争胜利后，高兆兰和丈夫冯秉铨教授（当时任教于哈佛大学），于1946年6月回到广州。回国之后，高兆兰在母校岭南大学任教，历任副教授、教授。1952年10月起在中山大学物理系任教，直至去世。从1952年起，高兆兰便投身我国最早一批光学光谱学专业教学单位的筹建工作，并于1962年创建了我国最早的红外光谱学实验室。编著《原子光谱与原子结构》《分子光谱与分子结构》等专著。

高兆兰：一生只求那束光

在当代的中国科学家中，著名光谱学家高兆兰绝对是一个值得格外关注的人物。即便在如今，女性物理学家都是凤毛麟角，更何况她还是一个处于前沿学科数十年、成就颇丰的物理学家。她不爱打扮，不爱游玩，生平最大的乐趣就是做研究。但她又是一个神奇的人。她曾经陪姐姐一起逃婚，曾经与丈夫一起漂洋过海，还曾在最艰苦的环境下坚持研究光谱学。她让中国在光谱学科中到现在仍保持着世界领先的位置。

历历往事

一段传奇

1914年春天。昆明一户姓高的大户人家里，少奶奶刚刚诞下一个女婴。尽管这个小生命哭声异常嘹亮，由于此前已生过一个女娃，亲友们开始窃窃私语。“抱过来我看看！”家中主事的高老太爷发话了。“我看这女孩儿挺好！以后说不定比男孩儿还有出息！”——或许冥冥中真有预言术，几十年后，高老太爷的预言完全应验了。这个被取名为高兆兰的女娃，成了中国有名的光学教授、物理学家。成就足以载入中国科技史册。高兆兰说：“我虽生长在封建社会的封建家庭，可是祖辈对新思想的接纳让我得以在男女平等的环境中成长。”

但凡名人，总有那么点“天赋异禀”。高兆兰从小就很有“个性”：对生活细节并不十分在意。一般的小女生，总会喜欢时尚，把自己打扮得漂漂亮亮。她从小就不在乎穿什么衣服，大多是捡她姐姐剩下的穿。

欲望不多，就更容易精进。高兆兰生活上的要求不多，学业却显得格外突出。不论是小时候的私塾还是后来的学校，直至岭南大学，从来都是名列前茅。当初她和姐姐来广州的确是一个意外。当时云南交通闭塞，教育没有沿海发达，她和姐姐几经辗转，途经越南、香港，到广州投奔亲戚报读岭南大学。

高兆兰的父亲当年曾经追随过蔡锷蔡松坡，在讨袁战争中立过大功。参加过辛亥革命，属于同盟会元老。作为滇军的高级将领，抗战开始之后，还率领滇军一部，参与了1938年的台儿庄战役。也因为高老爷子的开明，两个女娃儿才得以在广州安心读书。

一场姻缘

当年的岭南大学是教会学校，高兆兰进入学校时因为语言不通，被分进了预科。最终由于各科成绩优异直接跳过预科进读大二。民国时期学理科的女子算是凤毛麟角了。那时选读物理的人因为读不下去知难而退转去读其他的大有人在。而高兆兰不仅坚持读下来，还拿了三把“金钥匙”（即当年学科成绩最优者）。以至于后来同学聚会，高兆兰的同学们开玩笑说：“我们的学分都被你一个人拿光了！”

其实高兆兰在岭南大学还有另一个最大的收获，就是找到了自己一生的伴侣——物理电子学家冯秉铨。这对中国物理界的“神雕侠侣”因为有着对学科共同的爱好和执着走到了一起。

1935年，在燕京大学完成硕士学业后，25岁的冯秉铨成为岭南大学最年轻的副教授。关于冯秉铨追求高兆兰的经过，姚树华在其所著的《华南理工大学名师——冯秉铨》中有过精彩的描述，其中的过程让我们体会到了理科生特有的浪漫和幽默：一串串数字，一个个公式，各种电路元件。这些在大多数人眼里极其乏味的元素在变幻无穷的摩尔斯电码里搭建了冯秉铨与高兆兰爱情的桥梁。每次做通讯试验时，冯秉铨总以“88”作为结束语，而高兆兰却总是答以“73”。两年后，当高兆兰第一次以“88”作答时，冯秉铨知道，他终于等到了属于他的爱情，因为在摩尔斯码中，“73”的意思是“致以友谊的问候”，而“88”则代表“致以亲爱的问候”……

冯秉铨的爱好广泛，尤其是各种体育运动。而高兆兰的业余爱好就显得贫乏单调得多。冯秉铨与朋友们高谈阔论或者运动打球的时候，也是高兆兰坐在僻静的树荫底下拿着单词卡背诵生词的时候。这个习惯一直到了美国依然没有改变。别人在聊天，她就在一边背单词。不是学英语。她常说在美国她的英语没有进步，因为之前她的英语就很好，很地道的英式英语。在美国密歇根大学读博士，要求必须掌握两门外语，英语在美国是不算外语的，所以她加学德语，抓紧时间背德语单词。

在美国冯秉铨带高兆兰去看球赛。高兆兰对体育比赛不懂也没有兴趣，看台上全场观众的目光都是随着球在左右转动，只有她是相反的。别人兴奋地看球，她却把兴趣放在观察观众的表情上。不过她说最让她怀念的是，坐在体育场休息室的一角点一杯咖啡一个热狗、静静看书的时光。不同的兴趣依然可以找到各自喜欢的消遣方式，这就是他们的相处之道。

百年双喜 特约

世紀廣東学人

A20

高兆兰

一生只求那束光

广东中钢工业有限责任公司特别呈献

世紀廣東學人

一次漂流

冯秉铨和高兆兰的婚姻，是从美国留学时开始的。对于他们两人来说，6年的美国生活只能算是一生中的一段漂流。两人在美国都获得学位，冯秉铨甚至还被导师钱菲教授邀请去军官电子训练班担任教员，有了稳定优厚的生活环境。但是抗战刚刚胜利，二人立刻义无反顾地回到了满目疮痍的祖国。根据高兆兰的说法，子不嫌母丑，他们本来就只是出去留学，出国的表格上填的就是“学成归国”。

高兆兰年轻的时候充满着革命热情，一方面来自当时严峻的社会现实——1935至1936年，中日之间的形势已经非常紧张，广州的学生运动也风起云涌。另一方面，也来自于家庭的政治熏陶。高兆兰的父亲对当时的国民党政府有着非常清醒的认识，他抵制内战。父亲多次告诉她：“国民政府腐败涣散，热衷于争权夺利。中国要有新的局面希望还在共产党的身上。”

1940年取得奖学金准备赴美之前，高兆兰曾经打算去延安。那是当时大多数热血知识分子最向往的地方。冯秉铨的妹妹当时已经在这个革命圣地工作了一段时间。高兆兰去信向冯秉铨的妹妹咨询延安的情况。不久得到了回信：革命成功后，祖国的建设需要大量的科技人才。你们能够出国深造机会难得，不应放弃。等待你们学成归国为祖国科技建设做出贡献。

出国深造，穿越半个地球，对于体弱的高兆兰来说并不是件轻松的事情。出去的时候坐的虽然是邮轮，但高兆兰晕船晕得厉害，一路呕吐只靠喝少量米汤维持。到达美国瘦得已经跟护照上的照片产生了很大的差距，上岸的时候几乎要被海关拦下，送到一个小岛做防疫隔离。幸好船上的医生出面证明：她上船的时候是健康的，消瘦只是由于长时间晕船呕吐进食少造成的后果。

一位贤妻良母

1952年中国大学院系大调整。冯秉铨调到华工，高兆兰留在了中大。虽然同在广州，但一江之隔，高兆兰一家也算得上是“分居”状态了。冯高义回忆说，他小的时候周一到周六跟父亲在华工住，到周末才回到母亲在中大的家中团聚。虽然聚少离多，但家庭生活依然非常温馨和谐，从来没有发生争吵。“母亲在生活上虽然没有什么特殊的要求和爱好，但这并不代表她是呆板木讷的。”尽管她的姐姐曾经给过这样的评价——“在业务上，给她120分都不嫌多，但在生活上，给她2分都觉得过分了”，但我们仍然可以从一些小事上看出，她在尽作为母亲、妻子最大的努力。

高兆兰和姐姐高佩兰

每逢周末，冯秉铨带儿子回到中大，这时高兆兰总会去很远的郊区买菜——为炮制一顿丰盛的晚餐尽力准备。这与他们在美国时的情形刚好颠倒过来。在美国的时候，由于租住的地方距离冯秉铨工作的单位较近，所以每天总是冯秉铨早回来做饭。冯秉铨常常会给高兆兰一些惊喜，比如包一顿饺子，或者做一个久违了的中国菜。为此，高兆兰对冯高义开玩笑说：“别看你的父亲现在像个老太爷，要不是看在当初在美国他那么勤快的份上，我现在才不管他呢。”

冯高义至今对母亲的言传身教印象深刻：“小的时候我有一张专门的桌子，上面常常堆得乱七八糟。每一次被要求清理的话，我就把抽屉打开，一股脑地把桌面的东西塞进抽屉。结果当然是几天后抽屉里的东西又重新堆回到了桌面。这时母亲会带着我一起收拾。把书籍本子叠好摞齐，把颜色笔用橡皮筋一扎扎箍好，铅笔橡皮装在小盒子里。最后会拉着我的手站在整齐干净的桌子前告诉我劳动创造世界的道理。”

冯高义回忆说，母亲对他的培养，并不单纯要求学习的分数，更倾向于生活的实践。“当我学会骑车后她就把她的自行车让给我上学用以资奖励。当时自行车是家庭三大件的标志物品之一。当我学会游泳，并且听说我能和同学一起横渡珠江后，她高兴得两晚睡不着觉。她说地球的四分之三是水，人类应该能够跟水和谐相处。初中我迷上了无线电，利用到北京开会的机会，母亲为我买了当时还很稀罕的苏制铁壳三极管，并带我到新华书店挑选了一本制作晶体管收音机的科技书，让我根据选定的线路图列下元器件的清单。她说购买元件也是一个学习的过程。半导体变压器烧坏了，她没有责怪，只是拿来古旧的坏变压器让我拆了，然后根据书上的公式选择合适的漆包线，计算线圈的圈数重新缠绕。”

冯高义说：“当年我去东莞插队。那个时候广州粮店里的米都是‘三级米’，非常糙。我从乡下带了一些农村新产的好米回来。母亲说你到农村是去学习的，不是为了让我们吃好米的，叫我以后不用带了。下乡两年后，母亲到我插队的农村看我，看到我已经掌握了一定的劳动技能，能够自食其力，和当地的农民关系密切，她说：我放心了。”

一名谦谦君子

高兆兰工作认真刻苦是出了名的。冯高义回忆说：“每天深夜看书工作到两点以后睡觉是母亲的常态。有时我劝她注意健康早点休息，她会幽默地笑着说：你知道有一句名言吗？愚蠢人睡觉的时候就是聪明人努力的时候。”

高兆兰这位除了研究心无旁骛的学者，在为人处世方面其实并不刻板，看起来还颇有谦谦君子的古风。

和她接触过的学生都说：高兆兰不但教书而且还教我们做人。她把金钱和物质都看得很淡，常常帮助经济上有困难的学生和同事。她的学生和助手余振新就表示：“我曾经记得有一个学长，生活好转以后回来看望高先生说：我现在生活好转了，当年你给我的钱，我可以还给你了。高先生没收。她说，给你的就是给你了，你们还会遇到各种各样的困难，那点东西对我来说不算什么。”

1994年是高兆兰从事教育与科研60周年，学校为她举办了庆祝会。人们赞扬她科研上的成就，赞扬她为国家培养了人才，历数她获得的荣誉。高兆兰的答词是这样说的：省长一个省只有一个，科学家、院士只是少数，我的学生很多，看到他们在各自的工作岗位上做出开拓性的成绩我感到无限欣慰。大家的进步和成就就是赠送给我最珍贵的礼物。人生的愿望和价值不在于得到多少或者获得什么，重要的是给予了什么，奉献了多少。

（郑照魁　刘甲）

余振新教授回忆一代宗师高兆兰

念念不忘，必有回响

A21

余振新教授回忆一代宗师高兆兰

念念不忘，必有回响

广东中烟工业有限责任公司特别呈献

作为中国的“光谱大王”，高兆兰在学术方面造诣甚深，成就卓著。从上世纪50年代起，她就创建了新中国第一批光谱学专门化教研室；尽管之后遭遇反右、“文革”等各种困难，但她依然坚持了下来，并且还带出了中国光学、光谱学行业内诸多一流的学者。1994年，在高兆兰从事教学科研工作60周年纪念大会上，学生们历数了她的成就，总结出公认的全中国的十项第一。

高兆兰的学术风格究竟如何？她为什么可以取得这么多让人仰视的成就？或许她的学生、学术助手、超快速激光光谱学国家实验室前主任、激光光学与光谱学研究所所长余振新教授的讲述可以帮我们解答这其中的疑问。

“实用”教学

她很实际，教我学英语都从实验报告做起

在学术方面，高先生是很讲究实践的。物理方面暂且不说，本身她所做的光学研究就是从大量的实验数据得出的结论。我先说一下她是如何教我学英语的。因为我在中学和大学都是学习俄语的，而在文化大革命期间，中山大学是对外开放单位，很多外国政要、学者来校参观，必须用英语接待，形势要求我们学习英语并使用口语。

虽然冯先生和高先生是理工科学者，但他们的英语都非常好。高先生在昆明的教会学校读书，从小跟英国修女学习，学得一口流利地道的牛津音。根据她自己的评价，到美国留学之后，她的英文算是退步了。她曾经跟我说，美国人说话是很随便

的。比如，不准停车，美国人就说“No Park”，这样是不对的。英国人惯说“Don't Parking”。“有教养的英国人从来不讲OK，他们讲的是All Right。但是第二次世界大战后，美军遍布世界，各国也都普及OK啦。”

高先生的英语好到什么程度？有一次我陪她去北京开国际会议，在北京友谊商店附近，有个外国人要买地摊上一个小女孩的书。但是双方比画了半天都没搞清楚。高先生就对那个外国人说，你是不是就买这本书？给多少钱就行了。那个外国人立刻问：你是英国人？高先生说，我是云南昆明的。那个人说，你别骗我，我是密歇根大学语言学教授，我拿过英语语言学金钥匙，你骗不了我，你的口音是标准牛津味。最后我不得不给高先生证明，她是100%中国人。但她的英语好到一开口，美国的语言学家都认为她是英国人。

高先生教我学英文，还是在文化大革命期间。真是有点逆潮流而动的勇气。那个时候没有人敢学英语，一不小心就会被人说是“里通外国”。但那时我觉得我必须学。因为广州毗邻香港，那个年代外国人来中国参观，肯定会被安排到我们激光物理实验室来。而在实验室里，接待外宾时很多对话，翻译有时都未必能讲准。那些翻译对社会、艺术之类的词汇可能译得比较准确，但一些光学物理专业术语就有差距了。我还记得有一次是瑞典国王到实验室来参观，背后还跟着他的科学顾问，但咱们的翻译对“激光电视”“扫描”这些词不会翻译，用“扫地”表达“扫描”的意思，最后我不得不提醒他，应该用“scanning”。

高先生教授英文的办法也很妙。我是她的学术助手，我们经常同在一个实验室。她让我把每天对她进行实验研究汇报的时间定在中午12点，一般人都已回家吃饭的时候。而汇报的内容，她就让我说英文。只有那些我实在想不出英文该怎么表达的时候，才准用中文。一开始是很难的，比如，我今天早上焊了个电路，一个电容击穿了，“电容”这个词有好几种表述，我应该用哪个？“击穿”又该怎么表达？我都要想半天。但她会给我肯定，即便我说错了，高先生在纠正之前也会对我说：“嗯，我听懂你的意思了。”

除了用口语向她汇报实验结果，她还让我写英文日记给她看。我很珍惜这些英语作业。后来我学英语这事情被冯先生知道了，就变成了他们两口子一起来教我啦。我每天都是中午十二点后向高先生汇报工作，大概到下午一点钟。有一次，冯先生从家里找过来，想看看高先生为什么过了下午一点钟还不回家吃午饭。他喊着“小兆”（冯先生对高先生一直这样称呼）就进来了，看见我仍在向高先生结结巴巴地用英语汇报着研究工作，冯老师就说要大胆多讲多练，口语实践是学习英语的最有效途径。后来，有些英文日记我也拿给冯先生进行批改。与高先生的细致入微有别，他是个很高效率的人。有一次他去北京开会，就在飞机上把我一个月写下的日记改妥，然后封好交给空姐，让她们回到广州后立刻寄还给我。

当时有些同事并不理解，甚至说我们学英语就是想逃港。我当时也不知道哪来的勇气，回击说：学一点英语就等于想逃港？那我们学原子物理，都知道怎么做原子弹的基本原理，怎么引起链式反应，难道学原子物理就是要造原子弹去杀人？按那样的逻辑推论，我们啥都不用学了。

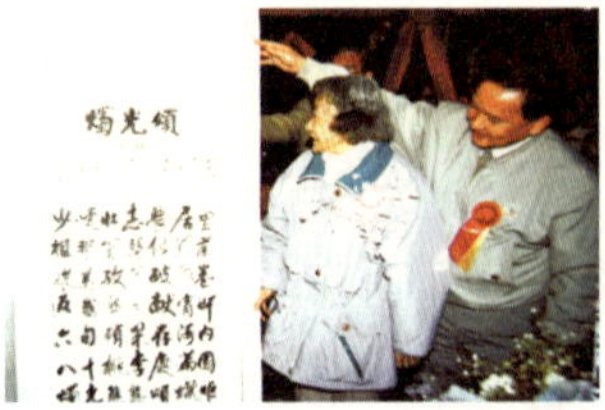

高兆兰学生赠诗《烛光颂》

“先锋”研究

她很前瞻，我们的“第一”都是她在推动

1994年的时候，我们给高先生办了一场从事教育研究工作60周年纪念大会。当时是在中大校园里的永芳堂举行。大会办得很成功。学校里所有走得动的老教授，不光是党委书记、校长，即便不跟理科沾边的人，都过来参加。有些人甚至坐着轮椅都出来了。本来我以为只会来180人左右，但最后来了三四百人，窗口都站满了。很多人是从市区、政府部门来祝贺的。可见高先生的影响力。她的很多学生，诸如副省长王屏山、省长卢瑞华（高先生的研究生），都过来为老师进行庆祝。

在那次大会上我作为高先生的助手，做了一次总结性发言，历数了高先生一生的成就，有根有据地列举了高老师的整整10个“中国第一”。比如上世纪50年代初，她带领大家创建了新中国第一批光谱学专门化教研室；60年代初，她带领大家创建了全国第一批红外光谱学实验室；70年代，在她的指导下，上述实验室先后研制出我国第一台氮分子激光器和第一台可调脉冲染料激光器，并主持举办了全国第一次激光光谱高级研讨班；80年代初，她领衔在物理、激光与光谱学研究学科中建立了我国首批硕士、博士点和博士后科研流动站，以及国家重点实验室和国家重点学科点；到80年代末，由她主导的超短激光脉冲和超快速光谱学方面的研究已经胜利地跨入世界科学技术的前沿阵地；所建立的多种超短激光系统和超快速光谱学实验装置以及所取得的研究成果均达到国际先进水平。

在高先生的率领下，我们的激光光谱学研究一直处于国内领先位置，并受到全国同行公认。教育部委任她为“中国光物理长远发展规划专家组”组长，我作为专家组的学术秘书，在她的指导下工作，亲眼目睹她以年近80的高龄，为我国光学发展呕心沥血。

解放后，开拓新中国最早的光物理研究和教育，对她来说也是非常不容易的。因为理工科的基础研究都是国际公开的，不可能闭门造车。全世界的研究工作日新月异，很多成果都是在迅速互相交流。而我们改革开放之前，能够接触到的世界其他地方的文献、期刊其实并不多。加上国内的实验条件有限，在这样的情况下，高先生还能率领我们取得这么多进展，这是非常不简单的。

我们之所以在条件较困难的情况下仍取得工作进展，高先生的理论基础和外语能力及记忆力起到了很重要的作用。她精通英语、法语、德语，很多国外文献她都可以直接快速阅读，而且记忆力很强，有人向她请教时，如果她觉得自己解答得不够充分，就会告诉对方，你可以去找哪一国的哪一份刊物，大约在哪一年的哪一期，里面会有什么样的解释……我印象很深的是中大化学系一个很有名的分析化学教授，她参考德文文献时，经常过来请教高先生。高先生每次都是把书拿过来，随口就开始讲，而她一边口头翻译，请教者就一边做笔录……德文文献，很多单词和句子都很长，有时近100个字符连在一起，但高先生随口翻译都会很有条理，不单语意能详且翻译准确。

诲人不倦

她谨严稳慎，详细规划，精心试验

虽然高先生的研究受到历史条件的限制，但她在光谱物理方面的造诣依然不是一般学者可比。我当年读的是她的光谱学，现在我教学生，基本理论架构也还沿用她的讲义。

她的讲义，最大的特色是导言部分讲得非常详细。听不懂的人觉得很啰嗦，听得懂的人却会觉得这是充满实践体会、内涵丰富信息量大的好东西，在普通书本里根本找不到的经验。在她的讲课导言里，你可以看到整个光谱学发展的历史。光谱学的起源、人们对光谱学的认识、其中发展的规律……这里面浓缩了她很多亲身经历的经验。因为光谱学的历史，其实跟她的年纪差不多。她在美国攻读博士学位时，刚好亲身经历了那段发展时期。对于很多书本里说不清楚的东西，来龙去脉她都很清楚。很多东西也都是她自己的经验总结。

有一个比我低几届的学生说，起初总觉得高先生啰嗦，觉得她讲课好像面面俱到，但等到他毕业开始做研究工作时，有些不懂的地方，又回去请教高先生。当时高先生刚好要做文献综合报告，他也去听了。结果他听完后感叹：自己当年太幼稚了，绕了一大圈都没找到问题的核心，而高先生说的本来就是那个核心问题。他这才佩服得五体投地。

高先生对很多问题认识得很深，她引导别人也很耐心。高先生一直告诉我，实验研究工作，撰写论文，最成功最可靠的地方，只有作者最清楚。但里面最有麻烦、最不完善、最需要去克服的地方，也只有作者最知道。所以后来我自己做研究，对这方面体会很深。我也用这个体验去引导我的研究生。

高先生在育人方面，确实是诲人不倦。在高校里一直有一个争议的论点：有人认为，给学生解答疑难，按问题涉及的广度和深度，只回答40%至60%就可以了，其余的让他们自己去思考、去探索。回答太充分了，容易使他们养成不动脑筋的不良习惯。另一种意见则认为，应尽可能具体、全面地回答学生提出来的问题。高先生主张因材施教，但更多情况是倾向于后一种。她给学生解答问题，总是毫不吝啬自己的时间和精力，而且满腔热情，一丝不苟，谆谆教诲，耳提面命，给我们尽可能完善的答案。有时还把她的看法写成文字，或者把有关资料复印给我们。她的绝

年轻时期的高兆兰、冯秉铨夫妇

大多数学生也并没有因为她的指导特别细心而不动脑筋，很多学生反而更加勤奋地思考，像她一样严谨地做学问。

高先生有一位学生，写论文的时候从选题、调研、资料的搜集、具体的实验设计，到对实验得出材料的分析、论文的撰写方式、文字的润色和稿样的修订，每一页稿纸都留下了她的指纹和心血。论文要发表时，这位学生向高老师提出，论文展示的研究成果，主要是老师的，应由她和自己共同署名。但高先生听了直摇头："我和你一起学习、研究，你有了收获，写成论文，标志着你又提高一步，逐步成长为光学与光谱学研究的骨干，我很高兴，这就够了，为什么一定要我也在论文上署名呢？没有必要！"

夕阳无限好，更好看明天

她极度勤奋，抱病也不放弃科学思考和研究

高先生晚年，对于自己的"时间"有着非常强烈的紧迫感。许桂先生曾在其报告文学《夕阳无限好，更好看明天》中提到过，高兆兰对于王起教授把李商隐的"夕阳无限好，只是近黄昏"修改成"夕阳无限好，更好看明天"表示非常赞赏。冯秉铨教授也有名句："老牛明知夕阳短，不用扬鞭自奋蹄。"1999年的时候，她在与英国肯特大学布朗教授的一次通信中说道："我老了，而且体弱多病。不过我的学生都已成长起来，我们的实验室也后继有人了。我感到很幸福，而且乐意尽量多发点'余热'。"

高先生对于业务的勤勉，让很多人觉得不可理解。其实她在70岁之后身体就一直不好，呼吸道常出毛病，胃肠也不佳，让她吃一个馒头都得分三次才能吃完。她的体重，连同穿着的衣服鞋袜算在一起，还不足37公斤。即便如此，她依然没有放弃研究和科学思考。"我记得是1986年，那时我已是激光与光谱学研究所所长和国家重点实验室主任了。有一次高兆兰的姐姐气呼呼地来找我，让我这个'领导'关心高先生，要劝阻她没日没夜地在做研究，甚至在凌晨4点都还在翻书。"

儿子冯高义说，如果要给母亲一个准确的定义，他觉得"钻书虫"更适合一点。因为她除了做研究，没有其他任何多余的爱好。我觉得高义说得有点道理。高先生从不喜欢去什么地方疗养，她除了开学术会议和人大、政协会议时

会离开学校在外住几天，除此之外，省市政府或学校要安排她去哪里疗养，她是从来不会去的。有一次人家安排她去肇庆七星岩，她第二天就偷偷跑回来了。她说那地方没啥新鲜的，还不及家乡昆明的山水好，走去看一下，知道什么样子，就行了。我跟她说，你就算是去玩两天，休整休整行不行？她就是不干。后来她因为年龄原因离开实验室，我觉得应该逼她出去走走，我就跟冯高义说，我们两个家庭每半年组织一次野外活动吧。其实按照国家给她的待遇，任何时间、任何风景区都可以去的。但她说，那些地方，画画的、写文章的人去还有用，会激发灵感，“我去那里又不能做实验，没有物理现象值得考察，身边又没有文献资料，去有什么用啊？”

冯先生和高先生临逝世之前，我都在身边。高先生在病重住院的那段时间，搞不清自己在什么地方，又不好意思直接问人家自己在哪里，于是趁我去看她时用英语问我。结果医生护士听到她说英语，都很激动，说这个老太太居然会英语！然后很多年轻医生护士都过来向她请教英语。那些医护人员也是要考试晋升的嘛。虽然高先生很不舒服，但她依然在病床上给年轻医护人员当老师。她这一生，得过很多荣誉，但接触过她的人，从领导到服务员，你找不到一个人说她半句不好的话。这个不是简单就能做到的。许多认识高先生的人，包括她的学生、同事、领导都众口一词：高先生之所以如此受人尊敬、深孚众望，完全是人格的魅力！

1999年10月12日，恩师高兆兰教授在昏迷中醒来，用英语断断续续地唱了一首《夏天最后的玫瑰》，坦然地走完了心态宁静、事业光辉的一生，享年86岁。

（郑照魁　刘甲）

高兆兰在从教60周年庆祝会上。右一为她的学生、时任广东省省长的卢瑞华，左一为中山大学原校长曾汉民

高兆兰教授在实验室

学人小传

朱杰勤（1913—1990），祖籍广东顺德。少年朱杰勤勤奋好学，17岁起以半工半读的方式学习，自学完成中文、英文、数学、商科等专业的全部大学课程。1933年，朱杰勤考上中山大学文史研究所研究生，1936年毕业，并先后在广州市立美术学校、中山大学、华南师范大学、暨南大学等学校任教。1981年，朱杰勤创办暨南大学华侨研究所并任所长，并于1984年担任博士生导师并招收首批博士研究生。1990年5月9日，朱杰勤因心脏病去世，享年77岁。

朱杰勤一生笔耕不辍，治学严谨，在华侨史方面主要著作有《东南亚华侨史》，并主编有『东南亚华侨史丛书』和『世界华侨史丛书』等。

朱杰勤：

谦亨君子鸣世　但开风气之先

百年前，中国学术界正经历一场疾风骤雨般的巨变。一声惊蛰，传统的皓首穷经的史学者，纷纷走出书斋，迎接新的风雨洗礼。一时间，传统史家们“述兴旺之由，明成败得失”的治学路径如隔年皇历，新一代史家无不放眼寰宇，以史为鉴，寻求“民族自强、御侮图存”之良方。既要“为往圣继绝学”，又要“为万世开太平”，新一代史家应时而生。整整一百年前生于广东顺德的朱杰勤，就是其中一位。幼时亲历国家满目疮痍、曾随父亲运货出国在粤海关报税而遭洋人凌辱的他，深深体会孔夫子所说的：“邦无道，危行言逊。”自此立志读书寻找良方，而他最终在中外关系史上找到突破口，为此倾注了一生心血。

他至“勤”。早岁身逢世变，转徙颠簸，但勤勉过人，凭借自学通读经史，兼通英文，得著名史学家朱希祖赏识，进入中山大学文史研究所读研究生，此后一生不辍离史学一步。数十年跌宕人生，白昼提灯般在史学领域矻矻以求，其用力至勤，功力至深，累积跬步，终至千里。他至“杰”。他前三十年研读中国史，后三十年研读世界史，学殖颇丰，由博返约，顺应“外之既不后于世界之思潮，内之仍不失固有之血脉”的变革潮流，怀忧国忧民之概，寻求经世致用之路。在中外关系史、华侨史研究领域独辟蹊径，著述丰硕，桃李遍布，誉满学林。

学脉上，他融通古今，学问上，他汇通中西。为学为师，他都“学不厌，教不倦”；为人，他“柔亦不茹，刚亦不吐”，始终保持着谦谦君子的风度。

自学成才
天分少年负不羁之才

“少负不羁之才”，是许多史家共同的特点，朱杰勤也不例外。

整整一个世纪之前的6月10日，祖籍顺德的朱杰勤，降生在广州的一个华侨家庭。他的祖父是美洲华侨，晚年归国，在广州开了一家竹器杂货店，而父亲亦于马来西亚经营生意。朱杰勤记忆中的父亲，是一位“读书不多，粗通文理，赋性慷慨，志大才疏”的商人。尽管如此，交游广博的父亲也结交了不少名流。大名鼎鼎的康有为，便是其中的一位。父亲的性情，或多或少折射在朱杰勤身上，而家族的特殊背景，也仿佛事先为他安排了一条独特的人生路。

朱杰勤一直受到严谨的家学熏陶。母亲对朱杰勤管教严格，诫之勤奋读书，不贪便宜，不说谎话。科举不第的伯父对他的启蒙教育亦助益颇深，为他奠定了良好的国学基础。朱杰勤从伯父手里接过了《三字经》《千字文》《成语考》《唐诗三百首》，继而又从业师罗隰甫手里接过“四书”、《史记》、《离骚》等中国传统经典。罗隰甫是从陈澧创办的两广方言学堂出身的高材生。然而，这位以对学生态度严谨、“朴作教刑”而闻名的罗先生，却对朱杰勤一反常态。他发现，朱杰勤读书虽然不求甚解，但作文却一次比一次进步，有触类旁通之才。

在私塾读书期间，朱杰勤初步掌握了写作技巧和对文献的理解能力。三年国文粗通之后，他转入英文学校读书，但靠自我摸索，三年之后就达到能写能译的程度。后因家境不济，朱杰勤便在店面一边打杂，一边自修，在商务印书馆开设的函授学校，修完了中、英、数、商各科的全部课程。

1933年，机遇终于降临到这位准备已久的年轻人头上，朱杰勤迎来了学术道路上的第一次重要转机。这一年的夏天，中山大学文史研究所招考史学研究生，朱杰勤只花了半个月时间，凭借洋洋洒洒8万字的《中国史学研究》，得到了主考官朱希祖的赏识，顺利步入大学殿堂。

前辈许多大学者大抵有相似的求学路径：年轻时博览群书，中年后由博返约，精益求精于某学科。早年靠自学成才的朱杰勤也是这样，他好读书，“与专业无关的杂书不知读了多少”。而在中大学习期间，他开始在著名史学家朱希祖的指点下系统读史，每天循序点读《史记》《汉书》《后汉书》《三国志》，分门别类，搜集资料，自此养成了严谨的治学之风。

步入大学殿堂之后的朱杰勤，文笔恣肆，勤奋不辍，著作迭出。中大肄业第二年，便以《秦汉美术史》一书录入日本的《中国名人大辞典》中，之后撰成《王羲之评说》一书由商务印书馆出版，上世纪40年代，又著成《龚定庵研究》一书。时人评价朱杰勤“大气磅礴，沙泥俱下，较之屑碎捨捋之考据，有香象草虫之别矣”。

每当回忆自己的入学经历，朱杰勤都谦称自己不过是一个门外汉。但也正因为这个缘故，他一生都对朱希祖的知遇之恩不胜感激。朱希祖是章太炎的大弟子，也是著名的南明史专家。他批阅朱杰勤的卷子时，每每点头称赞，感叹此乃可造之才，遂将其破格录取。在朱希祖先生逝世时，朱杰勤留下挽诗五首，其中一首便写道：“躐等贻讥我自知，差强人意是文辞。点头顿起怜才念，犹记沉吟阅卷时。”可见师徒之情何其深切。

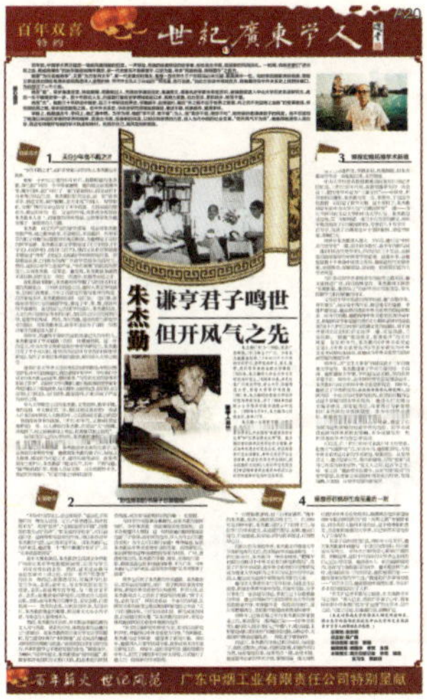
百年双喜 特约

世纪广东学人

朱杰勤

谦亨君子鸣世

但开风气之先

广东中烟工业有限责任公司特别呈献

朱杰勤与他的学生在一起

狂狷耿介
“野性难驯的书呆子”总爱冒险

“不得中行而与之，必也狂狷乎。”这是孔子所赞许的一种为人法则。又云：“狂者进取，狷者有所不为。”所谓“狂者”，“志极高而行不掩”，而能敢作敢为；而“狷者”，“知未及而守有余”，可以清高自守。这两种相得益彰的性情，用以形容青年朱杰勤的气质，也可谓不过不失。用他自己的话来说，他就像一个“野性难驯的书呆子”，却“从来就喜欢冒险”。

在中大修业满后，朱杰勤曾受高剑父介绍赴广州市立美术学校教授国画史，却因与学生一同反对校长而去职。然而，这不过是他与各位东家或上司之间，长长一系列“恩怨史”的冰山一角而已：

在香港报馆，因编译与社长发生争执，去职；在中大，与文学院院长发生抵牾，去职；在昆明军官学校，与上级意见不合，去职；在重庆南洋研究所，反感主持人结党营私，去职；在马来西亚亚洲学会，未交会费，自动脱离……一次次的去职，时间长则年余，短则10日，朱杰勤仿佛走到哪里，都引来大大小小的矛盾，与身边的人事格格不入。

然而，朱杰勤的不合群，并不都是乖僻孤傲的文人习气所致。更多的时候，体现出来的是他的正气和耿直。在朱杰勤供职云南大学文法学院期间，发生震惊中外的“李闻惨案”，仗义执言的他谴责国民党的腐败与独裁：“在没有民主和自由的地方，科研和教学也不能有发展的余地。”解放前夕，为响应卢汉将军起义，朱杰勤更是“揭竿而起”，积极参加群众组织的义勇自卫队，阻击来犯的国民党残部，成为参与昆明保卫战的唯一一位教授。

与直率性情最难分难解的，是朱杰勤的家国情怀。少年朱杰勤一次在粤海关检查征税，一言不合便遭洋人掌掴。这一经历在他的脑海里留下了深深的烙印：在中国的地方，洋人为什么可以把持关税？为什么可以横行霸道？种种疑惑，促使朱杰勤从中外关系史中寻找答案。抗战爆发后，家仇国恨将这种情感燃烧得更为炽热。广州、香港相继沦陷，朱杰勤的手稿、藏书、衣物均付诸一炬，颠沛流离也使朱母病情加重，不久亡故。用朱杰勤自己的话来说，这场战争将他“从书斋里冲了出来”。

战争也扭转了朱杰勤的学术道路。朱杰勤表示，若不是抗战爆发，或许一辈子都将从事美术史研究，研究中外关系史乃时势使然。世界大战，让朱杰勤对古人之言有了更深刻的理解：“国于天地，必有与立”。国际关系是一个永恒的话题，从国际关系的演变也能反映出国家地位之兴衰。“天下同归路各殊，三材交涉动非居。研几成务吾何敢，白昼提灯照大衢。”朱杰勤的诗句更充分地体现了他在国际关系史中寄寓的抱负。

“30岁以前研究中国史为主，30岁以后研究世界史，并最终以中外关系史为归宿。”全国解放，朱杰勤与这个国家一道迎来了新的开始。1950年，他被调入云南军区司令部，在参议室主持东南亚研究工作。1952年，这位身穿军服、鬓有微霜的中年人，回到了阔别多年的母校中大，正式展开了他人生一段崭新的学术旅程。

史家风范

博雅宏赡拓殖学术新境

前半生身逢世变，学路多艰，转徙颠簸，但朱杰勤对待学术一直孜孜以求，未尝辍废。

中山大学历史系教授黄重言回忆说，上世纪50年代初，在教育部牵头的一次会议上，把历史学科定为“三条支柱”——中国史、世界史和亚洲史，朱杰勤与周一良、季羡林、丁则良等名教授一同拟定了教学大纲。这个契机下，朱杰勤1952年在中山大学开设“亚洲各国史”一课——当时全国只有北京大学和中山大学开设。朱杰勤边述边著，第二年即挥就一本36万字的讲义，1956年修改出版了《亚洲各国史》，专著有80万字到100万字，包括了亚洲周边14个邻国如朝鲜、印度等国家，影响巨大。

1958年朱杰勤调入暨大。3年后，他开设“中国古代史学史”一课，由于缺少教材，在半年内即写成一部《中国古代史学史》，洋洋洒洒30万言，是解放后出版最早的中国史学史论著。这部小书，是他悠悠数十个寒暑中读史之所得，他纵论历代史籍史家，旁征博引，探赜索隐，显示出一位淹贯宏通的大学者风范。

与许多后辈学者求精求专的治学之路不同，他主张博通广识，而后由博返约。朱杰勤对王国维“长期积累，偶然得之”的治学方法倍加推崇，常跟学生们大段引诵他的诗文。

又得益于早年练就的西学功底，他“古籍洋书，并列案头”，每涉及中西互证，便能左右逢源。幸逢世道安定，他鼓勇而进，在中外关系史方面建树颇多。20世纪60年代初期，他把两种中外关系史名著译成中文，即德国汉学家夏德的著作《大秦国录》和利奇温著的《十八世纪的中国与欧洲文化的接触》，对于前者更用文言文和白话文各译一遍，反复推敲，三易其稿，一展他“能诗能文，能著能译”的大师风范。及至上世纪80年代，朱杰勤的《中外关系史论文集》《中外关系史译丛》等多年研究的中外关系史成果结集出版，使他成为中外关系史方面毋庸置疑的著名学者。

1978年，暨南大学复校。朱杰勤迎来了学术生命的另一个高峰。他知道在大学里，学科建设是关键，因而孜孜不倦于此。1979年，在中国历史学会规划会议中，朱杰勤倡导成立中国中外关系史研究会。1981年，他创立了华侨研究所（后改称华侨华人研究所），是国内第一个成立的同类研究机构，在很长时期内也是这个领域的顶尖学术机构。他投入巨大精力主编菲律宾、印度尼西亚、马来西亚与新加坡和日本等国的华侨国别史。多少年的学术耕耘，使他在东南亚华侨历史研究、亚洲历史研究、中外关系史研究方面占尽风骚，奠定了作为国内这些领域的权威学者的地位。

可以说，自上世纪50年代末离开中大历史系，赴暨大“另起炉灶”后，30余年内，他厚积薄发，专攻中外关系史这片新的学术领地，硕果频结。从某种意义上，他立足新时代，秉持新视角，力践“史圣”司马迁所说的治史宗旨：“究天人之际，通古今之变，成一家之言。”他治史不忘观今，力主“经世致用”的史学思想，从史家立场放眼中西关系的历史，发微阐幽，开拓出一片史学发展的新境界。

钩深致远
案牍劳形至生命最后一刻

“一时创始难为精，居上后来如薪织。”晚年的朱杰勤，投注心血在培养博士生上。自1984年至1988年间，朱杰勤共指导了7位博士生，每位学生的毕业论文，从选题到撰写、定稿，他亲自操刀，日夜披读，甚至连标点符号都不放过，可谓燃尽心力。

而此时作为著名学者，朱杰勤主持暨南大学华侨研究所的工作，仍不断向学术巅峰攀登。上世纪80年代，朱杰勤用一种拼命精神，“把晚年有限的光阴用于中外关系史的研究和撰写”，收获了许多学术成果，使中外关系史和华侨史研究成为暨南大学执国内之牛耳的标志性的学科制高点，他也成为这两个领域众所周知的大家。

他与北大季羡林先生交往甚密，每逢去北京出差，都要去季羡林家中探望，分手时季先生一定会送得很远。他也经常向学生们推荐中山大学的著名教授梁方仲、岑仲勉等老一辈名师的著作，还时常把蔡鸿生、姜伯勤等教授请来暨南园讲学。

1988年，已逾古稀之年的朱杰勤应国家教委之约，承诺撰写一部鸿篇巨制——《中外关系史》，他与友人去信时称自己“年垂八十，精力衰退，未知能完成此项任务否？”而他窃惜光阴，分秒必争，大部分国内外会议邀请，都一一辞谢，忙于著书治学。

而这时，朱杰勤的身体已积劳成疾，每况愈下，出现过数次心绞痛，而腿疾加重，但他仍不以为然，每夜案牍劳形，每周坚持上课，治史不辍。他还思考着新的学术计划，筹划组织编写一部无前例可循的《中外关系史辞典》，踌躇满志地准备迎接1991年联合国组织的“海上丝绸之路”考察团来访。而令所有人始料不及的是，这个精神如此勃发、意志如此刚强的大学者，却已悄然不觉地步入了生命尽头。

其弟子高伟浓回忆说，1990年4月30日，他到朱杰勤家中请他写一个项目的推荐信，其时他还谈笑风生。不料次日即突患心脏病住进医院。即便这样，这位个性狷介的大学者也未料到自己已油尽灯枯。他挤在6人一间的简陋病房内，还在与生命做最后的抗争。他不配合医生治疗，拔掉插在身上的注射器，强烈要求回家……他对前来探望的学生说：“我还有许多事情没做……”直到9天后，他在昏迷中溘然长逝，带着许多未竟的遗愿离开了人世。

“非夫旷远者不能与之嬉游，非夫渊静者不与之闲止。”斯人已去，然在许多弟子心中，暨南园中那个将书斋自名为“旷远楼”的大学者，品性之高，气度之辽远，似渺渺回音，清幽旷远。

（对暨南大学华侨华人研究所前所长、博士生导师高伟浓教授及中山大学历史系教授黄重言等人的帮助表示感谢。）

（李培　杨逸　袁歆玥）

学者视点

朱杰勤高徒高伟浓追忆恩师

他是中外关系史的拓荒者

作为国内历史学界的著名专家之一，在将近60年的笔耕墨润中，朱杰勤在中国古代史、世界史、史学史、中外关系史和华侨华人史等诸多领域颇有建树。他凭借对史学研究数十年如一日的痴迷和热情，独辟蹊径，在“华侨最高学府”暨南大学，一手开创了两个崭新的研究领域——中外关系史和华侨华人研究。在他坎坷不平的人生道路上，这两个研究领域曾经在很长一段时间内领国内之风骚，执学科之牛耳。他凭借勤学不倦的治学精神，毕生孜孜不倦，开拓进取，在晚年更创造了学术事业的辉煌，成为誉满海内外的学者。早在上世纪40年代初，日本《中国名人大辞典》便已刊载他的专辑。1989年，美国《国际杰出名人录》刊登了他的生平并向他颁发了证书。对于朱杰勤先生所开创的这片学术茂林，以及他身上垂范后代的学人风范，南方日报记者专访了朱先生的弟子、暨南大学华侨华人研究所前所长（教育部人文社会科学重点研究基地前主任）、博士生导师高伟浓教授。

学术经历

他的传统学养堪称翘楚

南方日报：朱杰勤生于100年前，他既接受了传统的私塾教育，又接受新式教育，他的学养、知识背景有何特色？

高伟浓：少年朱杰勤接受的是旧式教育，更确切地说应该是中国“传统教育”。他受中国传统文化的影响非常深，后来也接受过西式教育，主要是靠自学成才。

与朱先生相比，当代学者太欠缺的就是优秀的中国传统文化修养。在这方面，朱先生在近现代知识分子中称得上是翘楚，也堪称楷模。我想强调一点，朱先生是个学者，但这只是他的一半而已；另一半，他是一个非常优秀的诗人。朱先生的古体诗写得非常好，不要说在广东的学者里，就是在全国的学者中，也鲜有人可与他比肩。朱先生精通古代音韵与格律，他的诗作也独出心裁。例如，他的诗韵喜欢用入声字，诗句铿锵有力。朱先生留下过两本诗集，一本是《微雨集》，另一本是《英诗采译》。前者用典精巧，对仗工整，意蕴深厚，遣词用韵堪称珠圆玉润；后者是英文古诗的翻译集，主要采用中国“古风”体来翻译英文古诗，可见他中西两方面的学养都极为深邃。朱先生晚年曾不止一次地说过：“我能够为后世所留传的，就是我的诗歌作品了。”当然朱先生说这个话有点过谦，他的学术成就一样很高。

A21

朱杰勤高徒高伟浓追忆恩师

他是中外关系史的拓荒者

广东中烟工业有限责任公司特别呈献

南方日报：与其他同辈学人相比，他的学术特色是什么？

高伟浓：客观地说，朱先生的学问主要是靠自学。他的中国传统文化根基那么深，又精通外文，在我们这辈学人里面恐怕很难找得出来。朱先生的学养、知识面与知识结构，基本上是靠自学奠定的。我从旁观察，他其实对正规教育并不是太看重。

1933年，他得到著名历史学家朱希祖的看重，被破格录取为研究生，在朱希祖先生指导下进行历史研究。而在此之前，他没有读过大学本科，实际上，入读研究生时他已经著述不少，下笔如有神，他之所以被朱希祖先生看中，收归门下，就是凭着他在短短半个月时间内洋洋洒洒地写下了8万字的《中国史学研究》。

治学方法
他做学问有“大家风范”

南方日报：朱先生的治学方法是怎样的？似乎他的不少论著都从历史典籍中旁征博引、信手拈来？

高伟浓：传统的历史学研究主要靠文献、档案与考古等方面的资料，从事这种研究的学者必须具备中国传统的治学精神，“皓首穷经”“韦编三绝”，朱先生就是这样的学者。文史学者要尽最大努力占有资料，并将之钻研透彻，在此基础上进行认真严谨的研究，从而抽象出科学可靠的结论。

在传统历史学研究方面，朱先生当然是炉火纯青。但我发现他做学问还有一个特点，就是有一种“大家风范”。当代的历史学者一般做得很专、很精、很深，一个细微的历史事实往往经过反复考证。朱先生也有很深的考证功力，但他给人印象更深的是他做学问的“大家风范”。《二十四史》，谁敢说读完了？我敢说朱先生肯定通读完了。他看完《二十四史》中每一个单元，就可以洋洋洒洒地写出如同《中国古代史学史》里面的那些文章。这些文章都有他的真知灼见，都是他对历史的透彻感悟。他的许多学术成果，是通读历史后的思想灵感。不像现在一些学者，只是把历史书当成工具书，需要的时候才去按图索骥地查查哪一节、哪一页，取其所需。

南方日报：朱先生说过一段话，他说自己“前三十年是研究中国史，后三十年侧重世界史，最后以中外关系为归宿”，为什么选择“中外关系史”作为他学术的归宿？

高伟浓：从学科结构来说，每个大学科门类都有研究的重点或说“显学”，过去历史学的重点，是中国史。从古到今五千年，多少中国历史问题都给一代代的历史学者研究透了。那么，到了今天，到了改革开放的现代，剩下的最薄弱的，也为社会所需要的历史学研究领域是什么呢？就是中外关系史。

为什么呢？研究中外关系史，一是研究的要求相对较高，二是研究起来难度很大。因为一个研究者既要懂得中国历史，还要懂得相关的外国历史，两方面要能够对接，串通起来，才可能进行研究。朱先生学通中外，在这个方面有他的先天优势。

朱先生是中外关系史这个领域的学科奠基人之一。他早年做的是中国历史文献研究，后来，做东南亚历史、亚洲历史研究，主要是以《二十四史》为基础。再后来，他将其中有关中国与外邦交往的记载对接起来，将中国这一头与外国、外民族那一头串联起来，就是中外关系史了。

南方日报：有研究者认为，朱先生选择中外关系史作为研究对象，有一部分是受到清代学者的影响，比如清末广东顺德几位学者研究西北史和中外史。

高伟浓：朱先生做学问的特点，除了自学成才外，另外就是知识面广而杂，堪称是“杂家”。

从学术传统来说，很多人没有注意到，朱先生其实是受清代学术的传统影响。中国传统学术的一个高峰是在清代，涌现出不少国学大师，例如王国维、梁启超、陈寅恪等等，便是其中的佼佼者。朱先生受清代的学术影响很深，但他做学问并不拘泥于引经据典，他那些洋洋洒洒的史学论著，很多方面也是继承了清代很多学者的治学传统。他通读过很多清代大学者的著作，有的还做过专门研究，例如，对龚自珍就做过深入研究，并以评传的方式写过一本关于他的书。

晚年朱杰勤

学术贡献
暨南大学华侨华人研究的奠基者

南方日报：解放后，朱先生到暨大开始从事中外关系史研究，之后担任华侨华人研究所所长。他是如何攀登自己的学术高峰的？

高伟浓：在20世纪80年代，廖承志提出要开展华侨华人历史研究，这一重任，当之无愧地落到了暨南大学华侨华人研究所（此为朱先生1981年所创立），落到了朱先生身上。华侨华人研究早在民国时代就开始了，在新中国成立后中断了，改革开放后开始恢复，朱先生是新时期国内华侨华人研究的开拓者之一，是暨南大学这个领域的奠基者。他的这一历史贡献，也奠定了暨南大学日后作为国内华侨华人研究重镇的地位。

“中外关系史”这个学科名称，也是朱先生最先提出来的。上世纪30年代，国内掀起了中外关系史研究的热潮，但长期以来没有“中外关系史”这一名称，前辈知名学者惯用的是“中西交通史”。直到20世纪70年代，才由朱先生正式提出“中外关系史”这个更为科学的名称，后来得到史学界公认。

朱杰勤的学术著作

朱先生在华侨史研究方面的主要贡献，一是开辟了区域华侨史——东南亚华侨史的研究；二是开辟了国别华侨史研究，比如，印尼华侨史、菲律宾华侨史、日本华侨史、新加坡马来西亚华侨史、越南华侨史等等，当时他组织了一批学者，分工合作，开展国别华侨史的撰写。但遗憾的是，在他去世后，这项极有意义的工作没有继续下来。这是华侨史研究的基础工程，实际上，直到今天，这一工程仍没有过时。

南方日报：朱先生对中外关系史的研究，有怎样突出的思想贡献？一种观点认为，他特别强调了中外关系史在整个历史学科中具有的重要特点就是，它是一门“经世致用”之学。

高伟浓：朱先生曾指出：“作为一个名副其实的历史学家，就应该博通古今中外的历史，这样才能谈道‘究天人之际，通古今之变，成一家之言’。”他认为，中国的史学工作者，不管是研究中国史或是世界史，他们共同关心的是中国在世界历史中的地位和作用问题，而这也恰恰是中外关系史研究的目的之一。

他特别注重“经世致用”的思想，主要的意思是借鉴，就是从历史中吸取经验教训。朱先生十分重视文化、人文交流方面的历史。“人文”这个词在朱先生那个年代的中国还没有出现，但实际上朱先生非常注重考察中外关系中关于人文交流的内容。

学人风范

他一辈子是靠“学问为本”“学术持身”

南方日报：朱先生一辈子忠于学术、甘为人梯，他的治学之路，留下怎样的风范？

高伟浓：作为一个学者，他很有个性，没有媚骨，但有傲骨！但在学者之间，我看不到他有什么“文人相轻”。他最大的特点在哪里呢？我认为，他身上有一种纯粹的学人精神——朱先生的成就靠的是他的学术、学养、学识，而不是靠行政职位，也就是说，他是以“学问为本”，靠“学术持身”。这值得当下许多学者自省。

坦白讲，现在的学者，学术之外的名堂搞得太多了，争这样那样的名衔、光环、品牌，争行政级别，“官本位”的思想已经深深地渗入学术界，有些人醉于此道，不可自拔。朱先生一辈子没做过什么正式的“官”，当然他做过历史系主任、研究所所长，但系主任、所长不是他刻意要当的，他一心想的就是学术。在朱先生的那个时代，学者是靠一步一个脚印地先做好自己的学问，然后才让别人通过阅读他的作品，通过同类之间的比较来认识、奠定他的学术地位的。

南方日报：朱杰勤的学人素养是如何炼成的？

高伟浓：中国学者从古到今的标准是什么？“学人情怀”是什么呢？一个很重要的标准就是他的个人修养，包括人文素养。已经有人指出，当今很多学者，讲得难听一点，已经沦为某个学科的“高级民工”。甚至教授也罢，博导也罢，只是在某个方面的“技工水准”高一点而已，但综合的人文素养却很难恭维，更称不上大家。

一个传统的中国学人，最基本的应该有两方面的素质：第一，本人的修养，修身齐家治国平天下，有必备的修养和情怀；第二，社会良知，回想起朱先生那一辈学者，他和学生们坐在一起谈学术，谈经史子集，谈琴棋书画，引经据典，大家都感到沉醉其中，如沐春风。朱先生那一辈学人，谈话时听不到低级趣味，和他在一起的时候，就像流连在一个传统优秀文化的兰圃里。在治学上，朱先生一辈子勤勤恳恳，他20多岁的时候就开始写书出书了，一生著作等身。但他发表文章，著书立说，不是为了其他目的，而是为了学问，为了传统学术的薪火传承。

（李培　杨逸　袁歆玥）

学人小传

柯麟（1901—1991），原名柯辉萼，广东海丰人。1926年从广东公医学专科学校毕业留任该校附属医院医生，1924年加入中国共产主义青年团，1926年转为中共党员，并任该校首任党团支部书记，参与领导收回公医归并广东大学（即中大）的学生运动。1927年，根据党组织安排，参加北伐军——国民革命军第四军，先后任军医、医务主任、军部医院副院长等职，同年底参加广州起义。1928年，转入中共隐蔽战线，先后在上海党中央机关、香港、澳门等地工作，达22年之久，为中国共产党建立地下工作网、开辟秘密交通线、掩护战友、收集情报、打击叛徒等做出了重大贡献。

新中国成立后，柯麟出任中山医学院（今中山大学中山医学院）院长兼党委书记。面对百废待兴的新中国教育事业形势，柯麟认真研究分析工作的特点，于1953年完成了三所医学院校的合并，使原来三家医学院之间的隔阂逐渐消除，一批有学术造诣、教学经验、医疗专长的人才得到重视和发挥。『文革』浩劫后，他被任命为国家卫生部顾问。1980年5月，他重新被任命兼任中山医学院院长职务，被誉为中山医学院的『一代宗师』。

柯麟：悬壶济世良医意 救国忧民志士心

1964年1月，全国医学教育工作会议在广州召开。一位在会上做高校工作60条经验汇报的医学教育家获得满堂赞誉。到场的时任国家副主席、中共创始人之一的董必武及贺龙、聂荣臻、叶剑英等领导亲切接见了他及其他会议代表。

这位介绍经验的医学教育家便是柯麟医生。他曾被叶挺将军称为"家庭的保健医生，也是最信任的人"，被澳门特别行政区首任行政长官何厚铧之父何贤称为对他"影响最大的人"，甚至有传闻：凭他签字的毕业证，即可在港澳、东南亚一带行医。澳门知名爱国人士、第十一届全国政协副主席马万祺曾为其赋诗："悬壶济世良医意，救国忧民志士心。"

他是革命志士，受命漂泊濠江十七载，上演潜伏人生；

他是侠义郎中，悬壶济民，被称"活菩萨柯医生"；

他是一代宗师，扛鼎华南医学教育，八十高龄重返中山医学院，誉满杏林。

柯麟的一生见证和参与了中国波澜壮阔的现当代历史。在他执掌下的中山医学院，三校合并后共培养毕业生达5000多人，比解放前40年三校毕业生总数还多两倍以上。从1958年秋改本科五年制为六年制之后，该院更成为全国四所重点医科院校之一，独秀南国。

我们一同走近红色医生、中国著名医学教育家柯麟。

历 历 往 事

以医生身份掩护 智擒叛贼白鑫

1901年9月，柯麟出生于海城镇一个工商业者家庭。1919年“五四”运动的时代洪流席卷中华大地，信仰的红色种子早在中学时代就深埋在他的血液中。

早在海丰中学就读时，柯麟与彭湃结为挚友，一同参加声讨袁世凯、恢复民国的斗争，接受进步的革命思想，还与进步同学一起，举行了海丰有史以来第一次罢课。

1920年，中学毕业的柯麟以优异的成绩考取了广东公医学专科学校。在23岁那年，柯麟成为了该校第一批共青团员，两年后转为中共党员，并成为该校首任党团支部书记，参与领导收回公医归并广东大学（即中大）的学生运动。

1928年，柯麟参加中共隐蔽战线。医术了得的他化名柯达文，和革命友人贺诚在上海法租界开办了达生诊所，一边行医，一边完成革命活动。达生诊所成了当时召开秘密会议最好的掩护。周恩来、邓小平等人经常来这里。最令人意想不到的是，一向挂着“传染病房”牌子的房间，就是党中央密谈之处，“病人”在里面“治疗”，柯麟就在楼下门口放哨。有情况时，柯麟在楼下发警报，楼上的同志就从诊所的后梯逃跑。

时代洪流滚滚而来，危机四伏，险象环生。地下党虽处处提防，但防不胜防。1929年8月24日晚，噩耗传来：彭湃、杨殷等中央军委领导在上海被捕。

这一不幸的消息让每个共产党人的神经紧绷。形势显现，乃内鬼所为。是谁泄露了党委领导开会行经的路径，背叛了党和自己的政治信仰？

抽丝剥茧后发现，当日彭、杨等人皆在参加秘密会议，但当时也在场的江苏省军委秘书白鑫却没有被捕，后来还诡异失踪了。“白鑫知道的事情太多了，非得把他解决不可。”周恩来怀疑是白鑫捣的鬼。中央指示一定要揪出白鑫这一叛徒。

白鑫多年被疟疾所困扰，曾多次找柯麟治疗。由于柯麟隐藏得好，白鑫并不知道其中共党员的身份。出卖了彭湃后，因病痛折磨，白鑫到上海还常到柯麟的诊所就诊。引蛇出洞的任务自然落到了柯麟身上。

起初，狡诈老到的白鑫只邀请柯麟到暂居的白宫饭店为其看病，还用300大洋企图收买这位给他看病的医生，然而他万万没想到，柯麟回头就把300大洋贿金交给周恩来和陈赓。后来，随着病情恶化，白鑫不得不露出“鼠穴”——国民党上海市党部委员范争波家。

当天在范家，柯麟医生神色一如既往的镇定，在谎称“下楼取药”时，通知了埋伏在附近的联络员，共产党人的枪口瞄准了白鑫的住处，复仇烈焰燃起。

在从事地下工作的二十余年，柯麟始终以行医为名为中共的秘密行动掩护，哪怕辗转武汉、上海、厦门、香港等地，他对共产党始终忠贞不贰，对革命理想奋力践行。

百年双喜 特约
世纪廣東学人
柯麟 悬壶济世良医意 救国忧民志士心
以医生身份掩护
百年薪火 世纪风范 广东中烟工业有限责任公司特别呈献

潜伏十七载　主持澳门庆祝新中国成立大会

在白鑫案被揭后，组织为了柯麟的安全，安排他到香港从事地下党工作。

但他的直接领导潘汉年却对他说：“你在香港熟人太多，容易出事，你是中医，在香港不能从事西医工作，维持生活都会很困难。现在叶挺在澳门，你就迁居澳门，以联系叶挺为主，这样既可以执行党的任务，又能解决全家的生活困难，一举两得。”自1935年起，柯麟便在濠江畔拉开了17年潜伏岁月的序幕。

柯麟院长到中山医一院儿科视察

初到澳门的柯麟重操旧业，在板樟堂街开办了“柯麟诊所”，一边替人治病养家糊口，一边暗中配合组织地下工作。叶挺、叶剑英、廖承志等同志及其家属都曾在柯麟家中转、看病。

可小诊所毕竟条件有限，柯麟很快把目光投向了澳门一所由当地绅商捐资兴办的平民医院——镜湖医院。柯麟得到名流的推荐进入镜湖医院当兼职医生。1946年，镜湖医院设立院长一职。在众人的支持下，医院董事会主席林炳炎提出让柯麟作为院长人选。此时，澳督否决了柯麟任院长一职，理由很干脆：“听说他是共产党人。”林炳炎愤然抗议说：“如果柯麟是共产党，那么我也是。这二十多人的名单都可以换，就是柯麟不能换。如果不让他当院长，我就不当董事会主席。”

在多方强烈要求下，澳督不得不让柯麟担任镜湖医院院长一职。而柯麟也以镜湖医院为据点，挑选医院中的爱国青年组成“青年战地救护团”，先后带团开赴广州、中山等地参加战地救护工作。

在抗战时期的一个夜晚，一批貌似敦实的生意人自香港登陆澳门渔村码头，在黑夜的掩护下，一路被带到柯麟诊所。这些所谓的生意人，其实是梁漱溟、范长江、夏衍、金山、蔡楚生等文化界知名人士。在柯麟救护团的紧密部署和掩护下，这批文化名人逃出了日寇魔掌。

1935年至1951年，柯麟在澳门工作的十七年中，叶剑英、张云逸等红军、八路军、新四军的高级将领亲临向柯麟部署、指示工作，罗明、苏井观、刘群心（博古妻子）、作家张天翼都先后在柯麟照顾下养病；上世纪50年代初，他又与澳门知名爱国人士何贤、马万祺合作，将一批汽油、雷达等军用物资从澳门运往内地，打破西方国家的禁运……

在长子柯小麟印象中，任何威胁打击也不能撬动柯麟的嘴巴，他从未开口透露自己的地下党身份，甚至对与自己肝胆相照的朋友、至亲至爱的妻儿，也三缄其口，未走漏半点党的秘密。柯麟和胞弟柯平虽然都加入了革命组织，但二人一直不知晓彼此身份，直到十余年后公开身份才相视而笑。

1949年10月10日，按照统一部署，五星红旗在澳门平安戏院等多处上空盈盈飘扬。柯麟和马万祺等在此主持召开了庆祝中华人民共和国成立大会，宣布支持新中国。

心汤汤而谁告，魄寂寂而何语？在澳门的十余年，柯麟默默地独自潜伏着开展地下工作，甚至不与地方地下党组织成员发生联系，只与党中央领导部门直线联系。据闻，连省委一般档案里也无其资料，无法考证其确凿身份。直到21年后，柯麟才可以公开自己的中共党员身份。

医德折服名流　被称“活菩萨柯医生”

柯麟革命工作之所以能步步为营，卓见成效，有赖于其卓著的医术医德和仁心仁义。

无论是上层社会的绅士太太，还是穷困潦倒的渔民车夫，他都一视同仁，悉心诊治，在澳门各阶层都享有很高的声望。《红色医生教育家——柯麟传》一书中称：“在澳门社会上，尤其是在工人、苦力、渔民、车夫等穷苦的病患者中，‘柯医生’有口皆碑。”

《中共地下党人》也记载了这样的坊间传言：当时能制服伶仃洋上大小海盗的“老大”叫姚雄，在一个大雨滂沱之夜，其妻难产，处境危急。柯麟被姚从诊所叫醒后，赶去救活了他的妻儿。事后姚雄给出八百块大洋，柯麟却没收。几年后何香凝等人从香港逃难，在海上漂流七日无果。柯麟闻讯后拜托姚雄，姚雄甚至不惜与日军开火，最终在茫茫大海中将何香凝等寻救至澳。

马万祺、何贤等澳门名流，也是他在行医过程中结识的。何贤是澳门特别行政区首任行政长官何厚铧的父亲，人称“澳门王”“地下澳督”。但每天他都要约“麟哥”聊天喝茶。正如当时众多澳门商界名流一样，他从不知柯麟还有什么其他身份。晚年回忆起这段经历，何贤说，柯麟从未有半句政治宣传话，“我是从他做人的态度上，看出他的进步”——柯麟医术高明，在当时缺医少药的澳门，他原本可挣更多的钱。但他对穷苦人收费总是很低廉，甚至完全免费义诊，何贤深深为此折服。在《何厚铧家族传》一书中，记录了“柯麟诊所遇知音”的佳话：作为社会政治活动家，商界名流何贤就曾直截了当地对别人说过：“影响我最大的是柯麟！”

马万祺比柯麟小18岁，一直视柯麟为兄长。他信任并赞同柯麟的观点，对抗战必胜的信念由此增强。马常携妻子罗心柏去拜访柯麟，并曾赋诗一首记叙两人深情：“悬壶济世良医意，救国忧民志士心。有幸逢君争早晚，难能相遇论当今。”这首诗可谓柯麟一生的写照。

两航起义立奇功　3天装运2500多箱物资

1949年11月9日，香港发生了轰动全球的两航起义：10架中国航空公司飞机与两架中央航空公司飞机，相继从香港起飞，脱离塔台视线后掉头向北京和天津方向飞去，直接断了国民党政权的西南空中运输线。

这让国民党极为震惊和愤怒。航空公司持有少量美国股份，因此国民党联合美国，开始抢夺中航留在港澳等地的航空物资。柯麟之子柯小刚对记者讲述了这段历史：“当时，两航特别是通信科和通信设备修造厂从上海撤离到澳门，在澳门租用了一个大仓库来存放这些航空器材。”

1950年1月，美方向澳门法院提出诉讼，要求冻结中航公司在澳门的财产，国民党也从台湾派人向澳葡当局施加压力，企图把这些器材偷偷运走。就在美方提起诉讼的同时，广东省人民政府主席叶剑英派新中国民航机构首批领导成员之一的任泊生连夜赶到澳门，向柯麟转交了一封亲笔信，要求柯麟务必找到两航起义时留在澳门的雷达设备，并想方设法将这批新中国航空事业急需的器材迅速转运广州。

澳葡当局的态度直接影响这批航空物资的流向。柯麟联络何贤、马万祺等迅速赶到总督府，澳葡当局当即表示准许这批器材内运，但为了避免节外生枝，限令在48小时内离境。

柯麟找到这批航空器材时，才意识到自己接受了一项十分艰巨的任务——器材足足有2562箱，另外还有4座巨型的发电机。要运走这批数量庞大的物资，需要两艘巨大的驳船和大马力的拖轮。

柯麟找到了澳门中华总商会会长何贤。这位航运巨子派出旗下船运公司承担了运输任务，“何贤亲自出面组织和指挥装船的工人。他找到了可靠的搬运工人，连夜火速把所有物资装船，并迅速起航”。柯小刚说，台湾方面很快知道了消息，立即派飞机到澳门侦察，准备进行轰炸，但等他们的飞机到来时，拖船早已到达内河进入广州。

运输数量如此庞大的货物，前后仅用3天，柯麟在给叶剑英的报告中总结：由于各方面的精诚努力合作，迅速而又机密，得以顺利达成使命，殊堪告慰。

据柯小刚介绍，从澳门抢运出的设备器材，是两航海外资产中较为完整内运的一批，成为新中国民航初期维修所需的主要航空器材的来源，为新中国航空工业和电讯工业提供了物质技术基础。

（感谢柯麟之子柯小刚先生为本文提供素材。）

（曹斯　何超）

学 者 视 点

A21

柯麟：中山医学院的“一代宗师”

文革被斗不记恨
80高龄重返中山医

巧化门户之见 力促三校合并

确立“三基”、“三严” 筹建专科医院

广东中烟工业有限责任公司特别呈献

卓大宏评说柯麟
中山医学院的“一代宗师”

几十年来，柯麟坚持实事求是，按照高等教育的固有规律办学，得到上级领导的支持。他以非凡才智驾驭中山医学院这艘巨轮，抗击惊涛骇浪，进入“潮平两岸阔”的发展阶段，被誉为中山医学院的“一代宗师”。

他审时度势，巧化矛盾，所立的“三基”“三严”学风至今仍被奉为圭臬；他关心和爱护知识分子，殷殷关注学生的学习和生活，团结广大师生员工；极力为教师科研创造良好条件，引领中山医建成全国重点医科大学；改革开放后，柯麟以近80岁高龄重回中山医并参与创办暨南大学医学院，书写我国医学教育新篇。

柯麟的学生、老下属卓大宏教授在著作《红楼情愫，青山感怀》中向老院长献词：“医教师表兮，百代之所宗；雄勋伟业兮，后世之所崇。”南方日报记者对话《柯麟传》作者之一、原中山医科大学党委书记、中国康复医学会专家委员会主任卓大宏教授，回顾柯麟的30年医学教育路。

巧化门户之见　力促三校合并

南方日报：柯麟和中山医学院有三段不解之缘。

卓大宏：是的。柯麟接到中共中央华南分局的正式调令后，在1951年春节全家迁到广州。他本来在广东公医大学（中山大学医学院前身）读书，是广东公医大学仅有的5名公费生之一，和阔别26年之久的母校有着很深的缘分；在1926年毕业后，还曾留校附属医院从医；直到“文革”后，柯麟老院长又重返中山医学院，他的一生与中山医结下三段不解之缘。

一执掌新中国成立后的中山医，柯麟就把自己多年的积蓄、澳门朋友报答他的酬劳费共15万元交给组织，一半作为党费，一半资助学院建设。他还动员澳门镜湖医院的一些医护骨干到中山医学院工作。

南方日报：在任上柯麟做了一件大事，就是三校合并，当时的情形是怎样的？

卓大宏：1952年，中央决定对全国高等院校进行院系调整。当时全国受过高等医学教育的医生仅几万名，两广地区才两三千名。而广州的三所医学院总的来说，力量比较薄弱和分散。柯麟认为要把力量集中起来才能发挥优势，克服弱点，因此主张把中山大学医学院、岭南大学医学院、光华医学院三所医学院合并起来。广东省和中央的有关部门同意了这个主张。经过一段时间的酝酿，1953年5月卫生部做出了先将中山大学医学院和岭南大学医学院两院进行合并、定名为华南医学院的决定。再经过三个月的积极筹备，两个学院的全面合并工作完成，8月12日，华南医学院正式成立。之后又在第二年8月把光华医学院合并过来。

南方日报：在此期间有没有遇到什么难题？

卓大宏：华南医学院成立前后，原来三所医学院的学术传统各不相同，这是摆在柯麟面前最大的难题。原中山大学医学院被称作“德日派”，岭南大学医学院则为“英美派”，两所大学历史传统各异，教师来源和学术派别也有很大差别，办学各有特点，门户之见比较深。

为此，柯麟通过个别谈话和召开多次座谈会，做了很多深入细致的思想工作。他认为要办好大学，校领导应经常听取教授们的意见，他常说：“办大学不依靠知识分子依靠谁？特别要依靠高级知识分子。”所以十分强调以“和”为贵，为了医疗发展的共同目标，要努力搞好团结，和衷共济。在敏感的人事安排上，他也是慎重协商，注意一视同仁，因材使用，不断物色和推荐优秀的知识分子担任学院的领导工作。

在他的努力下，三所学院的师生逐渐消除了隔阂，尤其是教授们开始相互合作，积极发挥作用。当时的华南医学院集中了不少医学教育界的精英。其中一级教授就有病理学家梁伯强和秦光煜、放射学家谢志光、眼科学家陈耀真、寄生虫学家陈心陶、内科学家周寿恺、生理学家林树模、儿科学家钟世藩等八人，还有陈国桢、罗潜、毛文书、白施恩、汤泽光、邝公道、王成恩、叶鹿鸣、许天禄、龚兰真、许鹏程、林剑鹏等一批著名专家、教授，他们都被安排担任了行政、教学、科研、医疗等各方面的重要职务。后来成立的院务委员会中的大部分成员都是高级知识分子。

南方日报：听说在合校前后，有些来自不同学校的教授对柯麟不大了解，对他领导高等医学教育的能力和经验曾有过一些疑虑，后来是怎么消除的？

卓大宏：柯麟院长有强有力的领导才能，对政策的稳健把握以及远见和气魄，特别是他十分尊重和团结一批名教授，礼贤下士，问治校之道于名师，常常听取各位教授学者的意见，积极从名教授处汲取经验。因此，学校的各项工作进步也很快，成绩很大，师生员工对柯麟院长的治校努力和贡献都很佩服和敬重。

勇立“三基”“三严”　筹建专科医院

南方日报：柯麟院长十分注重教学质量，当今中山医学子无人不晓的“三基”“三严”学风，就是他提出的。这学风，是在什么背景下提出的？

卓大宏：从20世纪50年代到60年代初期，整治运动比较多，师生下乡下基层较多，使教学秩序受到冲击。柯麟始终认为，医学院学生要学好科学知识才能担负救死扶伤的重任，他还说医学生不能做空头政治家，要维护中山医正常的教学秩序，不能影响学生的学业。所以，他提出了1:2:9的制度，即学生在一年中，有1个月放假，2个月下乡下厂劳动，9个月在校学习，还提出下乡下厂不仅是参加生产劳动，也要结合卫生医疗工作和卫生运动的实践，把这一经历视为专业的学习和锻炼。

上世纪60年代初期，高校强调整顿、提高，柯麟集中了一批富有治学和办校经验的老教授的智慧，强调学生的学习要打好基础，学校医教研工作要有研究的要求。经过这一系列工作铺垫，中山医形成了著名的“三基”“三严”学风——“注重基本理论、基本知识、基本技能的学习和训练；在教学医疗和科研中，坚持严肃的态度、严密的方法、严格的要求”。此后，学校的教学、医疗和科研工作有了飞跃发展。比如，继1963年上海陈中伟教授创造断手再植的世界第一例之后，1964年，中山医年轻教授黄承达也创造了断脚再植的先例。

1964年1月，卫生部在广州召开了全国医学教育工作会议，柯麟院长作为发言代表还向董必武、叶剑英、聂荣臻等中央领导介绍“三基”“三严”的经验，受到了满堂赞誉。

南方日报：在当时复杂的外部环境下，学校发展很不容易，但中山医却独树一帜，这和柯麟充分发挥知识分子的作用不无关系。他是如何调动知识分子的积极性，为他们创造工作条件的？

卓大宏：之前我说了，合校后中山医有“八大教授”等鼎鼎大名的医学专家。柯麟一直尽力向上级申请，给教授们尽可能提供好的科研环境和条件。例如在肿瘤学科发展方面，1956年，经柯麟向省委申请得到批准后，附属医院设立了肿瘤专科门诊。到了1958年又成立了谢志光教授领导的肿瘤科。1962年第八届国际肿瘤大会上，中国代表团提交的33篇学术论文中，就有3篇是中山医提交的，相当有影响力。1964年，中山医建成附属华南肿瘤医院，为一批肿瘤临床和研究专家提供了优异的工作条件。

同时，柯麟对著名眼科专家陈耀真、毛文书夫妇的支持力度也很大。陈教授是眼科学的“活字典”，他被柯麟推荐担任中山医第一任的眼科教研组主任，还配备了助手，安排了研究实验室。此外，柯麟还全力支持他与夫人毛文书教授关于在华南建立第一家大型眼科医院的建议。经过上下奔跑和多方努力，1965年建成了中山医学院附属眼科医院，也是我国规模最大的医科高等院校附属眼科医院。

“文革”被斗不记恨　八十高龄重返中山医

南方日报：您在《红楼情愫，青山感怀》里这么评价柯麟院长：“培育专才，桃李盈门，含笑天使。”在您看来，柯麟院长是怎么对待学生的？

卓大宏：作为一院之长，柯麟心里始终装着他的学生。为了解学生的生活、学习情况，柯麟专门定期和几位学生干部座谈了解学生的情况。他总是询问我身边的同学生活过得怎样，吃得好不好，还亲自到学生宿舍、食堂、球场看看学生们过得怎样。当知道女生洗澡房水压不足，柯麟便指示修理部加装水箱，一定要解决学生洗澡难问题。所以对我们这一辈来说，他就像个慈父。

南方日报：在“文革”时期，柯麟也曾遭到学生批斗。后来，他为何又重返中山医？

卓大宏：那是出于他对中山医的感情。“文革”十年，中山医受到干扰，柯麟遭政治迫害。1980年5月，他又被任命兼任中山医学院院长职务。这时柯麟已近八十高龄。他回到中山医，受到全院师生热烈欢迎。但“文革”初期，也就是1966年，柯麟是大字报批斗的对象。造反派在1966年“文革”大乱中，当柯麟一回到广州就立即把他押送回学院，送到“牛鬼蛇神管教队”审查。

但他是一个很豁达的人。“文革”大乱，柯麟遭到自己学生的批斗，那种苦只有自己咽。打倒“四人帮”之后得以拨乱反正，回到学院后，柯麟就与曾经批斗他的学生开会。在开会的时候，他不但没有记恨，反倒对学生所作所为表示谅解，还鼓励他们在建设现代化社会中好好学习。他说：“当前的任务应当是总结这次浩劫的经验教训，避免今后重蹈覆辙，共同向前看，不应该纠缠算旧账，计较个人恩怨得失。”1984年后因年事已高，柯麟不再担任学院的领导职务。

（感谢卓大宏先生为本文提供的素材。）

（曹斯　何超）

柯麟在学生留言本上留言

学人小传

王越（1903—2011），教育家，生于广东省兴宁县一个农民家庭，终年108岁。他曾师从陶行知，与梁实秋、陈寅恪、吴宓等大师级人物交好。在超过一个世纪的人生历程中，王越一直对贫苦大众抱着炽热的爱心，教育家本色一生不变；他曾两次承担起复办暨南大学的重任，对百年侨校的复兴和发展厥功至伟；他积极『入世』，热情参与社会工作，曾担任广东省政协第二至第五届副主席，是第一届全国教育学会副会长和全国教育史学会副理事长。

学人底色不变，科研工作不辍，著有《人格测量》《教学原理》《南楼诗抄》《桑榆集》《百岁王越诗文选》，合作英文著作*The age of free philosophical contention*（《哲学上的自由争鸣时代》），合作编写《中国古代教育史》和《中国近代教育史》等。

王越：两次复办暨南大学

他出生于中国最迷茫的时期，却立志用一辈子的时间追求真理。

他的出生之地，是偏远落后的粤东山区，深刻理解平民的不易，虽居高位始终关注平民教育，“援饥援溺心头热”。

他一生最推崇墨子和陶行知，从学生到学者，从副教授到教授，从中山大学教务长到暨南大学副校长，终生实践陶氏教育理念。

他以55岁之龄临危受命，一肩挑起重建暨南大学的重任。

他75岁再次策马上阵，复办“文革”时被停办、飘零四散的暨大。

他百余岁仍奋笔疾书，用诗词文章针砭时弊，去世前一直思考着教育界存在的问题，为教育经费投入达不到GDP的4%耿耿于怀。

他与陈寅恪、梁实秋、吴宓等大师有过不同寻常的交往，为中国设立教师节出过一分力。

他108年的人生，成为中国近代以来知识界和教育史中一把特殊标尺，用生命刻度见证学林跌宕沧桑。

“辛勤育才教泽泰斗，淳朴修行人寰福星”，2011年2月26日，王越在广州去世，远在美国的学生用这样一副挽联致以痛悼。

读书人本色
陈寅恪、吴宓、梁实秋与他交情甚笃

退休教师王思明、王思华兄弟，对父亲王越的身份有个朴素的界定：不似官员的“官员”，还特别强调，“官员”要加上双引号。在他们看来，父亲虽然担任过各种行政职务，但读书人的本色一直不变。

王越一辈子浸淫教育界，与知识分子打交道是他最主要的工作之一。作为教育家，他忙于教学管理之余，论文、著作不断，还非常喜爱写古体诗，作为广东中华诗词学会名誉会长，他生前最后出版的著作是《百岁王越诗文选》。

与王越交往深厚的学者众多，陶行知、陈寅恪、吴宓、王起、梁实秋、王宗炎、刘佛年、梁宗岱、戴镏龄、高觉敷、李善邦等，其中有的还和王越常有书信往来，相和的诗词作品也不少，暨大知名教授陈乐素、赵元浩、朱杰勤、翁显良、曾敏之和王越都过从甚密。

在《陈寅恪教授与吴宓教授》一文中，王越写道：“1952年中山大学与岭南大学合并，陈先生留任历史系教授。我作为教务长曾征询陈先生是否要安排功课，他断然决定每个学期要开一门课。由于行动不便，只好在他住所的阳台上安排一个小教室，让一些教授及高年级学生前往听课。有个时期，我也前往聆取教益。”

在此类日常交往中，王越与陈寅恪建立了深厚友谊，圈中甚至有了“要找陈寅恪先找王越”的说法。

大约在1953年秋天，广东省文教厅厅长杜国庠提出拜访陈寅恪，先托王越征求他的意见。陈教授不轻易见客，但知道杜国庠是个学者，便同意了。

“原来杜老此次拜访还另有任务，代转达全国政协希望陈老担任常委，陈老考虑片刻后，以身体原因婉拒了。”王思明告诉记者，当时杜国庠马上解释，并不要求他每会必到，并表示此次请陈寅恪参加政协是周总理提出的。

原来，陈寅恪在欧洲留学时认识周恩来，后因父亲陈三立先生的墓地被要求迁移致信周恩来，周恩来的批示使墓地得以保留，因为陈寅恪对其印象良好，最后便答应了任职的事。

王越对陈寅恪的学问和风骨一直非常敬仰，陈老逝世后，王越作诗哀悼：“讲学阳台迹已陈，盲翁风骨迈群伦。如何国士终邻丐，陋室谁怜老病身。”

大学者吴宓是陈寅恪一生知交。王越于上世纪30年代初和吴教授在北平时就有过文字之交，1948年羊城重逢，交往融洽。王越劝吴宓留中大任教，当时吴宓因婚姻感情困扰存有出家学佛之念，还让王越陪同他到六榕寺参禅。后吴宓受西南师范学院之聘。1963年秋，王越趁出差到四川拜访吴宓，见其生活简陋，境遇不佳，不禁连连叹息。吴老也喟叹，悔当年不听王越的劝告留在中大。“文革”期间，吴宓在政治运动中遭受各种折磨而去世，王越专门作《长安吴生行》纪念。王思明兄弟坦言，吴宓的身世遭遇令王越到老仍觉遗憾，后悔当初没有强力挽留。

“这样的遗憾，还不止一件。父亲106岁接受记者采访，还唏嘘未能助晚年梁实秋圆回乡梦，一直说这件事太可惜了。”王思明说。

王越与梁实秋的交情也甚深。1948年冬，梁实秋执教于中山大学，与王越家住得很近，经常一起谈论中国诗词。一年后梁实

百年双喜 特约

世纪广东学人

王越：

两次复办暨南大学

百年薪火 世纪风范 广东中烟工业有限责任公司特别呈献

王震副总理与王越握手

秋到了台湾，后来，他的儿子梁文骐受聘于暨南大学数学系，此时，王越已调任暨南大学副校长。20世纪80年代中期，梁实秋思故乡，给王越手书了一首杜甫的五律，表达回乡的意愿。王越为此找了有关部门，却因为种种原因未能如愿，没想到一年后梁先生就逝世了。王越也只能“长吟江汉思归客，万里云山一惘然”了。

陶行知传人
终生投身教育　此心是师心

王越一生中结识多位名师，如陶行知、夏仁德、黄节等。陶行知更被他奉为楷模，从理念到行动上，终生追随。

“我父亲出生于广东兴宁，1922年考上东南大学（南京大学前身）时，陶行知是教务长和教育科主任。当时教育科有教育、心理、体育三个系，受陶行知的影响，父亲选择了教育系为主系，这奠定了他投身教育事业的基础。”接受南方日报记者采访时，王思明介绍。

当时，中国积贫积弱，陶行知提出要以教育改善人民生活，在学校中积极倡行教育救国论，对青年学生有极大的吸引力。出生于粤东山区的王越立志与陶行知一样，投身平民教育。

在世时，每提起陶行知，王越总洋溢崇敬之情：“中国几千年来，作为一个教师，他（陶行知）是第一人……千言万语也道不尽陶老先生对我的影响！”

1926年，王越大学毕业后即回到粤东，在梅县师范学校、兴宁兴民中学和潮州金山中学等校任教，培养初等学校师资，以及回馈乡村教育。

“援饥援溺心头热，师马师陶道路宽。你看陶行知先生，一个著名教授、留学生，跑到乡村发展教育，跟农民过一样的生活，还挑水挑粪，就为了办晓庄学院。我父亲每次提起都很感动，他是继承了这种遗志。”王思明说。

直到1930年，王越才摆脱教职，进入燕京大学研究院从事教育心理学的研究，后又进北京大学国学研究所研究中国教育史。

1933年，王越回到广东，自此一直在高校工作，但实践平民教育的念头始终不变。早在解放前，他在广州担任广东民众教育馆馆长期间，就在广州郊区长湴村办农民夜校，与中大师生一起在村里进行文化和进步思想教育，为工农及其子弟提供教育机会。2011年，王越的追悼会上，几位长湴村的老人还专门到场致哀。

王越认为，教师和学生之间，应教学相长，患难与共，老师除了传授知识，还要爱护学生，帮助他们。后来他告诉儿子，自己解放前之所以多次冒着生命危险保护进步学生，正是因为这本来是老师的本职。在北京求学时，他的老师夏仁德也曾把几个被国民党追捕的学生藏于家里掩护。

2005年，王越与中大原校长黄焕秋夫妇合影

抗战前夕，热血爱国青年与奉行不抵抗主义的反动政府的斗争日趋激烈，当局实行血腥镇压政策，“一二·九运动”之后，仅广州就逮捕了100多名学生。得知教育系女生霍赐影被捕，王越不顾安危，以教授身份与同乡的警察局长周旋，据理维护学生，全力担保。就这样，经他营救出虎口的学生不下十余人。

“无论在中大还是暨大，朋友、同事、学生，都将王校长看作良师益友，他的心是师心，很诚恳的。”暨大老教师马兴中是该校原校办主任，曾与王越一起工作多年，他介绍，暨大复办后不久，在磨碟沙征了300亩地建立学生实习基地，学生前往基地都要坐船，有次几个暨大学生乘坐的船意外翻了，对此，直到去世前，王越一直都很内疚，认为自己作为副校长负有领导责任，愧对学生和家长。

王越对学生的无私，也在他已故妻子李超心老师的文章中可窥一二。李超心回忆，抗战最困难时期，国统区经济崩溃，教授的日子也不好过。王越家里常以青菜为羹，以粥为饭，三月不知肉味，还要节衣缩食，从微薄工资里挤出一点钱资助生活困难的学生。对被缉捕的学生，王越总是设法掩护，对被捕的学生设法营救。

在王越的家乡兴宁市宁中镇坪塘村，不少村民对王越印象深刻。他们告诉记者，他虽然回乡次数不多，但对家乡有很深的感情。坪塘村村干部罗绍元还记得，上世纪90年代，王越曾为家乡坪塘小学捐款1万元，作为学校的奖教奖学金。王越的邻居王国章对此也印象颇深："听说这笔钱还是王校长做寿的礼金。"村里铺筑水泥道路时，王越及其子女也曾捐款。

老当益壮
后半生两次复办暨大

2006年，暨南大学百年校庆，王越也到了103岁高龄，老先生高兴之余赋诗一首：

莘莘赤子百年潮，
万里归来意气豪。
竞向师门探奥妙，
满堂才俊集今朝。

"暨大最需要的时候，我不能置身事外"，是王越后半生中最有力的呐喊，55岁重建、75岁复办暨大，也成为其教育家生涯中最为重要的功绩之一。

1957年，国家决定在广州重建暨南大学，经上级任命，中共广东省委第一书记陶铸兼任校长，他选中在中山大学任教务长的王越，"挖来"任暨大第一副校长。暨大急需人才，陶铸以"借调"的名义，向中山大学"借"来多位名师，包括曾任岭南大学校长的经济学家陈序经。又从其他地方调来了几位知名学者。因此，暨大重建之初已有不少著名教授，例如中文系有萧殷，外语系有曾昭科，历史系有朱杰勤，水产系有熊大仁、廖翔华等。

"那时暨大已经停办了将近10年，一穷二白，从零开始，在'大跃进'的1958年，可以想象困难有多大。"被称为"活校史"的马兴中1961年考入暨大，此后一直在暨大工作，回忆起这段历史，他感慨连连。

尽管困难重重，暨大仍在次年正式开学。马兴中介绍，复办后的暨大，强调"理论和实践相结合"，学校在珠江南岸的磨碟沙开辟实习基地就是这时开始的。当年，王越与学校领导跟师生们一起挖掘明湖，相当艰苦。

1970年，暨南大学又一次"关门分家"，校园被部队院校占用，教师被分到其他学校。

转眼8年，1978年春，国家决定恢复暨大。这时，王越已经75岁，又一次临危受命，担任暨大副校长。

“散落各地的暨大教师，大多在‘文革’中受到冲击，不愿意回到几年前受冤屈之地。”王思明说，王越平时与知识分子交好，尊重同事，爱惜人才，人缘很好，劝回同事的重任于是落在老人的身上。为了把老师们请回来，他不顾年老，四处奔走，三顾茅庐，一次次上门动员。

“最后，他感动了很多知名教授来暨大工作。”王越曾经的助手、暨南大学中文系副教授倪列怀介绍，复办后暨大聘请了不少著名学者，例如经济学院的经济学家蔡馥生，医学院创办者、药理学家罗潜，骨科专家邝公道，寄生虫和传染病专家朱师晦，文学院的历史学家陈乐素等，一时间暨大人才济济。

“这恐怕与他的人格魅力分不开。在我印象里，他完全没有官架子，而是一个博学睿智的学者、长者形象。”倪列怀记得，自己第一次参加学术会议也是因为王越的推荐。

暨大退休协会会长梁志成教授对王越关心、培养青年教师的往事印象深刻。梁教授调入“文革”后复办的暨大时，是生物系的青年教师，让他深受感动的是，王越主动为他联系上海华东师范大学的教授，推荐他进入该校进修。后来他又转到复旦大学继续进修，从事遗传育种与性别控制的研究。回到暨大后他一直继续从事这一领域的教学和研究，成为国内著名的遗传与优生专家，赴上海进修对他事业发展起了关键性的作用。

（林旭娜）

王越百岁寿辰

王越的著作

同事、助手、后辈深情回忆教育家王越

教人求真　胸怀博大

教育家是那些堪称“学为人师，行为世范”的教育者，他既有自己的教育思想体系，更是教育领域行动上的巨人，他不仅代表着时代的学识水准，更彰显、传播时代的精神，不仅育人，更重要的是育心。王越就是这样一位岭南教育大家。近日，南方日报记者专访多位曾长期与王越接触的同事和家人，包括王越生前的助手倪列怀，暨南大学教授、博导夏泉，王越之子王思明、王思华两兄弟，期望向读者再现一位教育家的思想魅力和学术实践。

一生坚持教育理论和中国教育史研究

南方日报：作为当代中国尤其是岭南地区知名的教育家，王越在教育理论和中国教育史研究方面著述甚丰，其中哪些作品最为重要？他的研究和实践体现出怎样的教育思想和办学主张？

王思明：他早期的教育理论代表作是《人格测量》，完成于1931年，是时他在燕京大学研究院从事教育心理学研究。他提出，要了解学生的个性，首先要对他们的特点尤其是人格进行研究。一个人的情绪、智慧、个性，都会影响到他的人格，决定他的命运。

《人格测量》后来交给上海商务印书馆出版的《教育杂志》，可惜只发表了一章，就在淞沪抗战的炮火中毁于一旦。即便如此，这一章仍然引起教育界的关注，也正是因为这篇文章，时任中山大学教育系主任胡毅慧眼识才，向我父亲发出了到中大任教的邀请。

倪列怀：1940年，在不断辗转各地教书的过程中，王越撰写了《教学原理》一书，作为大学用书正式出版。他根据多年教学实践的体会，从教育心理出发，对教学的基本原理加以论证和阐述。他认为引起学习动机，满足学习者的正当需要，是教学方面必须重视的一条基本原理。这本书是他中年时期教育理论研究的力作。

1949年后，王越与友人合作，编写《中国古代教育史》和《中国近代教育史》，发表了《论私人讲学之风不始自孔子》《墨翟新考》《南宋反道学》等30多篇教育论文，并担任了《中国大百科全书》的《教育》分册的编委，书中一些难写的条目，都由他亲自执笔，长达8000字的条目《墨子》，便是他有创见的研究成果。

王越国学基础深厚，精于中国教育史，深入研究古代诸子百家的教育思想。如孔子、墨子、韩愈、朱熹、颜元等，都有论文分析，观点独到，体现出极深的学养。

A21

同事、助手、后辈深情回忆教育家王越——

教人求真 胸怀博大

求真重情 批判虚伪浮夸

对两所综合性大学影响至深

一生坚持教育理论和中国教育史研究

尊重人才 培植自由学术氛围

广东中烟工业有限责任公司特别呈献

对两所综合性大学影响至深

南方日报：教育家并非教育学家，2010年，温家宝同志跟网友交流教育问题时说："我这里所说的教育家，他们可能不是某些专业的专门家，但是他们第一热爱教育，第二懂得教育，第三要站在教育的第一线，不是一时而是终身。"这一描述和王越的经历非常契合。

夏泉：的确如此，纵观王越老校长的一生，他热爱教育。他一直践行着陶行知"捧着一颗心来，不带一根草去"的理念；他也懂教育，终其一生，在教育领域硕果累累，得到学术界、学校老师和学生的高度认可；他一辈子扑进办学实践中，一直固守象牙塔，在广东两所著名的综合性大学中山大学、暨南大学的发展史上，王越影响至深。

广州解放后，王越同志参与接管中山大学的领导工作，1952年，全国高校进行院系调整，后担任中大教务长。在这一过程中，王越因应时势调整原有学制、专业、课程、教学方法及规章制度，使之符合时代要求，深受广大师生的爱戴。

重建、复办暨大，他更是为新中国华侨高等教育的恢复与发展做出不可磨灭的贡献。暨南大学校长胡军教授曾经这样评价老校长："暨南大学真正的稳定发展，是从广州开始的，王越作为当时的第一副校长，贡献很大。他为暨大引进人才，倡导理论联系实际的教学模式，而且最重要的，是营造了自由的学术氛围。他对教育的爱，让我们这一代自叹不如。”

王越提倡的很多教学理念，现在看仍然非常正确。比如说，他提倡学习要联系实际，培养创新精神，所以暨大重建初期，他就和水产系的熊大仁、廖翔华等名教授商定建立实习基地，组织学生定期前往实习。4年之后，有些毕业生分配到天津的某个水产部门，开始这个部门的领导态度很勉强，生怕侨生娇生惯养。但一年后，他们却非常满意，称赞暨大学生理论扎实，动手能力强，主动提前要求暨大派遣毕业生前往工作。

“教学相长”“学习和实践相结合，理论联系实际”“要有创新精神”“高校应以教学活动为主”“提倡自由学风”等理念，对当下高等教育的改革与发展具有重要的借鉴意义。系统总结王越的教育思想和实践，挖掘其教育思想的理论价值及现实启示，仍富有现实意义。

尊重人才　培植自由学术氛围

南方日报：您提到他主政暨大时期，为大学营造了自由的学术风气，这在当时可谓难得。

夏泉：尊重知识，尊重人才，培植学术自由的风气，是王越治学、治校的一贯追求，和他一起工作过的学者、同事在这方面有很多回忆和评述，他自己的文章中，也多有体现。

在《评韩愈的师说》这篇文章中，王越认为“圣人无常师”，人不分贵贱、老少，只要有专长者就可以为人师；又指出“弟子不必不如师，师不必贤于弟子”的观念颇有创见，这种说法与尊师重教并不矛盾。“因为谁掌握真理，谁在学术上、业务上有专长，谁就可以为师而得到尊敬。”这是他尊重知识、尊重人才的依据。

王思华：我父亲尊重知识分子是发自内心的，“文革”后暨大复办时，我父亲还住在华师，每天拄把雨伞上班，同事说他是“晴天一身汗，雨天半身湿”。暨南大学原党委书记张德昌回忆，当时一个棘手问题是一些骨干教师不愿意回来，而这些教师大都有真才实学，是办好暨大的重要力量。我父亲都亲自登门拜访，路远者便亲自写信致意恳请，最后他们基本都回来了。张德昌说，有一天中山大学中文系主任吴宏聪告诉他：王越曾到他家，天气很热，满头大汗，坐下半天讲不出话来。后来才弄清楚，是中大中文系两位原暨大教师不肯回来，求他不要为难，并帮助动员劝导。

王思明：在担任暨南大学副校长期间，他对培植学校的学术自由是非常投入的。他曾在文章中回忆过一件往事：暨大外国语言文学系的专家赫迪（Prof. Alec Hardie）教授指导该系的一位四年级学生研究英国的某个文学家。论文（英文）写成后，赫迪评了“A”，送系里后系主任认为达不到“A”的标准，直接将其改评为“B”。赫迪教授听说这件事后非常生气，直接向王越提出辞职，王越很好地处理了这件事。

当时，我父亲连忙了解情况，认为论文应尊重导师意见，系主任做法欠妥，主动找系主任做工作，给学生恢复分数，赫迪教授才消了气。后来因年纪大了赫迪回到国外生活，仍与父亲书信往来。那位系主任也一直很敬佩我父亲，此后多年两人都互相往来探望。

还有不少这样的例子。他跟我讲过一件事：当时历史系的交通史专家朱杰勤给学生讲授中西交通史，系里总支书记去随堂听课，觉得有些地方不够“政治正确”，便召集学生表达自己的不同意见。朱教授知道了，也不高兴，找到我父亲诉苦。我父亲认为是总支书记的方式欠妥，交代他教学方面的问题最好先和任教者坦诚讨论加深了解。再则，有些历史问题应容许有不同的解答。

南方日报：对历史问题，王越认为应容许有不同的解读，对很多人物、历史事实和社会现象，他都有自己的独特见解？

王思明：父亲晚年仍非常关注现实，90多岁还学习用电脑，过了百岁之后仍关注基因和机器人等技术。他时刻关注教育改革，比如他为国家在教育的投入一直未能达到GDP的4%而生闷气，认为再穷不能穷教育，应该向战后的日本学习。他去世前几年，中国在世界各地建了许多孔子学院，对此他也有保留意见，他认为办墨子学院更合适，因为墨子主张“兼爱非攻”，提倡发展科学技术。他反对教育产业化、市场化，不同意通过发展公办教育赚钱，著文批判视教育为消费项目或福利事业的错误观点，阐述教育的巨大作用和教育与经济的辩证关系。针对教师逆向流失、弃教从政或下海从商，他撰文提出要尊重人才，尊重知识。

当他通过媒体了解到一些大学师生抄袭作假、高考录取作弊等新闻，难抑担忧：教育界、学术界作伪之风不是个别的，在学风败坏的学校中培养出来的青年，让他们“一行作吏”，就有可能欺上瞒下，贪污腐化。让他们从商，就可能不顾诚信、唯利是图；让他们从事工业、农业，就可能伪造成绩、以少报多，“这种危害性不可低估”。

对一些历史人物，他也都有独到的见解，他写过《张志新赞》，其一：是谁砥柱遏中流，沧海洪涛漫九州。儿女英雄辽海上，刚肠碧血写春秋。其二：志新高义薄云天，断首淋淋向九泉。虎豹当关人性灭，十年浩劫史无前。

求真重情批判虚伪浮夸

南方日报：教育家是那些堪称“学为人师，行为世范”的教育者，他们的人格力量，往往成为一代人甚至一个民族的精神标尺。作为教育家，王越的个性特征和人格魅力体现在哪些方面？

夏泉：对于陶行知“千教万教，教人求真；千学万学，学做真人”的教育观点，王越深为赞同，并终生践行这一理念。他还专门诠释，所谓真人，就是言行相符，追求真理、为真理而献身的人。

陶行知说，第一流的教授具有两种要素：一有真知灼见，二肯说真话，敢驳假话，不说谎话。王越特别加注：“这些箴言可为教育工作者的座右铭。对于时下学术界某些弄虚作假之歪风，具有深刻的针砭意义。”可见他作为教育家，自己在人格上是求真的，这也是他教人的观念和追求。

暨南大学重建初期，适逢“大跃进”，到处狂刮浮夸之风，宣传“人有多大胆，地有多大产”，大搞密植，虚报产量。对此，他写道：“我研究中国教育史，发现明末爱国人士朱舜水（之瑜）避居日本，传授经世致用之学，由于他在青少年时期从事工农生产，上升为学者，因此他对工艺及农艺均有专长。日本官吏曾以密植问题，求教于舜水，舜水就植物生长规律，深切指出密植之危害，使日本避免了农业上的损失。我深佩舜水先生的志节及其博学多能，特撰长文，发表于暨南大学之学报，并由其他出版社予以转载。可见求真求实之风，毕竟是人们所向往的。”

南方日报：据了解，王老对于“伪君子”的痛恨也是个性鲜明的，这是否从另一角度折射出他求真务实的风骨？

倪列怀：王老非常痛恨“伪君子”，在《对北宋道（理）学家程颐的剖析》《程朱距墨而颜元宥墨》《南宋反道学》等文中，他旁征博引、引经据典对道貌岸然、表里不一的程颐、朱熹进行缜密、凌厉的剖析，并对他们予以痛斥，揭露了程颐欺世盗名和朱熹见利忘义、寡廉鲜耻，“私故人之财而纳其尼女”的伪君子本质。

令人敬仰的是，王老既深恶“伪君子”行径，自己并以君子之道安身处世，他与人交往从不涉及是非和无聊之事。

王思华：他求真而重情，在“文革”时，他有多位“右派”朋友，都一视同仁，友好往来。当代语言学家、暨大教授詹伯慧80岁时接受记者采访时提到一件事，说到他父亲、“岭南词宗”詹安泰1957年被打为“右派”，有人提出要遣送其回乡，我父亲对他知根知底，就向领导提出，他是中大中文系第一把好手，走了无人替代，可以降他工资，但人一定要留住。

对于于己有恩的人，他一辈子不忘记。“文革”期间，将近70岁时，有一阵子，他被赶到三水南边干校，每天都要喂猪、挑饲料、清猪舍，最终体力不支晕倒在猪圈里。同样下放劳动的赵元浩老师刚好发现，把他背起就走，有人提出，牛鬼蛇神不用救了，赵老师没理睬，一直背到医护室。看管人员又说，下放人员不用花那么大力气救了，但罗丽安医生坚持全力抢救。还有一次，我父亲和其他老师被关在学校“牛棚”里，因为身体、精神双重打击，又晕倒了，赵元浩和倪葆龄两位老师及时发现救了他。所以直到去世，我父亲一直将这三位视为生死患难之交、救命恩人，每年过年都要我们陪着上门，直到行动不便，仍然叮嘱我们常替他上门看望恩人。

（林旭娜）

晚年王越

学人小传

陈乐素（1902—1990），著名历史学家，我国著名教育家、历史学家陈垣的长子，广东新会人。原名博，工作以后自己改名叫乐素。1918年赴日留学，在东京明治大学读政治经济学。1923年归国，在广州南武等中学任教。1931年『九一八』事变后，陈乐素改为研究宋史，发表了《〈三朝北盟会编〉考》和《徐梦莘考》，『以古喻今』，隐含对当局不抵抗政策的谴责。抗日战争爆发后，到香港九龙英华女子中学任教。曾主持《皇明四朝成仁录》的汇编和校订工作，继续研究历史。1942年香港沦陷，入贵州遵义，应聘任浙江大学历史系教授。新中国成立后，参与接管浙江大学。1952年任浙江师范学院（杭州大学前身）历史系教授兼图书馆馆长。1954年任人民教育出版社编审。1956年加入中国共产党，并被聘为中国社会科学院历史研究所兼职研究员。打倒『四人帮』后回杭州大学，恢复教席。后调任广东暨南大学教授兼宋史研究室主任、古籍研究所名誉所长。

著作有《求是集》（一、二集）《宋史艺文志考证》《宋元文史研究》《援庵史学论著选》等。

陈乐素：正早夜沉潜史笔

学贯中西、才华充溢、著述等身、个性张扬、儒雅风流、大气磅礴……世纪之交的学界大师，让人仰之弥高。和父亲陈垣那一代的大学者不同，陈乐素这一代学人往往没有那么响亮的名字。他们同样热血赤诚，同样学识渊博，同样勤勉谦和，同样大家风范，只不过，他们所得到的自由更加局促，他们的成就和个性也就不那么鲜明。穿上时代给他的精神和物质“紧身衣”，出身名门的陈乐素活得正如他给自己起的名字一样，安贫乐素。他代表了他们这一代知识分子的典型形象，热血、内敛，开明、规矩，进取、顺从。

不管是在治学还是生活上，他都是一个极朴素的人。研究宋史，是他31岁就为自己确定的道路，一走57年，直至88岁生命结束。他的人生很简单，一生只做一件事，每天重复地努力着。他的人生也很复杂，3万多个日日夜夜被各种情愿不情愿的事务填满，要读懂他的个人史，需要很多注解。他的人生没有那么传奇，但是颠沛流离。从故乡广东新会石头乡出发，他不停地从一地到另一地，寻一个安安静静做学问的所在。最后，他落脚于暨南大学。先生离世后，夫人常绍温教授含泪写下挽联：“高寿近九秩，缥缃黄卷，心寄德操文章。正早夜沉潜史笔，焉知岁华不与！”

历历往事

爱国者的担当
以宋史唤起国人之觉醒

1931年“九一八”事变爆发后，日寇占领了东北三省。一个29岁的青年从报纸上看到日寇占领沈阳的消息，悲愤交加，潸然泪下。

他的名字叫陈乐素，一位从事历史研究的年轻学者——“史学泰斗”陈垣先生的长子。他对日本并不陌生。16岁时，父亲就让陈乐素赴日留学，在明治大学主修政治经济学。4年来，除上课外，他还做了两件事：一是去图书馆帮父亲收集大量有关中国历史的材料，二是一有空就去听日本著名学者的学术讲座。他发现，有些研究中国和东亚的日本学者，以学术研究的名义，给日本军国主义者侵略中国做调查、造舆论。他对这种居心叵测的日本人很警惕。最后，他没能毕业，和当时不少留洋学生一样以“肄业生”的身份归国。这倒不是因为他不认真学习或者拒绝日本的学位，而是有太多历史资料要抄录，舍不得花时间去做政治经济学的论文。

回国几年之后，他被聘为上海《日本研究》杂志社主编，打算系统地研究中日交流的历史。但“九一八”事变的爆发，改变了他的人生。既然学术研究是一个知识分子仅有的武器，他要让自己的武器更锐利。当时的国难恰似历史上的两宋时期，于是他决心攻治宋史，在宋金关系中寻找历史教训，以唤起国人之觉醒，抗日救亡。

两年多后，陈乐素在《辅仁学志》上发表了长达4万字的《宋徽宗谋复燕云之失败》。这篇文章什么用意呢？就是说，宋徽宗这么一个昏君都想要收复燕云，而“九一八”事变蒋介石不抵抗，连宋徽宗都不如。从这个时候开始，陈乐素就将宋史作为自己的主要研究内容，直到逝世，长达57年。

成为大学教授之后，他一直同情和支持学生运动。“陈先生本人是追求进步的，在浙大也是进步教授。陈先生的家是进步学生一个很重要的据点。”他的学生、暨南大学教授张其凡认为，陈乐素这一生始终是跟爱国、进步、责任这些词连在一起的。解放以前，军警宪特不能进学校，逃不出去的进步学生就躲到陈乐素家里。新中国成立后，陈乐素奉军事管制委员会之命，参与接管浙江大学。“浙大三个军管代表，他是其中的教师代表。张其昀先生是浙大史地系主任，他跟随蒋介石赴台时，给陈乐素送机票，但陈坚决不走。”

在纯粹做学问之外，陈乐素还有很多别的工作。1954年，人民教育出版社社长叶圣陶提议，把陈乐素从浙江调到北京，到人民教育出版社任编审，兼历史编辑室主任，编中小学教科书。陈乐素和很多专家一起，编写了高中中国历史课本。上世纪80年代中期，全国兴起编修地方志的浪潮。陈乐素被聘去广东省修地方志。据说，编委会会议他有请必到，逢到必认真地提出建议。

他在1987年5月的日记中写道，自己已经85岁了，毕竟精力不如前了，现在要集中力量完成《宋史艺文志考证》。这部写了半个世纪的著作，因着“文革”的岁月蹉跎，因着各种事务缠身，一直到他去世都没能完成。之后还是他的儿子、中国社科院研究员陈智超完成了他的遗愿。

百年双喜 特约
世纪广东学人
A12
陈乐素：正早夜沉潜史笔
百年新史 世纪风范　广东中烟工业有限责任公司特别呈献

治学者的勤勉
以“淹贯群书，治学严谨”著称

由于出身书香门第，父亲陈垣享誉学界、教育界，陈乐素从小耳濡目染，也得以与不少名家大师有过接触。平民教育家黄炎培先生称赞陈乐素“好学深思”。胡适先生也称赞他：“家学渊源，长于目录、版本、校勘之学，了不起！”

陈乐素自幼好学。他7岁时读《三国演义》，陈垣见了很高兴，教他在看书的同时，把这部书中每一回首次出现的人名地名记录下来。这是他最早学习到的治史方法。在北京上学时，父亲也让陈乐素帮他抄写历史资料，培养他对历史的兴趣。从日本回国后，21岁的陈乐素先后在广州的南武、大光、培英等中学教授语文和历史课。教课之余，他开始系统阅读历史典籍。恰好家中有一部竹简斋版《二十四史》，于是，他的阅读从《二十四史》开始。几年下来，他阅读了大量古籍，做了很多笔记、摘录，历史知识也大大丰富。在上海民众烟草公司任文书期间，他也忙着搜集史料，进行写作，正式开始他的历史研究生涯。对他的名作《徐梦莘考》与《〈三朝北盟会编〉考》，著名学者姚从吾、牟润孙等人曾大加称赞，并列为治宋史者应详读之书。

1942年对于陈乐素来说，是一个具有转折意义的重要年份。这一年，他从一个普通的中学老师一跃成为名牌大学的教授。当时，浙大欲聘史学大师陈寅恪先生，但他已经答应了西南联大的聘请，于是把陈乐素推荐给浙江大学校长竺可桢，说“他适合接替我”。从此他踏入大学讲坛，把教学和学术研究融为一体，为20世纪中国宋史学的发展壮大奠定了基础。这一年，他40岁。也正是这一年，他突然决定戒烟，到去世都没再抽过。

在浙大史学系教授中，他以“淹贯群书，治学严谨”著称。在贵州遵义的浙江大学，陈乐素夜半三更在油灯下苦读苦写的情景，令浙大不少人记忆深刻。十年浩劫，父亲陈垣年事已高，有周总理的“免死金牌”护身，在家静养。陈乐素却跟那个时代大多数知识分子一样，遭遇到前所未有的荒诞和残酷。1969年他去郊区劳动，一进人民教育出版社的大门，还没回到家，造反派就把他扣押了，要他招认自己是特务。后来才知道，他在浙大史地系的一个老同事屈打成招，说自己是特务，浙大教授会是特务组织。陈乐素也是教授会的成员，也就成了特务。于是，他被下放到安徽“五七干校”劳动。之后，陈乐素被强迫退休，在杭州郊区落户。他趁此机会继续进行历史研究，整理《宋史艺文志考证》的旧稿。同时，在陈垣先生研究的基础上，对顾炎武的《日知录》一书进行研究。为此，他每天步行十几里路，去西湖边上的浙江图书馆古籍部看书，摘录资料。

陈乐素80岁生日，又值从事教育工作和学术研究60周年，暨南大学隆重集会庆祝。他还充满豪情地表示，还要努力工作15年。一直到1988年，他已86岁高龄，有一篇介绍陈乐素的短文写道：几乎与世纪同龄的陈乐素先生，虽已年近九旬，但耳聪目明，步履矫健，思维清晰，每日仍工作八个小时以上。

大丈夫的胆识
扮作难民给陈寅恪送大米

“父亲这人特别镇定从容，这是我直接看到的。”陈智超已年近八十，那些遥远的童年往事给他留下的，很多都是父亲胆识过人的形象。

1937年“七七事变”后，上海、广州相继沦陷，陈乐素携家带口，辗转到了香港。4年后，日军偷袭珍珠港。太平洋战争爆发。偷袭珍珠港的同时，日军在几个地方发动袭击，其中一个就是香港。不久，英国把在九龙的所有军队都撤回香港岛。英军已撤、日军未至的真空时期，地痞流氓活跃起来，打家劫舍毫无顾忌。劫匪上门，陈乐素故意放了些钱在显眼的地方，还故意与劫匪攀谈。对方不好太张狂，抢劫草草收场。他们走的时候还在楼道放了一小袋米做暗号，后来再也没有流氓来抢。

当时陈寅恪先生和他的三个女儿都在九龙。陈寅恪身体不好，家里配给的米不够吃，女儿们害怕日军又不敢出门。陈乐素知道后，带着儿子智超给陈先生送了一袋米。为什么还有米？因为陈垣交代过，“陈寅恪先生在香港，要多关心照顾”。

后来陈寅恪先生的女儿在《也同欢乐也同愁：忆父亲陈寅恪母亲唐筼》中有一段充满感激之情的描述：“随着日军占领愈久，食物愈发紧缺……一天，陈乐素先生带领一个孩子，背着一个布袋来到我家，原来布袋中装的是米。他扮成携子回乡的难

中年陈乐素，1957年5月摄于北京香山香炉峰

1954年8月，陈乐素与第一任夫人洪美英，摄于北京北海五龙亭

民，冒着生命危险，绕路把米送到我们家。”这段往事，同样在智超心里留下了深刻的记忆：“那时的食物紧缺到什么地步？有人竟把马粪里没消化的粮食挑出来吃。而且我们出去确实非常冒险，日本人经常突然宣布戒严，一戒严谁也不能走。陈寅恪他们住在弥敦道，离日本兵很近，只能绕道而行。”

后来陈乐素一家离开香港，前往贵州遵义，途中也是困难重重、险象环生。陈智超记得，有一天晚上，他们没有找到正规旅店，就在一个棺材铺里面过夜。“还有一天要过一条河，这条河的桥被破坏，已经残缺不全了。我们坐轿子，就在上游水浅一点的地方涉水过去。父亲却从残缺不全的很窄的桥面走过去，拿着伞当平衡器。那两个轿夫也想跟着过去，结果没走多远就吓得发抖，又退回来了。”在儿子心目中，陈乐素就是这样一个胆识过人、遇险不惊的人。

教育者的原则
帮忙推荐文章，你甭找他谈

陈乐素有五个孩子。他是一位外严内慈的典型“中国式父亲”。陈智超在恢复高考后考上北大历史系，成了他们家第一个科班出身的历史研究者，父亲很高兴，但没有像祖父陈垣一样夸他。

作为老师，陈乐素对待学生跟对待自己的孩子一样，学业上严格，生活中亲切。抗战时期，陈乐素一家在遵义过得非常清苦，四个孩子都辍学在家。那时在遵义还有一所国民党步兵学校，也找一些大学教师去教文化课、外语课。有些教授为了增加一点收入就去兼课了，陈乐素却认为，教书就要把书教好。妻子洪美英带着孩子把家里能卖的衣服都拿出来，卸下门板扛到马路边摆摊叫卖。换来的钱买点五花肉给孩子补充点营养。这个时候，陈乐素就会把生活困难的学生叫来一起吃，哪怕每人就吃一块肉。很多学生多年以后成了大学教授，还记得当年陈老师陈师母的“营养菜”。

学业上，陈乐素从不姑息，在浙大时，有个学生是广东人，看到老师很亲切，不好好学习写论文，整天缠着他，希望他看在同乡的情分上能够让自己通过。对于这样的学生，陈乐素绝不通融。

他也从来不给学生讲情，比如发文章、评职称，从来不帮学生推荐。以陈乐素当时在学术界的声望来说，他推荐的文章肯定能发。但是，“先生他绝对不干这种事。他儿子陈智超的文章他也不帮忙，从来不推荐，你也甭找他谈”。张其凡说，提职称的时候，弟子徐规1963年耽搁了评职称，那是“文革”前最后一次评，后来一直到1978年、1980年都还没评。徐规学术能力很好，只要先生一句话就很好办，但是他一个字都没说。“就好像我评职称的事情，他也从来没帮我讲过。他生前我都没评到教授。现在回想起来，即便他的文章发在他父亲所在的学校的刊物上，也是靠他自己的实力的。”

1990年7月19日，一个平常的星期四。88岁的陈乐素先生几天前出院后，身体一天好似一天。那天晚上，他颇有兴致地跟几个学生打起了桥牌。虽因肺部感染被医院下了病危通知书，但看他的神采，大家都以为他挺过来了。“我累了，回家冲个凉睡觉。”他放下纸牌，独自回到家中。第二天早上，家人见他面容安详，以为尚在熟睡，没想到一探鼻息，已然仙去。

（本专题文章参考了张其凡《陈乐素与二十世纪的中国宋史研究》《20世纪中国宋史研究“岭南三杰”》。并感谢陈乐素之子、历史学家陈智超先生百忙之中接受本报采访。）

（陈祥蕉）

1962年，陈乐素与家人摄于北京

学者视点

张其凡评说陈乐素

中国宋史研究的继往开来者

提到中国研究宋史的学者，绕不开陈乐素。他研究宋史近60年，被史学界公认为20世纪中国宋史学的奠基者与开拓者之一。陈乐素在宋史研究的三个领域里都取得了耀眼的成绩，在文献学领域贡献最大；在政治与经济领域，也有自己的独到见解，成一家之说。因此，史学界在对宋史研究的领军人物概念化分类时，陈乐素总是很难被忽略。他被称为20世纪中国宋史研究的“岭南三杰”之一、“宋史学界三巨头”之一、“宋史学界五朵金花”之一，与北京大学邓广铭并称为“北邓南陈”……他倾注一辈子心血写的200多万字、30多篇论著将留存后世。

陈垣、陈乐素、陈智超这“一门三代史学家”，早已成为中国历史学界的一段佳话。提起陈乐素的治史之路，又绕不开父亲陈垣。实际上，做学问不比经商从政，沾不了前人的光，反倒可能徒增压力。但父亲的教育确实给他的生命带来最初的光亮。这光便是研究历史、研究学问的方法。如果说张荫麟是宋史研究的开拓与奠基者，接其教席的陈乐素则继往开来、开枝散叶，把陈氏的治史方法传授给更多学生。所谓“陈门”，并非仅仅是学术界的沾亲带故，要努力得够了，踏踏实实、认认真真，守了陈氏的规矩，达到陈氏的要求，才能算是进了门。

暨南大学古籍所张其凡教授，是跟随陈乐素时间最长、与他关系最亲近的一个学生。张其凡不仅是他的得意门生，还是他的助理，也几乎是他的家庭成员之一。说到陈乐素先生，无论治学还是为人，都让他感念至今。

地位

“宋史学界三巨头”之一

南方日报：您把陈乐素、张荫麟、张家驹称为20世纪中国宋史研究的“岭南三杰”。能不能谈一下这三位史学大师以及他们的学术联系？

张其凡：作为现代意义的宋史研究，严格地说，是从1919年“五四”运动以后才开始的。1931年“九一八”事变爆发，研究宋史的人多了起来，在这批学者中，有三位成就比较突出的学者都是出自岭南地区，可以称为20世纪中国宋史研究的“岭南三杰”。这三人是新会陈乐素、东莞张荫麟和广州张家驹。

张荫麟学贯中西，被称为“近80年来罕见的史学奇才”。他在清华任教时就开设宋史课，到浙江大学后，继续开设宋史课，培养宋史青年人才，是20世纪中国宋史研究的开拓者与奠基者之一。

陈乐素则是宋史研究的继往开来者。1942年张荫麟病逝后，陈乐素被陈寅恪先生推荐到浙江大学担任教授。此后他在浙大任职长达12年之久。陈乐素先生延续了张荫麟先生治宋史的传统，继续开设宋史课程，在浙大招收了几批研读宋史的研究生，包括徐规、宋晞、程光裕等前辈宋史学者，使浙大的宋史研究不断发展壮大。

张家驹是论著最多的历史学家，他在20世纪30年代就读于燕京大学时就开始发表论文。“文革”前的17年间，宋史研究的论著，以张家驹所著最多，成就颇大。在研究宋代科技史与人物、宋代社会、宋代政治史方面均有贡献，堪称一代名家。

南方日报：如何看待陈乐素在20世纪中国宋史学研究的地位和成就？似乎史学界但凡评选宋史研究的领军人物，都不会漏掉陈乐素先生。

张其凡：陈乐素是20世纪中国宋史学的奠基者与开拓者之一。20世纪80年代，宋史学界将北京大学邓广铭与杭州大学陈乐素并称为“北邓南陈”，成为大陆宋史学界的两大领袖人物。

1980年，中国宋史研究会成立，秘书处设在上海师大，该校程应镠先生出任宋史研究会秘书长，与邓广铭、陈乐素一起被称为“宋史学界三巨头”，主导着20世纪八九十年代的大陆宋史学界。

还有“宋史学界五朵金花”。我们一般这样认为，最早宋史

A13

陈乐素：中国宋史研究的继往开来者

研究的奠基人和开拓者是5个人，从年纪来讲，最长是四川大学蒙文通先生，第二是金毓黻先生，第三是陈乐素先生，然后就是张荫麟先生、邓广铭先生。

著述
在宋史研究领域，文献学成就最大

南方日报：陈乐素先生1933年的第一篇宋史论文《宋徽宗谋复燕云之失败》一经发表就引起史学界的关注，成为史界新秀，有什么过人之处？

张其凡：这篇论文的发表，至少具有两方面的开拓意义。第一，作者自此以宋史研究为主，成为专治宋史的学者，他在此后的10多年内，刊发了数十篇数十万字的宋史论文；第二，这是“九一八”事变后第一篇研究宋代政治的论文，内容扎实、分析透彻，是此前大多数宋史论文未能达到的高度。

在他之前，在宋史研究方面发表文章的不多。1930年前的论文及作者，有几个鲜明的特点：一是内容以文化为主，思想、法制、文学是其重点，但论文内容在今天看来，多嫌简略；二是作者大多并非专门从事宋史研究者，有两三篇文章已经不错，最多的王国维也不超过10篇，比如大家熟悉的《人间词话》《宋元戏曲考》等。严格地说，这个时候还没有专门意义上的宋史学者。这些作者，在上世纪30年代后的宋史研究领域，基本看不到了。

60多年后再来看这篇文章，仍然没有过时。陈乐素先生详尽全面透彻的分析，仍然是这一事件的最高研究水平。到现在为止，整体上还没有人超过他。因此，当时这篇文章能够在颇有名气的《辅仁学志》上发表，引起学术界关注，绝非偶然。他在史学上的贡献也主要在宋史学上。

南方日报：你曾说过，陈乐素在宋史研究领域，成就最大的是文献学。具体来说他在哪些方面最为突出？

张其凡：他的宋史研究，一开始就是从一个较高的基础上起步的。他的开篇之作，在其全部论著中，是高水平的作品。从而也使他在当时的宋史研究者中，以专门和高水平而著称。继《宋徽宗谋复燕云之失败》后，陈乐素1934年在《国学季刊》刊发《徐梦莘考》，大约两万字。1935年与1936年，陈乐素在《历史语言研究所集刊》刊出《〈三朝北盟会编〉考》，合共约16万字。《国学季刊》是20世纪初即已有名的学术刊物，《历史语言研究所集刊》更是公认的一流刊物。陈乐素的文章能够在这两份刊物上发表，很能反映其学术水平，而且这种水平为当时学术界所认可。这两篇早年的代表作，奠定了他的名声。

自《徐梦莘考》与《〈三朝北盟会编〉考》始，陈乐素对宋代文献的研究日益扩大与深入。

1976年，陈乐素与儿子智超合照

文风

有见解、有同情、有愤怒

南方日报： 像他的第一篇宋史论文，我们知道是因“九一八”事变有感而作。那么其他文章他的关注点在什么地方，是否也能够引发大家的共鸣？

张其凡： 除对宋代文献研究的重大贡献外，陈乐素在宋代政治、经济等方面的研究也颇有成绩。陈乐素的第一篇宋史论文《宋徽宗谋复燕云之失败》，是研究宋代政治史的力作。此后发表的有关政治史的论文还有《南宋定都临安的原因》《读〈宋史·魏杞传〉》《余靖奏议中所见北宋庆历时社会》等。这些论文主要涉及北宋中期政治和宋金和战。在这两段的研究中，陈乐素都表现出他敏锐的目光和独到的史识。

在做学术研究的过程中，陈先生不仅努力发掘史实，还投入了自己的内心情感。比如，《余靖奏议中所见北宋庆历时社会》一文，有3万多字。陈乐素在文内表达了对农民的深切同情，他写道：“中国的农民，在中国历史上可称最善良的分子。他们不但朴实勤劳，而且耐得人间疾苦。”他引余靖奏议指出：“天下之民皆厌赋役之烦，不聊其生，至有父子夫妇携手赴井而死者。”并愤怒地写道：“把地方上生产力最强的农民调充地方上守卫，人民对国家尽责任了！最强壮的被征用，农村里便要减少大量生产力，再加上余氏所说‘诸色科率’的重压，而又要威胁他们日常生活的‘煎硷’，岂不是逼他们走上绝路吗？”他做的这些文章，具有强烈的社会责任感和深厚的人文关怀。

南方日报：他的父亲陈垣先生写文章简练优美，在这个方面，陈乐素是否也受父亲的影响？

张其凡：应该是有很大影响。陈乐素先生为文没有空话，简明扼要。虽然他有很多长篇鸿作，但最不喜欢拖沓冗长的文字。读他的文章，总是给人以明快之感。他的学生、辽宁大学教授陈光崇说："他的文章，不仅结构谨严，内容翔实，议论精辟，而且文笔优美，娓娓道来，令人百读不厌。"

治史
他的研究方法形成了"陈门"

南方日报：作为一个教育者，陈乐素先生在培养学生方面有哪些为人称道之处？对现在的史学界有何影响？

张其凡：陈乐素是中国最早在大学讲授宋史并培养宋史研究生的教授之一。他先后在浙江大学、杭州大学、暨南大学任教，兼职于中国科学院历史研究所。1943年，他指导的第一位研究生毕业；1987年，他亲自指导的最后一批研究生毕业。40多年来，他培养出一批又一批学生，其中不少人成为国内外知名的学者。他是有成就的历史教育家，为中国历史学尤其是宋史学的发展，做出了很大贡献，值得后辈尊敬。

在浙大期间，陈乐素开设的本科课程很多，有隋唐史、宋史、中国目录学史、史料学、校勘学、避讳学、史源学实习、日本史、中日关系史等。到浙大不久，他又兼任史地研究所导师，负责指导研究生。除第一位研究生余行迈外，他指导的研究生集中在宋史领域。浙大的宋史研究，前有张荫麟倡导，后有陈乐素培育，80年代后徐规教授继起，形成了培养宋史研究人才的优良传统，成为雄踞东南的宋史研究重镇。

陈乐素南下到暨南大学历史系担任教授后，兼宋史研究室主任，由此开创了暨大的宋史研究工作。1984年，经教育部批准，暨南大学成立了古籍研究所（中国文化史籍研究所），陈乐素出任所长。在暨大工作期间，陈乐素为暨大培养了两届共4名宋史研究生，奠定了暨大培养宋史研究人才、研究宋代文化的基础。从此，暨大成为南方宋史研究的基地，受到国内外宋史学界的关注。

目前著名的宋史学者中，他的学生在大陆的不下30个，台湾也有一批。台北中国文化大学史学研究所，是台湾培养宋史研究人才的重要基地，几乎占据了台湾宋史界的半壁江山。经陈先生的学生宋晞、程光裕等人倡导，仍然沿袭陈氏门风，重史料、重实证。他的学生做文献学的底子好。这一切，都可以明显看到陈乐素的影响。所以说他的方法形成了“陈门”。这在中国宋史研究界是一股不可忽视的力量。

1956年2月3日，陈乐素在全国政协晚宴上

南方日报： 说到教育后辈，我发现陈乐素的治学方法跟他父亲如出一辙，能不能谈谈他们的学术传承？

张其凡： 陈乐素治学确实受陈垣先生影响很深。在学习历史过程中，父亲从小对他进行启蒙，培养他对历史的兴趣。他家有《二十四史》，都是陈垣创造的条件。另外，为什么他和陈寅恪熟悉？因为陈垣经常派他去给陈寅恪送信送文章。黄炎培、马相伯跟他也有交往。应该说他受到过不少名家大师的栽培。

从方法上来说，他学会的最重要的一点就是重视材料，让材料说话。他很推崇实事求是、精深钻研的学风，因此他将自己的文集命名为《求是集》。他学习父亲的治史之道，从目录学入手，以文献学、校勘学、避讳学、史料学、年代学等为基础，强调版本目录与考据，主张“脑、手、笔、腿”四勤，以“时、地、人、事”为“治史四要”。

每次动笔之前，他必然大量搜集有关史料，进行考订、分析、取舍。形成的文稿又会拿给身边的人看，广泛征求意见，几经删改才发表出来。他一生公开发表的论著不算多，但大多是高水平之作。

南方日报： 学生们数十年后仍然对他的教诲感念至深。他对学生最大的启发和要求是什么？

张其凡： 陈先生指导学生重视指点治学门径。陈光崇教授说他“在课堂上不但教给学生以丰富的历史知识，更重要的是教导学生如何收集、鉴别、考订史料的方法，指引治学的门径”。他教育学生时，强调基础知识的学习和工具书的应用。长期以来，他一直要求学生入学后就从精读李焘《续资治通鉴长编》入手，多看宋代典籍，不仅在这个过程中培养阅读能力，而且要从中发现问题。他一直强调，作为一个史学工作者，在历史研究中要善于发现、提出和解决问题。

为人

确能做到“淡泊以明志，宁静而致远”

南方日报：作为跟随他时间最长的学生，又多年担任他的助理，您和他之间是怎样一种师生关系？在您的印象中，他是一个怎么样的老师？

张其凡：他家里人包括他夫人，一般都认为我是这个家庭比较重要的人。在杭州求学时，我长期一个人，经常没事到老师家干活聊天。大年三十，我不在他家就在另外一个李教授家。没事我都去他家游荡一下。有时候从早上坐到晚上。当时他出差、报销、借钱都是我来办。他对学生很好，在日常生活上非常关心。在他晚年的时候，我们这些学生和他的接触比他儿子智超还要多。

陈先生做人非常谨慎正规，洁身自好，待人诚恳谦逊。他沉默寡言，话语不多，但遇事有主见，敢于提出和坚持正确意见。在平日生活中，他勤俭节约，吃、穿都很俭朴。我记得一次，突然有一个洋人和一个40多岁的中年人找上门，结果这个中年人一来就说是他姐姐的孙子。他们两人都是飞利浦公司的。中年人好像是飞利浦公司维修部的老总，洋人是亚太部老总。当时他奶奶跟他讲有个爷爷是中国的名教授，洋人就说要来看中国名教授怎么生活。于是他们要了一辆车到处转，在暨大转了一个多小时，问到了陈乐素家里。上世纪80年代的时候电视机很少，一看陈家没有电视，他就说明天给你拿一台来。乐素先生马上就说：“不能不能，要买可以托你买，你送不行，我不是买不了我是暂时不想买，影响大。”后来，南华厂的领导也要送电视，他也不要。最后他花了800元向南华厂买了个黑白的放在家里。这些方面他非常注意。

陈乐素一直很注重锻炼身体，长年坚持不懈。70岁后，他坚持每天步行一万步。师母常教授的女儿从日本给他买了计步器，他非走够规定的步数不可，所以身体状况一直不错。1979年，在开封举行的“《简明宋史》审谈会”期间，他还以77岁高龄而率先登上开封铁塔。

南方日报：他的其他弟子对他有什么评价？

张其凡：1984年，陈乐素赴香港中文大学参加“国际宋史研讨会”，台湾学者、早年的弟子宋晞携弟子到会与他见面。这是他们师生自1949年以后的第一次见面，宋晞特意制作了一块小匾，写上“师恩难忘”献给陈乐素。宋晞在回忆录中写道：“陈师为人平易可亲，但指导学生却以严格著称。”“我的研究历史，受乐素师之教导，为时虽只4年，然长期通信，受益实深。”“师生的关系是永远的，我对乐素师的感念是历久弥深的。”

他早年的弟子程光裕在文章中写道：“乐素师……生活朴素，待人诚恳，视我们如家人。”“他治学严谨，督课认真。”“乐素师生活恬淡，治学严谨，论著精湛，享誉士林。从其学者，在严格的指导下，莫不受益。我有机缘，获乐素师青睐，得益良多，尤深感念！”他早年的另一位弟子、浙江大学教授徐规也说：“陈先生对学生态度谦和，要求严格，指导细心，在生活上也尽力予以帮助，身体力行。学生深受感染，亦多成才，师生关系极为融洽。”他还说：“陈先生确能做到‘淡泊以明志，宁静而致远’的古训，老而弥坚，从不‘戚戚于贫贱，汲汲于富贵’。”

我觉得有篇文章中对陈乐素先生的评价非常准确：“先生的健壮体魄，得力于他长年不懈的运动，得力于他坦荡豁达的性格，得力于他清心寡欲的习性，得力于他素食不贪的饮食。”

（陈祥蕉）

乐素、仲益、约、容四兄弟在兴化寺街5号院，摄于1950年

学人小传

罗元恺（1914—1995），广东南海人，著名中医教育家、中医妇科学家。中国民主同盟盟员，第四届广东省人大代表，第五、六、七届全国人大代表。他出身于儒医世家，1930年考入广东中医药专门学校，1935年毕业留校任教从医，1950年就任广东中医药专门学校校长，1951年兼任广东中医院院长，其后兼任广东省中医进修学校副校长。1956年参与筹办广州中医学院。1980年担任广州中医学院副院长。

1962年获『广东省名老中医』称号，1977年成为国内第一位中医教授。是首批获中医硕士、博士学位授予权的研究生导师，首批享受国务院特殊津贴的中医专家，国务院学位委员会第一届学科评议组成员。1991年成为全国首批名老中医药专家学术继承工作的导师。

他治学严谨，勤于著述，著有《罗元恺医著选》《罗元恺论医集》《罗元恺女科述要》等专集，点注明代医家张景岳妇科专著《妇人规》，主编全国高等医药院校教材《中医妇科学》第五版和《高等中医药院校教学参考丛书·中医妇科学》《实用中医妇科学》等。

罗元恺：新中国第一位中医教授

1924年9月15日，广州海珠中路麻行街84号，经过近10年艰苦筹备的广东中医药专门学校举行了隆重的开学典礼。礼堂里，木刻篆体校训赫然："上医医国，先觉觉民。"广东在全国树起了中医办学自救图强的旗帜。这杆旗帜穿越近百年风雨，一直屹立不倒。广东至今仍是全国中医药群众基础最好的地区，"中医药强省"成为一张广东名片。

历史不会忘记一批扛旗的人。他们为中医而生，在现代社会捍卫传统医学的尊严，在颠沛流离中风雨传灯。毕业于广东中医药专门学校、后来担任校长的罗元恺，就是一位旗帜性人物。

他是岭南妇科圣手，从医60年，仁心仁术妙手回春，成为广东人尊敬的"送子观音"。

他是新中国第一位中医教授，首批中医硕士、博士生导师，中医妇科学学科的奠基人和第一代学科带头人，他创建的学科已成为国家重点学科和国家临床重点专科；他主编的《中医妇科学》第五版教材在全国影响深远，构建了当代中医妇科学的学科体系。

作为中医教育家，他见证中医近百年沉浮兴衰，一生投入中医教育，终为岭南杏林留下一片青翠。

历历往事

出身儒医世家
头名成绩毕业于广东中医药学校

罗元恺出生于广东南海一个书香世家。父亲罗棣华是私塾的教师，精通国学，以儒通医。他在南海西樵山开诊所，后参加北伐战争，做随军军医，晚年在广州市洪德路开中医诊所。他养育了11个儿女，罗元恺排行第七。

罗元恺从小就跟随父亲，曾在私塾念书，诵读四书五经、古文诗赋，并在父亲熏陶下接触中医，背诵中医汤头歌诀，随父侍诊，被称为“医生仔”。

1930年，罗元恺考入广东中医药专门学校。在校5年，他诵读了内、难、伤寒、金匮、本草、温病等经典著作，对中医学有了深入的理解。他与同班十位同学组成“克明医学会”，共同研讨学习中的疑难，撰写医学论文，互相交流启发。其后还出版了《克明医刊》。

当时，广东中医药专门学校开设了西医基础课，罗元恺掌握了解剖学、生理学等现代医学知识，而且对张锡纯、陆渊雷等中西汇通派医家的著述亦有所研习。他认为，中医与西医虽理论体系不同，但治病救人的目标是一致的，二者不应互斥。

1935年，罗元恺以第一名的成绩在广东中医药专门学校毕业，考取了广州市中医师资格证书，并留在学校附属医院广东中医院做医生。

从医之后，他还在当时的广州大学学习法律专业，跟岭南书法名家麦华三成为同窗好友，并在那里与后来成为他妻子的廖锦华相识。这种多学科的博闻交融，为他以后成为一代大师奠定了基础。

1938年10月，日军在广东大亚湾登陆，直逼广州。广东中医院被迫停业疏散。罗元恺与家人离开广州，返回故乡南海县。一个月后，日军进犯南海，他乃转道香港，行医谋生。1939年，广东中医药专门学校迁至香港授课，他继续在母校任教。那时，廖锦华也去了香港教书，两人在香港结婚。

1941年香港沦陷，罗家又返回内地。罗棣华在途中不幸感染霍乱去世。罗元恺夫妇从桂林绕道逃难至韶关。当时韶关是后方，相对安定，罗元恺继续行医并与母校的校董、校友等筹划在韶关复办中医学校。但正当筹备就绪准备开课时，日军又拟进犯韶关，复校之事乃告吹，他又被迫转往广东西北部山区连县。除在县城开业诊病，他还与当地老中医赵伯平创办了连县中医讲习所，全部课程均由他编写讲义及讲授。

在抗战期间，虽然颠沛流离，生活艰难，他仍执着于中医教育事业，为培养人才而贡献力量。

1945年日本投降，罗元恺返回广州，与校董、校友们取得联系，筹划中医院校复办。经过一番努力，学校于1946年秋招生复课，医院则延至1948年秋才得以复业，而罗元恺亦回母校任教。

A12
百年双喜特约
世纪广东学人
罗元恺：
新中国第一位中医教授
百年薪火 世纪风范 广东中烟工业有限责任公司特别呈献

36岁当校长院长
受命筹建广州中医学院

新中国成立后，中医工作开始受到重视，广东中医药专门学校也被省文教厅列入广州11所大专院校名单。中医学校结束了民办的历史，开始得到政府资助，学生有助学金，毕业后由国家分配工作，中医工作呈现出光明前途。

1956年，罗元恺与夫人廖锦华

这让视中医如生命的罗元恺非常振奋。1950年4月，36岁的他就任广东中医药专门学校校长，1951年起兼任附属广东中医院院长。他废寝忘食，在课程设置、教学方法、医疗质量、学生管理等方面事必躬亲，广纳人才。

中医事业的发展并不是一帆风顺，1953年8月，中医学校突然接到卫生厅转来卫生部的通知：“勿需培养新中医的必要。”在当时卫生部个别领导人的错误干预下，广东中医药专门学校被改为广东省中医进修学校，罗元恺被任命为副校长。原中医学校仍办至1955年学生全部毕业为止。按上级制定的课程，中医进修学校主要讲授西医基本技能，欲使原有的中医经进修成为西医。面对这种“中医西医化”的错误导向，罗元恺顶住压力，坚持安排讲授一些中医课，使在职中医师得以提高中医水平，坚守住中医的阵地。

1991年，罗元恺在北京出席全国人民代表大会

1956年，毛泽东提出大力发展中医。周恩来总理亲自主持，

在北京、上海、南京、广州筹办4所中医学院。这标志着中医学进入我国高等教育体系，成为我国高等医学教育重要的组成部分。

是年5月，罗元恺被任命为广州中医学院（现为广州中医药大学）筹备委员，参与制定学院办学规划、选择校址等工作，为学院的开办出谋划策，尽心尽力。他将原广东中医药专门学校的教师、优秀毕业生推荐到广州中医学院，为组建学院的师资队伍立下汗马功劳。黄耀燊、邓铁涛、赵思兢等一大批优秀教师成为广州中医学院第一批教师；李国桥等一批优秀毕业生成为广州中医学院新生力量。他以独特的人格魅力和领袖风范，团结中医名老。

2013年，97岁的国医大师、广州中医药大学终身教授邓铁涛回忆，当时学院选址在广州郊区三元里，校舍非常简陋，有的房间还是猪圈改造的，教师班底大多为罗元恺请来，他耗费了很多心血，深得同事敬重。

1956年9月，广州中医学院招生开学，罗元恺任学院的院务委员会委员兼金匮要略教研组组长。1958年中医进修学校并入中医学院成为进修部，他任进修部主任兼妇儿科教研组主任。1971年妇儿科分为两个教研室，他继任妇科教研室主任，并作为学科带头人负责妇科的医疗、教学、科研工作。他的办学思想是中医为主，中西医结合，先中后西。在他和同事的倡导下，学院基本形成中医课程与西医课程之比为7:3的课程框架，逐步培养中西医结合人才。

逆境中诵《孟子》励志
1977年成为首位中医教授

新中国成立后，罗元恺一直都是很积极地为振兴中医努力。1951年，他加入了中国民主同盟。1963年，罗元恺当选为第四届广东省人大代表，并在1978至去世连续当选为第五、六、七届全国人大代表。他积极参政议政，写了很多议案，呼吁为中医立法。

“文革”时罗元恺受到审查，被送去干校劳动。在南雄干校放牛时，常在山坡上诵读《孟子·告子》：“天将降大任于斯人也，必先苦其心志，劳其筋骨，饿其体肤，空乏其身，行拂乱其所为。”以解忧明志。

1977年，广东省革委会授予罗元恺教授职称。罗元恺成为全国第一位中医教授。

1978年他成为全国首批中医硕士研究生导师，1981年成为全国首批中医博士生导师。并成为国务院学位委员会第一届中医学中药学学科评议组成员。他亲自给研究生授课，制订培养计划，为引领中医研究生教育发挥了重要的作用。

1980年，罗元恺担任中医学院副院长，负责教学和研究生教育。1982年，他因年事已高主动请辞，1983年被卫生部任命为学院顾问。

治学尊古而不泥古
耶鲁大学珍藏著作

罗元恺善于写作、勤于写作。从上世纪50年代开始，他就一直写论文。他喜欢喝早茶，一大早去陶陶居，都是带着方格纸去的，就在那里备课、写书。

他上世纪80年代初主编的《中医妇科学》第五版教材，至今仍是目前该领域使用时间最长的教材，台湾长庚大学中医学系亦用作教材，香港医管局列为注册中医师考试的范本。

罗元恺对历代中医医著广为涉猎，尊古而不泥古，善于变通和创新。他提出一个著名的学术观点，认为"肾—天癸—冲任—胞宫"是女性生殖调节轴。他重视肾脾气血，认为肾主先天，脾主后天，先后天协调，气血旺盛。妇女的生理特点主要是月经与妊娠，与肾气的盛衰有直接的关系，闭经、不孕或屡孕屡堕的患者亦多有肾虚表现。

罗元恺治学严谨，主张由博返约。他认为一个医学家除研读医著之外，也应涉猎文、史、哲、数、理、化、天文、地理及其他有关的边缘科学，互相渗透、互相启发。在医学领域，也同样需要由博返约，由通而专。

他还认为，一个学者不能只重复古人理论或治法方药，应做分析和验证，明辨是非，不宜盲从，而应有所创新。如对古人所谓"女子以肝为先天""黄芩白术乃安胎圣药"等观点，他都持不同意见，曾撰《对"女子以肝为先天"一说的商榷》《漫谈"黄芩白术乃安胎圣药"之说》《对"柴胡劫肝阴、葛根竭胃汁"的评议》等文，对古人的观点加以评析，提出独到见解。

罗元恺女婿、广东省卫生厅副厅长廖新波以写博客微博、直言医改得失闻名。他说，岳父求真、敢言、执着的学者精神，对自己影响很大。从政与治学，都要不忘本心，不失本色。

罗元恺女儿罗颂平回忆，她从小就是父亲的私人秘书，经常帮他抄稿子。《景岳全书》（《妇人规》）是一本古文医著，她先抄下来，边抄边加标点，再由父亲加上注释。

2001年罗颂平去耶鲁大学交流时，曾经在耶鲁大学图书馆1200多本中医书里，找到父亲写的两本书——《罗元恺论医集》《罗元恺医著选》，不禁潸然泪下。

医德高尚
贫富贵贱一视同仁

很多老广州都知道罗元恺“送子观音”的美誉。调经、助孕、安胎是他的三大“法宝”。

罗颂平说，从她懂事时起，家里就总是挤满了人，都是追到家里来要找罗元恺治病的病人，有高官也有老百姓，罗元恺一视同仁。由于“文革”后期罗家住的房子只有30多平方米，病人们都挤不进屋里来，于是都只能站在屋外的楼梯上，但是他们谁也不愿走，只盼“让罗老看一下”。“母亲说他一年里有8个月都在外面奔波。”罗颂平说，那时罗元恺常带领弟子们下乡“巡回医疗”，给贫苦村民看病，每次都被团团围住，“连上厕所都会跟着”。

1991年，广州中医学院35周年校庆时，由珠江电影制片厂协助拍摄了一部纪录片《中医教育家罗元恺》。

1994年，广州中医学院举办了“罗元恺教授八十华诞暨从医从教六十周年庆祝会”，时任广东省副省长卢钟鹤亲临祝贺，许多弟子从海内外回校拜见老师，盛况空前。

翌年，罗元恺病逝，当时很多同道、学生和患者都自发地参加他的告别会，至今仍经常有人到他的墓前拜祭，留下一段杏林传奇。

2011年广州中医药大学55周年校庆，在大学城校区为罗元恺、黄耀燊、李仲守三位名医塑造了铜像。他们永远留在校园，守护着中医人的精神家园。

（陈枫）

后人追忆

欧阳惠卿、张玉珍、罗颂平追忆罗元恺学术人生

风雨传灯，“罗氏妇科”枝繁叶茂

20世纪60年代到80年代，广东中医界名老荟萃，群星璀璨。但转眼间，老辈花果凋零，不少医学奇技随之四散，留下了无限惋惜。

业界有识之士感慨，环顾岭南中医各流派，论学科研究之丰厚、师承传人之齐整，庶几只有罗元恺开创的“罗氏妇科”依然光彩，枝繁叶茂。

他创建的广州中医药大学中医妇科学现在是国家级重点学科、国家临床重点专科、国家级精品课程、国家级教学团队，在学科建设、专科建设、课程建设和团队建设方面齐头并进、协调发展，在同类学科中首屈一指，无出其右。第二代学科带头人欧阳惠卿、学术传人张玉珍，第三代学科带头人、学术传人、独女罗颂平，这些“女郎中”仁心仁术，精诚齐心，相继扛起“中医妇科”大旗，为岭南医界增辉。

中医百年沉浮
岭南打造“黄埔军校”

南方日报：岭南中医学源远流长，罗老是现代杰出代表。过去100年，中医遭遇西医的冲击，几经沉浮兴衰。罗老是重要的见证者和参与者。他就读和后来执教的母校——广东中医药专门学校，可谓现代岭南中医的摇篮和黄埔军校。

罗颂平：岭南中医学从晋朝葛洪在罗浮山采药炼丹、写《肘后方》奠基算起，已有1000多年历史。

以前中医一般以师徒形式传承，到了现代，学院式教育开始

A13

传人追忆罗元恺学术人生

风雨传灯，“罗氏妇科”枝繁叶茂

广东中烟工业有限责任公司特别呈献

岭南中医名家合影。前排：罗元恺、黄耀燊、刘赤选、李仲守、钟耀奎；后排：陈宏珪、李任先、刘亦选

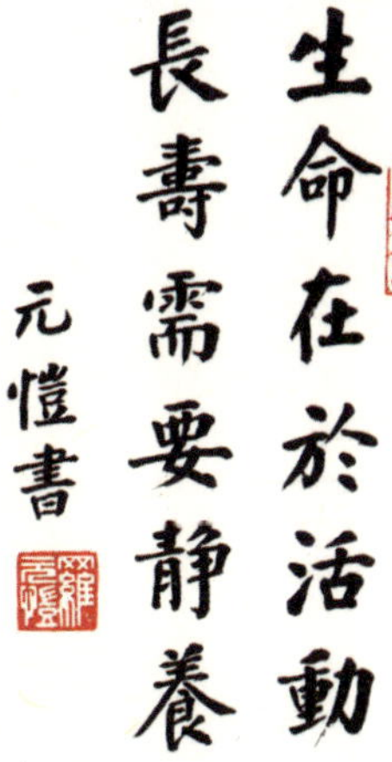

罗元恺手迹

萌芽，形成了规范的教学体系，集岭南名医群体的力量，编写教材、培养后学。父亲是这段历史的重要参与者。

1913年，由广州市药业8行（南北药材经纪行、参茸幼药行、西土药行、生草药行、膏丹丸散行、熟药店行、制焙药粉行、饮片行等）与香港药业3行（中药联商会、南北药材经纪以义堂商会、参茸行宝寿堂商会等）出资，联合广州中医名流创办广东中医药专门学校。该校为五年全日制的中医本科高等专业学校，是我国近代中医药商教结合的典范。

据父亲回忆，该校设医学通论、医学史、人体生理学（即中医生理，内容源自《内经》和《难经》）、药物学、方剂学、诊断学、伤寒论、杂病学、温病学、儿科学、痘疹科学、妇科学、喉科学、眼科学、外科学、伤科学、针灸学、花柳病学等中医课程，以及解剖学、生理学、西法诊断、西药概要、救护学等西医课程，还有国文、化学、日语等公共课，共26门。并附设广东中医院作为学生实习的基地，开设病房，收治危急重症患者，使中医师得到系统的训练与临床的历练。

该校从1924年至1955年，历时31年，其间曾在抗战时期停办数年，1946年复办，历任校长有陈任枚、冯霖若、罗元恺。共有21届，毕业生571人。国医大师邓铁涛，外科名家黄耀燊，温病名家刘仕昌，内科名家李仲守、张阶平，疟疾名家李国桥，针灸名家靳瑞，旅居马来西亚名医饶师泉等均就读或毕业于广东中医药专门学校。上世纪50年代，在该校的基础上筹办公立的广州中医学院，该校的精英多数成为广州中医学院的骨干教师与领导者。

父亲1930年考入广东中医药专门学校就读，以优秀毕业生资格留任该校附属广东中医院医师，担任学校教师工作。1950年4月，他出任校长，1951年兼任附属广东中医院院长。他在办学实践中实现学校校训："上医医国，先觉觉民。"为广东培养优秀的中医药人才，以优秀的中医药人才服务于民众，从医人到医国，其目标是一致的。

1956年，广州中医学院创办之际，第一次挂校牌仪式在广东中医药专门学校校内举行，新校址另找。当时，父亲以校长身份将广东中医药专门学校的全部财产完整、如数转交给新成立的广州中医学院，为广州中医学院办学提供了人才支持及物质基础。

借三张病床起步
发展为国家临床重点专科

南方日报： 1962年广东省政府授予的“广东省名老中医”中，半数以上在广州中医学院。当时广州中医学院有许多学科、流派雏形。然而，由于传统中医有门户之见、家传师传之禁，传授受限；且许多名老中医忙碌于临床，无暇著述；虽有独门秘技，疗效昭著，但缺乏以学术团队传承学术的现代意识，未能有效培养学术继承人，让许多宝贵的中医学术散失了。“罗氏妇科”为什么能是例外？

欧阳惠卿： 罗老以其学术发展洞察力，紧紧团结和依靠当时中医妇科学的专家骨干，形成学术团队，形成中医妇科学学术氛围与风格。

刚起步时，罗老向内科、儿科借3张病床，接收妇科病人；与外科合作有10张病床，为中医妇科学争取临床诊疗研究平台。上世纪80年代，罗老亲力亲为，带领中医妇科团队把医院的一间厕所改装为实验室，起步进行实验研究。他的办公室就在实验室旁边，各种异味直扑办公室，大家从未听见罗老抱怨。

罗老鼓励我们在传承基础上创新。比如，我侧重于中医妇科痛证和血证，研究子宫内膜异位症和功能失调性子宫出血。颂平学贯中西，侧重中医药助孕安胎的研究，并从生殖免疫学领域进行中医药作用机理的探究。我们学术团队发挥学科特色与优势，在不孕不育诊疗方面独树一帜、自成一家。现在我们妇科已经有两个病区，加上产科，一共136张病床，每年收治6000多名病人，妇产科门诊有32万人次的年门诊量，已成为国家重点专科。

赞赏革新精神
创制一批妇科新药

南方日报： 传承与创新是一对永恒的主题。作为老一辈的中医，罗老如何看待传承与创新？

罗颂平： 父亲认为，中医是在传承中流传，创新中发展的。古代医家也在创新，如明代的“命门学说”，就是对《黄帝内经》藏象学说的创新和发展。中医治病切忌固执一方一病，必须辨证施治，以证定方。他曾对“黄芩白术乃安胎圣药”之说加以评议，认为黄芩苦寒，只可用于有实热者，不宜滥用。证属虚寒者，误用苦寒固增其损；证属虚热者，亦当以养阴清热为主，如二至丸之类。用药如用兵，医者之功力，就在其中矣。

父亲善于博采众长，对清代以来持革新态度的医家较为欣赏。《傅青主女科》是清代较著名的妇科医著，病因病机方面较注重肾肝脾和气血的损伤，尤其强调房劳所伤与妇科病的关系，如崩漏、小产、产后血崩、不孕症等，均可因房事不节所致。父亲认为，傅青主能冲破当时封建礼教的藩篱，正面论述性事不慎引起妇科疾病的情况，具有进步的意义。

张玉珍：罗老一生自创不少新药、验方，我有幸参与了。比如，他对先兆流产和习惯性流产（中医称为胎漏、胎动不安和滑胎）有深入研究，认为肾主先天，流产的主要原因在于肾气虚衰，冲任不固，防治之法应以补肾健脾、益气养血而固冲任为原则。他采用自创的“补肾固冲丸”为许多流产多次的妇女保住了胎儿，产下健康的孩子。1983年，他将“补肾固冲丸”的处方做进一步调整，与药厂合作研制成“滋肾育胎丸”，获卫生部科技成果奖。

他还创制了“田七痛经胶囊”和治疗子宫肌瘤、乳腺增生的“橘荔散结丸”，疗效显著。这些都是罗老给我们留下的宝贵财富。

南罗北韩相辉映
提携后辈传薪火

南方日报：师承教育是中医的重要传承方式，据说罗老特别重视提携弟子。

欧阳惠卿：罗老在学术界享有盛名，当时中医妇科界流传这样一句话——“北有韩百灵，南有罗元恺”。中医界的名家都很敬重他，他主编第五版教材时请黑龙江的韩百灵教授、天津的哈荔田教授做主审，在广州开办妇科师资班，请来各地的名家讲课，如浙江的何子淮教授、上海的沈仲理教授，在全国有很大的影响。他经常带领团队成员，出席各种学术会议，引荐中青年骨干认识全国著名中医专家、学者，为中青年骨干成才提供学习、交流的学术平台，让他们融入学术圈，开阔眼界，拓展思路。

20世纪70年代，罗老参编黄绳武教授主编的《中医妇科学》教材。他亲自带着我到武汉参加教材编写会议，给我锻炼机会。当时学校对差旅费有限制，他本来有资格坐飞机，但为了照顾我，就跟我一起坐火车去武汉。后来我到各地开会，别人总会认出我，问“你是罗老的弟子？”我更体会到罗老提携后学的苦心。

以中医事业为己任
淡泊名利生活简朴

南方日报：罗老就你一个孩子。父亲对你影响最大的是什么？

罗颂平：对。我是1957年出生的，独生女，出生时父亲已年过四十了。父亲结婚的时候28岁，当时是抗战时期，流离失所，他们不想带着孩子逃难。新中国成立后，父亲又很忙，而母亲的身体不太好。

父亲对我最大的影响就是他的专业精神和道德情操，他对自己的专业非常执着，中医是他毕生的事业，他不仅是一位名医，也是一位名师，虽然他曾经多年从事医院、学校的管理，但他一直坚持临床、教学和学术研究，著书立说，孜孜不倦，他的师德和医德堪为楷模。

南方日报：罗老的性格怎样？

张玉珍：罗老为人厚道、谦和，从不说他人的不是，他以德服人，以才服众，获得同辈名老、后辈同事的认可和推荐，所以才会成为第一位中医教授。

他从不争名争利，罗老为广州中医学院的筹办、开办、发展倾尽心血，为改善教师的生活待遇尽心尽力。为争取学院教授楼，罗老提案获批立项建成，自己却未分得一房一室，一直租住在校外公房。我还记得，他上午出诊到12点多，中午就在办公室的躺椅躺一下。我帮他煮碗面条，煎个荷包蛋就算加菜，他照样吃得津津有味。罗老从不高声讲话训斥人，从来都是心平气和，细声细气说话。至今，熟悉他的同事、学生、病人回忆起他都十分钦佩他的涵养。

（陈枫）

罗元恺著作

罗元恺主编的《中医妇科学》教材影响深远

学人小传

梁钊韬（1916—1987），广东顺德人，是我国著名的人类学家、教育家。经过梁钊韬先生的不懈呼吁和奔走，1981年教育部批准中山大学恢复了停办29年之久的人类学系——这也是新中国复办的首个人类学系，并创建了人类学博物馆，为人类学在中国的复苏和勃兴披荆斩棘，开辟了前进的道路。

在学科体系上，明确以民族学、考古学、语言学和体质人类学等四个部分相结合，呈现出鲜明的学术流派特色。1986年美国传记协会主编的《世界名人录》，评价梁钊韬先生『为中国人类学的奠基工作做出了卓越贡献』。

梁钊韬：为中国人类学奠基工作做出卓越贡献

1986年，美国传记协会主编的《世界名人录》中评价梁钊韬“为中国人类学的奠基工作做出了卓越贡献”，1994年，美国学者顾定国在他的《中国人类学逸史》一书中以梁钊韬的生平为线索描述了人类学在中国的发展过程。

为什么不约而同地选择梁钊韬作为中国人类学的焦点人物之一？作为新中国第一个人类学系——中山大学人类学系的首任系主任，后来主持复办人类学系当属梁钊韬里程碑式的成就。然而，在顾定国看来，选择梁钊韬更重要的理由是，“梁先生的一生是与他所倡导的学科的命运交织在一起的”。

作为西方社会科学的“舶来品”，人类学在中国的发展可谓几经沉浮。从最初“西学东渐”的热潮，到解放后“文化人类学”成为不可说的禁区，许多有天分的人类学者就此陨落，再到人类学系复办后的复兴……时代与人类学这个学科的命运紧紧交缠在一起，而在人类学发展每个关键节点上，梁钊韬都是亲历者和积极的参与者。

“梁钊韬不得不竭尽全力与影响他的研究领域及工作的中国历史对抗。”对于这位中国学者的学术之路，顾定国这样写道。志虑忠纯者方能“成一家之言”，在人类学“被打倒”的漫长岁月里，梁钊韬依然选择了坚守，这或许是他留给后世学者的最大精神财富。

历历往事

一场为人类学正名的辩论

“我劝你们别去搞什么民族学，危险！解放后，谁搞出名堂来了，不是一个个都倒霉了吗？”

1981年4月，中山大学人类学系复办，被撤销29年后，“人类学”这个名字终于得以再次出现在社会科学的大家族中。同年，梁钊韬成为被国家第一批授予博士研究生导师资格的教授之一。作为首个复办的人类学系系主任，梁钊韬的名字注定将会永远铭刻在中国人类学的历史上。

作为西方的“舶来品”，人类学传入中国并非一帆风顺，院系调整后人类学系相继撤销，“文化人类学”一词被禁用，甚至被视为不可触碰的禁区，不少人类学专家不是改行就是受到批判。这种情况一直持续到“文革”之后。“直到中国改革开放后的80年代初还有人对我讲，人类学是殖民主义者的工具，达尔文是资产阶级学者，不值得学习，等等。”梁钊韬招收的一个博士研究生格勒在描述“文化人类学”被禁的岁月时回忆道。

在与梁钊韬相识多年的美国学者顾定国看来，梁钊韬“是带着一个经过历史考验的人的自信着手他的重建计划的”，这个说法得到了梁钊韬的学生杨鹤书的证实。虽然时隔多年，但他对于1978年那次大辩论记忆犹新：“1978年冬，梁师与我和陈启新带着准备好的编写民族学提纲，上京征求意见。从11月20日到12月5日，共半个月时间，请中国社会科学院民族研究所和中央民族学院的学者开了几次座谈会。几十位专家听说我们要搞民族学，都心有余悸。老的还好点，中青年则更怕，有的说：‘我们不管什么民族学不民族学，我们就搞我们现在的东西（指其东北、内蒙、西藏等民族的研究）。’有的甚至对我们说：‘我劝你们别去搞什么民族学，危险！解放后，谁搞出名堂来了，不是一个个都倒霉了吗？’”杨鹤书在回忆文章中写道，在那段时间，梁钊韬解释得最多的，就是民族学不是资产阶级的专利，要为民族学和人类学“正名”。在与教育部主管领导的一次会面中，梁钊韬激动地说：“在别的国家都有这一学科，我们为什么不能有？”“我们必须研究我们众多的资料——如果我们不研究，谁来研究呢？我们绝不能把这一学科让给外国人！”

一部被称为“破天荒”的教材

《中国民族学概论》首次堂堂正正地亮出“民族学”的招牌，并在香港、日本发行，有人类学专家称其为“破天荒的一件大事”

在那个政治风云变幻的年代中，梁钊韬之所以能成为第一个“吃到螃蟹的人”，不仅是因为他的勇敢，也因为他具有广东人特有的务实和精明。杨鹤书说，早在1977年，梁钊韬已经有了恢复民族学的想法，而要实现这一梦想，除了当“说客”，还要有计划地引入师资、编写教材，为复办人类学系做好一切准备。

在梁钊韬的设想中，复办后的人类学系拟成立两个专业：民族学专业和考古学专业。而摆在他面前的首要问题便是：两个专业都需要通论教材，但中断已久的民族学没有任何国内外的教材可供参考。于是，在梁钊韬的倡导下，杨鹤书和陈启新从无到有地开始编写《中国民族学概论》的初稿。

今年已经75岁的陈启新还记得，1977年7月17日，他接到梁钊韬先生来函，征求他的意见是否愿意回母校工作。为加快他的调动步伐，梁钊韬先生不但给他写了十多封信，而且向学校和广东省领导写了报告。几经周折，陈启新于翌年秋调回中大历史系。

窝在中大简陋的宿舍里，陈启新与杨鹤书仅用了半年的时间完成了20多万字的《中国民族学概论》初稿。1979年秋，给考古专业77级本科生和文化人类学硕士生试讲，学生反映很好，从而坚定了梁先生复办人类学系的信心。1980年，在贵阳召开的第一届全国民族学学术讨论会上，这本讲义首次在全国亮相，立刻在整个民族学界引起轰动，会后，许多民族院校纷纷来函索赠教材，云南民族学院还拟派教师来进修。

这本后来被编订成《中国民族学概论》的讲义所引发的“地震”，早已超过了两个编者的想象。《中国民族学概论》不仅在内地出版，而且在香港、日本等地发行，成为中国第一部堂堂正

百年双喜 特约

世纪广东学人

办新中国第一个人类学系，亲历中国人类学的几度沉浮

梁钊韬

他的经历本身堪称一部人类民族志

广东中烟工业有限责任公司特别呈献

梁钊韬与学生在一起

正亮起民族学招牌的教材，有人类学者称其为“破天荒的一件大事”。随着这一禁区被打破，民族学研究也迎来了一股新的热潮，各种民族学著作，如杨堃的《民族学通论》、李绍明的《民族学》和其他院校公开或内部出版的民族学专著相继出版。

对于中大人类学系来说，这部教材更是“稳住阵脚”的一仗。在写给杨鹤书的信中，梁钊韬满怀深情地写道：“1979年，你们开始写这本讲义，首先恢复这门课程，引起了校内外的重视，因而才能成立民族学专业，1981年批准并成立人类学系。在此期间，我甘做‘开路先锋’，几年来，百事需举，哪能允许我伏案写书呢？幸得你们埋头苦干，终能把这本书出版，稳住了初办的人类学系的‘阵脚’。可以说，我们在分工中创办了人类学系。”

一堂特殊年代的考古课

在那个特殊年代，他钻了“开门办学”的空子，把教学地点搬到了考古工地现场

现任深圳博物馆馆长的杨耀林是1973年中山大学考古系开办后的第一届学生，在他的记忆中，1973年并不是一个“安心念书”的年份，“工宣队”进驻校园，组织“批林批孔批周公”，把不顺眼的老师当作“土围子”攻打，劳动、运动、“开门办学”成了教育革命的重要内容。

“梁先生琢磨着大学学制缩短到三年，再这样折腾下去，开创考古专业招收的第一届学生不就废了吗？于是，他钻‘开门办学’的空子，把教学地点搬到了考古工地现场。”杨耀林说，他们先后到马坝石峡、南海西樵山、湖北红花套、广西合浦等地进行考古发掘实习，梁钊韬就地讲解。在广西博物馆时，梁钊韬讲“百越对缔造中华民族的贡献”，听讲的人很多，因此讲堂由室内移到室外，除了博物馆的全体员工外，还有不少附近机关事业单位的求知者，因为在那个年代，能听到专题学术报告会实在是件难得的事。

对于梁钊韬那一辈的人类学家来说，踏踏实实做研究是一种“奢侈”。师从杨成志，抗战的烽火中，梁钊韬他们只能边躲避战祸边学习；解放后风华正茂，却又经历人类学系撤销的命运，不能随心所欲地做研究；“文革”时被关进“牛棚”，走出“牛棚”之时，女儿已经因白血病病死，夫人因为伤心过度视力受损，就连他本人也得了心脏病。在这种情况下，梁钊韬仍然扛起民族学的大旗，复办人类学系……梁钊韬是中国人类学从奠基、初步繁荣到被打倒和复兴的亲历者，从某种程度上来说，他本身的经历堪称一部人类民族志。

人类学在1952年被取消至1981年恢复这段时间，中山大学的人类学研究其实并没有中断。梁钊韬转到历史系民族考古教研室，参与了国家少数民族社会历史的调查，先后在瑶族、畲族、黎族、佤族、拉祜族、怒族、独龙族、傣族、景颇族、白族等少数民族地区做过田野调查和考察，并对马坝人的体质特征做出最初的鉴定。“这是在特殊年代的选择，当时人类学中偏重文化观念解释的取向受到了批判，所以人类学的学者开始关注考古学、历史学、民族史的这些问题。”中央民族大学教授王建民说。

但在中山大学人类学系系主任周大鸣看来，正如他创造性地将课堂搬到考古工地一样，在这个“特殊年代”的特殊选择中，梁钊韬在进行考古学调查的同时，引入了民族学、民俗学和体质人类学等学科的角度，因而提出一些有新意的观点：“‘文革’时期他在北大做讲座的时候就把少数民族部落和炎黄部落相比较，把各种各样的动物看作是图腾，这些都不是纯历史学，而是倾向于人类学，所以他的研究是把人类学和历史学结合起来研究的。”周大鸣认为，对于现在的研究者来说，跨学科研究如果能把民族学、历史学结合得很好，做考古学研究一定会有成绩，这种国学功底、外语能力的培养对现在的学生来讲也是一种挑战。

一顿国庆节“加餐”的干饭

“我们睡考古工地附近的生产队仓库，借宿学校教室，为了不影响上课，晚上打开铺盖，天亮卷起来。”

中国第一代人类学家杨成志教给学生的第一堂课就是：“人类学家是用两条腿走出来的。”深入异族他乡，用脚丈量不同文明的尺度，承受着内心的孤独与寂寞，人类学家注定是孤独的行者。

几乎所有梁钊韬的学生回忆起恩师，最难忘的都是田野调查的经历。“脚勤、手勤、口勤、眼勤、脑勤，这‘五勤’是先生给我们立下的‘规矩’。”

中国人民大学历史系原教授黄崇岳说，1963年，梁先生带他们3位研究生从昆明出发，深入滇西少数民族进行田野调查。“进入交通不便、条件艰苦的少数民族地区，先生与我们一样坐运货的卡车，大多是徒步，跋山涉水，住简陋的招待所。有时候便叫我与他同住一个房间做伴，躺在床上聊天，从学术到生活‘穷聊’。”

梁钊韬始终坚持言传身教，他在后辈学者中流传颇广的一句话是：“不经自己核实的材料不能用，不经自己深思熟虑的观点不要写。”特别是对于人类学的研究，他说：“作为人类学家，更要到现实中去寻找第一手资料，自己调查得到的材料，更为可贵。”正是因为如此，他从来不做“甩手掌柜”，每次田野调查，无论条件多么艰苦，他都会一起去，这个习惯一直持续到了上世纪70年代中期，那时，梁钊韬已经快60岁了。

“外出实习十分艰苦，无论学生老师，无论远近，无论寒冬酷暑，书籍、考古工具和被盖辎重随行。我们睡考古工地附近的生产队仓库，借宿学校教室，为不影响同学们上课，晚上打开铺盖，天亮卷起来。”杨耀林说，他印象最深的是1974年国庆节的一顿午饭，“那顿是在西北大学学生饭堂吃的，高粱加大米煮的饭，白肉煮白菜，算是过节的加餐了。那时全国物资供应紧张，缺少肉食油水，一顿半斤粮食填不饱肚子。梁先生体谅我们，以考古专业特殊为由，向学校和粮油部门申请到每月供应36斤大米指标，比其他专业多出6斤。”

一次“造假”引发的风波

“我从未见过温和的梁师如此恼怒，过了良久，他压低嗓音说：‘考古是一门科学，不能造假’。”

在学生们眼中，梁钊韬是一个温和亲切的老师，“很少有老师对学生这么好，除了学术上愿意跟学生毫无保留地交流外，在生活上、精神上、经济上也会给予支持”。周大鸣说，有个学生要去日本做访问，梁钊韬自己出钱给他买了个照相机，“上世纪80年代，一个照相机的价钱要超出老师月工资的好多倍，所以当时我们觉得他都是借钱给学生买的”。

“我身体不好，容易疲倦，这是衰老的必然现象。但愿你们的事业、贡献远远超过我，这才是我真正得到的安慰！您说我对您像父亲一样关心，师生关系应该永远如此。望您到西藏后给我写信，或到什么地方随便给我写几个字也好。”这是1985年，梁钊韬给自己带的第一个博士研究生格勒写的信。格勒在成都撰写博士论文期间，先后收到梁钊韬十多封信，大部分是用毛笔写的，合计40多页一万多字。

正如无论学术环境如何恶劣，梁钊韬依然选择坚守一样，即使在政治动荡的年代，师生已经变成最危险的关系之一，老师随时可能被学生看作是“告发”或“斗争”的对象，梁钊韬依然对学生们保持“父亲一样的关心”。黄崇岳说，上世纪50到70年代初鼓励学生“革命造反”，师生之间的关系大多是紧张对立的，但梁先生却一直对学生给予无微不至的关怀。“三年经济困难时期，副食品全部采用定量的票证供给制，一般教职工也不例外，唯有照顾高级知识分子教授们，发几张特供票，可到指定的大饭店去饱餐一顿。当时梁先生却惦记着我们三个研究生，不时请我们去家中吃饭，或用特供票去饭店共享。”黄崇岳说，1963年去滇南田野调查时，按照出差的规定，学生只能坐硬座，先生可以坐软卧，梁钊韬便招呼他们到软卧车厢轮流休息。

不过，亲切和蔼的梁先生也有生气的时候。杨耀林说起一个故事：1974年第二学期，梁钊韬带研究生去西樵山史前遗址考古调查，有一位同学恶作剧，将一块燧石模仿敲打出几件“细石器”，大呼小叫地跑到先生跟前，报告考古发现。梁钊韬接过石块观察，神情严肃，未等先生开口，该同学心虚坦白造假。“先生当时气得浑身发抖，半天说不出话来，把我吓出一身冷汗，从未见过那种难以言状的恼怒。”杨耀林说，过了良久，梁钊韬克制自己的情绪压低嗓音说：“你们记住，考古是一门科学，不能造假。”这句刻骨铭心的教诲在杨耀林以及同学们漫长的学习工作中成了座右铭。

（吴敏　梁小丽　高荧）

黄淑娉、王建民、周大鸣评价梁钊韬学术贡献

梁钊韬对近30年中国人类学影响深远

与历史学、社会学等“显学”相比，人类学堪称边缘。这样一个与现实关系不明显的学科到底有何意义？对于梁钊韬这一辈的人类学者来说，扪心自问这个问题显得更重要。他们是完整亲历人类学中国化过程的一代，既见证了解放前人类学风起云涌的热潮，也见证了文化人类学被列为“资产阶级科学”而被打倒。

梁钊韬是坚持者，也是实践者。1981年，他复办中山大学人类学系，为人类学在中国的学科地位正名。南方日报记者特别专访了中山大学人类学系前系主任、著名教授黄淑娉，中央民族大学教授、博士生导师王建民，以及中山大学人类学系系主任周大鸣，请他们解读梁钊韬对这30年人类学发展的深远影响。

学术评价

复办人类学系奠定了30年人类学的繁荣

南方日报：复办人类学系当属梁钊韬被后世铭记最多的贡献，这个过程也反映了人类学在中国的几度沉浮。放在中国人类学发展这个大框架下，如何评价梁钊韬复办人类学系的贡献？

黄淑娉：梁钊韬复办人类学系，不仅因为白手起家、艰苦创业为人们所称颂，更重要的是因为他办人类学系的指导思想和专业设置及课程结构都自成新的体系和新的特点。梁先生全面分析了国内外人类学的情况，总结了国内解放前后开办人类学专业的经验，借鉴了国外一些国家的经验，并征询有关专家、学者的意见，提出与体质人类学、民族学、考古学、语言学四个学科相结合，具有中国特色的人类学系的主张。

诞生在西方的人类学在20世纪初传入我国，至40年代末，有了初步发展。新中国成立后经过曲折的道路，从受压抑到复苏走向振兴。经梁钊韬先生的奋力筹划，中大人类学系在被撤销了29年后，在1981年复办起来。后来，厦门大学、云

南大学等相继重建人类学系。可以说，梁先生对中国人类学学科的重建做出了重要的贡献。没有他的努力，很难有后来这30年中国人类学研究的繁荣。

王建民：中山大学是中国人类学发展得比较早的一个地方。早在1927年，中山大学成立了语言历史研究所，1928年，中央研究院筹办历史语言研究所，也设在中山大学，当时由傅斯年任所长，所里第七组叫“民物学与人类学组”，杨成志作为助理跟着白俄人类学家史禄国到云南去做民族调查，史禄国因为担心匪乱放弃了去滇东考察，杨成志独自一人前往，在那里做了田野调查，在中国人类学学科发展中具有开创性的意义。人类学研究传统就在中山大学建立起来，招收硕士研究生。

抗战胜利之后，杨成志先生倡导在中山大学创建人类学系，将人类学教育从研究生扩展到本科，1948年就正式建立了人类学系。到了20世纪50年代初，由于政治变动的关系，人类学系停办，人类学专业在全国范围内被取消。直到改革开放后，梁钊韬先生率先复办人类学系。“文革”以后中国大陆第一个人类学系就是在他的倡导下成立起来，这个对于中国人类学学科的重建、人类学学科在20世纪80年代以后的发展做出了非常重要的贡献。

南方日报：除了在创办人类学系上的贡献，如何评价梁钊韬先生在自己研究领域的贡献？

黄淑娉：梁先生对百越民族研究得很早。他是第一任百越民族史研究会会长。他撰写的关于百越民族史的文章，对于我国百越民族史的研究起了重要的推动作用。

1958年，梁先生对广东南海西樵山石器时代遗址的发现，引起国内外考古学界的瞩目。梁钊韬先生在考古学方面的贡献，最为突出的就是他对马坝人头骨化石的鉴定。后来，经过有关部门复查确认为距今13万年前的早期人类头骨化石。这是华南地区最早的发现，也是新中国成立后首次发现的最重要的人类化石。马坝人的发现，是梁先生的一大功绩，填补了从猿到新人的中间环节，对了解直立人到早期智人的过程提供了重要的依据。

世纪广东学人

13

知名人类学者黄淑娉、王建民、周大鸣评价梁钊韬学术贡献

梁钊韬对近30年中国人类学影响深远

广东中烟工业有限责任公司特别呈献

梁钊韬在美国访问

梁钊韬在美国匹兹堡大学访问，右为美国学者华生

周大鸣：首先他的一些研究是在特定历史背景下进行的，比如他对百越民族的研究就是因为当时的环境下只能做原始社会史的研究。这也是当时他主要集中在滇西和原始社会，把现在的少数民族看成原始社会遗存的一个原因。他在做这个研究的过程中会把各种学科的资料融合在一起，就会提出一些观点，很有新意。比如"文革"时期他在北大做讲座的时候就把少数民族部落和炎黄部落相比较，把各种各样的动物看作是图腾，这些都不是纯历史学，而是倾向于人类学，所以他的研究是把人类学和历史学结合来研究早期的中国历史和原始社会史。

治学理念

多学科融合是他突出的治学特点

南方日报：后来的学者将人类学分为南北两派。作为继承杨成志"南派"传统的代表，梁钊韬与其老师相比，两人学术倾向和研究方向有什么异同？如何看待"南派"和"北派"的分野？

黄淑娉：杨成志是中国人类学的先驱。梁钊韬是他的学生。杨先生在解放前做了不少田野调查，尤其是1928年在彝族地区的田野调查，影响非常大。而从后期来看，梁先生做田野调查的深度和广度可以说超越了他的老师，因此在考古学方面有很多建树。

早期的中国人类学的特点，归结起来，一是表现了理论方法上的不同特色，二是学者共同探索人类学中国化。由于研究的主题和理论方法上的不尽相同，新中国成立前的中国人类学研究表现出两种类型，研究者称之为"南派"和"北派"。"南派"以南京的中央研究院和南方一些大学的人类学家为代表，接受了早期进化学派的一些观点，但更多地受后来的美国历史学派的影响，并与我国传统的历史考据方法相结合；相对来说不大注重理论，而偏向材料的搜集和解释。"北派"，以燕京大学社会学系为基础，以吴文藻为首的人类学家、社会学家为代表。他们讲理论、重应用，明确提出人类学中国化的学术思想。

无论"南派"还是"北派"，抑或其他人类学者，都在寻求人类学中国化的发展道路。只是"北派"注重理论，提出一些比较系统的见解，更强调解决中国社会的现实问题；"南派"则注重历史研究，力图以人类学的理论方法重建中华民族的文化史，并给国内各民族以系统的分类。

王建民：我不是特别同意南北两派的说法。它是人们饭后闲聊的一种说法，不构成严格意义上的学术流派。严格的学术理论流派是有许多界定的。可能在学术倾向上，以中山大学杨成志先生这样一个传承来说，他们有自己的学术倾向、研究上的特点。我认为呢，在20世纪前半期，有三种学术倾向。一个是中国功能主义学派，一个是中国历史学派，还有一个是中国文化学派，当然那时学派还没有真正建立，我说的是形成了这样三种学术流派的倾向。那么杨成志和梁钊韬比较偏向于历史文化这边。

南方日报：梁钊韬先生一直强调东西方的融合和跨学科之间的融合，包括将民族学与考古学等学科进行融合，互相印证、互相补充、互相综合，从而对历史性的事物做出更深入细致的说明。如何看待他的这一治学主张？

黄淑娉：梁先生是民族考古学的先导者。他从人类学的观点出发，提出了“民族考古学”的新课题。1983年，他和张寿祺先生合写的《论民族考古学》中，就认为考古学、民族学和人类学必须重视民族考古学，认为过去民族与考古两门科学各搞各的，

梁钊韬与人类学系教职员工在一起

梁钊韬与学生在一起。左一为李富强，左二为黎晓云，左三为李长虹，左四为郭俊锋；右一为尚慧君，右二为李安民

梁钊韬欢迎郑德坤先生讲学，右二为容庚，右三为郑德坤

或“貌合神离”是不好的，应该合为一门科学。“‘民族考古学’之所以为‘民族考古学’，乃在于科学不断向前发展过程中，以‘民族学’的方法和资料，跟‘考古学’的方法和资料，与历史学的文献，互相印证、互相补充、互相综合，对于一些历史性的事物，做出更深入细致的说明”。

总体来说，梁先生的学问很广泛。这也跟他在本科和研究生阶段是受过多学科的训练有关。他本科开始就读的是厦门大学社会学系，在中国著名的考古学家、历史学家郑德坤教授和著名的人类学家林惠祥的影响下，使得他在历史学、考古学和民族学上都是有所涉猎，后来转读中山大学历史系，指导他的老师有人类学家杨成志教授、史学家罗香林教授以及哲学家朱谦之等。后来，他进入中大研究生院深造，在导师杨成志教授和罗香林教授的精心指导下，除了继续攻读人类学、民族学外，还认真研究原始社会史及宗教学。

王建民：这个跟梁钊韬先生在中山大学接受的人类学训练有关。他在中山大学接受的就是按照人类学的四分支（体质人类学、文化人类学、考古学、语言学）来训练的。在他的学术训练里，他就掌握了比较好的考古学方法和资料，同时因为在上世纪50年代以后人类学受到限制，只能在考古学和民族学等领域做有限的研究，对少数民族的研究也是更多地强调历史发展，所以，他在这些方面有了更多的机会去做更好的学术实践。他原本的学术训练，加上他在五六十年代的学术实践，使得他在考古学、民族史、历史学这些方面就有了更多的体会和认识，可以把人类学和民族学、历史学等很好地结合。

学术精神

人类学家是用两条腿走出来的

南方日报：顾定国在《中国人类学逸史》中说“梁先生的一生是与他所倡导的学科的命运交织在一起的”。经历中国人类学发展的沉浮，像杨成志、梁钊韬这一辈的学者给我们留下了什么样的学术传统和精神？

黄淑娉：杨成志先生说“人类学家是靠两条腿走出来的”，而在科研中，梁先生坚持“不经自己核实的材料不能用，不经自己深思熟虑的观点不要写”，他认为“作为人类学家，更要到现实中去寻找第一手资料，自己调查得到的材料，更为可贵。人类学的研究，既要有正确的理论指导，又要有田野的实践，光有空洞的理论是没有说服力的”。可以看出，两位先生都十分重视实践和调查的作用。

中大的学术传统是保留得比较好的。人类学研究一定要去亲自调查才能有所发现。有的同学可能对于到偏远地区做调查有顾虑。我们以前做调查，交通很不方便，就靠两条腿，或骑马、上山、下山，有时候下着大雨都要骑马，人很困倦，跌下马醒来就发现自己躺在地上。现在各方面条件都已经好很多了。

王建民：人类学是一个非常重视应用的学科，因此扎扎实实、勤勤恳恳地去做田野调查，取得一手资料是非常重要的。我们的学术研究要想取得成果，就必须吃得起苦，必须要花大量时间，集中精力，脚踏实地地做研究。老一辈中国人类学家在这一方面是做出了楷模。

（吴敏　梁小丽　高荧）

《梁钊韬文集》

学人小传

罗雄才（1903—1993），广东兴宁人，著名的化学家、教育家和社会活动家。从小立志报国，东渡日本留学11年，回国后投身教育事业。先后参与创办多所广东高等学府并担任主要领导，是广东高等教育学科建设和专业设置的开拓者和奠基人，培养了大批教育和科技人才，为国家的高等教育事业贡献了自己的毕生精力和聪明才智。1952年罗雄才加入中国民主同盟，1955至1993年间，担任民盟第五、六届中央常委，民盟广东省委会第三、四、五、六届副主委，第七、八届主委等。他先后被选为广东省第一、二、三、五、六届人大代表，第五、六届广东省人大常委会副主任以及第五、六届全国人大代表，第四届广东省政协副主席。1993年11月2日，因病在广州逝世，享年91岁。

罗雄才：雄心报国 才智育人

罗雄才生于1903年，时值清朝政府极端腐败，中华民族陷于灾难深重的时期。罗雄才怀抱科学救国志向，负笈东瀛。他以优异成绩从日本最优秀的大学毕业，进入著名的理化研究所从事研究。1931年日本军国主义大肆挑衅中国时，他义无反顾地终止自己如日中天的学术研究，回到祖国，矢志不渝走科学强国道路。他亲自参与了国立中山大学工学院的设立和发展。抗战期间他为保存中山大学工学院以及抗战胜利后为中山大学回迁工作均立下了汗马功劳。解放初全国院系调整，罗雄才主持了一系列繁琐复杂的行政管理工作，是华南工学院主要创始人之一。他在华南工学院的发展、创建华南化工学院和加强中山大学理科建设、建立多层次教育等方面建树良多。罗雄才是华南地区现代高等工程教育的先驱，把毕生精力贡献给了祖国科技教育事业的开拓和发展。

历历往事

立志报国　求学东瀛十一载

罗雄才的父亲罗望周是一名爱国志士。罗雄才两岁时，父亲不幸染病，临终前留下遗嘱，希望罗雄才能够继承遗志，长大后报效祖国。母亲深明大义，独自挑起抚养和教育罗雄才的重担。由于家境贫寒，罗雄才十岁进入正式小学。不幸的是，母亲在罗雄才11岁时染上重病离世。罗雄才谨记父母遗愿，发奋学习，16岁时以第一名的成绩从兴宁县立中学毕业。

“五四运动”所提倡的争取自由民主和科学救国的爱国主义思想，深深影响了青年时期的罗雄才。1920年秋，在堂叔罗健瞻的全力支持下，罗雄才负笈东瀛求学，以惊人的毅力刻苦学习日语和其他课程。1922年，罗雄才考入日本高等学校中最著名的第一高等学校（简称“一高”）预科班，并取得中国政府庚子赔款公费资助。一年后，他以预科班第一名成绩毕业，升入“一高”理科班。在“一高”的三年里，罗雄才接受了非常严格的大学本科教育。1926年，他以第一名的成绩毕业，考入日本最著名的东京帝国大学理学院化学科（即化学系），成为该科历史上第一位中国学生。他师从有机化学权威松原行一、久保田勉之助、柴田雄次、水岛三一郎、片山正夫等许多日本一流大学教授，学到了当时最先进的化学专业知识和实验手段。

1929年，罗雄才以第一名的成绩毕业。在毕业典礼上，由于其突出表现，校方特邀他坐到前排化学系主任旁边，大家称赞他是“非常了不起的中国人”。随后，罗雄才进入当时代表日本最高科技水平的日本理化学研究所从事研究。罗雄才是全所唯一的中国学者，主攻方向为化学反应催化剂，曾在日本和欧洲的著名化学杂志上发表过四篇论文。罗雄才非常留意科学新进展，他通过自制模型介绍了最新发表的多位催化理论，使大家深受启发，使所里的相关研究有所飞跃。

在日本11年的求学生涯，罗雄才凭藉出色的学业成绩，对先进科技的灵敏嗅觉，精益求精的科研精神，以及对人谦逊诚恳、豁达大度的优秀品格，给日本的老师和同学们留下深刻印象。他经常在工作之余广泛结交中日朋友，他考察过许多地方，较全面地了解日本的状况。罗雄才深切体会到，中国必须有先进的科学技术和现代化的工业，才能立足世界强国之林。

1931年春，日本军国主义挑起的一系列辱华事件令罗雄才义愤填膺，他决意离开日本回国效力。日本理化学研究所和东京帝国大学的老师都为他甚为惋惜，一再劝说他留在日本会更有成就。但罗雄才立志振兴中国和科学救国的决心从未改变，他谢绝了日本师友的挽留，毅然辞去在理化学研究所的工作。

A24
百年双喜 特约
世紀廣東学人
罗雄才：雄心报国 才智育人
立志报国 求学东瀛十一载
临危受命 回归筑巢建中大
创办华工 院系调整打心血
才智育人 诚毅显然促交流
百年薪火 世纪风范 广东中烟工业有限责任公司特别呈献

临危受命　参建中大新校区

1932年2月，邹鲁复任国立中山大学校长，决定在石牌建立新校区，并将学校定位“不但求之中国不落后，即求之世界各国中亦不落后”。鉴于工科关系国防及实业对当时中国前途影响甚大，中大决定设立工学院，并召集24人成立筹备委员会，年仅29岁的罗雄才教授是最年轻的委员之一。满怀对未来中大工学院的憧憬，罗雄才欣然接受了这项艰巨的工作。

从1933年工程施工开始，罗雄才除在广州文明路旧校区授课外，全力以赴投入建校工作中。他经常要步行几小时往返于市区和石牌，参与了全部工程中与工学院及部分附属机构和项目有关等方面的指导以及工程施工的监督工作。经过艰苦努力，在原来一片荒芜的土地上，中大建起了作为石牌校区地标的、以湖滨路为中心的几栋极富特色的高质量教学楼和一批教工学生宿舍，新修公路五十多华里。1934年7月5日，中山大学工学院在文明路旧址成立，10月，工学院全部迁入石牌新校区。

抗战期间广州沦陷，中大被迫西迁。罗雄才教授随校经越南迁云南澂江，后返迁粤北坪石。为了适应抗战需要，培养工业技术人才，罗雄才联合兴宁各界共同争取在兴宁设立工业学校。1942年夏，广东省政府批准在兴宁设立“广东省立兴宁高级工业职业学校”（简称工校），委派罗雄才为校长。这是抗战期间中国东部唯一新创立的大专以上的学校，建校费用高达220万元，其中大部分费用都是罗雄才号召下筹得的各界捐款。在此期间，罗雄才一直兼

“孕育”纪念雕塑

任中山大学教授，经常冒着生命危险，穿梭于坪石—兴宁之间。抗战后期，日寇再次进犯粤北，在中山大学师生颠沛流离撤往东江地区的紧急关头，罗雄才将中大师生迅速在兴梅地区安顿下来。1945年3月上旬，广东省府与中大校方商定在兴、梅等县设校复课，并任命罗雄才为中大工学院院长。

日本投降后，中山大学成立复员委员会。罗雄才任复员委员会工程组主任，率领中大工学院师生员工从兴宁返回广州石牌。看到自己亲手建立起来的美丽校园遭到如此严重破坏，罗雄才心痛之极。

1948年夏，鉴于罗雄才出色的行政能力和对工作极端负责精神，中大希望聘他出任学校总务长。出于对中大发自内心的深厚感情，罗雄才在极端困难的条件下接受了重担，为战后校园的修复、重建以及其他校务方面做了大量工作。

解放初期，有些人对罗雄才在广州解放前夕当过总务长旨在保护中山大学的努力没有正确解读，在调整中山大学领导层时各方意见不一致。从1950年至1951年，罗雄才没有在临时校务委员会担任行政职务，他期盼能够像其他教授一样，专心致志地从事教学和学术研究。

1951年8月，中山大学副校长冯乃超代表广东省文教委员会“三顾茅庐”，力请罗雄才出任中山大学工学院副院长，全面负责学院的行政及教师管理工作，并为即将进行的院系调整做筹备工作。为顾全大局，罗雄才决定不计个人得失，受聘为中山大学工学院副院长。

1962年9月，罗雄才调任中山大学以加强该校理科建设。1963年5月20日，罗雄才接到由周恩来总理亲笔签署的国务院任命书，任命他为中山大学副校长。到校后，他从实验室建设、学术交流、科学讨论会、科研成果展等方面加强理科建设，并亲自主持建立了包括光学、生物学、高分子科学等四个高级实验室，这些实验室水平当时在国内均属领先地位。

1963—1966年，罗雄才在中大主持了两次科研成果展览会，吸引了多名校外来宾参观，科研展成为随后的全国高校科研展览会的预演。经过几年的努力，中山大学的理科建设得到教育部的充分肯定，1966年中山大学的科研经费获得大幅增加，这是文革前中大理科发展最顺利的时期。

1966年下半年，“文革”爆发，罗雄才经历了常人难以忍受的身心伤痛，始终保持了自己对祖国和人民的一片忠诚。1971年底，罗雄才正式恢复所有的职位和待遇。

创办华工　院系调整注心血

1952年全国进行院系调整，罗雄才受命担任新的工学院筹备委员会副主任，负责主持筹备委员会的日常工作。在征求各方意见后，罗雄才提议将学院定名为“华南工学院”并得到上级批准。他是华南工学院的主要创始人之一，并亲自主持拟定了《广州地区筹设工学院基本草案》。这个草案详细论述了筹建华南工学院的具体内容和步骤，成为后来筹建华南工学院的指导性文件。11月17日，罗雄才在工学院体育馆华南工学院成立大会上作了筹备工作报告，后来该日被定为华南工学院（现华南理工大学）成立纪念日（即“校庆日”）。

华南工学院成立前后的院系调整工作相当艰巨和复杂，大批教师、学生及仪器、设备、图书等需调入或调出。调入的80多名教授、大批教职工和2000多名学生来自十多个学校。罗雄才主持了大量繁琐复杂的工作，顺利完成了涉及广东、湖南、广西、湖北、江西等省的院系调整，确立了华南工学院的基本架构，并在随后的几年里，开展了一系列奠基性工作。罗雄才以大局为重，虚心听取各方意见，尊重来自各地的专家教授，合理安排他们的工作和生活，使各项工作尽快走上正轨。1955年5月31日，周恩来总理亲笔签署国务院任命书，任命罗雄才为华南工学院副院长。

早在华南工学院成立之初，罗雄才根据广东的战略地位和华南地区的资源特点，就在化工系设置了造纸、制糖、硅酸盐、食品、工业化学、橡皮、食盐电解等多个专业小组，形成了国内大学中化工实力较强的优势。为了满足广东化工行业日益发展的需要，1958年，广东省委决定成立华南化工学院，罗雄才被任命为院长。面对时间紧迫、经费缺乏和校舍严重不足的现实，罗雄才和其他几位校领导成员克服重重困难，把学院如期创办起来。此外还增设了酸碱、化肥、燃料、有机合成、纤维素、微生物、塑料机械等实用专业，广东的化学工业教育进入新的局面。

1962年，化工部指定罗雄才为全国化工统编教材总主编，这是

1989年11月，罗雄才教授（前排左四）与中大化工系校友合影留念

1983年6月，六届全国人大一次会议期间，叶剑英委员长会见广东代表团部分代表时合影，前排左一为罗雄才

1984年11月，罗雄才夫妇在中山大学成立六十周年的纪念大会留影

对华南化工学院在教材建设中所取得成绩的肯定。短短几年内，华南化工学院为国家培养了数以千计的化工和轻工业急用的技术人才。同年，根据当时“调整、巩固、充实、提高”的八字方针，教育部要求华南化工学院与华南工学院重新合并，校名仍为华南工学院。

1973年，罗雄才教授被任命为广东化工学院革委会副主任，再次返回石牌。1978年，广东工学院和广东化工学院合并，并恢复华南工学院校名，罗雄才被任命为华南工学院副院长。罗雄才率先提议并经国家教委批准后，组建了全国大学里第一个材料科学研究所——华南工学院材料科学与工程研究所，为该校的材料与工程一级学科的建立奠定了基础。

才智育人　成绩斐然促交流

1931年9月，日本留学归来的罗雄才被国立中山大学聘为理学院副教授，他的到来大大加强了理学院化工教育的力量。同年10月，中山大学增设土木工程系与化学工程系，理学院改为理工学院。次年1月，罗雄才被聘为理工学院化学工程系教授，从此开始了他长达62年的教授生涯。

罗雄才曾讲授过理论化学、有机化学、有机分析、物理化学、高等有机化学等多门课程。除部分采用国外原版教材外，他亲手编写从基础理论到专业知识的教材。他的国学功底深厚，外文娴熟，写出的教材文字精湛凝练。他的讲课深入浅出，极具启发性。他不但在讲学中把最新的科学知识传授给学生，还教给学生很多人生哲理。

此外，罗雄才还参与翻译了日文版的《最新化学工业大全》及其增订版。该书中译本的问世，在中国化学术语的标准化方面以及对中国化学学科的发展做出了创造性和奠基性的贡献。早在1932年，罗雄才就积极参加广东化学会的活动，他是中山大学化学会创始人之一。1961—1981年间，他一直担任中国化学化工学会的常务理事。上世纪50年代初至1982年，他还兼任广东省化学会理事长，并长期担任广东省科协副主席。

罗雄才在中山大学大力组织和推动国内外学术交流活动。他曾邀请著名数学家华罗庚到校讲学，还邀请高分子学家钱人元教授等多名国内著名学者来校交流。

中大的对外学术交流是从上世纪60年代中日高分子学术交流开始的，堪称“科学史上的一段乒乓外交”，开启了中国和西方国家全面学术交流的大门。这场外交的发起人是日本著名化学家，高分子教育的奠基人、京都大学教授樱田一郎。

1963年10月，樱田一郎一行到访中山大学。1965年，东京工业大学教授神原周、大阪大学教授井本稔也相继分别率领两个访华团访问中大。罗雄才的留日背景以及他精湛的日文给这三个日本访华团留下了深刻印象，为促进中日高分子科学学术交流起了很大作用。1965年，罗雄才发起创建中日高分子化学双边学术讨论，定期轮流在中国和日本举行会议。

1972年9月，中日正式建交，两国在各方面的交流日渐增多。时任东京理科大学校长小谷正雄是罗雄才在“一高”读书时的好友，他亲率代表团到广州讲学。小谷正雄一到广州，马上通过广东外事办找到罗雄才。时隔半个世纪，两人在广州重逢，回到日本后，小谷正雄经常邮寄国际科技最新发展的书籍杂志给罗雄才，此后他们一直保持着书信往来和终生友谊。

罗雄才还是广东著名的社会活动家。作为民盟广东省委会的主要领导人之一，他积极参政议政，充分利用自己的渊博学识及多年担任高校领导，有丰富经验的优势，为国家经济社会和高等教育的发展出谋划策。

1984年后，罗雄才教授主动让贤，不再担任大学行政领导职务。1991年底，中大化工系校友为纪念化工系成立60周年，在原化工系教学楼前建立玉雕，请罗雄才教授亲笔题词“孕育”。这座玉雕既意喻几十年来学校老师为国家培养和输送了千千万万的科技人才，也表达了校友们对母校、对师长的怀念和铭感之情。

1993年11月2日，罗雄才教授因病在广州逝世，离开了他为之奋斗终身的教育事业，享年91岁。

（感谢罗雄才家人及中山大学图书馆、华南理工大学档案馆提供文献支持。）

（闫昆仑　潘丽娜）

学者视点

计亮年、刘焕彬、贾德民评说罗雄才

他是华南地区工程教育的开拓者

罗雄才是我国知名的化学家、教育家和社会活动家。他早年留学日本11年，归国后先后担任国立中山大学工学院院长、华南工学院副院长、华南化工学院院长、中山大学副校长等，任职教授长达62年。罗雄才在学科建设方面高瞻远瞩、目光敏锐。在他的带领下，华南工学院开拓了众多工程教育的空白领域，培养了大批国家急需的专业人才。他把毕生精力都献给了教育事业，更为华工和中大等高校化工专业的发展作出突出贡献。今年是罗雄才教授诞辰110周年，南方日报记者专访了中国科学院院士、中山大学化学与化学工程学院博士生导师计亮年教授，华南理工大学原校长、俄罗斯工程院外籍院士、博士生导师刘焕彬教授和华南理工大学材料科学与工程学院原院长、高分子材料科学与工程系博士生导师贾德民教授。

办学经历

他是广东工程教育的开拓者

南方日报：“九一八”事变发生前，罗雄才教授毅然辞去自己在日本理化学研究所的工作，回国投身教育事业。如何评价他回国后的经历？

刘焕彬：在华南工学院办学初期，一些比较具体的学科调整、专业设立等事情都是由罗雄才教授负责的。他在具体的工程教育方面是主要的设计操作者。现在看来，当时罗院长有一个很好的思路，即按照广东的工业发展的现状来设置专业，注重开设与民生相关的一些专业，如食品、硅酸盐、造纸、化工、橡胶等，这些都是广东在当时的工业发展过程中急需人才的专业。这些专业对现在华工也还有着很大影响，一些专业在国内高校中仍然名列前茅。罗雄才教授在筹备和具体设计中发挥了非常大的作用。

罗教授应该是广东乃至华南地区工程教育的开拓者。抗战中期，他克服重重困难，想方设法筹集资金，在兴宁创办广东省立兴宁高级工业职业学校。太平洋战争爆发之后，后方生产之振兴甚为重要。罗教授创办这个学校的目的非常明确，就是要为工业提供急用人才。中山大学工学院在抗战后期，因坪石沦陷迁到兴宁工校复课，为中大工学院保存了一批优秀教师，并为战后国家建设提供了大批人才。抗战胜利后，中大复迁广州，他继续担任中山大学工学院院长。

这段历史说明，罗教授对广东工程教育的贡献不仅仅是在大学里面，在面向地市培养人才方面，他也起了主导作用。在当时抗战那么艰苦的条件下，他为了我们国家的工业发展培养人才，是非常难能可贵的。

A25

他是华南地区工程教育的开拓者

广东中烟工业有限责任公司特别呈献

贾德民：1952年，全国院系调整时华南工学院成立，罗明燏任华南工学院院长，罗雄才教授担任华南工学院副院长。当时罗明燏教授专注于科研和设计工作，所以学校很多实际的行政工作都是由罗雄才副院长做的。1958—1962年，华南工学院分为华南工学院和华南化工学院，罗雄才教授任华南化工学院院长。

罗雄才院长（前排正中）及教师与国立中山大学第十九届工学院毕业同学合影留念

1962年，罗雄才教授调任中山大学副校长，70年代初他重返广东化工学院（现华南工学院）任副院长。1978年广东工学院和广东化工学院再次合并为华南工学院，罗雄才教授担任华南工学院副院长。1977年他担任广东省政协副主席，1981年担任广东省人大常委会副主任。这样算来，一直到他1993年底去世的60多年时间里，罗雄才教授把自己的毕生精力都献给了中大和华工，为两校的发展做出了突出的贡献。

治学方法
他做学问要求“学之在之”

南方日报：罗教授作为您曾经的研究生导师，在平时的接触中，您认为他的治学态度和方法对您有何影响？

贾德民：1958年我考上当时刚成立的华南化工学院，成为有机化工系的一名本科生，罗教授担任华南化工学院院长。在上学期间，我就感受到他十分重视基础课的教学、课堂教学和实验教学等环节。

在我的本科学习期间，教基础课的大多是从国外回来的名教授。就我个人来说，我后来在学术上取得的成绩，其中一个因素就是得益于这些教授传授给我的基础知识。

1962年我考上研究生后，罗雄才教授作为我的导师，曾与我单独谈过几次话。这些教诲使我获益匪浅，终身难忘，如今时隔50多年，有些话我还记忆犹新。

罗教授鼓励我树立为国家、为民族努力学习的远大理想。他跟我讲述自己年轻时在日本留学，开始时被日本学生瞧不起，经过刻苦努力终于后来居上，使日本教授、同学刮目相看，以此激励我这个刚考上研究生、科研战线上的新人，树立为祖国勇攀科学技术高峰的雄心壮志。

此外，罗教授提倡在学习上专心致志、刻苦钻研，他讲了四个字叫“学之在之”。他举了两个例子，讲了古人研究棋术的故事，说有个人为了钻研棋术，在家里甚至蚊帐里都挂满了棋谱，时时刻刻思考，废寝忘食，最后终于棋艺精通，战胜了强大的对手。告诉我们学习什么都要倾注全部精力才能达到精通。他说，研究学问必须学会从森林到树木。导师带你来到一片森林，让你了解这片森林的概貌，然后指导你深入了解和研究某个树种，发现其规律。

最后，他还要求我们必须掌握熟练的实验技能。我记得他当时讲，他在日本刚上大学时不会烧制玻璃仪器，后来经过苦练，吹出来的玻璃仪器比日本学生的还好。他说，他在日本做实验时，所有实验装置的管路及接头都是自己烧制出来的，从来不用胶管接头。如今虽然已经几十年过去了，但是罗院长说的这几个方面我一直都没有忘记，一个有水平的教授就是应该对学生的终身都有深远的影响。

学人贡献

他是广东化学会的奠基人

南方日报：罗雄才教授是广东化学会的理事长，那么在广东化学会的发展过程中，他主要做了哪些贡献？

计亮年：可以说，罗雄才教授是广东化学会的真正奠基者，是我们广东省化学会的领头人。文化大革命后，广东省化学会从1976年开始筹备复办，至1978年第一届理事会选举及其后逐渐步入正轨，都倾注了他的心血。其实上世纪30年代，罗教授就已负责广东省化学会，为改革开放后广东省化学会复办奠定了基础。所以无论从学风、为人还是对广东省化学会的关心、指导，以及今天大家能够和谐团结、广东省化学会能够十多次被评为先进学会，在全国300个学会中排名第24，被评为“学会之星”，这些都是与他的努力分不开的。

南方日报：当时华南工学院的发展中，设立了一批与化工有关的特色专业，其中罗雄才教授功不可没。为什么要设立这些化工专业？

贾德民：在华南工学院学科建设方面，罗教授功不可没。例如橡胶专业，是根据国家甚至社会主义阵营发展的需要以及广东在橡胶种植及橡胶制品生产方面的基础而设立的。当时整个社会主义阵营是没有哪个地方适合种橡胶的，前苏联老大哥就安排中国在广东地区种植橡胶。因为橡胶是战略性物资，在很多领域都用得到，因此我们需大力发展橡胶工业，并在华工建立了橡胶专业。后来再进一步扩大到橡胶塑料工程（合成橡胶），到80年代末期又扩大为高分子材料，橡胶、纤维、高分子材料、混合纤维、涂料等，统称高分子材料。这些专业的学生毕业出去以后马上就能够上手，并起到了重要的作用。

有了罗院长的高瞻远瞩，华南工学院从建校初期开始，很快建立了一批特色优势专业，这也为学校1960年进入教育部重点高校行列以及后来的发展奠定了基础。这些专业经过后来几十年的建设和发展，2000年以后大都成为“211工程”和“985工程”重点建设学科和国家重点学科。

罗院长不仅重视学科建设，也非常重视学术队伍的建设。华南工学院成立初期，专业学科带头人大多是从欧美、日本等国归来的著名教授，在50年代后期到60年代初期，学校又补充了一批从苏联归国的学术骨干，还有不少骨干教师是罗院长直接培养起来的。

国外从60到70年代开始，在金属材料、无机非金属材料和高分子材料的基础上发展了一门新兴学科——“材料科学”，罗教授敏锐地感受到这一发展趋势，根据当时的华南工学院学科特点，成立了全国第一家材料科学研究所，并上报教育部获得了批准。罗雄才教授兼任所长，王孟钟、张光、余仲奎三位教授任副所长。材料科学研究所的建立不仅开创和推动了我校材料科学学科的发展，而且对全国材料科学的发展起了很好的带头和示范作用。

学人风范

他是一名真正有学者风骨的人

南方日报：从平时您跟罗雄才教授的接触中，您认为他是一个怎样的人？

计亮年：我和罗雄才理事长的接触从1976年开始。当年“四人帮”被打倒后，广东省化学会恢复活动，我和他到上海去开中国化学会复会以后的第一次年会，在这次会上罗雄才代表广东当选中国化学会的常务理事。

1978年我44岁，担任广东省化学会秘书，理事长是罗雄才教授。那年他75岁，我经常骑单车到他华工的家里去汇报工作。我对罗雄才理事长的印象是很好的，他对我们中青年的学术成长非常关心。记得有一次，我和他去白云机场会见日本一位非常著名的化学会专家，在机场等待之时，罗教授对我说，“你要在中山大学立住脚就一定要出国深造”，我听从了他的建议，后来去美国进修了一段时间。我今天的成就，有他的一份功劳。我们平时碰到他，他都会督促我们除了工作以外，要在业务上进行提高。

罗教授无论从性格还是做人，各方面给我的感觉都是以爱心感人。他跟我们接触中经常会询问我们的情况，关心我们的困难，对我们学会的工作很认真，也很关心。从科普讲座到每一次年会，我们组织了十几次会议他都会参加。在他的影响下，广东化学会连续12次被评为广东省先进学会。

他给我的印象是一个真正的学者，不但学问做得好，还能够团结大家，培养中青年教授，自己也以身作则，没有一点架子。我印象比较深的是1982年的一次会议上，他代表一群老教授提出来：“我们年纪都大了，我们的位置应该让出来。”他作了一个很好的榜样，所以我们以后对下面的学生也是以他为榜样来做的。

贾德民：记得我刚考上罗院长的研究生之后，第一次去他的办公室谈话，心里非常紧张，而罗院长非常平易近人，跟我一谈就是一两个小时。几十年后，罗院长的教导我都还记得很清楚，并时时刻刻按照这个标准来要求自己。

我从来没见罗教授发过脾气。他做事情很耐心、细致，记忆力特别好。不管对领导还是同事，他都从来不搞小圈子，也从不争名夺利。他当学院领导这么多年，没有为个人谋过私利，全副精力都放在如何把学校办得更好上面，他这种精神是难能可贵的。一个人的精力总是有限的，他把精力花在办学上，相对留给自己做科研的时间就少了，这对一个教授来说，实在是一个很大的损失。

罗教授晚年，我经常上他家里去拜访，看到他还在阅读一些专业期刊，了解专业的发展动向，有时还与我讨论一些学术上的问题。那时我担任高分子系主任，他经常向我了解学科专业发展的情况，并且提出他的意见。记得那时我们系的实验室条件较差，国家也没多少经费拨下来，他当时就跟我商量能否找一些校友赞助，建立一个水平较高的实验室，使我很受感动。1995年以后，国家开始实施“211工程”建设计划，我们高分子材料学科进入了第一批重点学科建设行列，获得了较多经费，实验室条件大大改善。经过“985工程”建设后，我们的实验室目前在国内处于领先水平，罗雄才教授的夙愿终于实现了。

刘焕彬：我跟罗院长是同乡，我在兴宁中学读书的时候，他就是我们那里家喻户晓的人物，几乎所有知识界和教育界的人都知道他，都能讲出他的故事。所以我从小就知道身边有这么一个科学家，他是我们的偶像、学习的榜样。我们的化学老师讲了很多他奋斗的故事来鼓励我们好好学习。给我印象比较深的是老师经常给我们讲罗院长如何熟背元素周期表的故事。文革后，他回到学校我们就既是同事又是前辈的关系了，我也会经常去看看他。有时候是以学生的名义去看他，有时候是作为学校的领导去慰问他。他90岁生日的时候我代表学校到他家里去慰问他，他还工工整整地穿着西装，我们离开的时候他还把我们送了出来，可见他对我们都非常尊敬，是一个真正有学者风骨的人。

（闫昆仑　潘丽娜）

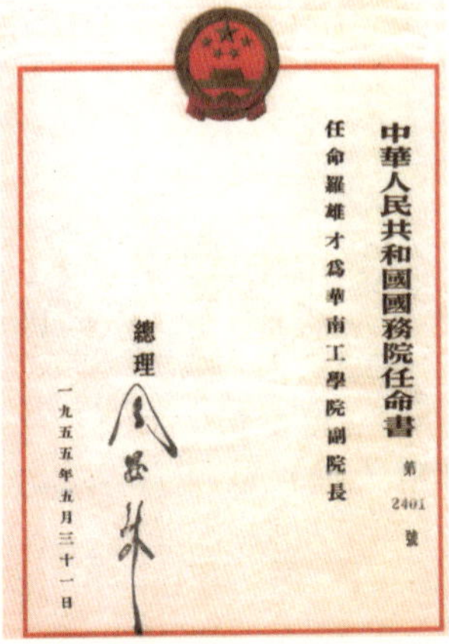
中華人民共和國國務院任命書　第2401號
任命羅雄才爲華南工學院副院長
總理
一九五五年五月三十一日

由周总理签名的任命书（1955年5月）

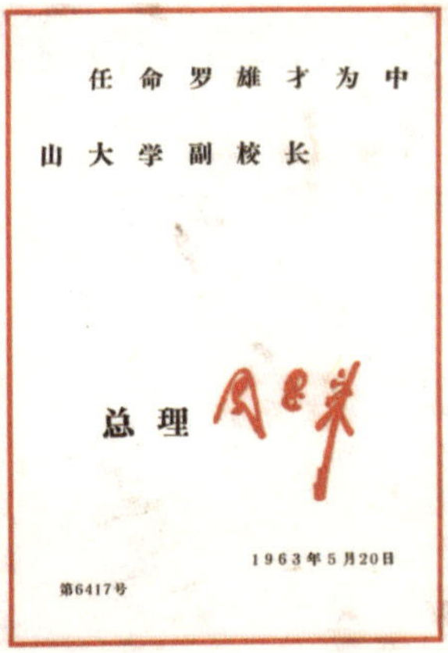
任命罗雄才为中山大学副校长
总理
1963年5月20日
第6417号

由周总理签名的任命书（1963年5月）

学人小传

陈永龄（1910—2004），大地测量学家、测绘教育家，是中国大地测量学科的带头人。曾主持制定我国的测绘科技发展规划和大地测量法式，指导我国国家天文大地网平差，制定世界最高峰珠穆朗玛峰高程测定的技术方案，努力推动我国卫星大地测量新技术的开展。1975年测得珠峰海拔高程值为8848.13米，是世界上最为精确的数值。他又是一位卓越的测绘教育家，重视教材建设。他著有《测量平差法》《我国大地水准面的特征及椭圆体定位问题》；他的《大地测量学》是20世纪50至70年代我国大地测量学的最重要的教材。新中国成立后，他曾历任岭南大学理工学院教授、院长，华南工学院副院长，是当年参与广州市人民新政权创建的科技界、教育界的头面人物之一，他也曾任武汉测量制图学院副院长兼大地测量系主任，对学校的选址到后期的建设、开学付出了极大心血，并奠定了测绘学科基础，完善了学科教材体系。

陈永龄：

珠峰高程准　神州坐标精

“寻求光明、科教救国”这种高尚品德始终贯穿着陈永龄的一生。他既是一位德高望重、学识渊博的大地测量科学家，也是一位苦心耕耘、严谨治学的教育家，留学回国后为促进测绘科学的发展，与夏坚白、王之卓等合作编写的测绘方面的大学丛书，对于中国测绘事业的发展和测绘教育起了积极作用。作为测绘研究所的第一任所长，他自力更生短短几年就建立起大地、航测、制图、地名、电子和情报等研究室，为国家出成果、出人才。作为华南工学院和武汉测量制图学院的组建者和创始者，他功不可没。

作为一位教授，他为人师表、待人诚恳；作为一位院士，他谦虚谨慎、一丝不苟。他在交通部任职时，首次将航空摄影测量技术应用于闽赣路线的勘测，他还在1975年测得珠峰海拔高程值，获得世界上迄今为止最为精确的数值，让中国测绘水平得到国际公认。他襟怀坦荡，对人诚恳，遇事认真，近60年来他在测绘高等教育、科学研究和生产技术等方面都有突出成就，是集教育、科研和生产技术于一身的大地测量学科的带头人，对当代中国大地测量事业的建设和发展有着不可磨灭的功绩。

历历往事

归国施教
编写国内首套大学测绘教材

陈永龄出生在北京市一个职员家庭，不满5岁就上了北京师范大学附属小学，1927年17岁的他考入清华大学工程学系，后转入上海交通大学土木工程学院继续攻读，1934年他作为中英庚款董事会招考的第二届公费留学生，先后在英国、德国学习大地测量，德国著名大地测量学家、波茨坦大地测量研究所所长埃格尔特和史麦尔都曾教过他。

1939年秋，陈永龄学成回国，在香港与清华大学文学系高棣华女士结婚。那时中国各地烽烟四起，半壁河山遭日本侵略军铁蹄践踏，东部沿海地区已全部沦陷，他由香港转去昆明，任西南联合大学教授，主讲测量平差和地图投影等新课程，开始了他的教育生涯。他先后在清华大学、同济大学、中央大学、中山大学、岭南大学教授课程。1951年，陈永龄出任岭南大学理工学院院长。随后，他还担任了华南工学院副院长、武汉测量制图学院副院长兼大地测量系主任、国家测绘总局总工程师兼测绘科学研究所所长等职务。

武汉大学测绘学院成立后，身居领导岗位的陈永龄亲自担任大地测量学教学任务。为编好讲义，他查阅了大量参考资料。经常在夜晚到实验室做实验，收集数据。“他编写的讲义内容新颖，资料翔实，概念清晰明确，重点突出。为了讲好课，他备课非常认真。他的讲稿书写工整，讲稿上绘有各种符号和标记。他那严谨认真、一丝不苟的治学精神感人至深。”曾与之共事、担任过武汉大学测绘学院总支副书记的周慎杰回忆，“在讲台上他流利潇洒，能把比较枯燥无味的内容讲得生动活泼。他讲课重点突出，深入浅出，声音洪亮，板书工整。每逢他讲课，许多进修教师争先前往，教室里常常座无虚席。教师和学生无不称赞陈永龄教授的教学效果，他是一位不可多得的测绘高等教学的楷模。”

在大学教学工作中，陈永龄始终十分重视高等测绘教育中的教材建设。早在1931年他在清华大学土木工程学系任助教时，就与同任助教的夏坚白共同编写了《养路工程学》，被收入大学丛书。20多岁的陈永龄，开始在教育界崭露头角。在西南联合大学任教时，开始编写大学测量教材《测量平差法》，在同济大学任教时开始着手中国第一套《大地测量学》教材的编写，还对夏坚白著的《实用天文学》进行了大量修改和充实，连同已出版的《测量平差法》等大地测量用书，形成了中国第一套内容比较充实、文字深入浅出的大学测绘教材。

A12
百年双喜
特约
世纪广东学人
陈永龄
珠峰高程准
神州坐标精
百年辉煌 世纪风范 广东中烟工业有限责任公司特别呈献

甘为人梯
逐句逐段帮青年人指导论文

陈永龄十分重视和关心对青年教师的培养。1957年4月，他在《与青年教师谈进修问题》一文中指出：“只有教师不断地提高自己的政治和业务水平，才能使高等教育质量不断地提高，才能使中国的科学技术迅速赶上国际水平。”

1959年7月10日，陈永龄一家人离开武汉前与苏联专家合影

他既是一位博学多才的学者，也是一位德高望重、关心青年的长者。在教学实践中，他亲自和青年教师共同讨论制定教学方案，帮他们选择教材，向他们传授教学方法，还亲自为身边的青年教师制定学习、进修规划，为他们提出努力目标，指明研究方向。周慎杰回忆：“他告诫青年教师，学习进修要以所在教研组专业内容为方向，一开始不要好高骛远，要加强培训树立牢固的基础，还专门抽时间为青年教师补课，如今这批青年教师早已是各单位教学科研骨干。调到总局工作后，每逢他的学生到北京出差总要去看望他，向他讲述学校的建设发展，汇报个人的学习工作情况以得到教导，可见他在青年教师中享有崇高的威望。 ”

1999年，陈永龄夫妇钻石婚留影

陈永龄非常重视对年轻人的培养，对年轻人不但言传而且身教。从大学理工科毕业的青年人撰写的论文，存在文学水平较低、表达能力较差等问题，陈永龄都逐句逐段帮助指导修改，详细讲述撰写论文的一般格式和基本要求。为了改变新中国成立初期测绘科学技术的落后面貌，他积极参与《1956—1967年国家最重要科学技术发展规划》的国家级测绘项目计划的制定，提出了诸如大地测量法式的制定、各种测量基准的建立、天文大地网的整体计算等一系列战略性课题，为发展大地测量科学技术指明了方向。

孜孜不倦
视力严重衰退仍亲写测绘“大百科”

陈永龄在教学工作的同时，还主持了大地测量法式的编写和论证工作，并负责撰写《我国测量法式说明》。1959年10月《中华人民共和国大地测量法式（草案）》得以实施，从此结束了我国大地测量搬套苏联细则规范进行的落后状况。中国空间大地测量刚刚兴起时，夏坚白组织翻译了美国《卫星大地测量概论》一书，陈永龄看完译稿后立即推荐到测绘出版社，使该书及时出版，成为我国第一本介绍卫星大地测量的参考书。他敏锐地指出：“空间大地网布成之后，可以建立精度高的点位，分布较密的全国地心坐标系统，意义十分重大。”在1988年12月“全国陆地、海洋卫星定位网年会”召开时，他不顾年老多病，毅然决定参加会议，并亲自写了贺信以及有关建议，还在大会上做了书面发言。

1980年，70岁高龄的陈永龄不仅身患多种疾病，而且视力已完全衰退，不能正常地阅读和写作了，但他仍接受了《中国大百科全书·测绘学》卷的总编辑任务，在视力急剧下降的情况下，他让人给他念学科组寄来的有关研究资料，并以顽强的毅力亲自给学科组回信。《中国大百科全书·测绘学》卷200条词目，近40万字，在4年多的时间内，他亲自撰写了近6000字的大地测量学方面的词条。由此，测绘学作为自然科学的独立类别，列入中国第一部大型综合性百科全书而自成一卷，这在世界众多百科全书中也是仅有的。

敢于突破
建立新大地坐标系神准测珠峰

在德国学习期间，为获取更多的测量知识和了解国际测绘科学技术发展动态，陈永龄进行了许多学术活动和参观学习。他曾利用暑假一个月的时间去瑞士威特公司实习，后又去捷克测量局参观，在1939年获得博士学位后还专门去巴黎学习了半年法语，以便能阅读更多的外文书刊。

20世纪40年代，他致力于大地控制网的布设理论和中国地区地球开关（大地测量学水准面）方面的研究，首次发现了起自西伯利亚经过我国东部地区一直延伸到缅甸和马来西亚半岛的大地水准面上翘带。在领导闽赣铁路线的勘测工作时，提出把航空摄影测量技术应用于中国铁路路线勘测。他曾建议将我国采用的兰勃特（Lambert）正形圆锥投影，改用高斯（Gauss）正形投影，但这一建议直到中华人民共和国成立后，才得到采纳。

20世纪60年代初我国正大规模进行国家大地控制网布测，陈永龄就开始组织研究我国天文大地网平差问题。在对天文大地网整体平差理论和技术方案的研究中，发现“1954年北京坐标系”所根据的椭球及其定位与中国大地水准面差距较大，沿海地区最大达68米，天文大地垂线偏差在东部有规律地由西往东倾斜，并论证了我国选择椭球大小及定位不够理想，远见卓识地提出重新选择与我国大地水准面最佳拟合椭球及其定位，由此建立新大地坐标系。

珠峰是世界第一高峰，其高程历来为人们所注意，但由于珠峰地区特殊自然地理条件的限制和一些特殊理论与技术问题没有很好解决，导致高程测定精度较低。1965年陈永龄提出了求定观测珠峰时的大气折光系数和推求珠峰附近大地水准面起伏的方法，并于1975年测得珠峰海拔高程值为8848.13米，这一海拔高程是世界上迄今为止最为精确的数值，得到国际公认。

（周豫　刘扬）

1984年，陈永龄出席中国测绘学会举办的学术座谈会

1938年，陈永龄在德国留学学习时的情景

1999年10月，国家测绘局时任局长金祥文、总参测绘局时任局长李志光祝贺陈永龄院士90寿辰

学 者 视 点

陈国坚、宁津生评说陈永龄

他是大地测量学的泰斗

陈永龄在1945年9月起至1956年11月于广州的中大、岭大及华工先后逗留了10年许，1952年10月至1956年11月期间任职华工4年。华南理工大学高教所陈国坚介绍："平心而论，他在华工的时间不长，现今认识和了解他的华工人不多，仅有的认识可能还停留在1956之前的印象中。但这无碍于后人对他的评说。"陈国坚表示，广州地区高校当年的重组，尤其华工的发展开拓相当艰难，而解放后的广州，作为大都市，社会主义革命与经济建设也已走过63个年头，"陈永龄正是当年参与广州市人民新政权创建的科技界、教育界的头面人物之一"。

组建工作基本结束后，一纸调令下来，陈永龄未及品尝华工的发展成果，便以华工副院长、武汉测量制图学院筹委会副主任之身，携原华工的测绘专业师生员工、图书设备，风尘仆仆赶赴武汉。

1956年，国家把当时的同济大学、天津大学、南京工学院（现东南大学）、华南工学院（现华南理工大学）、青岛工学院这 5 所学校的测绘专业合并到一起，成立了武汉测量制图学院。南方日报记者对华南理工大学高教所陈国坚和中国工程院院士、武汉大学测绘学院教授、博士生导师宁津生进行了专访。

华工组建时期的开拓者之一

南方日报：陈永龄对华工的组建以及后来的发展起到了怎样的作用？他的身份在当时有何独特之处？

陈国坚：陈永龄是当年所谓"先知先觉"的、即思想领先一步的广州地区知识分子先进群体中的一分子，是敢于表露拥护党和人民政府、投向人民阵营心迹的优秀代表人物之一。

1950年暑假，陈永龄参加广东省文教厅组织的广州地区专上学校首批思想改造学习。10月初，他撰文道："以往我对于自然科学的阶级性与党性是存在半信半疑的态度，我知道自然科学工作者的超阶级立场和纯技术观点在本质上是资产阶级的意识，但是尚无法说服纯粹自然科学者所提出的相反意见。这次学习上给了我有力的武器解决了这方面的问题。”对于在国外、在旧中国生活了40年的这位老知识分子来说，这种人生观的改变或选择的背后，可能意味着脱胎换骨般痛苦的思想斗争与心理的煎熬。既然他选择了新时代与社会，那么人民政府也就选择了他。1952年10月7日，陈永龄被广州区高校调整委员会任命为华南工学院筹委会副主任委员，统领教育、教学管理之职。毫无疑问，他做了推行院系调整的“领头羊”。

南方日报：他在华工具体做了哪方面的工作？

陈国坚：以陈永龄的学术地位与声望，如果他执意抛开教学管理，单独选择学术研究之路，他完全有能力早出成果、多出成果的；但是这位大学问家毅然置个人得失于不顾，挑起教育、教学管理领导之责，将个人才智贡献于华工4年整。其间他曾数度发表演讲，或接受记者采访，表达师生对新社会、新生活的渴望。

A13

他是大地测量学的泰斗

广东中烟工业有限责任公司特别呈献

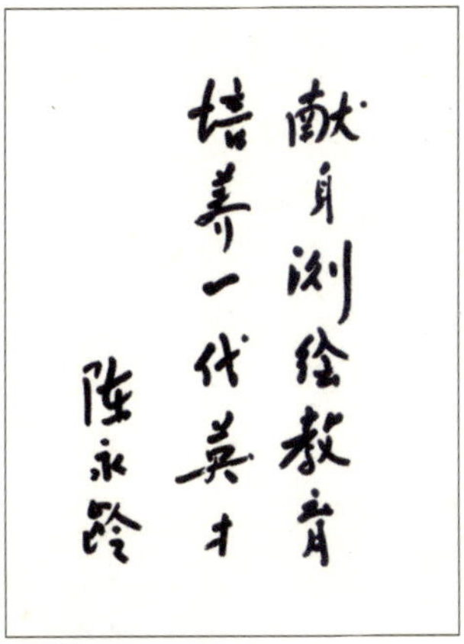

陈永龄手迹

完成中国当时最大的测绘工程

南方日报：1956年，高教部决定筹建武汉测量制图学院（简称武测），陈永龄积极参与主持武测的筹建工作，并在建校后任武测副院长兼大地测量系系主任。当时，您进入武汉测量制图学院，能回忆一下你们共事的情景吗？陈永龄在生活中或者工作上，有没有什么让您印象深刻的故事？

宁津生：他的学术水平很高，是我国在测绘科学方面，特别是大地测量学方面的泰斗，中国的大地测量这一套教育、科研以及所取得的成果的基础是陈先生奠定的。当时在武汉测量制图学院，陈先生讲课受到了学生的普遍欢迎，他讲课的一大特点是讲述清晰、理论分析透彻，非常有吸引力。尽管我当时已经是教师了，但我经常去听陈先生的课，我觉得听陈先生的课是一种享受。

陈先生对新生事物、新技术非常敏锐，接受起来非常快，比如卫星定位。我记得那个时候陈先生的眼睛几乎看不见了，他为了吸收新技术，让他的夫人把专业文章念给他听，在听的过程中思考，甚至可以写出中国发展这个技术的方案。

南方日报：陈永龄被称作是我国大地测量学的开拓者和奠基人，应该怎么具体理解他的开拓和奠基作用？您如何评价陈永龄在学术研究上的成就？

宁津生：在解放前，中国的大地测量工作没有一个国家标准进行指导和约束。新中国成立之后，他的第一件工作就是组织建立国家的大地测量标准，我们称作“大地测量法式”，它规定了在中国进行大地测量的规划、设计，以及大地测量工作中的具体的技术规定。这是在陈先生的领导下完成的，这个“大地测量法式”到现在还在使用，它是一个科学技术的基础。

大地测量的主要任务是点位控制，要在全国范围内建立很多控制点，要把它的平面坐标和高程精确地定出来，这是今后其他测量工作的起始点，因此就要在全国建立全国天文大地网。在解放初，我们自己还没有力量来建立天文大地网，而是从苏联普尔科沃天文台引进来的。我们用了10多年的时间，花了大量的人力、物力，建立了一个全国含有5万个点的天文大地网，叫作“1980西安坐标系”。当时在国际上，我们建成的这个控制网的精度、规模，比美国、英国还要大，这个网就是在陈永龄先生的亲自主持之下完成的，包括方案的设计与实施，完全称得上中国当时最大的一个测绘工程。

南方日报：在当时的情况下，陈永龄测量出珠峰高程具有怎样的意义？

宁津生：因为珠峰是世界的最高峰，世界各国都盯着这个高峰的数字，以前世界使用的珠峰高程的数字是英国人测出来的，而且很粗糙。珠峰既然在我国领土里，我们应该自己精确地测量它的高度。

1975年整个高程测定的设计、施工、数据处理这一系列方案都是由陈永龄制定的，他利用已有的珠峰高程测定的方法，同时吸收国外先进的测绘技术。在当时，与国外相比，我们的测量是非常精确的，由登山运动员带一个毡标到珠峰顶上去，在测量珠峰高程时瞄准毡标来测，再量出毡标的高度，用总高程减去毡标高度；其他国家测量则是用仪器瞄准所谓的山头，山头在什么地方却不清楚。另外，珠峰顶上有积雪，以前所公布的数据都是按积雪顶测量的，因为积雪会消融也会积累，因此这样测得的高度是不定的，而我们要测量的是它的岩石面，也就是说是一个固定数字。1975年测定珠峰高程的时候，女运动员潘多带了一根细竹竿上去，直接测定积雪的厚度。陈永龄所设计的这一套测定珠峰高程的方案是非常科学的，所以当时我们测出珠峰高程8848.13米这个数字，由新华社向全世界公布，当时就得到全世界的公认。

2006年，中国科学院院士陈永龄铜像在武汉大学落成，他的影响从广东走向全国

对青年教师培养呕心沥血

南方日报：陈永龄十分重视和关心对青年教师和学生的培养，他是如何培养青年教师或学生的？您当时作为青年教师，有没有受到他这方面的教诲？

宁津生：当时，由于中国测绘技术不如当时的苏联，国家当时“一切都要向苏联老大哥学习”，教学包括课程内容和设置等各个方面都学习当时苏联的那一套。为了更好地办这个学校，当时从苏联聘请了几位我们在这方面比较缺少的专家到武汉测量制图学院来教学一年。我们从苏联的莫斯科测绘学院（今莫斯科测绘大学）聘请了一位研究地球重力场和地球形状的教授来学校讲课，因为我们的俄语水平普遍不高，我在同济大学念书的时候，曾经被选拔去苏联留学专门学习过一年俄语，就被学校指定为这位苏联专家做专业翻译。当时陈永龄先生是学院管科研、外事的副院长，可以说我们之间是比较亲密的师生关系。

1989年11月8日，陈永龄参观中国测绘科学研究院建院30周年成果展

我在做苏联专家的专业翻译的时候，陈先生为了使我能更好、准确地翻译出苏联专家讲授的内容，对我的要求是非常严格的。尽管我在俄语专科学校专门学习过一年，但他认为这个基础还不够扎实。所以他又专门从武汉大学请了一位苏联物理专家的夫人到学校来，给我一个人讲俄语口语，讲了整整一年。

《陈永龄评传》

南方日报：1957年他在《与青年教师谈进修问题》一文中指出：“只有教师不断地提高自己的政治和业务水平，才能使高等教育质量不断地提高，才能使中国的科学技术迅速赶上国际水平。”当时他提出这样的命题是否也有一定的时代背景？

宁津生：陈永龄和其他的几位老先生比如夏坚白、王之卓等，他们知道解放前中国的测绘科技和教育的状况，因为他们曾是留英留德的学生。新中国成立之后对测绘事业和测绘教育相当重视，这些老先生在解放前的学习和工作期间，都有一种爱国之心，感觉到要用科学救中国。

不仅陈先生如此，其他老先生也都是这样，他们教育我们首先要提高政治水平，要学会做人，其次才是业务水平。陈老常说，“做学问和做工作，如果只是为自己，那是做不好的”。

为测绘学科打下了坚实基础

南方日报： 您如何评价陈永龄在武测的工作和成果？

宁津生： 当时，高教部为了成立武汉测量制图学院，专门成立了一个筹备组，陈永龄先生当时是筹备组的副主任，从学校的选址到后期的建设、开学，陈先生在这其中付出了很多心血。学院成立之后，他担任分管科研和国际交流的副院长，又是天文大地测量系的系主任，为学校的基本建设和天文大地测量学科的发展打下了坚实基础。他1959年被调到国家测绘总局当总工程师，就这3年的时间，他为武汉测量制图学院奠定了非常好的基础。

南方日报： 陈永龄提出利用航空摄影的方法进行勘测有何意义？陈永龄当时的提法在大地测量学界产生了什么反响？

宁津生： 航测不是他的主专业，当时的专业没有现在分得那么明晰，作为老一辈的测绘专家，除了关注自己的主要专业之外，还要注意其他的专业。以前，中国铁路勘测是用大地测量的方法，他感觉到老办法太麻烦，而且在深山老林里做大地测量工作非常困难。航测新技术的引进，大大方便了铁路勘测的工作，他的知识面比较宽，也比较聪明，所以想到了这一点。

新中国成立初期，我国使用的大地测量坐标系统的标原点是苏联玻波尔沃夫天文台，1978年在陕西省泾阳县，新中国建成自己的大地原点。这项工作开始于1975年，陈永龄参与指导工作，是队伍中的重要一员，建立天文大地网，首先就需要建立大地原点，建立原点的方案都是陈先生制定的。中国大地原点的建设，我参加了其中的计算工作，陈先生制定方案时非常严谨，广泛地征求大家的意见，找我们一起讨论，在执行的过程中，每一个环节他都亲自去现场检查。

（周豫　刘扬）